SCORPIO

Friedel Marksteiner

YOGA

Die Kunst des Wandels

SCORPIO

Umschlaggestaltung: Hauptmann & Kompanie
Werbeagentur, München – Zürich
Satz: BuchHaus Robert Gigler, München
Druck und Bindung: GGP Media GmbH, Pößneck

ISBN 978-3-9812442-2-9

»Wenn du ein Schiff bauen willst, so trommle nicht Männer zusammen, um Holz zu beschaffen, Werkzeuge vorzubereiten, Aufgaben zu vergeben und die Arbeit einzuteilen, sondern lehre die Männer die Sehnsucht nach dem weiten, endlosen Meer.«

Antoine de Saint-Exupéry zugeschrieben

INHALT

EINLEITUNG

Unsere moderne westliche Welt ist dadurch gekennzeichnet, dass die seelische, die geistige und die materielle Sphäre ein Eigenleben führen und untereinander um die Vorrangstellung kämpfen. Vor allem Seele und Geist kommen in unserem materialistischen Zeitalter zu kurz. Die Betonung des Materiellen hat in unseren westlichen Gesellschaften zu einem enormen Wohlstand und zeitweise zu hoher sozialer Sicherheit geführt. Nach einer langen Phase wirtschaftlicher Prosperität deutet sich jedoch an, dass diese zu Ende gehen könnte. Nahezu in allen Bereichen unserer Gesellschaft zeigen sich Krisensymptome. Mit den zahlreichen, als Abhilfe gedachten Interventionen seitens der Regierung oder der Konzernleitungen entfernen wir uns aber eher von dem angestrebten Ziel der Krisenbewältigung, als dass wir uns ihm nähern würden. Offensichtlich können wir mit unserem heutigen Weltbild die vielen überall anstehenden Probleme nicht angemessen lösen.

Am Beginn des 21. Jahrhunderts erleben wir eine allgemeine Krisensituation, in der sich sämtliche westlichen Gesellschaften befinden, und mit ihnen die ganze Welt. Die Krise lässt sich auch an den gesellschaftlichen Institutionen festmachen, die sich trotz – man ist fast versucht zu sagen, wegen – der ständigen Reformen immer weiter von den Zielen entfernen, für die sie geschaffen wurden: nämlich um existenzielle und physische Sicherheit, Absicherung bei Krankheit und Ausbildung für die Menschen bereitzustellen. Ähnliches gilt für die Wirtschaft, die – kaum, dass sie sich vom Platzen der Dotcom-Blase um die Jahrtausendwende erholt – in die nächste, noch schwerer wiegende Krise der Finanzwirtschaft, dann der Gesamtwirtschaft geraten ist. Von der bereits lange anhaltenden Krise des Arbeitsmarktes gar nicht zu reden. Die gravierendste Krise von allen aber – mit weltweiter

Auswirkung – ist die Klimakrise im Verbund mit der Krise im Bereich von Energie, Rohstoffen und Nahrungsmitteln; allein schon sie macht ein ›Weiter so‹ unmöglich.

Da jede einzelne der oben angesprochenen Krisen nach Ansicht der Experten bei gutem Willen technisch beherrschbar wäre, sind wir aufgefordert, die Gründe für den Mangel an Lösungen im westlichen Paradigma zu suchen, also in unseren Einstellungen und Werthaltungen.

Das Weltbild unserer Gesellschaft ist – genau besehen – dasjenige der Naturwissenschaften. Mit ihren objektivierenden, analytischen Verfahren waren die Naturwissenschaften ungeheuer erfolgreich. Man kann mit Fug und Recht davon sprechen, dass die Naturwissenschaften das Paradigma unserer Kultur geprägt haben. Mit ihrer ausschließlichen Orientierung an der Materie und ihrem rechenhaft-objektiverenden Kalkül haben sie nicht nur die anderen Wissenschaften, sondern auch unsere Gesellschaften geprägt. Sie haben die technischen Voraussetzungen dafür geschaffen, die wirtschaftliche Not zu beseitigen. Mit der Eindimensionalität ihres Paradigmas – dem Ausblenden wichtiger Bereiche des Menschseins und dem Verzicht darauf, die Frage nach dem Sinn und der Verantwortung wissenschaftlichen Tuns zu stellen – haben sie jedoch viele der Wirkungen mit begünstigt, die zur heutigen Krise geführt haben: den ständig zunehmenden Verbrauch von Energie und Gütern, die Anspruchshaltung der Menschen, den Egoismus – in den Wissenschaften Anthropozentrik genannt –, aber auch die Sinnkrise, die sich in unserer Gesellschaft ausbreitet.

All dies ist schon von vielen klugen und kompetenten Menschen deutlich ausgesprochen worden, verbunden mit der Forderung nach einem Einstellungswandel, der allein nachhaltige Lebensbedingungen auf der Welt herbeiführen könnte. Offen ist jedoch, wie dieser Wandel vor sich gehen sollte. Der Philosoph Jean Gebser hat einen solchen Wandel schon früh gesehen und den Übergang vom heutigen Weltbild – er nennt es das mental-perspektivische – zu einem neuen, dem integralen Weltbild vorhergesagt. Das mental-perspektivische Weltbild wird dominiert vom Verstandesmäßigen und der Ökonomie sowie dem Fokus auf das perspektivische Zentrum, beim Menschen also dem Ego. Intuition, Kreativität, unsere Gefühlswelt kommen dabei zu kurz – ebenso wie die dem Zentrum gegenüberstehende Peripherie, also alles, was nicht das Unsere ist. Das neue integrale Weltbild zeichnet sich hingegen dadurch aus, dass alle menschlichen Ebenen – das Seelische, das Geistige und das Materielle – in Harmonie sind und der Blick nicht nur perspektivisch auf das Eigene gerichtet ist, sondern auch die Peripherie – also den gesamten Kosmos – gleichberechtigt mit einbezieht.

Nun ist schon vor geraumer Zeit das mental-perspektivische Paradigma durch die Erkenntnisse der Naturwissenschaften selbst in die Krise geraten. Angestoßen durch die Entdeckungen der Quantenphysik, die erstmals bei den kleinsten Bestandteilen der Materie auf Phänomene des Geistigen – in Form von Informationsaustausch und Gedächtnis – gestoßen ist, zeigt sich in immer mehr Bereichen des Nicht-Lebenden wie des Belebten, dass das Geistige grundlegender, integrierender Bestandteil der Natur ist: man denke nur an die Phänomene des Geistigen in der Medizin, etwa in der Form des Placeboeffekts, aber auch von Heilungen auf unmittelbar geistigem Wege. Für diese Vorgänge gibt es heute viele Belege, auch wenn diese bisher von den Wissenschaften noch kaum aufgenommen werden.

Interessant ist auch, wie die Beschäftigung mit den unterschiedlichsten Phänomenen des Geistigen, das neu in den Fokus der Wissenschaften drängt, uns auch die Geistigkeit des Menschen neu verstehen und bewerten lässt. Neurowissenschaften und Psychologie kommen zu einer fruchtbaren Synthese, indem die Ergebnisse der naturwissenschaftlichen Erforschung der Gehirntätigkeit zur Bestätigung psychologischer Theorien herangezogen werden. Durch die Erkenntnisse der Natur- und Humanwissenschaften zeichnen sich so die Umrisse eines ganz neuen Welt- und Menschenbildes ab: Das Geistige – welches mehr ist als Denken, Rechnen und Logik, die geistigen Parameter der Naturwissenschaften – stellt eine eigene Dimension der Realität dar, kosmisch und allgemein wie die bisherigen Dimensionen Raum, Zeit und Materie. Wir beginnen nicht nur zu erkennen, sondern auch zu erfahren, dass wir auf der geistigen Ebene mit anderen Menschen, ja mit dem gesamten Kosmos verbunden sind. Diese Erfahrung wird uns schlussendlich von unserer Anthropozentrik wegführen und den Blick für einen rücksichtsvollen Umgang mit der Natur öffnen.

In der Entwicklung des integralen Weltbildes stehen wir freilich am Anfang. Wir betreten für uns unbekanntes Terrain, es bedeutet in unserer Gesellschaft Pionierarbeit, sich mit diesem Thema zu beschäftigen und dabei voranzukommen, es sich anzueignen. So wurden in unseren Gesellschaften bisher auch keinerlei Methoden entwickelt, wie die Menschen in dieses Paradigma hineinwachsen könnten.

Positiv ist, dass die Wissenschaften immer mehr Erkenntnisse über solcherlei Zusammenhänge sammeln, die uns unsere Welt neu verstehen lassen. Was wir aber vor allem brauchen, ist eine Methode oder Technik, die uns hilft, systematisch die in uns selbst liegenden geistigen Werkzeuge der Introspektion, der Intuition, der Kreativität, der Gefühle freizulegen und zu nutzen, um uns seelisch und geistig weiterzuentwickeln und alle menschlichen Eigenschaften und Fähigkeiten in Harmonie zu bringen.

Viele Menschen spüren seit langem die kritische Situation, in der wir uns befinden, und stellen sich der darin verborgenen Herausforderung. Sie suchen neue Wege der Seinsbewältigung, erforschen die Möglichkeiten der Gestaltung neuer Lebenswelten auf eigene Faust und beziehen dabei auch asiatische Praktiken – wie Buddhismus und Yoga – mit ein. Sie scheinen dabei positive Erfahrungen zu machen: Umfragen zeigen, dass für diese Gruppe die Lebenszufriedenheit hoch ist. Gelebte Spiritualität fördert die Solidarität mit anderen, die Bereitschaft, Verantwortung zu übernehmen, sowie Leistungsfähigkeit und Stresstoleranz. Der Glaube und die Verbindung mit dem Absoluten führen zu einem Gefühl der Geborgenheit. Diese Gruppe der sogenannten Sinnsucher wächst schnell. Sie umfasst heute in Deutschland bereits zehn bis fünfzehn Prozent der erwachsenen Bevölkerung.

Der Osten – vor allem Indien und China – ist uns in der praktischen Anwendung des Geistigen auf den Menschen – also in der gelebten Spiritualität – weit voraus. Er verwendet seit Jahrtausenden Techniken geistiger Entwicklung und hat es darin zu einer Meisterschaft gebracht. Eine dieser Methoden ist der Yoga. Der Weg des Yoga, wie er seit alters von der indischen Tradition aufgezeigt wird, scheint in unserer Situation wie gerufen zu kommen. Die große Frage ist: Kann er uns nur, wie dies manche von uns meinen, in die mythische Vergangenheit des alten Indien führen, oder kann er für uns eine Brücke in die integrale Zukunft darstellen?

Um diese Frage zu beantworten, ist das vorliegende Buch in seinem dritten Teil dem Yoga gewidmet und dem Versuch, ihn mittels westlicher Begriffe und Konzepte zu erläutern.

Der Yoga hat in unserer Kultur eine lange Rezeptionsgeschichte. Über einen ausgedehnten Zeitraum wurden mehrere Anläufe aus unterschiedlicher Richtung unternommen, um den Yoga richtig zu verstehen. Es scheint so, dass uns erst die neuen Erkenntnisse der Wissenschaften – der Quantenphysik, der Neurowissenschaften, der Psychologie – einen tieferen Zugang zum Verständnis des Yoga eröffnen. Anhand der klassischen Texte – der Philosophie des *Samkhya*, der *Yoga-Sutras* des Patanjali sowie der Bhagavad Gita – lässt sich zeigen, wie modern diese Konzepte sind, die vor mehr als zweitausend Jahren geschaffen wurden. Nicht alles jedoch ist ohne Weiteres auf unsere Kultur übertragbar. Deshalb ist es wichtig, aufzuzeigen, welche Unterschiede in der Weltsicht, in den Grundeinstellungen zwischen der Welt des Yoga und unserer Welt bestehen und welche Übergänge, vielleicht Synergien sich daraus ergeben können. Entscheidend ist dabei jedoch nicht so sehr das theoretische Verständnis des Yoga, sondern ob es uns als westlichen Menschen gelingen kann, den Yoga zu leben. Das Ziel des Paradigmenwandels – die Entwicklung des integralen Geistigen – stimmt jedenfalls mit dem Ziel des Yoga überein, den Weg zum eigenen Göttlichen, zum höheren Selbst zu realisieren.

Dieser Paradigmenwandel kann freilich in der Gesellschaft nur in dem Maß zustande kommen, wie er im einzelnen Menschen entwickelt wird – und die Entwicklung des integralen Paradigmas ist wiederum nur möglich, wenn die Menschen im inneren Gleichgewicht, in Harmonie sind. Erst dann kann der zweite

Schritt folgen: den Ausgleich mit der Umwelt, mit der Natur und den Mitmenschen zu finden.

An dieser Stelle müssen wir uns dessen bewusst sein, dass unsere Gesellschaftsform, die Marktwirtschaft, in ihrer heutigen Form auf Ungleichgewicht angelegt ist. Das ist keine Bewertung, sondern eine Feststellung. Der Kapitalismus ist tendenziell darauf ausgerichtet, Ungleichgewicht zu erzeugen, und zwar durch Gewinnstreben, Konkurrenz, Mehr-haben-Wollen, in der unerlösten Form als Gier. Das Ungleichgewicht entsteht also nicht irgendwo außen, sondern in jedem Einzelnen von uns. Diese dem Kapitalismus innewohnende Tendenz, Ungleichgewicht zu erzeugen, ist bekannt und weithin erwünscht. Sie hat dafür gesorgt, dass die Wirtschaft ständig wuchs. Die westlichen Gesellschaften haben immer wieder versucht, diese Tendenz abzumildern. Sie haben sich mit dem Appell an die Moral, an die Einsicht der Bürger in moralisches Verhalten und mit der Setzung eines rechtlichen Rahmens bemüht, extreme Entwicklungen zu verhindern. Dadurch wurde viel Gutes bewirkt, man denke nur an den erreichten hohen Stand unseres Sozialwesens, an die Einführung von allgemeinen Bürger- und Menschenrechten. Das zentrale Problem von Ungleichgewichten und den darauffolgenden Krisen wurde davon allerdings nicht berührt. Auch die Kraft der Einsicht der Vernunft als regulierende Instanz eigenen Verhaltens wurde weit überschätzt. Das können wir täglich den Nachrichten entnehmen.

Neuerdings hat auch die westliche Wissenschaft erkannt (was die östliche Philosophie schon immer gewusst hat), dass es, um ein moralisch gewünschtes Verhalten herbeizuführen, nicht ausreicht, die richtige Einsicht zu haben. Es ist nötig, dasjenige Verhalten, das durch Einsicht gewonnen wurde, immer wieder zu üben. Wenn wir dies tatsächlich tun, handeln wir automatisch moralisch, wir können dann gar nicht anders. Denn mehr als neunzig Prozent unserer Handlungen sind unbewusst, wir bemühen dazu gar nicht unsere Einsicht. Und in einer Konfliktsituation, in der Handlungen unter Stressbedingungen erfolgen, setzt sich zwangsläufig die primitivere geistige Ebene – das Reptiliengehirn in uns mit seinen Angriffs- und Abwehrreaktionen – durch, wenn wir nicht die höhere geistige Ebene trainiert haben, auf der es uns möglich ist, in Konfliktsituationen auf den Konfliktpartner einzugehen. Der Psychologie ist auch bekannt, dass die Entwicklung einer hohen Herzensqualität nötig ist, um die Voraussetzungen für einen Frieden mit unserer Umwelt zu schaffen. Es ist ihr aber bisher nicht gelungen, einen Weg zu zeigen, wie diese Herzensqualität geschaffen werden kann.

Damit kommen wir zum Schnittpunkt von integralem Paradigma und Spiritualität. Harmonie und Gleichgewicht in der Gesellschaft werden sich nur einstellen, wenn der individuelle Geist vieler Einzelner auf die entsprechende Stufe emporgehoben wird. Wenn das individuelle Bewusstsein in einem Zustand der Ruhe und des Friedens ist, wird ihm alles in der Welt ebenso erscheinen. Daher ist es wesentlich, Mittel zu finden, die in jedem Individuum Harmonie und Ausgleich entstehen lassen.

Es kommt also darauf an, dass die geistigen Tendenzen der einzelnen Menschen umgeformt werden. Das bedeutet, den Geist durch die geeignete Regulierung in einen Zustand der Ausgewogenheit zu bringen. Da dieses Ziel aber in den Bereich der Spiritualität gehört, müssen dazu selbstverständlich auch spirituelle Mittel eingesetzt werden.

In der Meditation erfahren wir eine gefühlsmäßige Öffnung zu allen Mitwesen, zum Kosmos, zum Göttlichen. Diese gefühlte Verbindung zu anderen Wesen – über die intellektuelle Einsicht hinaus, die allein zu schwach ist, um Verhaltensänderungen zu bewirken – ist Voraussetzung dafür, Verantwortung für uns selbst, für andere und für die Natur zu entwickeln. Die meditative Erfahrung muss allerdings auch in unser Tun einfließen, nur dann wird sie sich im Außen manifestieren. Wenn wir im inneren Gleichgewicht sind, werden wir durch unsere Aktivitäten auch kein neues Ungleichgewicht schaffen. Wenn wir nicht im Gleichgewicht sind, werden wir dagegen mit unseren Bemühungen nur neues Ungleichgewicht bei uns wie bei anderen hervorrufen. Das innere Gleichgewicht kann allein durch die innere Umwandlung erreicht werden, die – wir sagten es schon – das Ziel der Spiritualität ist.

Das integrale Weltbild scheint also nur auf dem spirituellen Weg erreichbar. Willigis Jäger bringt das in seinem Buch *Die Wie-*

derkehr der Mystik sehr schön zum Ausdruck: »Alle Religionen zeigen Wege der Erfahrung dessen, was die heiligen Bücher verkünden. Im Islam ist es der Sufismus, im Judentum die Kabbala, im Hinduismus der Yoga, im Buddhismus Zen, Vipassana, im Christentum Kontemplation und Mystik. Weltverantwortung kann nur der tragen, der im Innersten erfahren hat, was er zutiefst ist, einer, der die Zusammenhänge von Individuum und Ganzheit erfasst hat.«[1]

ERSTER TEIL
UNSERE LEBENSWELT

Unsere gesellschaftliche Situation

Wir leben in einer unruhigen, turbulenten Zeit. Das Bewegungsmoment, mit dem sich unsere Gesellschaften ändern, nimmt ständig zu. Wir in Europa, ja in der ganzen westlichen Hemisphäre, erleben mit der sogenannten Globalisierung und den diversen Krisenerscheinungen, die damit weltweit einhergehen, eine Infragestellung unserer althergebrachten Sichtweisen und Einstellungen.

Die in unseren Gesellschaften gewohnte materielle Sicherheit scheint sich aufzulösen. Bei vielen Menschen entsteht das eher diffuse Gefühl, dass vieles verloren geht, was wir für einen sicheren Bestandteil unserer Kultur gehalten haben. Diffus deshalb, weil sich mehr und mehr zeigt, dass uns ein verbindliches und allgemeines Wertesystem abhandengekommen ist, aufgrund dessen wir all die Vorgänge der neueren Zeit einordnen könnten.

Bei den aktuellen Krisen geht es – anders als früher – weniger um Konflikte zwischen verschiedenen gesellschaftlichen Gruppen, sondern um Grundfragen der Gesellschaften, um die Frage, wie wir Bürger künftig leben wollen.

Um nur die wichtigsten globalen Krisenerscheinungen zu nennen:

- die aktuelle Finanz- und Wirtschaftskrise, die durch die Übertreibung – man könnte auch sagen die Gier – der Finanzmärkte ausgelöst wurde,
- der Klimawandel mit einer Häufung und Zuspitzung von Naturkatastrophen,
- die Energiekrise mit den ersten Anzeichen einer globalen Verknappung der Energierohstoffe Erdöl und Gas,
- die weltweit drohende Erschöpfung der natürlichen Ressourcen. Dies betrifft zunächst Rohstoffe, Mineralien, Wasser, aber auch die landwirtschaftlich nutzbaren Böden, die weltweit knapp werden und zusätzlich von Erosion und Übernutzung bedroht sind. Das wiederum hat zum einen Auswirkungen auf die Nahrungsmittel, deren Preise durch den abnehmenden Ertrag, vor allem aber durch die allgegenwärtige Finanzspekulation in ungeahnte und für viele uner-

schwingliche Höhen getrieben werden. Zum anderen betrifft es zum Beispiel auch die Bestände an Fischen (Stichwort ›Überfischung der Meere‹), von denen etliche Arten in ihrer Weiterexistenz bedroht sind.

Dazu kommen jene Krisenerscheinungen, die vor allem unsere westlichen Gesellschaften treffen und die bereits vor der aktuellen Finanz- und Wirtschaftskrise akut waren:

- Immer mehr Arbeitsplätze werden durch Maschinen ersetzt oder wandern durch Verlegung in sogenannte Billiglohnländer ab, die Arbeitsplätze werden knapp.
- Die Dauerarbeitslosigkeit wird zum großen Problem für ältere Beschäftigte, aber auch für viele junge Menschen, denen vielfach bereits der Einstieg in die Berufstätigkeit verwehrt ist (Stichworte ›Generation Praktikum‹, ›Ausbildungsplatzlücke‹ oder ›prekäre Arbeitsverhältnisse‹).
- Der Geburtenrückgang stellt die Finanzierbarkeit der Sozialsysteme infrage; er ist verursacht vor allem durch die mangelnde Vereinbarkeit von Arbeit und Kindern, festzumachen etwa am Fehlen von Kinderbetreuungsplätzen.
- Die öffentlichen Institutionen und die sozialen Systeme sind in ihrer Funktionsfähigkeit gefährdet. Dies hängt unmittelbar mit den ersten drei Punkten zusammen, aber auch mit der finanziellen Belastung der Sozialsysteme durch eine stetig steigende Lebenserwartung in unseren Ländern, die die Gesundheitskosten wie die Renten- und Pflegeleistungen steigen lässt.
- Durch das Auseinanderdriften der Einkommen, das sich in einem steilen Anstieg der Spitzeneinkommen, einem tendenziellen Steigen der Gewinn- und Kapitaleinkünfte sowie in einem Stagnieren der breiten Arbeitseinkommen zeigt, wird der Gesellschaftsvertrag brüchig; es geht das stillschweigende Einverständnis der Bürger verloren, dass es in der Gesellschaft gerecht zugeht.

Diese Entwicklungen kamen nicht plötzlich, über Nacht, sondern haben sich lange angekündigt. Das Wissen um diese Dinge war durchaus präsent, wenngleich es kaum in der Öffentlichkeit thematisiert wurde. Die krisenhaften Ereignisse brechen immer mehr in unser Tagesgeschehen ein und schaffen eine Grundstimmung, die heute für viele Menschen negativ ist. Nur neunzehn Prozent der Bevölkerung in Westeuropa sehen nach einer am 15. Januar 2007 – also lange vor der Finanz- und Wirtschaftskrise – veröffentlichten Umfrage des Gallup-Instituts mit wirtschaftlichem Optimismus in die Zukunft, lediglich zehn Prozent glauben, dass die Welt künftig sicherer sein wird. Bereits 2004 stellte Jeremy Rifkin, der bekannte Wissenschaftspublizist, auf dem Wirtschaftsforum in Davos einhundertfünfzig Topmanagern die Frage, ob sie die Welt, die sie ihren Enkeln hinterließen, für lebenswert hielten. Alle einhundertfünfzig haben die Frage verneint.

Wir ahnen durchaus, dass sich die expansive und naturverbrauchende Art, mit der vor allem die westliche Welt wirtschaftet, nicht weiter fortsetzen lässt. Ein Ausweichen auf Weltregionen, die von der Krise nicht betroffen sind, ist im Zeitalter der Globalisierung nicht mehr so ohne Weiteres möglich.

Alle Lösungen, die wir für frühere Krisen gefunden haben – die militärische Intervention, das Auswandern großer Bevölkerungsteile in neu entdeckte Weltgegenden oder ein konjunkturelles Ankurbeln der Wirtschaft –, sind uns nicht länger zugänglich oder versprechen keine wirksame Abhilfe. Eine Strategie, wie gegen die Probleme vorzugehen wäre, gibt es zurzeit weder aus dem politischen Sektor noch aus dem der Medien oder der Wissenschaften.

Die Unbestimmtheit der eigenen Lebensziele, die Angst vor existenziellen Krisen – bei fehlender Lösungsperspektive –, die allgemeine Unsicherheit haben bei immer mehr Menschen zu einer Suche nach Sinn, nach Weltbewältigung und Welterklärung, nach Spiritualität geführt. Nach einer 2006 durchgeführten Studie der Identity Foundation sind zehn bis fünfzehn Prozent der erwachsenen Bevölkerung in Deutschland – mit steigender Tendenz – sogenannte Sinnsucher, das heißt Menschen, die für sich neue Identifikationen und neuen Lebenssinn suchen. Große Teile der Jugend stehen mittlerweile dem Materialismus unserer Gesellschaft ambivalent bis kritisch gegenüber. Daneben gibt es eine gleichbleibend große Gruppe von Menschen – etwa vierzig Prozent der Bevölkerung in Deutschland –, die ihren Lebenssinn ausschließlich im materiellen Wohlstand suchen. Die komfortable Versorgung der letzten Jahrzehnte hat allerdings vielen von uns gezeigt, dass materieller Konsum allein nicht dauerhaft erfüllen kann.

Umfragen in westlichen Ländern haben gezeigt, dass für die Teile der Bevölkerung, die in geordneten finanziellen Verhältnissen leben – das sind etwa achtzig Prozent –, ein finanzielles Mehr nicht zu größerer persönlicher Zufriedenheit führt. Abgesehen davon wird es – soweit sich das heute absehen lässt – künftig kaum möglich sein, die gewohnten materiellen Ansprüche angesichts der krisenhaften Herausforderungen für die Menschen in unseren Ländern weiter zu erfüllen.

Zunehmend stellt sich die Frage, ob es sich bei alldem um eine vorübergehende Erscheinung handelt, nach deren Behebung ›business as usual‹ betrieben werden kann, oder ob hinter diesen Erscheinungen schwerer wiegende und grundsätzliche Problemursachen stehen, die nur durch einen Paradigmenwechsel – also durch geänderte Einstellungen, ein neues Weltbild – zu beheben wären. Dazu ist es aber zunächst erforderlich, sich ein Bild davon zu machen, was das bestehende Paradigma unserer Gesellschaften konkret ausmacht.

Die historische Entwicklung unseres Wirtschaftssystems

Wir leben seit langer Zeit mit einem Wirtschaftssystem, das – je nach angenommener Sichtweise – Kapitalismus oder freie Marktwirtschaft genannt wird. Wenige Jahre nach dem größten Triumph, der diesem System vergönnt war, dem Untergang des konkurrierenden kommunistischen Gesellschaftssystems, ist die freie Marktwirtschaft selbst in eine existenzielle Krise geraten.

Unser heutiges Wirtschafts- und Gesellschaftssystem war in den letzten Jahrzehnten ein für die meisten Menschen in unseren industrialisierten Ländern ausgesprochen erfolgreiches Projekt.

Die geistigen Grundlagen für diese Entwicklung wurden bereits in der Zeit der Renaissance gelegt, als der einzelne Mensch und sein Wohlergehen in das Zentrum der gesellschaftlichen Bemühungen gerückt wurden.

Die wirtschaftliche Dynamik entfaltete im achtzehnten Jahrhundert mit der Aufklärung ihren vollen Schwung, als viele grundlegende technische Erfindungen gemacht wurden und die Menschen sich nach und nach von der Bevormundung durch die kirchlichen und politischen Autoritäten frei machen konnten. In den westlichen Industrienationen hat dieses System zu einem ungeahnten sozialen und materiellen Aufschwung geführt – und zwar durch alle gesellschaftlichen Schichten hindurch. Alle Mitglieder unserer Gesellschaften verfügen heute über gleiche Bürgerrechte – ein Umstand, der im siebzehnten und achtzehnten Jahrhundert noch unvorstellbar war. Über die Güterfülle, über die ein durchschnittlicher Bürger in unseren Ländern heute verfügt, hätte sich vor zweihundert Jahren selbst ein reicher Aristokrat glücklich schätzen müssen.

Die diesem System innewohnende Dynamik basiert auf den Prinzipien des Eigennutzes und der rationalen, rechnenden Vernunft. Adam Smith, einer der Gründerväter dieses Systems, meinte, dass der Egoismus der vielen Einzelnen zum größten Gesamtnutzen der Gesellschaft führe. Zusammen mit einer Deutung des Bibelspruchs »Macht Euch die Erde untertan«, der die Natur der uneingeschränkten Verfügung des Menschen zuwies, setzte diese Befreiung der Wirtschaftstätigkeit von obrigkeitlicher und klerikaler Bevormundung die expansiven Energien frei, in deren Folge sich der anhaltende soziale und wirtschaftliche Fortschritt entwickeln konnte.

Das gedankliche Modell hinter diesem System ist das eines dauerhaft expansiven Prozesses der Hervorbringung von Gütern und Dienstleistungen. Angetrieben wird dieses Modell durch die Gewinnerzielungsabsicht der Marktteilnehmer. Expansiv ist das Modell notwendigerweise deshalb, da die Wirtschaft darauf angelegt ist, Gewinne in Form von Zinsen auf das eingesetzte Kapital zu erzielen. Da die Zinsen, makroökonomisch gesehen, nur durch einen sogenannten Mehrwert – das heißt ein Mehr an Produkten oder Dienstleistungen – bezahlt werden können, zwingt dies die Wirtschaft in eine Wachstumsspirale. Nur durch neue Produkte und/oder neue Märkte kann sichergestellt werden, dass das Produktivkapital weiter gewinn- und damit zinsbringend eingesetzt wird. Das Gleichgewicht in diesem Modell wird – mindestens in der Theorie – automatisch durch den ausgleichenden Preismechanismus für die Produktionsfaktoren Kapital, Arbeit, Produktionsmittel, Rohstoffe und Energie erreicht. Der Mechanismus funktioniert so, dass Preissteigerungen bei einem Faktor zur Substitution dieses Faktors durch einen anderen führen. In der Vergangenheit war es vor allem die Arbeit, die durch vermehrten Einsatz von Kapital beziehungsweise Maschinen ersetzt wurde.

Die Expansion der Wirtschaft wird ermöglicht durch eine Ausweitung der Produktion und durch die Intensivierung des Produktionsprozesses, meist über den Einsatz von Maschinen, sowie durch eine mit dem Einsatz der Maschinen verbundene ständige Verbesserung der Organisation der Arbeitsabläufe.

Die Maschine und ihre Mechanik sind es auch, die der ebenfalls in der Aufklärung geschaffenen Newton'schen Physik zugrunde liegen, mit Gott als dem genialen Uhrmacher. Die Maschine wie die Wirtschaft arbeiten nach mechanisch-logischen und rational-ökonomischen Prinzipien. Naturwissenschaften und Technik bilden – gleichsam selbst Metamaschine, also Maschine hinter den Maschinen – den Motor für die wirtschaftliche Dynamik und schaffen immer perfektere Verfahren der Naturbeherrschung. Das waren zunächst die mechanischen Kraftmaschinen des achtzehnten und neunzehnten Jahrhunderts, dann die elektrischen Maschinen, heute die Elektronik, Bioelektronik, Nanotechnik und so fort. Jede dieser Technologien hat alte Verfahren abgelöst und einen neuen Wachstumsschub in der Wirtschaft ausgelöst.

Seit den Tagen von Adam Smith bestimmt das Gesetz der großen Zahl die Entwicklung der Wirtschaft. Durch die Spezialisierung auf wenige Produkte und die Zentralisierung in immer größeren Fabriken konnten durch automatisierte Massenfertigung in arbeitsteiligen Verfahren die Güter immer kostengünstiger hergestellt werden. Kostspielige menschliche Arbeitskraft wurde durch Maschinen immer weiter ersetzt. Anstelle von teuren Rohstoffen wurden andere, billigere Stoffe verwendet. Diese Entwicklung der immer weiter gehenden Zentralisierung, Standardisierung und Automatisierung der Arbeit und der Produkte – zusammengefasst unter dem Begriff der Rationalisierung – läuft in unseren Ländern seit langem ab. Die Maschinen wurden immer wichtiger, sie übernahmen immer mehr der Aufgaben, die früher durch Menschen erledigt wurden, und bestimmten schließlich mit ihren Abläufen die Arbeit der Menschen in den Fabriken. Das Großunternehmen wurde zum Standard der Organisation. Seine Prinzipien, die zusammenfallen mit denjenigen der Industrialisierung, wurden immer mehr auch zur Organisation unserer öffentlichen Institutionen herangezogen.

Diese Wirtschaftsform hat in der Folge unsere Lebenswelt stark beeinflusst. Der Soziologe Gerhard Schulze hat für unser westliches Wirtschaftssystem den Ausdruck ›Steigerungsspiel‹ geprägt. In seinem Buch *Die beste aller Welten*[1] gibt er ein stimmiges Bild dafür, wie unsere Wirtschaft funktioniert. Für ihn besteht unsere Kultur der permanenten Steigerung in einer »geordneten Umformung der uns umgebenden wirtschaftlich erfassbaren Realität«.

Die Steigerung unserer Konsummöglichkeiten erfolgt nach drei Typen: Typ 1 repräsentiert die objektive Steigerung – durch Erweiterung und Perfektionierung von Produkten und Dienstleistungen. Typ 2 stellt die symbolische Steigerung dar – sie sucht im Konsum eine Erhöhung des Prestiges. Schließlich gibt es noch Typ 3, die subjektive Steigerung – sie sucht ihren Ausdruck in einem subjektiv schöneren Leben.

Der erste Steigerungstyp kommt dann an sein Ende, wenn die erzeugten Güter nicht mehr perfektioniert werden können, ihr Nutzenpotenzial also weitgehend ausgeschöpft ist. Für viele Marktsegmente ist dies heute bereits der Fall. Wir können als Beispiel den Sektor der Haushaltsgeräte nehmen. Bei den wichtigsten Haushaltsgeräten ist eine annähernd vollständige Marktsättigung erreicht. Es wird immer schwieriger, die Menschen durch neues Design oder eine erweiterte Funktionalität – die oft gar nicht benötigt wird – zur Anschaffung solcher Geräte zu bewegen. Schulze sieht daher unsere industrialisierten Gesellschaften in einer neuen Situation: Der materielle Mangel ist überwunden. Damit ist das Streben der Menschen nicht mehr auf das Ziel der Beseitigung der Not gerichtet, sondern auf das Erreichen des ›guten Lebens‹, den dritten Steigerungstyp.

Diese Entwicklung hat der Psychologe Abraham Maslow als einer der Ersten bereits in den Fünfzigerjahren des vorigen Jahrhunderts vorhergesehen. Er definierte die nach ihm benannte Bedürfnispyramide, die für alle von ihm untersuchten Gesellschaften gilt (siehe auch das Kapitel *Die Entwicklung geistigen Potenzials in der Psychologie*). Auf den Stufen dieser Pyramide steigen wir höher, wenn die Bedürfnisse der vorhergehenden Stufen abgedeckt sind. In unseren Gesellschaften scheinen wir an einem Punkt angelangt zu sein, an dem wir von den Stufen der Erfüllung der materiellen Grundbedürfnisse (also Nahrung und Wohnen) und der Sicherheitsbedürfnisse zu den Stufen der Wertschätzung durch andere und der Stufe der Selbstverwirklichung voranschreiten. In der Terminologie des Steigerungsspiels sind das also Typ 2 und 3.

Für Schulze liegt der Erfolg des Steigerungsspiels darin, dass es den Menschen Orientierung gibt, wie sie sich verhalten können. Und die allgemein verbreitete Annahme, dass sich alle Menschen daran orientieren, ermöglicht wiederum den unternehmerischen Entscheidungen eine hohe Planungssicherheit. Für ihn stellen selbst die offenkundigen Defizite des Steigerungsspiels – die Ausbeutung der Rohstoffe, die Umweltverschmutzung, die Massenarbeitslosigkeit – Ressourcen dar in dem Sinn, dass gerade die Defizite zu neuen Projekten im Rahmen des Steigerungsspiels werden. Diese geniale Einfachheit und Effektivität sichere die weitere Zukunft. Für Schulze ist es deshalb nicht die Frage, was nach dem Steigerungsspiel kommt, sondern, was hinzutritt: »In Umrissen wird eine zweidimensionale Moderne erkennbar. Neben dem alten Zentrum der Sachen, der Natur, des Könnens gewinnt das neue Zentrum des Subjekts, der Kultur, des Seins an Macht. Das liegt daran, dass der

Knappheit von Steigerungswissen ein Überfluss von Möglichkeiten gegenübersteht. Die Aufmerksamkeit verlagert sich von den Sachen zu dem Subjekt, das sie handhabt.«[2]

Es stellt sich natürlich die Frage, wie weit das Bild des Steigerungsspiels – mit seiner ihm innewohnenden Automatik des Wachstums – in die Zukunft tragen kann. Solche Bilder ewigen Wachstums haben uns Menschen immer fasziniert. Sie schenken uns ein Gefühl der Sicherheit. Wenn wir allerdings fragen, wie nachhaltig dieses Modell ist, müssen wir seine Zukunftsfähigkeit untersuchen. Denn: Das Bild des Steigerungsspiels gibt unsere jüngere wirtschaftliche Vergangenheit und Gegenwart ziemlich genau wieder. Es ist ein schönes Bild für einen dauerhaft expansiven Prozess, der allen Spielteilnehmern frei zugänglich ist und grundsätzlich alle Optionen der Spielteilnehmer zulässt. Aus mehreren Gründen ist es jedoch unwahrscheinlich, dass sich diese Expansion aufrechterhalten lässt.

In früheren Jahrzehnten gestaltete sich angesichts der Armut breiter Gesellschaftsschichten der Wachstumsprozess der Wirtschaft vergleichsweise einfach. Es bestand Nachfrage nach allen Gütern, die produziert wurden. Wenn es zu Überproduktionen kam, waren sie konjunkturell oder durch soziale Notlagen bedingt – etwa durch die Inflation nach dem Ersten Weltkrieg. Alle Menschen hatten Anteil am wachsenden Wohlstand, alle wurden als Arbeitskräfte gebraucht. Energie und Rohstoffe waren im Überfluss vorhanden und billig.

Die ärgste materielle Not der Menschen konnte beseitigt werden, es gab für alle eine Grundversorgung mit Nahrung, Wohnung, Bildung und ausreichenden sozialen Schutz.

In den Sechzigerjahren des vorigen Jahrhunderts meinte man gar, in diesem Wirtschaftsverlauf eine Gesetzmäßigkeit sehen zu können, als die Ökonomen vom ›goldenen Pfad‹ des Wachstums sprachen und in großer Zahl Arbeitskräfte aus den südeuropäischen Ländern angeworben werden mussten, da die heimische Bevölkerung nicht ausreichte, um den Bedarf der Wirtschaft an Arbeitskräften zu decken.

Die Krisen der jüngsten Zeit, von denen wir eingangs gesprochen haben, zeigen jedoch, dass diese Zeit des schrankenlosen und ungehinderten Wachstums vorbei ist. Sie machen deutlich, dass Modelle, die die Vergangenheit einfach in die Zukunft fortschreiben, ein falsches Bild geben. Bereits die Absehbarkeit oder Wahrscheinlichkeit von Engpässen bei wichtigen Rohstoffen führt zu deren enormer Verteuerung, die durch kein Modell vorhergesehen oder gar abgefangen werden kann. So hat sich innerhalb ganz kurzer Zeit – zwischen 2005 und 2008 – durch die Preisspekulation an den Märkten der Preis für Rohöl verdreifacht, ohne dass dies durch Produktions- oder Lieferengpässe zu erklären wäre. Nach dem Ausbruch der Wirtschaftskrise – ohne dass sich der Verbrauch in nennenswertem Umfang verringert hätte und trotz Reduzierung der Fördermengen – sind die Preise für Erdöl wieder auf das Ausgangsniveau von 2005 zurückgegangen. Ähnliche Entwicklungen gibt es auch auf den Märkten für Metalle und Nahrungsmittel.

Dies zeigt, dass eine wichtige Annahme des Steigerungsspiels, die grundsätzliche Verfügbarkeit der für die Produktion und den Konsum notwendigen Ressourcen, nicht mehr gegeben ist. Es zeigt aber auch, dass einer der Grundparameter des Kapitalismus, die Annahme, dass der Markt von selbst zum Gleichgewicht tendiert und keiner Eingriffe bedarf, unter den Bedingungen der Knappheit wichtiger Ressourcen nicht gilt.

Um plausible Aussagen über den künftigen Verlauf des Steigerungsspiels zu machen, ist es deshalb notwendig, sich seine Rahmenbedingungen anzusehen, also diejenigen Faktoren, die vom Steigerungsspiel nicht direkt beeinflusst werden können. Das sind vor allem die Natur, die ihre Güter als Umwelt, Nahrungsmittel, Energie und Rohstoffe bereitstellt, ebenso wie die Institutionen der Gesellschaft, die den Ablauf des Steigerungsspiels in hohem Maß mitbestimmen.

Einflussfaktoren auf die künftige Wirtschaftsentwicklung

Um die Frage zu beantworten, ob das Steigerungsspiel in unseren Ländern nach dem bisherigen Muster weitergehen kann, ist es hilfreich, sich die Entwicklung der Wirtschaft als einen natürlichen Prozess vorzustellen. Wie alle solchen Prozesse durchläuft er eine Kurve, die zunächst langsam, dann exponentiell ansteigt, um schließlich entweder in einen stabilen Dauerzustand überzugehen oder zu einem mehr oder weniger raschen Ende zu kommen. Eine ebenfalls häufig zu findende Variante besteht darin, einen neuen Entwicklungspfad zu finden, auf dem weiteres Wachstum möglich ist. Es gibt keinen Prozess in der Natur mit einem dauerhaft unbegrenzten Wachstum eines Organismus oder eines Biotops. Aber die Artenbildung bei Tieren und Pflanzen zeigt, dass es durch Änderungen im Biotop immer wieder ökologische Nischen für die Entwicklung neuer Arten gibt.

Wie die Prozesskurve der Wirtschaftsentwicklung verläuft, hängt davon ab,

a) ob die Teilnehmer an diesem Prozess ausreichend mit Nahrungsmitteln, Energie und Rohstoffen versorgt werden können,
b) ob die Produktion von Gütern und Dienstleistungen rentabel genug erscheint, um weiteres Wirtschaftswachstums anzuregen,
c) ob die Mitspieler die nötige Leistungsfähigkeit und Motivation aufbringen, um sich im Produktionsprozess zu engagieren, und schließlich,
d) ob immer mehr Güter und Dienstleistungen produziert werden können, die von den Mitspielern auch abgenommen werden.

Je nachdem, wie sich diese Parameter entwickeln, wird sich die weitere Entwicklung der Prozesskurve ganz unterschiedlich gestalten.

Die Bedrohung unserer physischen Lebensgrundlagen

Die Krisen der vergangenen Monate lassen erkennen, dass auf lange Sicht die globalen Themen, also Rohstoffe, Energie, Klima, Erhaltung der Umwelt, dringend neue Konzepte und einen Wandel unserer Einstellungen erfordern. Es wird immer deutlicher, dass der Naturverbrauch, den sich die westlichen Länder leisten, nicht verantwortbar ist. Verantwortbar ist hingegen ein ›nachhaltiger Verbrauch‹, das heißt ein solcher, der nur so viel entnimmt, dass der Bedarf aller Menschen sowie derjenige künftiger Generationen befriedigt werden kann. Es zeigt sich aber, dass bei vielen Rohstoffen und für viele Nahrungsmittel bereits bei heutigem Verbrauch das weltweite Angebot knapp wird. Zusammengefasst könnte man diese Herausforderung als das Problem der fehlenden Nachhaltigkeit unserer westlichen Lebensweise bezeichnen. Denn es ist der Westen, der durch seinen hohen Ressourcen- und Naturverbrauch den größten Teil der Verantwortung für dieses Problem trägt.

Anfang der Siebzigerjahre wurde erstmals in systematischer Form einer breiten Öffentlichkeit die Endlichkeit unseres Wachstumsmodells ins Bewusstsein gerufen, als unter der Autorenschaft von Dennis Meadows der Bericht des Club of Rome über *Die Grenzen des Wachstums* erschien. Dieser Bericht zeigte auf, dass sich bei einer Fortsetzung der aktuellen Nutzung der weltweiten Rohstoffe in wenigen Jahrzehnten Verknappungen bei einzelnen Rohstoffen, vor allem dem Erdöl, zeigen würden. Dieser Bericht hatte keinerlei Folgen auf den Fortgang der wirtschaftlichen Entwicklung, sodass der Autor Ende 2003 in einem Interview feststellen musste, dass die letzten dreißig Jahre ohne wirksame Gegenmaßnahmen verstrichen und seine Vorhersagen über das Schwinden der weltweiten Rohstoffvorräte zum großen Teil eingetroffen seien. Angesichts einer sich verschärfenden Situation bezüglich der Rohstoffe, der Umweltprobleme sowie der Arbeitsplätze sei die Notwendigkeit zum Umsteuern in Richtung auf eine an nichtmateriellen Gütern orientierte Weltwirtschaft drängender denn je.

Es ist interessant, dass dieses Interview zum Zeitpunkt des Erscheinens keinerlei Resonanz in den Medien oder in der Politik fand. Die Wahrnehmungsbereitschaft für Nachhaltigkeitsthemen hat sich inzwischen mit dem Aufflammen der Klimadiskussion zwar erhöht, aber – wie noch zu zeigen sein wird – die Diskussionen werden meist auf (CO_2-)Nebenkriegsschauplätzen geführt.

Was wir in unseren Ländern noch nicht direkt wahrnehmen, was uns aber Experten aus allen Bereichen der Wissenschaft immer dringlicher als Bedrohungsszenario an die Wand malen, ist die Gefährdung unserer Lebenswelt, die dann gegeben ist, wenn wir den Weg des wirtschaftlich-technischen Wachstums weitergehen, den wir seit nunmehr einigen hundert Jahren – ohne Rücksicht auf die ökologischen Grundlagen – beschreiten.

In den letzten Jahren wurde eine Reihe von Dokumenten vorgelegt, die uns angesichts wachsender Bevölkerungszahlen und eines zunehmenden Naturverbrauchs die Endlichkeit der Ressourcen unserer Erde deutlich machen. In seinem 2003 erschienenen Buch *Macroshift* stellt Ervin Laszlo umfangreiches statistisches Material vor (vor allem aus dem *Living Planet Report*, herausgegeben vom World Wildlife Fund, 1998), durch welches der Naturverbrauch belegt wird: In der einschlägigen Literatur hat sich der Begriff ›ökologischer Fußabdruck‹ eingebürgert, um damit auszudrücken, welchen Anteil ein Mensch, ein Dorf, ein Land von der Kapazität unseres Planeten für sich in Anspruch nehmen für Nahrung, Wasser, Energie, Gebrauchsgegenstände, Verschmutzung und Abfall, sowie für Raum für Wohnung und Infrastruktur. Der verfügbare Erdanteil für jeden einzelnen Menschen beträgt bei der heutigen Bevölkerungszahl von mehr als sechs Milliarden etwa 2,1 Hektar. Tatsächlich überschreiten wir global unsere Erdanteile um über dreißig Prozent. Das heißt, wir entnehmen der Erde mehr für unsere Versorgung, als sie nachliefern kann, und wir verschmutzen die Umwelt in einem höheren Maße, als sie regenerieren kann. Dabei nehmen die reichen Länder deutlich größere Anteile in Anspruch als die ärmeren. Die Situation ist bereits heute kritisch. Hinzu kommt, dass in den aufstrebenden bevölkerungsreichen Nationen – vor allem China und Indien – Bevölkerungszahl und Wirtschaft weiterhin kräftig wachsen. Die Wirtschaft muss dort freilich wachsen, um nur die dringendsten Bedürfnisse der Bevölkerung zu erfüllen. Bis zur Jahrhundertmitte werden rund neun Milliarden Menschen auf unserer Erde leben. Durch den damit verbundenen zusätzlichen Naturverbrauch wird der Druck auf das globale Ökosystem weiter zunehmen. Wenn alle Länder die heutigen Anteile der zweiundvierzig reichsten Länder am Ökosystem der Erde beanspruchen würden, so würde die Übernutzung der verfügbaren Anteile einhundert Prozent ausmachen, eine Situation, die zum ökologischen Kollaps führen müsste.

Laszlo führt im Einzelnen den Raubbau an Wasser, Luft, Rohstoffen und Ackerboden an – Letzteres vor allem in China, welches sich unter Einsatz aller technischen Möglichkeiten bemüht, die Menschen mit den Ergebnissen des verfügbaren Ackerlandes zu ernähren.

Wir wirtschaften aber weiterhin so, als ob die Ressourcen unbegrenzt verfügbar wären und unsere Umwelt die produzierten Abfälle unbegrenzt aufnehmen könnte. Bereits heute leben in den am dichtesten besiedelten Gebieten viele Menschen in gesundheitsbedrohenden Verhältnissen; das Ansteigen von Allergien und Atemwegserkrankungen hat vielerorts epidemische Ausmaße angenommen.

Die Herausforderung durch diese ökologische Zuspitzung ist weit größer und grundsätzlicher als die Probleme, mit denen wir heute in den wirtschaftlich hoch entwickelten Ländern zu tun haben. Da wir daran gewöhnt sind, Nahrung, Energie und Rohstoffe grenzenlos zur Verfügung zu haben, ist uns deren Endlichkeit aus dem Blick geraten und ebenso der Umstand, dass wir dies alles global teilen müssen. Das Steigerungsspiel funktioniert hier wie anderswo auch: Es reagiert auf Knappheit durch steigende Preise und durch Substitution der knapp gewordenen Güter durch Ersatzgüter. Eine Substitution wäre allerdings dann nicht möglich, wenn bestimmte Rohstoffe oder Nahrungsmittel insgesamt weltweit knapp würden. Außerdem funktioniert die Substitution in unserem Marktmechanismus so, dass die Stärkeren die für sie günstigere Lösung den Schwächeren aufdrängen und neue Verwerfungen an anderer Stelle im Markt erzeugen. Wir sehen beispielsweise, dass zurzeit große Anstrengungen unternommen werden, das knappe Erdöl durch nachwachsende Ersatzstoffe wie Zuckerrohr, Mais oder Raps für den Fahrzeugantrieb – dies vor allem in den USA – zu ersetzen. Die Folge ist, dass sich dadurch etwa der Weltmarktpreis für Mais in den zwei Jahren von 2005 bis 2007 fast auf das Doppelte erhöht hat. Das ist zwar gut für die Maisproduzenten, aber schlecht für die armen Menschen in Mittel- und Südamerika, deren Hauptnahrungsmittel der Mais ist, und es ist auch schlecht für die Umwelt. Eine derartige Lösung kann im besten Fall nur das lokale Versorgungsproblem der amerikanischen Wirtschaft lösen, nicht das globale Energieproblem. Die Produktion von Treibstoffzusätzen aus Getreide oder Raps hat nämlich zudem eine schlechte Energiebilanz. Sie verbraucht insgesamt mehr Energie, als sie neu zur Verfügung stellt, und ist überhaupt nur möglich, da die Maisproduktion vom amerikanischen Staat subventioniert wird – so wie die Rapsproduktion von der EU. Dabei wäre es ein Leichtes, das Treibstoffproblem nachhaltig durch den Einsatz energiesparender Motoren zu lösen. Solche Motoren gibt es zwar, nur werden kaum Autos damit angeboten und gekauft. Und die Autoproduzenten üben politischen Druck aus, wenn sie durch staatliche Bestimmungen dazu gezwungen werden sollen, den CO_2-Ausstoß ihrer Fahrzeuge zu reduzieren.

Um ihrer Verantwortung zur Lösung der Energie- und Umweltprobleme nachzukommen, müssten die Menschen aufhören, nach dem eigenen Vorteil zu handeln – dem Lustgewinn des schnellen Autofahrens bei den Konsumenten, der Gewinnerzielungsabsicht beim Verkauf teurer, schneller Limousinen bei den Autoproduzenten. Das einzige Mittel, um zu einer nachhaltigen und partnerschaftlichen Nutzung der Natur zu gelangen, sieht Laszlo daher in einer ethischen Neuorientierung, die allen Menschen das Lebensnotwendige gewährt – und gleichzeitig die Abläufe der Natur bewahrt.

Mit der heutigen egoistischen Einstellung der meisten Bürger werden wir die anstehenden Probleme nicht lösen können. Kein Zweifel: das Steigerungsspiel – mit seiner dem Marktmechanismus, genauer dem Preismechanismus folgenden Logik – funktioniert auch in diesem Bereich. Aber nicht so, dass unsere Umweltprobleme gelöst würden.

Und auf die Lösung der Umwelt- und Energieprobleme in den aufstrebenden Ländern wie Indien und China können wir – wenn überhaupt – nur Einfluss nehmen, wenn wir selbst durch verantwortungsvolles Beispiel und eigene Einsparungen im Verbrauch vorangehen. In diesen Ländern haben die vielen hundert Millionen Menschen, die zusätzliche Energie für das Lebensnotwendige benötigen, gar nicht die finanziellen Mittel, um Alternativen zu wählen.

Um die Bemühungen für eine nachhaltige Welt sieht es also nicht gut aus. Nachhaltigkeit weltweit kann nur erreicht werden, wenn alle Menschen grundsätzlich gleiche Rechte auf den Verbrauch von Gütern und Dienstleistungen haben, die für ein menschenwürdiges Dasein Grundvoraussetzung sind, und dem Ökosystem insgesamt nicht mehr entnommen wird, als nachwachsen kann. Davon sind wir weit entfernt. Es würde voraussetzen, allen Menschen weltweit Zugang zu diesen Gütern zu gewähren, ohne gleichzeitig das Ökosystem der Erde zu überfordern. Nachhaltigkeit würde auch bedeuten, den bisher wirtschaftlich wenig entwickelten Ländern Afrikas, Asiens, Mittel- und Südamerikas einen fairen Zugang zu allen Märkten zu eröffnen. Im gemeinsamen Handelsaustausch aber werden diese Länder nach wie vor systematisch benachteiligt, da sich die reichen und mächtigen Länder Vorteile auf ihre Kosten verschaffen, etwa durch das Aufrechterhalten von einseitigen Handelsbeschränkungen oder durch das Subventionieren der Agrarpreise auf ein Niveau, auf dem Bauern in Entwicklungsländern, deren Regierungen ihnen keine Subventionen zahlen, nicht mehr mit unseren Agrarprodukten konkurrieren können. Ein weiteres trauriges Kapitel in diesem Zusammenhang ist die Fischereipolitik der EU. Man hat den armen afrikanischen Ländern die Fischereirechte für einen Bruchteil des durch die EU-Fangflotten erzielten Umsatzes abgekauft – und damit den dort heimischen Fischern ihre Lebensgrundlage entzogen, um diese Länder im Gegenzug mit Almosen der Entwicklungshilfe zu entschädigen. Bis heute erleben wir, dass die westlichen Industrienationen – vor allem in Ländern mit reichen Rohstoffvorkommen – solche Regimes unterstützen, die auf ganz eigennützige Weise Politik für die Interessen der reichen Länder zu Ungunsten ihrer eigenen Bevölkerung treiben.

In den armen Ländern stellen sich zudem die wirtschaftlichen und ökologischen Probleme viel gravierender dar als bei uns und haben vielfach zu Aufständen, Kriegen, Terror und Naturkatastrophen geführt. Damit wird immer deutlicher, dass die westlichen Länder die Interessen der sogenannten Entwicklungsländer genauso berücksichtigen müssen wie ihre eigenen. Es macht Mut, dass der deutsche Bundespräsident dies in seiner viel beachteten Rede am 23. März 2009 zum Ausdruck gebracht hat. Doch es bedarf unser aller Mut, unseren persönlichen Einfluss in diesem Sinne auf Politik, Medien und Wirtschaft geltend zu machen.

Angesichts all der Katastrophen, von denen wir Tag für Tag erfahren, sollte man eigentlich annehmen, dass längst damit begonnen würde, Auswege aus dieser Lage zu beschreiten.

Weit gefehlt! Es gibt zwar eine ganze Reihe von Hoffnung weckenden Ansätzen, die von engagierten Bürgern initiiert werden: so die Unterstützung fairen Handels mit afrikanischen, südamerikanischen und asiatischen Nationen, die Förderung kleiner Wirtschaftsunternehmen in Südasien durch Mikrokredite, die Förderung der biologischen Landwirtschaft, der Bau von Energiesparhäusern und Ähnliches. Der Wertekonflikt – kurzfristige, Ressourcen zerstörende Durchsetzung der eigenen wirtschaftlichen Interessen gegen nachhaltigen, verantwortlichen Umgang mit den Ressourcen der Natur – wird vom kapitalistischen System so jedoch nicht gelöst werden. Ernst Ulrich von Weizsäcker spricht in diesem Zusammenhang von der Notwendigkeit einer ökologisch angepassten Wohlstandsentwicklung, also einer Entwicklung, in der bewusst jene Dinge getan und konsumiert werden, die die Umwelt schonen, und in der auf jene verzichtet wird, die die Umwelt über Gebühr belasten.

Von einem dazu erforderlichen Umsteuern auf breiter Front kann jedoch nicht gesprochen werden. Selbst dort, wo es niemandem wehtut, können sich Einstellungen der Nachhaltigkeit nicht durchsetzen. Nach wie vor werden in unseren Vorstädten mächtige Geländefahrzeuge für Einkaufsfahrten benutzt. Nach wie vor blüht der Wochenendtourismus: Wir fahren über mehrere hundert Kilometer in überfüllte Skigebiete oder verbringen Stunden im Auto, um in unverbrauchter Natur Kaffe und Kuchen zu uns zu nehmen. Wochenendflüge in ferne Städte erleben derzeit einen Boom, Urlaubswochen an entlegenen Sandstränden sind in. Die Entscheidung, auf solches zu verzichten, würde eine Änderung unserer Einstellungen und die bewusste Übernahme von Verantwortung voraussetzen. Leider ist Verantwortung kein Aktionsparameter – nicht in der ›besten aller Welten‹, auch nicht in der kapitalistischen Wirklichkeit. Was wir zurzeit vor allem beobachten können, sind Ersatzhandlungen: Hilfe bei Naturkatastrophen und Hungersnot in Afrika oder Asien, Mülltrennung, Bau von Windkraftanlagen. Dagegen ist überhaupt nichts zu sagen, im Gegenteil, aber das wird unsere Nachhaltigkeitsprobleme nicht lösen.

Wir werden eher von der ernsthaften Beschäftigung mit diesen Problemen abgelenkt, indem Naturkatastrophen, politischer Tagesstreit, Sportereignisse oder Gesellschaftsklatsch in den Vordergrund der Aufmerksamkeit gerückt werden. Eine öffentliche Auseinandersetzung über diese existenziellen Fragen wäre angesichts der kurzen Zeit, die für die Lösung der anstehenden Probleme verbleibt, dringend erforderlich. Sie findet jedoch nicht statt – jedenfalls nicht im politischen Raum. Da werden medienwirksam die großen Klimakonferenzen zelebriert. Dass die dort verkündeten Klimaziele regelmäßig deutlich verfehlt werden, ist allerdings kaum einer Erwähnung wert.

Erschwerend kommt hinzu, dass all diese Krisenerscheinungen am Ende eines sehr langen Wirtschaftsaufschwungs auftreten. Es kann daher nicht geltend gemacht werden, dass sie auf eigene Notlagen oder auf fehlende technische und organisatorische Möglichkeiten zurückzuführen wären. Im Gegenteil: mit den Mitteln, die weltweit für militärische Zwecke ausgegeben werden, könnte alle Not der Welt beseitigt werden. Dass dies nicht passieren wird, kann unter den bestehenden Verhältnissen als sicher angenommen werden.

Es scheint im Übrigen auch so zu sein, dass es – mindestens in der Vergangenheit – nicht die äußeren Umstände waren, die ein Wirtschaftssystem, eine Gesellschaft, scheitern ließen, sondern die Einstellung vor allem der gesellschaftlichen Eliten. Jared Diamond hat dies in seinem Buch *Kollaps – Warum Gesellschaften überleben oder untergehen* am Beispiel von Gesellschaften aufgezeigt, die untergegangen sind, da sie auf Änderungen in ihrer Ökosphäre nicht rechtzeitig und nicht in der richtigen Art reagiert haben. Und es war in den allermeisten Fällen nicht der Mangel an verfügbarer Nahrung, der zum Untergang führte, sondern die falsche Einstellung der Natur gegenüber. Diamond bringt unter anderem das Beispiel der Wikinger in Westgrönland. Deren

Gesellschaft ging unter, als über mehrere Jahrhunderte die Temperaturen sanken. Die Wikinger hatten bis zuletzt für ihre Oberschicht Rinder gehalten, die die dort vorkommende Vegetation – vor allem unter den geänderten klimatischen Verhältnissen – überweideten. Auch hatten sie auf Fischfang verzichtet, da es in ihrem Herkunftsland Norwegen damals nicht üblich war, Fisch zu essen. Während die gleichzeitig mit den Wikingern auf Westgrönland eingewanderten Inuit durch ihre bessere Anpassung an die Notwendigkeiten des Ökosystems bis heute überleben konnten, starb die Wikingerkolonie auf Westgrönland aus. Es ist also ganz wesentlich die Einstellung der Natur und den anderen Menschen gegenüber, die für das Wohlergehen respektive Überleben unter geänderten äußeren Umständen entscheidend ist.

Wir müssen demnach die Fragestellung etwas zuspitzen: Es geht gar nicht darum, dass wir die Wahl haben, etwas gegen den Klimawandel zu tun oder nicht. Der Klimawandel beziehungsweise die Kreisläufe der Natur werden sich so oder so durchsetzen und zu einem ökologischen Gesamtzustand auf einer neuen Ebene führen, und wir werden darauf reagieren müssen. Die Frage ist nur, ob es uns gelingt, jenen Gesamtzustand so zu erhalten, dass das Überleben für uns und unsere Lebenswelt gesichert ist, und ob wir dies mit Voraussicht und Verantwortung, in Kooperation mit den Gesetzmäßigkeiten der Natur oder in Reaktion auf das Eintreten von Notlagen und Katastrophen tun werden. In dieser Frage wird uns der Mechanismus des Steigerungsspiels wohl nicht helfen können. Es wird des bewussten Einstellungswandels vieler Einzelner bedürfen, und es werden viele mutige Entscheidungen im politischen Raum zu treffen sein, um hier einen Umschwung herbeizuführen.

Die Entwicklung der Märkte

Dass die Versorgung mit Rohstoffen und Nahrungsmitteln einen Wandel unserer Lebensführung und eine andere Einstellung zu unseren Partnerländern erfordert, haben wir gesehen. Es dürfte auch klar sein, dass die Notwendigkeit zur Einschränkung des Naturverbrauchs zu einer Abflachung der Kurve einer weiteren

Steigerung der Wirtschaftsleistung führen wird – zumindest was die Produktion von Gütern betrifft.

Wie sieht es aber mit den anderen Faktoren des Steigerungsspiels aus?

Das westliche Wirtschaftssystem ist auf Wachstum angewiesen. Dies liegt schon im zentralen Axiom des Kapitalismus begründet, dass eingesetztes Kapital verzinst werden müsse. Das Kapital suche sich dann die beste Anlage. So würde die beste Zuteilung des Kapitals erreicht – im Interesse aller Marktteilnehmer. Gerhard Schulze zeigt auf, dass die künftige Entwicklung stärker in jenen Bereichen stattfinden wird, die dem Prinzip der Steigerung kaum zugänglich sind: den Bereichen der Dienstleistung im weitesten Sinn, den Gesundheits- und Pflegeberufen, den Berufen im Bildungsbereich. Da dieser Sektor von der Wachstumsdynamik des Steigerungsspiels nur in Teilen erfasst werden kann, bedeutet das auch, dass die Wirtschaft nicht mehr mit der bisherigen Dynamik wachsen wird, sondern vielleicht sogar – in monetären Begriffen ausgedrückt – stationär bleiben oder schrumpfen wird.

Denkmodelle für eine Wirtschaft, die nicht der Dynamik der Zinsentwicklung folgt, wurden jedoch – mindestens in den maßgeblichen politischen und wissenschaftlichen Kreisen – nicht entwickelt. Dabei gibt es durchaus Ansätze, die zum Teil bereits praktisch erprobt wurden – etwa nach dem Schwundgeldmodell, das in Tirol in den Zwanzigerjahren des zwanzigsten Jahrhunderts erfolgreich praktiziert wurde. In diesem Modell wurde das Horten von Geld nicht mit Zinsen vergütet, sondern mit Strafzinsen belegt, was dafür sorgte, dass Geld stets im Umlauf blieb. Mit diesem einfachen Verfahren, welches die Wirtschaft in Schwung hielt, wurde binnen kürzester Zeit entgegen der Entwicklung in den anderen Landesteilen ein ungeahnter wirtschaftlicher Aufschwung erreicht. Der wurde allerdings durch staatliche Intervention bald gestoppt – weil nicht sein kann, was nicht sein darf. Derartige Modelle stehen bis heute weitgehend unter Denkverbot. Der Kapitalismus des Zinsgewinns ist als Denkmodell so stark in den Köpfen der Wissenschaftler und Politiker verankert, dass Alternativen gar nicht in Betracht gezogen werden.

Unabhängig von diesem grundsätzlichen Bedarf nach einem alternativen Wirtschaftsmodell sei die Frage gestellt: Ist es realistisch, davon auszugehen, dass unsere Wirtschaft auf mittlere und lange Sicht ständig weiter wachsen wird?

Eine erste Begrenzung des weiteren Wachstums ergibt sich von den Märkten selbst. Viele Anzeichen deuten darauf hin, dass die Phase des exponentiellen Wachstums der Güterwirtschaft (das heißt eines Wachstums der Güterproduktion mit gleichbleibend hohen Wachstumsraten) in unseren Ländern verlassen wurde. Dies ist zu beobachten an den Sättigungserscheinungen in vielen Marktsegmenten, in denen es immer schwieriger wird, die Menschen zum Konsumieren neuer Produkte zu bewegen. Die meisten Menschen in den Industrieländern sind mit den Geräten des täglichen Bedarfs versorgt, neue Bedürfnisse in Form neuer Produkte oder neuer Versionen bestehender Produkte müssen erst durch Werbung geweckt werden. Dies wird immer schwieriger, kostspieliger und weniger Erfolg versprechend. Man betrachte nur die Pleitewelle der vergangenen Jahre, siehe die Schieflagen selbst so großer Firmen wie Karstadt, General Motors mit Opel in Deutschland, Ford, selbst Daimler-Chrysler. Die Liste ließe sich nahezu beliebig verlängern. Daneben gibt es große Bereiche der Wirtschaft, die dank neuer Produkte weiter florieren: etwa die Kommunikations- und Unterhaltungselektronik, Reisen, Gesundheits- und Wellnessbereich. Dazu kommen Wirtschaftsbereiche, die erst im Entstehen begriffen sind. Hier ist es vor allem der Bereich der Energie- und Umwelttechnik, der das Potenzial besitzt, in wenigen Jahrzehnten der Automobilindustrie den Rang abzulaufen. Wir haben also die Erscheinung von teilgesättigten Märkten, in denen der Grenzertrag abnimmt, das heißt, in denen das eingesetzte Kapital nicht mehr die gewünschte Verzinsung erwirtschaftet, mit der Folge, dass Unternehmer immer mehr Kapital exportieren und damit in solchen Regionen investieren, in denen höhere Gewinne erzielt werden können. Dies ist häufig mit einem ›Export‹ von Arbeitsplätzen in solche Länder verbunden. Dies wiederum führt – wie wir weiter oben gesehen haben – zu einer Abnahme der Konsumbereitschaft bei den betroffenen Arbeitnehmern und Zulieferern.

Eine Abschwächung der Konsumneigung ergibt sich in jüngerer Zeit auch aus dem Verhalten vieler Menschen, die bewusst eine Gegenposition zur Konsumhaltung einnehmen. Sie entscheiden sich für eine Strategie des Zeitgewinns, indem sie Tätigkeiten wählen, die ihnen persönlich am Herzen liegen, aber keinen oder nur einen geringen wirtschaftlichen Ertrag bringen. Sie haben sich also – um in der Terminologie des Steigerungsspiels zu bleiben – auf den Lernweg der Seinsentwicklung begeben. Dies lässt sich etwa einem Bericht der Süddeutschen Zeitung vom 21. Juni 2006 entnehmen, dass es zu keinem Zeitpunkt in Deutschland mehr Künstler gegeben habe als heute. Dies sei umso bemerkenswerter, als die Einkommen von Künstlern – einkommensstatistisch gesehen – von Jahr zu Jahr abnähmen und sich teils auf Sozialhilfeniveau bewegten. Dennoch seien die allermeisten Kulturschaffenden nicht bereit, einen Job in der Wirtschaft anzunehmen.

Ganz generell ist in unserer Gesellschaft eine Verringerung des Massenkonsums festzustellen – unabhängig von Sättigungserscheinungen oder Aussteigerszenarien. Die Unsicherheit der Arbeitsplätze, der Sozialsysteme und die Verteuerung vieler Gegenstände des täglichen Bedarfs lassen die Konsumneigung breiter Bevölkerungsschichten zurückgehen.

Eine Einschränkung des künftigen Marktwachstums resultiert auch daher, dass die Bevölkerung Großprojekten oder neuen Verfahren zunehmend kritisch gegenübersteht. Bei vielen modernen Großprojekten fehlt die gesellschaftliche Zustimmung. Neue Technologien und Verfahren bringen oft größere Umwelt- oder Gesundheitsrisiken mit sich. Ob es sich um Anlagen der Atomenergie, um gentechnische Forschungen, Projekte der Großchemie, der Pharmaindustrie, der Nahrungsmittelindustrie (siehe BSE-Krise) oder große Verkehrsprojekte (wie etwa den Bau des Transrapid), um neue Produktionsanlagen (zum Beispiel für Großflugzeuge), um große Windparkanlagen handelt, um den ›Ausbau‹ der Donau et cetera: Der Widerstand der Bürger gegen mögliche Beeinträchtigungen durch Lärm oder durch Gesundheitsrisiken, durch Umweltschädigung oder durch Landschaftsverschandelung wächst und macht solche Projekte in unseren

Ländern inzwischen vielfach undurchführbar. Auch hier ist eine Grenze für eine weitere Expansion zu sehen.

Dies alles mag vielleicht als Ergebnis einer eher oberflächlichen und vorläufigen Betrachtung erscheinen. Die Frage etwa, ob es sich bei den jüngsten Entwicklungen der Konsumnachfrage um eine Richtungsänderung des Wachstumsprozesses handelt und dieser in der Folge in einen stabilen Zustand übergeht oder ob die Öffnung der Wirtschaft zu mehr Dienstleistungen eine solche Dynamik entwickeln kann, dass sie sich insgesamt zu einem neuen Wachstumsprozess hinbewegt, kann zum heutigen Zeitpunkt nicht schlüssig beantwortet werden. Dies wird die Zukunft zeigen. Was jedoch bereits aus heutiger Sicht festgestellt werden kann, ist, inwieweit die Mitspieler im Steigerungsspiel durch die gegebenen Rahmenbedingungen gefördert oder behindert werden. Eine ganz entscheidende Rolle bei der weiteren Entwicklung spielt ja die Frage, wie sich die Mitakteure künftig verhalten werden, vielleicht besser: verhalten können. Denn in vielem sind die Mitspieler an die Rahmenbedingungen gebunden, die sie in ihrer Gesellschaft vorfinden.

Die künftige Rolle der Arbeit

Der menschlichen Arbeit kommt sicher die größte Bedeutung im Steigerungsspiel zu. Der permanente Wandel in der Wirtschaft hat auch zu einem großen Wandel bei den Bedingungen geführt, unter denen die Arbeit in unseren Gesellschaften stattfindet.

Auf dem Arbeitsmarkt findet ein Prozess statt, wie er in ähnlicher Form in der gesamten Wirtschaft zu beobachten ist. Das Steigerungsspiel läuft auch innerhalb der Wirtschaft ab – etwa in Form von neuen Produktions-, Transport- und Kommunikationstechniken. Es werden immer neue, meist arbeitssparende Verfahren und Technologien entwickelt. Um konkurrenzfähig zu bleiben, sind die Unternehmen gezwungen, solche Verfahren einzuführen und teure menschliche Arbeit durch Maschinen zu ersetzen oder ihre Produktion beziehungsweise Teile davon in Länder mit niedrigeren Löhnen zu verlagern, solange dies zu günstigeren Preisen der Produkte führt. Die Zahl der Beschäftigten in der Fertigung in Ländern mit hohen Löhnen wird also weiter zurückgehen. Diese Beschäftigten können aber nicht einfach in den wachsenden, florierenden Bereichen eingesetzt werden, da sie vielfach nicht über die dafür erforderlichen Qualifikationen verfügen. Mit ihren bisherigen Löhnen bliebe ihnen nur der Einsatz in Bereichen mit hoher Wertschöpfung, wofür entsprechend hohe Bildungsqualifikationen erforderlich sind.

Durch die Rationalisierungserfolge der Wirtschaft und den Export von Arbeitsplätzen wird die Zahl der in den Industrieländern Beschäftigten langfristig weiter abnehmen. Der Wissenschaftspublizist Jeremy Rifkin schätzt, dass Mitte des einundzwanzigsten Jahrhunderts in unseren Ländern zwanzig Prozent der Bevölkerung ausreichen werden, alle Bürger mit Gütern und Dienstleistungen zu versorgen. Auch wenn dieser Prozentsatz deutlich höher sein sollte: Die produzierenden Bereiche, Industrie und Gewerbe, die im letzten Jahrhundert die Gesellschaft im Wesentlichen getragen haben, werden in unseren Ländern schwächer werden zugunsten der ›unproduktiven‹ Bereiche wie Unterhaltung, Medien, alle Arten von Dienstleistungen. Dies wird sich langfristig negativ auf die Arbeitseinkommen auswirken, da die Löhne im Dienstleistungsbereich tendenziell niedriger sind als die im Produktionsbereich. Kapital- und Arbeitseinkommen entwickelten sich bereits in den letzten zwanzig Jahren sehr ungleich. Während die Arbeitseinkommen stagnierten, sind die Kapitaleinkommen fast auf das Doppelte gestiegen. Nach einer von der Frankfurter Rundschau in Deutschland im April 2007 – also in einer Zeit der Hochkonjunktur und der abnehmenden Arbeitslosigkeit – durchgeführten Umfrage gaben siebenundsiebzig Prozent der Befragten an, nicht am Aufschwung der Wirtschaft zu partizipieren. Die wirtschaftlich schwächeren Bevölkerungsgruppen müssen sich also mit sinkenden Einkommen zufriedengeben. Der Anteil der Geringverdiener in Deutschland, also derjenigen, deren Monatseinkommen unter 1500 Euro liegt, ist zwischen 1995 und 2005 von fünfzehn auf zweiundzwanzig Prozent der Erwerbsbevölkerung gestiegen. Eine Untersuchung der österreichischen Arbeiterkammer im Sommer 2007 zeigt, dass der Rückgang die mittleren Einkommensschichten erreicht hat. Modellhaft wurden die Einkommenssituation und die Ausgaben für Ernährung, Wohnen, Heizen, Gesundheit, Verkehr und Freizeit berechnet: Eine durchschnittlich verdienende Familie (zwei Erwerbstätige mit zusammen 2955 Euro) konnte im Jahr 2000 noch 85 Euro im Monat zurücklegen. 2007 ist die ›Sparmöglichkeit‹ auf 27 Euro geschrumpft (Bericht im Kurier vom 24. August 2007).

Da stellt sich schon die Frage, womit die arbeitenden Menschen künftig Güter und Dienstleistungen bezahlen sollen. Den im Rahmen des Steigerungsspiels angebotenen Gütern und Leistungen wird keine entsprechende Nachfrage gegenüberstehen. Wir stehen hier vor einem für unsere Länder neuen Problem: Viele Menschen werden von der Wirtschaft als Arbeitskräfte nicht mehr gebraucht werden.

Aber auch die Anforderungen an die Arbeit werden sich ändern. Dies gilt zunächst für die Form der Organisation der menschlichen Arbeit und hier vor allem für die Großorganisationen, die großen Unternehmen, die von den Änderungen betroffen sind und mit ihnen die Menschen, die in diesen Organisationen arbeiten. In der jüngeren Vergangenheit waren es die Großunternehmen, gleichsam die Flaggschiffe des Kapitals, die die Leitbilder der Orientierung darstellten. In ihrer der Militärorganisation nachgebildeten Form haben sie ein hierarchisches Schema der Durchsetzung der Erfolgreichen durch Konkurrenz vorgegeben. Dafür, dass sie für alle ihre Mitglieder die materielle Versorgung und die Sicherung gegen die Lebensrisiken übernahmen, forderten sie deren Loyalität ein. Sie waren für viele Menschen Lebensmittelpunkt und Bezugspunkt hinsichtlich ihrer Identifikation und Lebensziele; das Großunternehmen wurde gleichsam als Großfamilie gesehen.

In den Organisationen gab es – dem Prinzip der Rationalisierung folgend – einen ständigen Trend zu immer größeren Einheiten. Die Menschen waren in diesen Organisationen nur kleine Rädchen, die Entwicklung ihrer persönlichen Qualitäten wurde auf Kosten der Anpassung an die Notwendigkeiten der Erhaltung der Organisation zurückgedrängt. Die meisten der auszuführenden Tätigkeiten waren schematisch und einseitig, der Konformitätsdruck war groß. Die großen Konzerne übernahmen zwar mehr und mehr die Daseinsvorsorge für ihre Mitglieder, erzogen diese damit aber auch zu größerer Passivität.

Natürlich war vieles gut, was in diesen Organisationen entstand: Tätigkeiten, die den Menschen nicht nur wirtschaftliche Prosperität, sondern auch geistige Entwicklung boten; neue, faszinierende Aufgaben für Forscher, Entwickler, Ingenieure, Kaufleute. Für das Gros der Beschäftigten blieb jedoch nur mechanische und geistlose Arbeit in den Fabriken, wo der Mensch zur bloßen Ergänzung der Maschine wurde.

In unserer schnelllebigen und gewinnorientierten Wirtschaft sind Großunternehmen nun zu teuer und zu schwerfällig geworden. Zu teuer, weil Großorganisationen enorme Verwaltungsapparate aufbauen und für ihre Mitarbeiter aufwendige Sozialleistungen erbringen: Sozialwohnungen, Sportstätten, Bibliotheken und anderes. Zu schwerfällig, weil sich große Organisationen nur langsam an Änderungen anpassen können. Paradigmatisch lässt sich das an den großen Automobilproduzenten in den USA beobachten. Sie sind in eine existenzielle Krise geraten, da sie zu lange auf die alten Modelle mit hohem Treibstoffverbrauch gesetzt haben und mit einem erheblichen Kostennachteil gegenüber der ausländischen Konkurrenz produzieren müssen: Die Gewerkschaften haben – wie man Presseberichten entnehmen konnte – in den gewinnträchtigen Jahrzehnten eine soziale Absicherung für die Belegschaften erkämpft, die heute einen Kostennachteil von 2000 Dollar je produziertes Fahrzeug bedeutet.

Da sich das Änderungstempo der Wirtschaft ständig erhöht, werden große Organisationen zunehmend durch kleinförmige Organisationen ergänzt oder ersetzt. Dies zeigt sich etwa an der wachsenden Zulieferindustrie im Automobilbereich. Die Automobilproduzenten selbst sind zu Montagebetrieben geworden. Die einzelnen Fahrzeugteile werden von spezialisierten Firmen hergestellt. Die Zulieferer übernehmen teilweise sogar die Montage bei den Automobilproduzenten.

Der Soziologe Richard Sennett hat in seinem 2004 erschienenen Buch *Die Kultur des neuen Kapitalismus* anhand von Untersuchungen bei den fortschrittlichsten Unternehmen der Medien-

und Finanzbranche den Menschentyp herausgearbeitet, der unter den dort zu findenden sozialen Bedingungen bestehen kann. Er hat laut Sennett drei Herausforderungen zu meistern. Da sich Größe und Organisationsform seines Betriebs ständig ändern, muss er sich in kurzfristigen Beziehungen und mit sich selbst zurechtfinden, sogar ganz ohne konstantes Ichgefühl auskommen können. Die zweite Herausforderung betrifft die eigene Qualifikation. Viele Fertigkeiten haben nur mehr eine kurze Anwendungsdauer, es müssen ständig neue Fähigkeiten erlernt werden. Perfekt durchgeführte Arbeit wird zu teuer, das daraus abgeleitete Selbstgefühl gerät zum Luxus. Die handwerkliche Einstellung, die in der Qualität der geleisteten Arbeit Befriedigung fand und daraus ein konstantes und stabiles Ichgefühl entwickeln konnte, wird in den neuen Organisationsformen mehr und mehr ersetzt durch wechselnde Tätigkeitsbereiche mit diffuser Verantwortungssituation, in denen es schwerfällt, stabile Verankerungen für das eigene Ich zu bilden. Die dritte Herausforderung hat nach Sennett mit den beiden ersten zu tun und besteht in der Bereitschaft, lieb gewordene Gewohnheiten aufzugeben und sich von der Vergangenheit zu lösen. Sennett hält es für denkbar unwahrscheinlich, solche Menschen zu finden. Er hält sie – vor dem Hintergrund unserer heutigen Gesellschaft – für eine ungewöhnliche Sorte Mensch. Zu stark identifizieren wir uns in unseren Gesellschaften noch mit den gewohnten Rollenvorstellungen gesicherter Arbeitsverhältnisse, mit stabilen Sozialbeziehungen, mit der Bewahrung sozialer Besitzstände, mit einem hohen Selbstwert aus anerkannter, erfolgreicher Arbeit.

Diese Beobachtungen von Sennett haben Bedeutung über den von ihm beschriebenen Bereich der Wirtschaft hinaus, zumal seine Beobachtungen vor allem auf den stark wachsenden Sektor der Zeit- oder Leiharbeit zutreffen. Das ist jener Bereich, in dem von darauf spezialisierten Firmen Arbeitskräfte für einen Einsatz bei Firmen bereitgestellt werden, die kurzfristige Arbeitsspitzen abdecken müssen und dafür kein neues Stammpersonal einstellen wollen. In Deutschland hat die Zahl der Beschäftigten in Zeitarbeit zwischen 2002 und 2007 von 265 000 auf nahezu 700 000 zugenommen. In vielen Firmen bilden diese Arbeitnehmer mittlerweile so etwas wie eine zweite Belegschaft, die zu deutlich ungünstigeren Bedingungen arbeitet als die echte Stammbelegschaft.

Die Beobachtungen Sennetts treffen auch für die verschiedensten Franchisebetriebe zu, die als selbstständige Betriebe Produkte oder Dienstleistungen großer Firmen vermarkten oder für sie als Subunternehmer fungieren.

Wir befinden uns mitten in einem Prozess, in dem die hierarchieorientierte Konkurrenzgesellschaft mehr und mehr durch ein Netzwerkmodell – vielleicht sollte man besser sagen: Patchworkmodell – abgelöst wird. Die Ordnung in diesem Modell wird weniger durch hierarchische und finanzielle – also eher statische – Abhängigkeiten hergestellt; sie ist dynamisch, ständigen Änderungen unterworfen und bildet sich durch gegenseitige Unterstützung und Förderung heraus. Der Einzelne ist in viel höherem Maß auf sich gestellt: beruflich, sozial, in seiner familiären Situation. Das Lavieren zwischen den undurchsichtigen Chancen und Risiken des Arbeitsmarktes erfolgt weitgehend auf eigene Faust. Dazu ist es notwendig, neue soziale Kompetenz zu erwerben. Der Aufbau von persönlichen Netzwerken wird immer wichtiger. Der Einzelne wird viel stärker gefordert, auf neue Situationen in seinem beruflichen Umfeld, auf Lebensrisiken zu reagieren. Es kommt viel mehr auf das eigene Urteil, auf eigene Erfahrungen und eigene Entscheidungen an – und weniger darauf, sich den Regeln einer Organisation entsprechend zu verhalten.

Das Erwerben einer solchen sozialen Kompetenz wird genauso wichtig werden wie erworbenes Wissen. Um auch hier das Denkmodell des Steigerungsspiels anzuwenden: Der Lernweg des Seins erfährt eine Betonung durch die Ausweitung der Pflege der sozialen Dimension. Die eigenen Angelegenheiten selbst in die Hand zu nehmen, den existenziellen Risiken ausgesetzt zu sein, bringt neben dem Erwerb sozialer Kompetenz auch neuen Sinn in unser Leben und kann damit dem dritten Steigerungstyp zugerechnet werden, der Erreichung des ›guten Lebens‹. Menschen müssen mehr Verantwortung für sich übernehmen.

Das Bild der Organisation der Wirtschaft und das der Menschen in diesen Organisationen wandeln sich sehr stark. Dem werden die öffentlichen Institutionen folgen müssen, indem sie sich auf diese neue Situation einstellen und den Menschen Wahlmöglichkeiten anstelle vorgeschriebener Lösungen anbieten. Zudem werden sich positive gemeinschaftliche Qualitäten entwickeln müssen. Mehr Mitmenschlichkeit, mehr Bereitschaft, mit anderen in Kontakt zu treten, mehr Mitgefühl.

Die Krise unserer Institutionen

Zu den Rahmenbedingungen unserer Wirtschaft, die ganz wesentlich die Gestaltung des Steigerungsspiels mitbestimmen, gehören unsere öffentlichen Institutionen, insbesondere die Sozial- und Bildungssysteme. Sie sorgen für ein reibungsloses Funktionieren der Wirtschaft und sichern den Lebensunterhalt der Beschäftigten bei Krankheit, Arbeitslosigkeit, im Alter und bei andauernder Arbeitsunfähigkeit. Und sie sorgen dafür, dass die jungen Menschen eine Ausbildung erhalten, die sie befähigt, sich möglichst effektiv am Steigerungsspiel zu beteiligen. Dieser Bereich der öffentlichen Institutionen ist zu einem großen Teilbereich der Wirtschaft geworden und erwirtschaftet in Deutschland fast die Hälfte des Bruttosozialprodukts.

Die Sozialsysteme wuchsen in den industrialisierten Ländern in den zurückliegenden Jahrzehnten weit stärker als die Wirtschaft. Der Anteil der Staatstätigkeit am Bruttosozialprodukt hat sich in Deutschland nach dem Krieg von circa zwanzig Prozent auf fast fünfzig Prozent ausgeweitet. Dies ist zu einem großen Teil auf die Expansion der staatlichen Sicherungssysteme zurückzuführen. Was von Bismarck Ende des neunzehnten Jahrhunderts gegründet wurde, um arme, ungeschützte und ungebildete Bevölkerungsschichten gegen die existenziellen Notlagen Krankheit und Alter in Form einer materiellen Grundsicherung zu schützen, wurde im zwanzigsten Jahrhundert immer besser ausgestattet und um immer neue Ansprüche erweitert. Angesichts dieser Entwicklung erschien es fast so, dass künftige Generationen frei von jeder materiellen Not würden leben können, in komfortablen Lebensumständen, wie es etwa F. D. Roosevelt in seinem New Deal den Menschen in Aussicht stellte (der New Deal war ein Bündel von Wirtschafts- und Sozialreformen in den USA, das mit massiven staatlichen Investitionen die Binnenkonjunktur ankurbelte und zusammen mit der Einführung eines Sozialversicherungssystems, progressiver Besteuerung und massiver Arbeitszeitverkürzung die durch die Weltwirtschaftskrise verursachte Massenarbeitslosigkeit und -armut linderte). Solchen Vorstellungen folgten nach dem Zweiten Weltkrieg Wirtschaftswissenschaftler wie Politiker. Die sozialen Lebensbedingungen der Bevölkerung wurden auf einen im historischen Vergleich hohen Stand gehoben. Die Folge dieser Grundhaltung war, dass die Ausgaben für den Sozialbereich wesentlich stärker anstiegen als das erwirtschaftete Bruttosozialprodukt. In einer Wirtschaft mit Vollbeschäftigung konnten die überproportional zunehmenden finanziellen Belastungen jedoch gut verkraftet werden.

Gleichzeitig wurden Verfahren und Denkweisen der Wirtschaft in diese Systeme eingeführt, um die steigenden Anforderungen organisatorisch bewältigen zu können. Heute ist das rationale, wirtschaftliche, gewinnorientierte Denken weitgehend auch zum Maßstab für soziale Entscheidungen geworden. Zu Beginn dieser Entwicklung überwogen die positiven Wirkungen der Übernahme von Methoden aus der Wirtschaft, da diese Methoden einen rationelleren Einsatz der Mittel ermöglichten – etwa durch die Einführung der kaufmännischen Buchführung und einer Kosten- und Planungsrechnung.

In dem Maß, in dem das rationelle Denken auf die sozialen Tätigkeiten selbst angewendet wurde, indem diese industrieähnlich und immer arbeitsteiliger organisiert wurden und sich in der Folge das Augenmerk der für diese Prozesse Verantwortlichen mehr auf die Ausgestaltung besagter Prozesse zum eigenen wirtschaftlichen Vorteil statt auf die Interessen derjenigen richtete, für die diese Systeme eingerichtet wurden, wuchsen auch die Probleme in und mit den verantwortlichen Institutionen.

Symptomatisch dafür ist das Ergebnis einer Umfrage der Gesellschaft für Konsumforschung (GfK) Anfang 2007 unter mehr als sechshundert Personen im Ruhestand. Neunundneunzig Prozent der Ruheständler waren davon überzeugt, dass unsere Sozialsysteme in der Krise sind.

Die Sicherung der Generationenfolge

Das Rentensystem ist eines der wichtigsten Solidarsysteme. Es stellt die Absicherung der Generationenfolge unserer Gesellschaft dar. Nur wenn genügend Menschen berufstätig sind und Beiträge zur Rentenversicherung leisten, können die Renten für die nicht mehr Berufstätigen bezahlt werden. Nur wenn genügend Kinder geboren werden, gibt es ausreichend viele künftige Beitragszahler. Das ganze System kann nur funktionieren, wenn ein Gleichgewicht besteht zwischen der Gruppe der Arbeitenden, den Wirtschaftsunternehmen, den Rentnern und den Kindern. Dieses Gleichgewicht war in Deutschland längere Zeit gegeben, sodass die Renten stärker steigen konnten als die Einkommen und die Rentenversicherung sogar Kuren und Weiterbildungsmaßnahmen für die Berufstätigen finanzieren konnte. Das Gleichgewicht ging jedoch mit den Achtzigerjahren des vorigen Jahrhunderts mehr und mehr verloren, da sich die Politik einseitig an den Interessen der Wirtschaft, der Arbeitnehmer und der Rentenbezieher orientierte. Die Interessen und Bedürfnisse der jungen Eltern wurden dagegen nicht wahrgenommen. Adenauer wird im Zusammenhang mit der von ihm durchgeführten Rentenreform 1957, in der auf eine solche Förderung verzichtet worden war, der Satz zugeschrieben: »Kinder kriegen die Leute immer.« Zunächst kam das Gleichgewicht zwischen Beitragszahlern und Rentnern aber durch die steigende Lebenserwartung der Rentner ins Wanken, wodurch den Arbeitenden immer mehr Rentner gegenüberstanden. Vollends verloren ging es durch die massenhaften Frühverrentungen der Neunzigerjahre, die von der Politik beschlossen wurden, um Arbeitsplätze für die von Arbeitslosigkeit bedrohten jungen Berufstätigen freizumachen. Damit meinte man, zwei Fliegen mit einer Klappe zu schlagen: Man würde das Arbeitslosenentgelt für die jungen Menschen sparen und dafür Renten an die Älteren zahlen. Anscheinend ein genialer Plan. Nur wurden die frei werdenden Arbeitsplätze in der Realität nicht neu vergeben. Die Wirtschaft nutzte dieses Projekt, um ihre Belegschaften zu verschlanken. Zusätzlich geriet das Gleichgewicht von der Beitragsseite her in Schieflage, da das Beitragsaufkommen stagnierte – wegen der hohen Arbeitslosigkeit und da viele der neu ins Berufsleben Eintretenden nur geringe und unregelmäßige Einkünfte hatten. Schließlich kam als gravierendster Punkt hinzu, dass seit Jahren zu wenige Kinder geboren werden, um das Rentensystem in der gewohnten Art des Umlageverfahrens aufrechterhalten zu können.

Man hatte bei aller Konzentration auf das wirtschaftlich Zweckmäßige übersehen, sich um die Belange der jungen Eltern zu kümmern. Wir wissen heute, dass die Erfüllung des Kinderwunsches ganz wesentlich davon abhängt, dass Menschen für sich eine gesicherte finanzielle Zukunft sehen. Diese gefühlte Sicherheit ist vielen Familien abhandengekommen. Mehr als ein Drittel der unter Dreißigjährigen in Deutschland verdiente im Jahr 2008 weniger als 1500 Euro im Monat, immer mehr der jungen Beschäftigten sind als Leiharbeiter ohne langfristige Absicherung angestellt. Ausbildungsabgänger werden fast schon im Regelfall als Praktikant oder mit befristeten Zeitverträgen eingestellt.

Außer einer existenziellen Absicherung durch eine feste Arbeitsstelle brauchen die jungen Familien angesichts der Tatsache, dass heute im Regelfall beide Partner berufstätig sind, zudem Unterbringungsmöglichkeiten für ihre Kinder.

Dass es gerade diese Maßnahmen sind, die entscheidend für die Realisierung des Kinderwunsches sind, sieht man am Beispiel anderer Ländern – etwa an dem Frankreichs und Skandinaviens. Dort wurde ein komfortables Betreuungsangebot für Kleinkinder geschaffen, wodurch der Trend der fallenden Geburtenraten umgekehrt werden konnte.

In Deutschland wird solches immerhin für die Zukunft in Aussicht gestellt. Aber selbst das beste Betreuungsangebot wird das demografische Problem der auf dem Kopf stehenden Alterspyramide nicht lösen können. Wir müssen uns darauf einstellen, dass künftig immer weniger Menschen durch ihr Arbeitseinkommen immer mehr Menschen erhalten müssen. Bei gleichbleibender Geburtenrate kommt in Deutschland im Jahr 2040 auf einen Arbeitenden ein Noch-nicht- beziehungsweise Nichtmehr-Beschäftigter (heute ist diese Relation noch drei zu eins). Dies wird dramatische Folgen für die Rentensysteme haben. Die dann Arbeitenden werden diese Last allein nicht tragen können.

Um diese Entwicklung umzukehren beziehungsweise so zu gestalten, dass keine Gruppe der Gesellschaft unzumutbar hohe Lasten zu tragen hat, sind eine ganze Reihe von Maßnahmen zu treffen:

1. Den jungen Menschen ist eine berufliche Perspektive zu eröffnen, aus der sie die nötige Sicherheit schöpfen können, um Kinder in die Welt zu setzen. In diesem Zusammenhang sind vor allem die Unternehmen gefordert, im Sinne der Erhaltung des sozialen Friedens am ›Standort Deutschland‹ wieder mehr in den Produktionsfaktor ›Mensch‹ zu investieren und jungen Leuten langfristige Perspektiven zu bieten. In Sonntagsreden wird das gern beschworen, in der Praxis werden Arbeitskosten gespart und Leiharbeiter eingestellt. Nicht einmal die Hälfte aller Betriebe in Deutschland bildet Lehrlinge aus.
2. Um die demografische Entwicklung zugunsten von mehr Kindern nachhaltig umzukehren, sind mehr Kindergärten und mehr Kinderbetreuung sowie eine flexiblere Organisation der Arbeitszeit für berufstätige Eltern einzuführen.
3. Es wird zu Umverteilungen im Rentensystem kommen müssen. Unklar sind nur das Ausmaß und die Form der Umverteilung der Lasten. Um zu einer gerechten, nachhaltigen Lösung zu gelangen, müsste man denjenigen, die von der heutigen Situation bevorzugt werden – das sind, rentenmathematisch betrachtet, vor allem die heutigen Rentenbezieher – zumuten, zugunsten künftiger Generationen auf einen Teil des eigenen Einkommens zu verzichten.
4. Da diese Last nicht von zwei Gruppen – den Arbeitnehmern und Rentenbeziehern – allein getragen werden kann, sind alle sozialen Gruppen in die Finanzierung all der Maßnahmen einzubeziehen, die nötig sind, um das Rentensystem wieder in ein nachhaltiges Gleichgewicht zu bringen.

Die Lösung dieser Fragen kann das ökonomische, egoistische Paradigma, welches nur den jeweils eigenen Nutzen im Blick hat, nicht liefern. Dazu ist ein ganzheitlicher, partnerschaftlicher Ansatz erforderlich. Man wird den Menschen nur dann die Bereitschaft zu einem Kompromiss abringen können, wenn sich alle

Teile der Gesellschaft erkennbar und verhältnismäßig an der Neuverteilung der Rechte und Pflichten beteiligen. Davon sind wir heute allerdings weit entfernt. In der politischen Debatte beobachten wir vor allem, wie die eigenen Besitzstände verteidigt werden. Die Vertreter der privilegierten Gruppen – um nur als Beispiel die Bezieher von Beamten- oder Politikerpensionen zu nehmen – entziehen sich gerne mit dem Argument, dass ihre Systeme mit denen der Allgemeinheit nicht vergleichbar seien und dass sie ohnehin schon viel zu künftigen Einsparungen beigetragen hätten.

Es sind vor allem die Ungleichheit der Handelnden – auf der einen Seite die mächtigen Leistungsanbieter, die staatlichen Institutionen, die Interessenvertretungen, die großen Firmen, auf der anderen Seite die nicht organisierten und nicht auf die Übernahme eigener Verantwortung vorbereiteten Leistungsempfänger – und eine bei allen Teilnehmern am eigenen Vorteil ausgerichtete Einstellung, die dazu führen, dass Fehlentwicklungen nicht klar angesprochen und beseitigt werden. Mit dem Slogan ›Die Renten sind sicher‹ hat man die Menschen noch in einer trügerischen Sicherheit gehalten, als die Probleme der demografischen Entwicklung für die künftige Rentenentwicklung bereits offen zutage getreten waren. Man meint, es den Bürgern nicht zumuten zu können, mit der Realität in Berührung zu kommen – der Realität des Arbeitsmarkts, der demografischen Entwicklung und deren Auswirkung auf die Ansprüche der unterschiedlichen gesellschaftlichen Gruppen. So versuchen die verschiedenen Alters- und Berufsgruppen über ihre Lobby, eigene Belastungen zu vermeiden und sie in die Zukunft oder auf andere Gruppen zu verschieben.

Die Probleme sind durchaus in einer alle zufriedenstellenden Weise lösbar: sicherlich nicht mit den Mechanismen des Marktes oder des Lobbyismus. Wir dürfen es nicht dem Markt oder den Lobbys überlassen, die materielle und soziale Existenz der Menschen zu sichern. Dazu sind politische Entscheidungen auf einer breiten gesellschaftlichen Basis erforderlich. Und wir dürfen das Problem der Sicherung der Generationenfolge auch nicht ausschließlich aus der Sicht der Rentenbezieher angehen. Stattdessen müssen wir dazu die ganze Gesellschaft in den Blick nehmen und dort beginnen, wo die Voraussetzungen für diese Sicherung geschaffen werden: bei den Familien. Die aber haben keine Lobby. Die Solidarität mit den Mitmenschen ist zurzeit keine der vorherrschenden Einstellungen der ›großen‹ Politik. Zur Beseitigung des Grundübels, der gruppenbezogenen Sicht auf die Gesellschaft – aus der Perspektive des eigenen Wohls – ist eine ganzheitliche und solidarische Haltung nötig. Nur diese kann für eine nachhaltige und gerechte Lösung sorgen.

Die Zukunft unseres Gesundheitswesens

Das wirtschaftliche Wachstum der vergangenen Jahre ließ es zu, dass den Versicherten im Gesundheitswesen eine Vollversorgung zuteilwurde, die – den durch Forschung und technische Entwicklung bereitgestellten neuen Möglichkeiten folgend – ständig mehr Mittel erforderte und, da sie aus dem Wirtschaftswachstum heraus finanzierbar war, immer weiter ausgedehnt wurde. Diese Dynamik wurde in Deutschland durch die Politik noch künstlich gefördert. Nach dem Motto ›Jeder Kreisstadt in meinem Wahlkreis ihr eigenes Krankenhaus‹ kam es zu einem Ausbau von Krankenhäusern über den tatsächlichen Bedarf hinaus. Die Budgets der Krankenhäuser machen heute in Deutschland etwa ein Drittel des Gesundheitsmarktes aus; die Zahl der im Gesundheitsbereich Beschäftigten liegt bei insgesamt 4,5 Millionen, die knapp elf Prozent des Bruttosozialprodukts erwirtschaften – eine Größenordnung, die nur noch vom Gesundheitssystem der USA übertroffen wird. Heute beginnt man, die mit Steuergeldern finanzierten Bettenkapazitäten abzubauen, indem man Krankenhäuser schließt. Im Gesundheitswesen wurde die Entwicklung ursprünglich von der Maxime geleitet, dass sich – unter der Annahme, dass Versicherungsbeiträge und Gesundheitskosten im gleichen Maß steigen würden – eine unbegrenzt wachsende Versorgung dauerhaft werde aufrechterhalten lassen. Diese Annahme trifft jedoch längst nicht mehr zu: Auf der einen Seite ließen die höhere Lebenserwartung der Menschen und die zunehmenden – auch zunehmend teureren – Möglichkeiten der Medizin die Gesundheitskosten steigen, auf der anderen Seite sanken die Versicherungseinnahmen durch die weiter oben erwähnten Probleme einer hohen Arbeitslosigkeit, die damit verbundenen kürzeren Beitragszeiten und die Frühverrentungen, die ebenfalls ein verdeckter Ausdruck für strukturelle Arbeitslosigkeit sind. Die Folge waren ständig steigende Versicherungsbeiträge und damit steigende Löhne. Da die Beiträge bei Angestellten Lohnbestandteile darstellen, kam diese Steigerung aber nicht den Beschäftigten zugute, sondern übte in Form von höheren Arbeitskosten zusätzlichen Druck auf den Arbeitsmarkt aus – in Richtung auf eine weitere Wegrationalisierung von Arbeitsplätzen.

Dennoch geht es im Kern der Wachstumsdynamik des Gesundheitswesens weder um die arbeitsmarktbezogenen und demografischen Probleme, noch um das Problem, den medizinischen Fortschritt für die Versicherten zu erschließen, wie dies von manchen Vertretern des Gesundheitswesens gern als so schwierig dargestellt wird.

Der Kern der Probleme liegt in der besonderen Mechanik des Steigerungsspiels im Gesundheitssystem. Die Leistungsanbieter sind vor allem daran interessiert, ihr Angebot auszuweiten und möglichst hohe Gewinne zu erzielen. Dies gelingt auch, da im Einzelfall kaum kontrolliert werden kann, ob die erbrachten Leistungen notwendig und angemessen sind. Selbst von der Ärzteschaft wird eingeräumt, dass viele diagnostische Untersuchungen, therapeutische Maßnahmen und sogar Operationen überflüssig und vermeidbar sind. Allein bei Herzoperationen schätzt man diesen Anteil in Deutschland auf fünfzig Prozent. In dem Maß, in dem das Gesundheitswesen für das Steigerungsspiel geöffnet und zu einem dynamisch wachsenden Geschäftsfeld wird, steigen auch die Gesundheitsausgaben. Als Beispiel dienen auch hier die USA, wo diese Entwicklung am weitesten fortgeschritten ist und die weltweit die mit Abstand höchsten Gesundheitsausgaben pro Einwohner zu verzeichnen haben.

Die Pharmaindustrie versteht es besonders gut, sich einen wachsenden Anteil am Markt des Gesundheitssystems zu sichern. Eine der häufig angewendeten Praktiken besteht darin, neue Medikamente zu entwickeln, die kaum besser wirken als die alten, aber um Zusätze ergänzt werden, die die Produkte stark verteuern. Diese neuen Medikamente werden dann besonders beworben, die alten verschwinden langsam vom Markt.

Dass auch im Gesundheitswesen das Industriemäßige Einzug gehalten hat, zeigt sich am Zunehmen derjenigen Gesundheitsleistungen, die sich, maschinell unterstützt, nach dem Gesetz der großen Zahl organisieren lassen. Krankheitsfälle werden nach vorgegebenen standardisierten Normen behandelt – unabhängig von der Befindlichkeit und Besonderheit der Menschen, um die es geht.

Im Gegenzug werden immer mehr solcher Verfahren abgebaut, die die Selbstheilungskräfte der Patienten stützen und damit keinen Beitrag zum Steigerungsspiel leisten. So werden künftig in Deutschland Naturheilmittel nicht mehr von den Kassen erstattet – nicht, weil sie weniger wirksam sind, sondern weil sie wegen ihrer geringen Toxizität (also dem in ihnen enthaltenen Giftpotenzial) nicht mehr verschreibungspflichtig sind und als nicht verschreibungspflichtig aus dem Katalog der Kassenpräparate herausfallen. Ein Ergebnis, das fast komisch wirkt, würde es nicht eine traurige Realität deutlich machen.

Entgegen der zu beobachtenden Entwicklung sind die Leistungsempfänger vor allem an menschlicher Zuwendung interessiert. Das Erbringen von Gesundheitsleistungen ist immer mit einem hohen persönlichen Anteil der an der Heilung Beteiligten – Heiler wie Patient – verbunden. Man spricht auch vom Vertrauensverhältnis zwischen Arzt oder Heiler und Patient. Dieses Vertrauensverhältnis ist wesentlich für den Heilungsprozess, kann aber nur durch menschliche Interaktion entstehen, durch Zuwendung und Gespräch. Der praktizierende Arzt Bernd Hontschik zeigt in seinem Buch *Körper, Seele, Mensch* die Wichtigkeit der Kommunikation zwischen Arzt und Patient als Voraussetzung für den Heilungserfolg auf, indem er betont, dass sich Arzt und Patient über die Bedeutung der Beschwerden abstimmen müssten. Nur so könne der Mediziner erkennen, was seinem Gegenüber wichtig ist und welche Zeichenhaftigkeit seine Symptome haben, nur dann könne es zu einer ›Passung‹ zwischen den beiden kommen. Hontschik beklagt, dass die persönlichen ärztlichen Leistungen entgegen der Bedeutung, die sie für den Heilungserfolg haben, immer weiter zurückgedrängt werden. Der Anteil der Gesundheitsausgaben der gesetzlichen Kassen für die ambulante Behandlung habe sich in den letzten Jahren von dreißig auf etwa fünfzehn Prozent reduziert. Und mit den ›Reformen‹ seit der Veröffentlichung seines Buchs sind Gespräche mit Patienten aus dem Katalog der abrechenbaren Leistungen herausgefallen.

Daran zeigt sich ein Grundwiderspruch zwischen den – institutionell vertretenen – Interessen der Leistungsanbieter und denen der Leistungsempfänger. Es ist aber nicht abzusehen, dass dieser Grundwiderspruch aufgelöst wird. Das Gesundheitssystem wird immer mehr nach rein ökonomischen Gesichtspunkten organisiert, bei Minimierung des persönlichen Anteils an den Gesundheitsleistungen. Die Leistungen werden normiert und klassifiziert, durch Statistiken und Budgets in eine gewünschte Richtung gelenkt – in die Anwendung maschineller Leistungen, die Verabreichung von Pharmaka et cetera.

Dies hat auch damit zu tun, dass in den zahlreichen Kommissionen der Gesundheitsreform in Deutschland die Vertreter der Gesundheitsbürokratie und der Pharmaindustrie unter sich sind. Die Folge sind ›Reformen‹, die diesen Namen nicht verdienen und nur als bürokratisch übersteigerte Gebilde bezeichnet werden können.

Selbstverständlich leisten auch die Patienten ihren Beitrag zum ungebremsten Wachstum, indem sie oft überflüssige Leistungen in Anspruch nehmen. Es wird ihnen aber auch nicht vermittelt, dass es auf ihre Sparbemühungen ankommt. Und sie können nicht einmal kontrollieren, welche Kosten sie verursacht haben. Für Leistungsanbieter wie für Leistungsempfänger ist es bislang von Vorteil, wenn sie umfangreiche Leistungen abrufen beziehungsweise verabreichen, denn sie müssen nicht für die Kosten aufkommen.

Es zeigt sich, dass das Steigerungsspiel auf dem Markt für Gesundheit zwar zu ständigem Wachstum führt, aber die an den Leistungsempfängern orientierten sozialen Ziele wie Solidarität und Gerechtigkeit – also die Gleichbehandlung im Sinne der Gesunderhaltung aller – kommen dabei zu kurz. Ohne eine dem Ganzen verpflichtete Verantwortung aller Akteure kann das Gesundheitssystem weder seine sozialen noch seine Gesundheitsaufgaben zufriedenstellend erfüllen. In den letzten Jahrzehnten haben sich in Deutschland trotz ständig steigender Ausgaben weder die Zufriedenheit mit dem Gesundheitssystem noch der Gesundheitszustand der Bevölkerung verbessert. Hier erweist es sich als ein Schwachpunkt des Steigerungsspiels, dass in diesem Modell die Wirkung großer und konzentrierter Marktmacht nicht berücksichtigt wird. Dieser Einfluss führt – egal, wo er auftritt – zu einer Fehlleitung der Ressourcen und verhindert im konkreten Fall eine nachhaltige Entwicklung des Gesundheitswesens im Interesse der Menschen.

In einem Beitrag der Süddeutschen Zeitung vom 23. März 2009 stellt der Chef des wissenschaftlichen Instituts der AOK Berlin das Offensichtliche fest, wenn er sagt, dass das Gesundheitssystem sich nur an den Interessen der Ärzte, Arzneimittelhersteller und Apotheker orientiere. Die medizinische Versorgung müsse aber aus der Sicht der Patienten organisiert werden. Er hat lediglich vergessen, in seiner Aufzählung die Krankenkassen zu erwähnen. Seine Aussage wäre noch dahingehend zu ergänzen, dass das Gesundheitswesen auch die Förderung der Gesundheit der Menschen in den Blick nehmen müsste, nicht allein die Krankheit und deren Bekämpfung.

Der Widerspruch zwischen einer auf den Menschen und seine Gesundheit bezogenen Medizin und einer allein auf die Förderung des Leistungsangebots einer bestimmten medizinischen Richtung bedachten Gesundheitspolitik wird für immer mehr Menschen deutlich, sodass alternative Medizin und Selbstmedikation einen ausgesprochenen Boom erleben. Wie im Falle des Rentensystems wird eine tragfähige Lösung nicht aus dem Steigerungsspiel heraus entstehen, sondern nur durch ein Umdenken, eine andere Einstellung zum Gesundheitswesen, in einem am Ganzen orientierten, verantwortlichen Miteinander aller Beteiligten.

Die Süddeutsche Zeitung hat in einem Beitrag vom 10. März 2009 über das Gesundheitssystem in Norwegen berichtet. Die Ärzte erhalten dort eine Jahrespauschale für jeden Patienten, der sich (freiwillig) bei ihnen anmeldet, unabhängig davon, wie oft er zur Behandlung kommt. Norweger gehen im Durchschnitt dreimal im Jahr zum Arzt, Deutsche sechzehnmal. Die statistischen Parameter für die Gesundheit sind dabei in Norwegen in allen Bereichen besser als in Deutschland – bei deutlich geringeren Kosten.

Die Institutionen unserer geistigen Zukunft

Der Bildungsbereich hat eine Schlüsselrolle für unsere soziale und wirtschaftliche Zukunft. Nur wenn wir in der Lage sind, ausreichend ausgebildete und qualifizierte Menschen für die künftige Berufswelt vorzubereiten, werden wir unsere wirtschaftlichen und sozialen Ansprüche auch in Zukunft erfüllen können. Entgegen den Erwartungen der mit großen Hoffnungen in den Siebzigerjahren angetretenen Bildungsreformer müssen wir jedoch feststellen, dass sich in Deutschland die Lebenschancen auf Bildung und Einkommen immer ungleicher auf die verschiedenen Sozialgruppen verteilen. Die Bildungsinstitutionen geraten mit ihrem Bildungsauftrag trotz enormer finanzieller Aufwendungen an Grundschulen wie an weiterführenden Schulen ins Hintertreffen – siehe den PISA-Schock 2003, siehe die sogenannte Green-Card-Offensive, mit der – ohne nachhaltigen Erfolg – versucht wurde, qualifizierte ausländische Fachkräfte für die heimische Wirtschaft zu gewinnen, da unser Bildungssystem nicht die ausreichende Zahl solcher Fachkräfte liefern konnte. Siehe auch den Umstand, dass immer mehr Schulabgänger mit Schulabschluss nicht mehr die lese- oder rechentechnischen Voraussetzungen für das Aufnehmen einer Lehrstelle erfüllen. Man schätzt, dass es sich hier um etwa fünfundzwanzig Prozent eines Altersjahrgangs handelt.

Auch im Bildungswesen haben planerische, statistische Verfahren Eingang gefunden. Um das Beispiel der PISA-Studie aufzugreifen: Die schlechten Ergebnisse im internationalen Vergleich haben in Deutschland nicht dazu geführt, die – durchaus bekannten – Problemfelder zu untersuchen und zu verbessern, nämlich die geringe Durchlässigkeit des Stufensystems der Schulen, die mangelnde Förderung der lernschwachen Schüler, die didaktischen Mängel im Unterricht etwa der mathematisch-naturwissenschaftlichen Fächer und vor allem das vollständige Fehlen der Autonomie der Schulen in ihren Entscheidungen. Dagegen wurde beschlossen, zunächst aufwendige Vergleichstests zwischen den einzelnen Bundesländern zu entwickeln und dann durchzuführen, um vergleichbare (gerechte?) Ergebnisse zu erhalten. Die Kultusbürokratien waren auf diese Entscheidung sehr stolz, in den Medien fand sich dazu kaum ein kritisches Echo. Die Situation der deutschen Schüler wird durch solche Tests allerdings nicht besser werden.

Eine Anfang 2007 vom renommierten Aktionsrat für Bildung durchgeführte Studie, die mit ihren Reformvorschlägen an den oben genannten Punkten ansetzte, die von allen Bildungsforschern als verbesserungswürdig erkannt wurden, wurde sogleich von den Standesvertretungen der Lehrer und von den Bildungspolitikern abgeschmettert. Der stärkste Reflex bestand nicht darin, geeignete Vorschläge aufzunehmen, um die besten Voraussetzungen für die Schüler zu schaffen, sondern darin, zu fordern, das Beamtenprivileg für Lehrer und die ungeteilte Entscheidungsbefugnis der Kultusbürokratie über das Geschehen zu behalten. Man muss davon ausgehen, dass die Empfehlungen der Studie nicht weiterverfolgt werden. Dabei zeigen Länder wie der PISA-Spitzenreiter Finnland, wie es anders geht – mit der gemeinsamen Schule für alle bis zum sechzehnten Lebensjahr, mit der Einstellung, dass jedem Schüler im Rahmen des Schulsystems die Förderung zuteilwird, die er benötigt – bei deutlich geringeren Ausgaben je Auszubildendem. Das alles wird durch einen ganzheitlichen, partnerschaftlichen Ansatz erreicht. Sämtliche am Erziehungsprozess Beteiligten – Schule, Eltern, Schüler – stehen in ständigem Austausch, um für die Schüler und damit für die Gesellschaft das Bestmögliche zu erreichen. Interessant ist hier vor allem, dass dadurch nicht nur die Schulleistungen in der Breite, sondern auch an der Spitze gefördert werden. Finnland liegt auch in den Leistungen der besten Leistungsgruppe vorn. Ein positives Ergebnis konnte Polen mit einer im Jahr 2000 durchgeführten Schulreform verbuchen, bei der das Alter, in dem Jugendliche auf verschiedene Schultypen aufgeteilt wurden, von fünfzehn auf sechzehn Jahre erhöht wurde. Zwischen 2000 und 2003 haben sich die Ergebnisse für die schwächeren Schüler in Polen verbessert, 2003 und 2006 fand der Leistungszuwachs im oberen Leistungsbereich statt. Polen ist seitdem – was die PISA-Ergebnisse betrifft – in die Spitzengruppe der OECD-Länder aufgerückt. Aber selbst in Deutschland gibt es Inseln der erfolgreichen Schulreform. So wurde in Berlin an mehreren Schulen jahrgangsübergreifendes Lernen eingeführt. Sinn dieser Maßnahme ist, dass gute Schüler weniger Begabte mitziehen und dabei selber gefordert und gefördert werden. Diese Maßnahme ist so erfolgreich, dass sich die Schulen, die dieses Konzept übernommen haben, mittlerweile ihre Schüler aussuchen können. Sie wird aber vielerorts abgelehnt, da sie den Lehrern das Beschreiten neuer Wege und Mehrarbeit in der Vorbereitung der jeweils individuell auszugestaltenden Unterrichtsstunden abverlangt.

Das zugrunde liegende Problem ist zunächst eines der Selbstwahrnehmung der Bildungsinstitutionen. Die Bildungseinrichtungen haben sich zu sehr darauf konzentriert, was im Sinne des ökonomischen Paradigmas zählt, was quantifizierbar und rationalisierbar ist: die Vermittlung von Wissensinhalten nach standardisierten, einheitlichen Verfahren. Sie verstehen sich zu sehr als Produzenten möglichst vieler, nach den Maßstäben kognitiver Wissensinhalte leistungsfähiger Absolventen und weniger als soziale Instanz, die im Miteinander mit den ihnen Anvertrauten Lebenssinn und Werte, Perspektiven für deren künftiges Leben vermittelt. Dabei zeigen alle erfolgreichen Modelle im Schulbereich, dass der Bildungsauftrag vor allem dort gelingt, wo die Schüler ernst genommen und individuell angesprochen werden, wo die Eltern in den Ausbildungsprozess einbezogen werden und den Lehrern und Schulen ein hohes Maß an Eigenständigkeit eingeräumt wird. Exzellenzinitiativen sind hier der falsche Weg. Eine Bildungspolitik, die in einer frühen Selektion der ›Leistungsfähigen‹ statt in der pädagogischen Förderung aller ihr Heil sucht, hat ohnehin den Bildungsauftrag verfehlt. Es darf nicht darum gehen, durch willkürliches Erhöhen der Leistungsanforderungen möglichst früh für die ›Hochleistungsbildung‹ zu sieben, sondern darum, alle Schüler in ihrem Lern- und Entwicklungsprozess zu fördern – wie dies die skandinavischen Länder mit großem Erfolg vorexerzieren. Unsere Bildungsinstitutionen sind längst statt Problemlöser Teil des Problems geworden. Wir bringen jungen Leuten bei, wie man Raketen zum Mond schießt, aber nicht, was es bedeutet, Gefühle oder Verantwortung zu haben, einen Sinn im Leben zu sehen.

Gerade wenn wir uns vor Augen halten, dass in der neuen Welt des Steigerungsspiels kulturelle und soziale Kompetenz verlangt werden, dass in der Welt der Ich-AGs die Menschen lernen müssen, sich selbstverantwortlich mit ihren existenziellen Problemen auseinanderzusetzen, wird deutlich, dass der zurzeit im Bildungswesen verfolgte Weg einer weiteren Theoretisierung, einer weiteren Konzentration auf kognitive Inhalte in die falsche Richtung führt. Ohne Motivation der Studierenden, ohne das Vermitteln von menschlichen Werten wird die Ausbildung ihren Auftrag verfehlen. Hier zeigt sich das Hauptdefizit des Bildungswesens und manifestiert sich in Form eines verbreiteten Burn-out-Syndroms in der Lehrerschaft und in einem Vertrauensverlust bei den Schülern.

Seltsam unbestimmt bleibt auch, wie eine Entwicklung zum Besseren aussehen könnte. Aus den Bildungsinstitutionen sind jedenfalls kaum Entwürfe vorgelegt worden. Man hat dort anscheinend noch nicht wahrgenommen, dass es im Schulwesen um mehr und anderes geht als um die Vermittlung kognitiver Inhalte und deren Förderung durch Lernmaschinen, Sprachlabors oder durch den großflächigen Einsatz von PCs. Dass die Vermittlung von Werten und die Förderung des menschlichen Potenzials im Vordergrund stehen muss. Wobei bekannt ist, dass Werte nicht theoretisch vermittelt, sondern nur durch das eigene Vorbild weitergegeben werden können. Dass dies zu wenig erfolgt – es ist ja auch nicht Ziel der Lehrpläne –, liegt allerdings nicht nur in der Verantwortung der Schulen, sondern auch in der der Elterngeneration, die es versäumt, diese Werte vorzuleben.

Dabei wird das Ungenügen unseres Bildungssystems von vielen Mahnern ausführlich thematisiert. Die für die Bildung verantwortlichen Institutionen stecken ihre Energien dagegen statt in eine dringend benötigte Strukturreform in eine Rechtschreibreform oder in ein Projekt zur Verkürzung der Sekundarstufe um ein Jahr – unter Beibehaltung der bestehenden Lehrinhalte und der lehrerzentrierten Faktenvermittlung. Und die Standesvertretungen der Lehrer melden sich vorzugsweise dann, wenn es darum geht, erworbene Privilegien zu verteidigen. Die Pädagogik weiß zwar, »dass der Unterricht nicht mit den Sachen, sondern mit den Schülern beginnen muss«, es scheint jedoch, dass es uns bisher sowohl an einer Vorstellung als auch am Willen mangelt, herauszufinden, welche Inhalte und Fähigkeiten es sind, die zu vermitteln wären und wie dies zu geschehen hätte. Versuche, die an diesem Punkt ansetzen, finden zurzeit vor allem an Privatschulen statt – in Deutschland etwa in der Montessori- und der Waldorfpädagogik. Bei allen didaktischen Mängeln, die bei diesen Schulen seitens der Elternschaft durchaus gesehen werden, hat sich in Deutschland zwischen 1992 und 2007 die Zahl der Schüler an Privatschulen fast verdoppelt (auf knapp neunhunderttausend Schüler im Jahr 2007), diejenige der Schüler an öffentlichen Schulen hat dagegen um drei Prozent abgenommen.

Auch für die Bildungsinstitutionen gilt somit, was zum Rentensystem und zum Gesundheitswesen gesagt wurde. Eine Lösung der Probleme wird es nur geben, wenn im Bildungswesen ein ganzheitlicher Ansatz verfolgt wird. Es darf nicht nur um die im Interesse der Wirtschaft gewünschten Lerninhalte und nicht nur um die ›guten‹ Schüler gehen, sondern es müssen alle Fähigkeiten aller dem Bildungsauftrag Anvertrauten gefördert werden. Und das besondere Augenmerk, die besondere Förderung, muss den Schwächsten zuteilwerden.

Die Krise unserer Werte

Der großartige Siegeszug der Wissenschaften und die enorme Wirtschaftsentwicklung der letzten Jahrzehnte lassen die Feststellung geradezu absurd erscheinen, dass zahlreiche Menschen in unseren Gesellschaften nicht zufrieden sind. Viele fühlen sich angesichts eines unsicheren Arbeitsmarkts in ihrer existenziellen Sicherheit bedroht. Angesichts der weltweit zunehmenden ökologischen Probleme muss man sogar davon sprechen, dass auf lange Sicht unsere Kultur, ja die Lebenswelt der Erde bedroht ist. Dabei ist keines der oben aufgezeigten Probleme – weder das unserer Institutionen noch das der weltweiten Versorgung mit Nahrungsmitteln, Rohstoffen und Energie – ein rein technisches Problem: Anders formuliert sind sich die Fachleute darin einig, dass diese Probleme grundsätzlich lösbar sind. Deshalb müssen wir von einer Krise unserer Werte sprechen. Diese scheinen es zu sein, die den Zugang zu einer Lösung verhindern.

Die Werte der Marktwirtschaft sind stark verkürzt darin zu sehen, den Menschen – innerhalb der geltenden Rechtsbestimmungen – die Freiheit zu verschaffen, ungehinderten Zugang zu den natürlichen Ressourcen zu haben und diese Ressourcen zum eigenen wirtschaftlichen Vorteil zu verwerten. Das hat gut funktioniert, solange es für die Mitwirkenden genügend Ressourcen zur Verwertung gab und fast alle an der wirtschaftlichen Verwertung in der einen oder anderen Form partizipiert haben. Beide Voraussetzungen sind aber nun nicht mehr gegeben. Auf der einen Seite muss das Kalkül der bloß wirtschaftlichen Verwertung durch diejenigen, die Zugang zu den Ressourcen haben, in eine nachhaltige Form umgewandelt werden, die das Ökosystem nicht über Gebühr belastet, und zum Zweiten müssen die Verwertungsergebnisse weltweit allen Menschen zugutekommen. Die ungebremste wirtschaftliche Betätigung durch immer mehr Menschen überfordert seit geraumer Zeit das Ökosystem der Erde – siehe den ›ökologischen Fußabdruck‹ des Living Planet Report.

Besonders drastisch spiegelt sich die Wertekrise in der Verteilung der Einkommen. In der Süddeutschen Zeitung vom 17. April 2008 war zu lesen, dass John Paulson, der Chef eines Hedgefonds, der mit Wetten auf Immobilienkredite und Finanzprodukte Geschäfte macht, als Spitzenreiter dieser Einkommensgruppe im Jahr 2007 3,7 Milliarden Dollar Gewinn verbuchen konnte. Damit sind Sphären erreicht, die sich jeglicher Vorstellungskraft entziehen. Zum Vergleich: 3,7 Milliarden Dollar entsprechen etwa der gesamten Wirtschaftsleistung Kirgisistans.

Während hierzulande Manager wie der Chef der Deutschen Bank, Ackermann, mehr als dreihundert Mal so viel wie durchschnittliche Angestellte verdienen, bekommt Paulson mehr als zweihundertfünfzig Mal so viel wie Ackermann. Das entspricht dem Gehalt von vielleicht 75 000 Angestellten.

Bemerkenswert ist dabei nicht nur die absolute Höhe der Zahlen, sondern auch das enorme Tempo der Einkommenszuwächse: Im Jahr 2008 muss ein Fondsmanager mindestens 360 Millionen Dollar jährlich verdienen, um es unter die ersten fünfundzwanzig Plätze der sogenannten Alpha-Liste zu schaffen – dem Ranking der höchstbezahlten Hedgefonds-Manager. Im Jahr 2002 reichten für den Eintrag noch 20 Millionen Dollar. Nach der Finanz- und Wirtschaftskrise mögen sich diese Zahlen kurzfristig etwas relativieren: Man wird aber kaum erwarten dürfen, dass sich hier Entscheidendes ändert.

Problematisch ist nicht nur das zunehmende Auseinanderklaffen der Einkommensschere, das mit keinem Wertekatalog zu rechtfertigen ist. Noch problematischer ist der Umstand, dass die Elite der Wirtschaft mit ihrem Verhalten immer öfter gegen Prinzipien des Ehrenkodex der Marktwirtschaft verstößt: als da sind Ehrlichkeit, Vertrauenswürdigkeit, Leistungsgerechtigkeit. Das war exemplarisch der Fall bei den Vorgängen anlässlich der Übernahme der Firma Mannesmann durch Vodafone, bei der sich die beteiligten Spitzenmanager hohe Sondervergütungen genehmigt haben, ohne eine Leistung dafür erbracht zu haben. Oder bei den Vorgängen bei Enron in den USA, wo in den Jahren 2000 und 2001 die Manager den Energiemarkt auf kriminelle Weise manipuliert haben, um die Konsumentenpreise und die Gewinne für das Unternehmen – vor allem aber den Wert der Optionsscheine in ihrem Besitz – in die Höhe zu treiben. Man kann viele weitere Fälle anführen, etwa die Bestechung des VW-Betriebsrats durch den VW-Personalvorstand, die Schmiergeldzahlungen bei Siemens, bei Infineon, bei der Berliner Bank, der steuervermeidende Kapitalabfluss nach Liechtenstein und in andere Steueroasen, und vieles mehr. Problematisch ist auch das Verhalten etlicher Bankmanager in der Finanzkrise des Jahres 2008. Man hat die Boni, Provisionen und Gewinne der Vorjahre gerne entgegengenommen, ruft aber nach dem Staat, wenn es um die Abdeckung der durch eigenes Fehlverhalten entstandenen Verluste geht. Und man kassiert weiter Boni in Millionenhöhe, obwohl man selbst verantwortlich zu den unglaublichen Verlusten der Banken und Finanzinstituten beigetragen hat.

Bei alldem könnte man zu der Auffassung gelangen, dass es eine Verschwörung böser Mächte gibt, die all dies bewirkt. Das scheint aber nicht der Fall zu sein, die amtierenden Politiker und Manager sind durchwegs angesehene Persönlichkeiten und müssen kein schlechtes Gewissen haben. Im Gegenteil: Sie vermitteln überzeugend, dass sie unter hohem persönlichem Einsatz ihr Bestes geben. Sie führen in großem Maßstab aus, was wir alle, oder vielleicht besser: viele von uns in den entwickelten Ländern, für richtig und gut, zumindest für unvermeidlich halten. Immer noch wählt die überwiegende Mehrheit unserer Bevölkerungen Parteien, die genau das vertreten und bewirken, was oben beschrieben wurde. Es liegt also nicht an irgendwelchen anderen, es liegt an uns und unserem Weltbild und zeigt uns damit das (geringe) Maß an Verantwortung, zu dem unsere Gesellschaften fähig sind. Die Eliten haben aufgehört, Vorbild für die Gesellschaft zu sein.

Das Vertrauen in Politiker und Manager befindet sich demzufolge zurzeit auf einem Tiefststand. Nach der weiter oben zitierten Gallup-Umfrage von 2007 halten neunundsechzig Prozent der Deutschen und sogar sechsundsiebzig Prozent der Österreicher Politiker für unehrlich. Manager werden nur unwesentlich besser beurteilt. Im Jahr 2008 wurde von der Gesellschaft für Konsumforschung eine ähnliche Umfrage in Deutschland durchgeführt. Dabei hielten lediglich zehn Prozent der Bevölkerung die Politiker und fünfzehn Prozent die Manager für vertrauenswürdig.

Es kann daher nicht überraschen, dass angesichts der Unzufriedenheit großer Bevölkerungsteile über das Verhalten der gesellschaftlichen Eliten heute von einem Werteverfall in unseren Gesellschaften gesprochen wird. Dieses Argument wird gern mit dem Hinweis darauf weggeschoben, viele Untersuchungen würden zeigen, dass die Menschen in allen Kulturen ähnliche Wertvorstellungen haben wie die unsere und über die gleichen Dispositionen für Gerechtigkeit, Ehrlichkeit, Familien- und Nächstenliebe verfügen. Diese Feststellung trifft zwar zu, sagt aber nichts darüber aus, in welchem Maß diese Werte tatsächlich praktiziert werden.

Genetik und Psychologie haben im Zusammenwirken neuerdings herausgefunden, dass alle unsere Werte eine genetische und eine umweltbedingte, soziale, praktische Dimension haben. Die in einer Gesellschaft vorgefundenen Werte bilden sich also aus dem genetischen Bestand ethischer Werthaltungen und deren Beeinflussung durch die gelebte Praxis heraus. Die ethischen Werte Ehrlichkeit, Mäßigung, Mitmenschlichkeit haben sich in unseren Gesellschaften abgeschwächt, einfach da sie weniger praktiziert wurden. Und sie wurden weniger praktiziert, weil den Menschen erklärt wurde, es genüge zu wissen, was ethisch sei. Dass dies ein Irrtum ist, wird uns nun erst wieder bewusst. In Situationen, in denen ethische Werte wie Ehrlichkeit oder Partnerschaftlichkeit gefordert sind, gibt es immer gute Gründe, nicht diesen Werten entsprechend zu handeln – und sich einen Vorteil auf Kosten anderer zu verschaffen. Die positive Psychologie hat in zahlreichen Tests herausgefunden, dass man Gutes nur dann wirklich tut, wenn man diese Haltung immer schon geübt hat (siehe das Kapitel *Die Entwicklung geistigen Potenzials in der Psychologie*).

Es liegt auf der Hand, dass ein Gesellschaftsmodell wie unsere Marktwirtschaft mit der ihr innewohnenden Logik und Philosophie bestimmte strukturelle gesellschaftliche Werte prägt, das heißt tendenziell verstärkt oder abschwächt. Dementsprechend entwickelten sich in unseren Gesellschaften jene menschlichen Qualitäten stärker, die dem Imperativ des Eigennutzes und der wirtschaftlichen Verwertung entsprachen. Das sind auf der Habenseite durchaus ›positive‹ Qualitäten wie Disziplin, Ausdauer, Durchsetzungsfähigkeit, Zielstrebigkeit und Vertrauenswürdigkeit, auch Leistungsorientierung, auf der Sollseite Qualitäten wie Egozentrik, Gier, Rücksichtslosigkeit, Ehrgeiz und Neid.

Die egoistischen Tendenzen scheinen sich im Lauf der Zeit verstärkt zu haben, die positiven, die Eigenverantwortung betonenden Qualitäten, dazu vor allem die altruistischen – ein Residuum christlicher Moral – schwächten sich in dem Maß ab, in dem das kapitalistische Paradigma in immer mehr Bereiche der Gesellschaft Einzug hielt. Dies betrifft eben auch Institutionen, die gar nicht dem Wirtschaftsbereich zugehören, wie die Sozialsysteme oder das Bildungswesen.

Durch die weitgehende Ökonomisierung und Monetarisierung aller Gesellschaftsbereiche hat sich diese Werteentwicklung gesellschaftsweit ausgedehnt – am deutlichsten zeigt sich das dort, wo dieser Prozess am weitesten fortgeschritten ist, bei den politischen und wirtschaftlichen Eliten. Und gerade dort häuften sich in den letzten Jahren die moralisch fragwürdigen Vorgänge.

Heute müssen wir feststellen, dass der allgemein gewordene Egoismus der vielen – der sich auch am Egoismus der Institutionen zeigt – nicht zu einem größeren Nutzen für alle führt, wie dies Adam Smith gehofft hatte, sondern zum Gruppenegoismus und damit zu einer Blockade nötiger Entwicklungen zum Nutzen aller. Unsere Gesellschaften sind mit ihren Besitzständen mittlerweile ähnlich in Dogmatik erstarrt wie das alte Regime, das vor mehr als zweihundert Jahren vom Kapitalismus abgelöst wurde. Korrekturen und Ausgleichsbewegungen finden nur im Ausgleich und Wettstreit der Gruppeninteressen und Besitzstände statt. Diejenige Gruppe ist dabei – mindestens kurzfristig – im Vorteil, deren Potenzial den größten Knappheitsfaktor darstellt. In den letzten Jahren waren das die Kapital- und Rohstoffeigner, die für sich Vorteile auf Kosten der Gruppen der arbeitenden Bevölkerung und der Bauern herausholen konnten.

Die Häufung der Fehlentwicklungen zeigt an, dass das innergesellschaftliche Gleichgewicht verloren geht. Altruistische Werte wie Solidarität und Mitgefühl, aber auch das Gefühlsmäßige und das Geistige waren ohnehin nie Bestandteil der Philosophie der Marktwirtschaft. Dafür war anfangs die Religion zuständig. Seitdem diese als eine Moral vermittelnde Instanz weitgehend ausgefallen ist, ist es um ethische Werte schlecht bestellt. Nur – dies spüren wir immer stärker – sind ebendiese Werte für unsere persönliche Gesamtbalance genauso wichtig wie für die der Gesellschaft. Und im Zuge der Diskussion um die Nachhaltigkeit unserer Lebensgrundlagen tauchen Anforderungen an die Ethik aller Bürger auf, die nicht einmal in der Hoch-Zeit der christlichen Religion eingefordert wurden: die Gewährung gleicher praktischer Freiheits- und Lebensrechte für alle Menschen dieser Erde. Vor allem die letzte Forderung kann in einer ohnehin kritischen Weltsituation und unter unseren heutigen gesellschaftlichen Verhältnissen nur als unrealistisch angesehen werden.

Aus alldem ist der Schluss ziehen, dass sowohl im Bereich unserer physischen wie der sozialen Lebensgrundlagen unsere gesellschaftlich organisierten Verfahren und unsere Ethik nicht nur graduell, sondern prinzipiell unangemessen sind, um eine Nachhaltigkeit unserer Lebensgrundlagen zu erreichen. Wir wissen das zwar, verhalten uns aber nicht unserem Wissen gemäß. Im ersten Bereich, dem der physischen Güter, werden wir immer deutlicher mit der Tatsache konfrontiert, dass der eingeschlagene Weg ständigen Wachstums wegen der Endlichkeit der Ressourcen nicht weiter beschritten werden kann. Für eine Wirtschaft ohne das Prinzip der ständigen Kapitalakkumulation haben wir allerdings kein Rezept. Die kapitalistische Wirtschaft ist – wie es scheint – zu ständigem Wachstum verurteilt. Und zu einer freiwilligen Umverteilung von Vermögen, die den benachteiligten Gruppen neuen Zugang zum Steigerungsspiel und dem Steigerungsspiel zu einer neuen Drehung der Wachstumsspirale verhelfen würde, ist es bislang nicht gekommen. Auch müsste den bisher benachteiligten Entwicklungsländern freier Zugang zu unseren Märkten eingeräumt werden. Es müssten also neue Strukturen geschaffen werden, um weltweit sowohl den Zugang zu den Ressourcen als auch zu den Märkten zu regeln.

In der politischen Auseinandersetzung innerhalb unserer Gesellschaft ging es bisher immer darum, den Zuwachs zu verteilen. Allerdings hat sich in der Vergangenheit vielfach gezeigt, dass eine Umverteilung von Geldmitteln ohne eine Änderung der dem ganzen System zugrunde liegenden Strukturen wirkungslos ist. Selbst Subventionen in Billionenhöhe versickern in einem Fass ohne Boden – egal ob im Inland oder in anderen Ländern. Als Beispiel seien die Subventionen zur Vermögensbildung angeführt. Trotz hoher und jahrzehntelanger Subventionen in die Vermögensbildung für bislang vermögenslose Bevölkerungsschichten wurde die Verteilung der Vermögen immer ungleicher. Bei den bisher vermögenslosen Schichten wurde kaum neues Vermögen gebildet. Solches wurde nur bei den Institutionen gebildet, die die Subventionen verwalteten. Gleiches gilt für die Subventionen unrentabel gewordener Wirtschaftsbereiche: Sie führen weniger dazu, dass sich diese Bereiche wirtschaftlich erholen, sondern dazu, dass sie von Subventionen abhängig werden. Letztendlich geht diese Politik auf Kosten anderer Wirtschaftsbereiche, denen so Mittel entzogen werden. Das gilt auch für die Subventionen für die Landwirtschaft: Ein Gutteil der Mittel kommt Großbetrieben zugute, die der Subventionen gar nicht bedürften. Viele bedürftige, kleine Betriebe hingegen müssen trotz aller Subventionen aufgegeben werden. Und es gilt selbst für die Entwicklungshilfe: Sie fließt zu selten dorthin, wo sie gebraucht wird, sie kommt zu oft den korrupten Eliten der Entwicklungsländer zugute. Insbesondere die staatlich gewährte Entwicklungshilfe wird weniger als Hilfe zur Selbsthilfe, sondern vor allem zur Hilfe der eigenen Exportwirtschaft und Landwirtschaft gegeben.

Dies alles zusammenfassend, kann man sagen, dass wir uns mit den Individualität und Eigennutz betonenden Werten des marktwirtschaftlichen Systems zu weit von unseren natürlichen Lebensgrundlagen entfernt und das Ziel einer mit allen Mitmenschen und der Natur in Harmonie lebenden Gesellschaft aus den Augen verloren haben. In der Wirtschaft wie in der Politik wurde das Ganze der Natur in seinem Zusammenwirken zu wenig bedacht, wie auch zu wenig auf den Menschen und seine Bedürfnisse – vor allem, die über den reinen Lebenserhalt hinausgehenden – Rücksicht genommen wurde. Eine Fortsetzung des eingeschlagenen Wegs ist weder wünschenswert noch – bei der Gefahr von katastrophalen Entwicklungen in vielen Ländern der Erde – hinnehmbar.

Kurskorrektur oder Umkehr?

Die oben dargestellten Probleme finden sich in der einen oder anderen Form in allen westlichen Gesellschaften. Es handelt sich nicht um ein Einzelproblem einer bestimmten Gesellschaft, sondern um eine generelle Fehlentwicklung. Allerdings: Wenn derart schwerwiegende Probleme ungelöst bleiben, die – wenn weiter ungelöst – die Weiterexistenz unserer Zivilisation infrage stellen, kann es nicht nur darum gehen, an der einen oder anderen Stelle Reformen vorzunehmen. Hier wird sich eine Wende im Grundsätzlichen – vor allem im Geistigen – einstellen müssen, um mit diesen Herausforderungen fertig zu werden.

Der Kulturphilosoph Jean Gebser hat diese grundlegenden Fehlentwicklungen unseres Gesellschaftsmodells bereits sehr früh gesehen und auf ein breites Fundament gestellt. In seinem epochalen Werk *Ursprung und Gegenwart*[II] hat er die Notwendigkeit einer geistigen Wende bereits in den Vierzigerjahren des zwanzigsten Jahrhunderts gesehen: »Mutationen sind immer dann aufgetreten, wenn die herrschende Bewusstseinsstruktur zur Weltbewältigung nicht mehr ausreichte.«[3]

Das mental-perspektivische Paradigma

In dem oben genannten Buch hat Jean Gebser das geltende Paradigma – also die vorherrschenden Prinzipien, Einstellungen und Sichtweisen unserer Kultur – als das mentale oder perspektivische bezeichnet. Diese Bewusstseinsstruktur wird durch einen grundlegenden Dualismus geprägt: gut – schlecht, materiell – geistig, Vernunft – Gefühl et cetera, und durch die Dominanz eines perspektivischen Zentrums. In unseren Gesellschaften ist dies das Ego oder dasjenige, womit sich das Ego identifiziert: die eigene Familie, der Berufsstand, die eigene Nation und so fort. Das bringt mit sich, dass das Eigene immer als das von vornherein Bessere angesehen und zur Durchsetzung gebracht wird. Uns scheint das selbstverständlich zu sein, wir halten diese Sicht für normal. Ein Blick auf andere Kulturen zeigt jedoch, dass das nicht so sein muss. Fernöstliche Kulturen sind weniger perspektivisch, damit flexibler und offener dafür, Neues, Fremdes aufzunehmen. Man denke daran, in welchem Maß etwa Indien Elemente der osmanischen, später der britischen Kultur aufnehmen konnte.

Die mentale Bewusstseinsstruktur wurde von den Philosophen des alten Griechenland ausgeformt und perfektioniert. Sie stellt das Denken und den Verstand an die Spitze geistiger Tätigkeit. Die Philosophen des alten Griechenland waren die Elite ihres Volkes. Umso stärker prägend waren ihre geistigen Vorgaben. Die Römer haben diese mentale Prägung übernommen und auf alle gesellschaftlichen Bereiche ausgedehnt. Das Christentum hat sie seinerseits übernommen und über zwei Jahrtausende praktiziert und weiter ausgefeilt. Über Jahrhunderte war Aristoteles, der Meister des Mental-Perspektivischen, Lehrmeister der Kirche. Gleichsam wie von selbst ergibt sich aus dieser Haltung der Anspruch des Christentums, den einzig wahren Gott zu repräsentieren. Mit der mental-perspektivischen Geistesstruktur wurde Großes geschaffen und ein ungeheurer Fortschritt in den Künsten, in Wissenschaft und Technik bewirkt. Wie offenkundig wird, ist sie jedoch heute nicht mehr in der Lage, die anstehenden Probleme zu lösen. Dass diese Bewusstseinsstruktur an ihr Ende gekommen ist, hat sich lange angekündigt; am plakativsten hat dies vielleicht Nietzsche mit der Feststellung angemerkt, Gott sei tot. Damit meinte er den Gott, den sich das Christentum geschaffen hatte, den patriarchalischen, außerhalb der Menschen angesiedelten, exklusiven Gott, der von den Wissenschaften, vielfach sogar von der Religion immer mehr aus den Konzepten entfernt wurde, bis er einfach nicht mehr da war.

Immer mehr zeigte und zeigt sich aber, dass das mental-perspektivische Bild nicht komplett ist. Was ausgeblendet und ins Unterbewusste abgedrängt wird, füllt sich mit Angst. Deshalb ist die Angst in unseren Gesellschaften so epidemisch, weil das Ausschließende unseres Weltbildes so vieles verdrängt hat: das Spirituelle, das Geistige, das richtige Umgehen mit der Natur, mit der Zeit und ihren Qualitäten, mit den Wechselfällen des Lebens, mit Armut, Krankheit und Tod. Was heute nottut, ist nicht die Fortsetzung des Mental-Perspektivischen, sondern eine geistige Mutation, der Quantensprung zum integral-geistigen Weltbild, welches zu einer Aussöhnung der Gegensätze zwischen den Religionen, den Ländern, der sozialen Schichten, der unversöhnten Gegensätze in uns führt. Das scheint die geheime Sehnsucht vieler Menschen zu sein.

Es hat eine bezwingende historische Logik, wie die Entwicklung des mental-perspektivischen westlichen Geistes voranschritt: Was in der Renaissance als Emanzipation von der übermächtigen Institution der Kirche begann, ist im Zuge der Aufklärung zum Selbstzweck, heute selbst zum Problem geworden. Eine Lösung der heute anstehenden existenziellen Fragen kann von diesem Paradigma nicht mehr erwartet werden. Vieles wird sich ändern müssen; die große Frage ist, woher das Rettende kommen wird.

Jean Gebser zufolge stehen wir an der Schwelle zu einer neuen integralen Struktur des Bewusstseins. Es handelt sich dabei um einen Entwicklungssprung, wie es in der Geschichte unserer Kultur schon einige gegeben hat. Nach den Stufen des Archaischen, der Entwicklungsstufe der alten Stammesgesellschaften, des Magischen, der Entwicklungsstufe der Völker der Antike – vor dem geistigen Quantensprung des alten Griechenland – und des Mental-Perspektivischen, der heutigen Stufe, gehen wir nach Gebser jetzt in die integrale Stufe über. Es entsteht eine grundsätzlich neue Art, die Realität wahrzunehmen, nicht nur ein Paradigmenwechsel in der Sichtweise. Das, was in der Vorstufe verborgen war, erscheint auf der neuen Stufe als wahrnehmbar. Das Erscheinende, das, was neu enthüllt wird, ist immer das Geistige. Von Beginn der Entwicklung an hat sich alles aus dem Geistigen entwickelt; alle Phasen der Entwicklung des Bewusstseins geben Zeugnis darüber ab, dass das Verborgensein des Geistigen stets abnimmt und sein Durchscheinen zunimmt. Es ist also die immer weitere Offenlegung des Geistigen, der Gebsers Vorstellung über die kulturelle Evolution zugrunde liegt. Das, was in den Vorstufen erreicht worden war, geht aber nicht verloren. Alle Vorstufen können in den Folgestufen gefunden werden – wenn auch in modifizierter Form: Das Erscheinen der neuen Strukturen erfolgt auch nicht kontinuierlich, sondern in Sprüngen – und es gibt Überlappungen der Strukturen, da die Strukturen der neuen Stufe nicht überall gleichzeitig auftauchen. Gebser beschreibt auch die Charakteristika der integralen Struktur. Sie ermöglicht es dem Menschen, die Dreidimensionalität zu überwinden, eine vierte Dimension, die Zeit, wird hinzugefügt. Es handelt sich um den »Einbruch der Zeit in unser Bewusstsein«.[4] Gebser meint damit, dass die Zeit dann nicht mehr nur als Bezugs- und Messsystem gesehen, sondern in ihrer Qualität und Intensität berücksichtigt werde. Er zeigt diesen Übergang an mehreren Bereichen, zunächst in der Physik, wo – wie er sagt – erstmals in der Relativitätstheorie die Zeit berücksichtigt wurde und nicht nur der Begriff der Zeit (also Newtons verräumlichte, lineare Zeit). Dabei hat Gebser die neuesten Ergebnisse der Quantenphysik nicht mehr kennengelernt, die das Prinzip der Nichtlokalität der Elementarteilchen nachweisen und damit die von ihm geforderte ›Zeitfreiheit‹ als Naturprinzip demonstrieren konnten. Konkrete Messergebnisse dazu wurden erstmals in den Achtzigerjahren des vergangenen Jahrhunderts erzielt (siehe auch das Kapitel *Risse im naturwissenschaftlichen Weltbild*).

Die herrschende mentale Struktur wird durch die Anwendung der Ideen der Arationalität – nicht Irrationalität –, der Aperspektivität – der räumlichen Perspektive entgegengesetzt – und der Idee des Durchscheinens der Ganzheit – gegenüber der bisherigen Sicht auf die Teile – überwunden. Intensität ist eine Qualität des Geistigen und Hauptkriterium dieser Bewusstseinsform. Intensität meint etwa bei Gefühlen nicht deren Tiefe, sondern deren Authentizität. So ist etwa Liebe in der mental-perspektivischen Ausprägung Zuneigung, Sympathie für Gleichartige, in der integralen Form ist sie voraussetzungslos. Intensität bezogen auf die Zeit verleiht dieser eine Qualität, die über die gemessene Zeit hinausgeht und die die Ereignis- beziehungsweise Erlebnisqualität der Zeit einbezieht.

Die Beziehungen zwischen den Dingen, ihr Austausch, ihre Kommunikation, werden wichtiger als die Dinge selbst. Diese vierte Struktur wird minimale Verborgenheit bei maximalem Durchscheinen mit sich bringen. Durchscheinen ist hier so aufzufassen, dass man beim Sehen durch Dinge hindurch deren wahre Natur wahrnimmt. Aussagen über die Wahrheit werden abgelöst durch wahre Aussagen.

Gebser darf nicht so verstanden werden, dass er ein neues System schaffen wollte, dies wäre wiederum nur ein Produkt der mental-perspektivischen Sichtweise. Er beschreibt die Grundanliegen, die den Paradigmenwechsel begleiten und dokumentieren: »... die *Offenheit*, die in dem Moment in Fülle umschlägt, da wir wahrnehmen, dass die Sprengung des Raumes durch die Zeit nicht zur Leere, zum Nihil, dem Nichts oder Nada führt, sondern zur *Durchsichtigkeit*; da wir die *Zusammenhänge* wahrnehmen, indem wir die Systeme zu (integralen) *Synairesen* (statt zu raumgebundenen Synthesen) verbinden und damit die Raum-Zeit-Welt durch die Raum-Zeit-Freiheit, das *Achronon* überdeterminieren und damit die Teilung der Welt aufheben ins Ganze.«[5]

Konkrete Suchbewegungen

Das ›Unbehagen in der Kultur‹ – gemeint ist das Unbehagen in unserer westlichen Kultur – währt schon lange. In der ersten Hälfte des zwanzigsten Jahrhunderts äußerten sich dazu zunächst große Einzelne: Sigmund Freud in seinem gleichnamigen Buch oder Jean Gebser; beide waren große Wissenschaftler und Forscher. Später hat das Unbehagen weitere Kreise erfasst.

Zunächst waren es die Sechzigerjahre mit dem Jugendprotest und der Bewegung der Achtundsechziger in Europa und den USA, die sich gegen politisch repressive Machtstrukturen wandten, welche sich für sie damals vor allem in Vietnam, aber auch an den Hochschulen und in der Politik zeigten. Diese Bewegung erreichte eine hohe Publizität, aber keine Breitenwirkung, sie war ein Protest der – meist studentischen – Jugend und erreichte die Menschen außerhalb der Universitäten kaum.

In den Siebzigerjahren tauchte dann die New-Age-Bewegung auf, in der sich Gruppierungen zunächst überwiegend in den USA bildeten, vor allem in Esalen, dem Treffpunkt der ›Psycho-Gurus‹, mit der Human-Potential-Bewegung. Diese Bewegung wuchs aus einem psychologisch-spirituellen Umfeld heraus. Es waren vor allem Psychologen, Therapeuten, Philosophen und spirituelle Sucher, die einen Abschied vom geltenden Cartesisch-Newton'schen Paradigma und eine Verbindung der Psychologie mit der Spiritualität herstellen wollten. Diese Gruppe fand in den Medien und bei vielen interessierten Menschen große Beachtung. Sie weckte gleichzeitig erbitterten Widerstand bei den traditionellen Religionen und den etablierten Wissenschaften. Mit ihren Verheißungen eines selbstbestimmten, liebes- und glückerfüllten Lebens bildeten sie einen deutlichen Kontrapunkt zur traditionellen Leistungs- und Verzichtethik.

Erst in den Neunzigerjahren meldeten sich – nun zahlreicher – die Schüler der Sechziger-Generation. Unter ihnen waren viele Wissenschaftler, aber auch immer mehr Menschen aus fast allen Gruppen der Gesellschaft. Sie sind auf der Suche – nach Orientierung, nach Sinn, nach Spiritualität. Sie sehen unsere Gesellschaften durch den ungezügelten Kapitalismus in Gefahr und suchen nach einem Gegenprogramm. Sie fühlen sich durch die aktuellen Sinnangebote nicht angesprochen. Die Intensität der Suchbewegungen lässt auf das Ausmaß des Unbehagens schließen.

Immer mehr Menschen haben sich auf die Suche nach Sinn begeben, nach Weltbewältigung und Welterklärung, nach Spiritualität. Unter Spiritualität sei die persönliche Sinn- und Gottsuche verstanden, die sich – innerhalb oder außerhalb der verfassten Religionen – unterschiedlicher Methoden und Techniken bedient. Es hat durchaus eine innere Logik, dass sich das Streben nach Ganzheit, Gemeinschaft, Einheit, Sinn so stark meldet, nachdem die mental-perspektivische Einstellung den Individualismus, den Materialismus betont hat und eine eigene Existenz über das Materielle hinaus als sinnlos ansieht. Viele Menschen haben gemerkt, dass die gewohnte Lebensart nicht mehr befriedigt. Sie fürchten auch, dass die Art, wie wir zu leben gewohnt sind, nicht fortgesetzt werden kann, da wir damit auf lange Sicht unsere Lebensgrundlagen gefährden. Sie ahnen, dass die Art, wie wir leben, ethischen Prinzipien widerspricht, wobei vielen gar nicht klar ist, welche Art von Ethik heute überhaupt gilt. Es gibt zahllose Initiativen, die das Leid auf der ganzen Welt verringern oder Lebenschancen für die Armen und Benachteiligten schaffen. Vor allem junge Leute organisieren sich in sogenannten NGOs (non-governmental organizations) – gegen Regierungen und Weltkonzerne – und nehmen die Dominanz der großen globalen Firmen und die Entscheidungen der Politiker nicht mehr widerspruchslos hin. Viele Menschen engagieren sich in spirituellen Gruppierungen – von christlich orientierten bis hin zu solchen, die Zen-Buddhismus oder Yoga praktizieren. Es ist sicher angebracht, in diesem Zusammenhang von einer geistigen Elite zu sprechen. Für meditierende Gruppen wurde im Jahr 2000 erstmals in einer Feldstudie in Deutschland ermittelt, dass sie bezüglich ihres Ausbildungsstandes weit über dem Durchschnitt der Gesamtbevölkerung liegen.[6]

Im bunten Segment des Steigerungsspiels, das sich dieses Sektors angenommen hat, hat sich ein blühender Markt von Ratgeber- und Selbsthilfeliteratur, von Entwicklungsseminaren und Encounter-Workshops gebildet – alles eher abseits der traditionellen

Bildungseinrichtungen –, Seminarhäuser der Kirchen oder Volkshochschulen einmal ausgenommen.

Allen diesen Aktivitäten ist gemeinsam, dass sie praktische Lebenshilfe liefern, den Menschen Entlastung von den Anforderungen des sozialen Alltags bieten und ihnen dabei helfen, in der Arbeit an sich selbst die eigene Entwicklung zu erleben und die Freude daran in einer freudlos gewordenen Welt. Nur: Viele dieser Angebote können wir nicht einschätzen; es fehlt uns an den Maßstäben, wie sie auf ihren Nutzen, auf konkrete Ziele hin geprüft werden könnten.

Die Gruppe der Suchenden lässt sich mittlerweile auch soziologisch und statistisch wahrnehmen. Paul H. Ray hat zusammen mit Ruth Anderson in dem Buch *The Cultural Creatives* aufgezeigt, dass es ab Ende der Neunzigerjahre in den USA drei große weltanschauliche Gruppen gibt: die Modernisten, die die zahlenmäßig stärkste Gruppe bilden (circa siebenundvierzig Prozent der Bevölkerung), die Traditionalisten (circa neunundzwanzig Prozent) und die Kulturkreativen (circa vierundzwanzig Prozent). Während die Traditionalisten die vor allem in den USA stark vertretenen religiös-konservativen Gruppierungen repräsentieren, stellen die Modernisten die große Gruppe der Bevölkerung dar, die im Mainstream der Konsumgesellschaft lebt und diese Gesellschaftsform in den USA zur Vorherrschaft gebracht hat. Sie ist geprägt durch die großen Konzerne und Behörden, ihre Leitbilder sind Konzentration, Zentralisierung und quantitatives Wirtschaftswachstum.

Die Kulturkreativen stellen die wohl interessanteste Gruppe dar; Ray hält ihre Mitglieder für die Vorboten einer neuen, integralen Kultur mit stark ausgeprägten idealistischen und spirituellen Werten. Die Gruppe der Kulturkreativen wächst schnell. Vor zwanzig Jahren hatte sie noch einen Anteil an der Gesellschaft von nur drei Prozent. Die Gruppe lässt sich nochmals in zwei annähernd gleich große Untergruppen teilen, in die Kerngruppe der persönlichkeitsorientierten Selbstverwirklicher und die mehr ökologisch Interessierten. Den Mitgliedern der ersten Kerngruppe ist an Psychologie, an Spiritualität, an Selbstverwirklichung gelegen, sie engagieren sich für soziale Belange, für die Rechte von Frauen, von Minderheiten, für den Schutz der Umwelt. Sie sind selektive Verbraucher; sie bevorzugen gesunde Ernährung, überlegen genau, was sie kaufen, und bevorzugen authentische Produkte und Dienstleistungen. Sie lehnen Überflüssiges, Modeerscheinungen und Wegwerfartikel ab. Sie sind typische Verbraucher der ›Erfahrungsindustrie‹, also Teilnehmer an Veranstaltungen zur Förderung des persönlichen Wachstums. Sie streben einen Wandel zu universellen ethischen Werten und zu einem ganzheitlichen Verhalten der Natur und der Gesellschaft gegenüber an. Die zweite Gruppe ist mehr an pragmatischen Fragen der Ökologie und des Sozialen interessiert. Noch wird diese Gruppe der Kulturkreativen wenig wahrgenommen, da sie in viele Untergruppen und Einzelinitiativen zerfällt. Die Gemeinsamkeit der Ziele und der Wertvorstellungen werden für die Zukunft sicher einen größeren Bewusstseinswandel hervorbringen.

Ähnliche Untersuchungen wie die von Paul H. Ray wurden Ende der Neunzigerjahre auch in den europäischen Ländern durchgeführt (nachzulesen in: *Die europäische Seele*, Herausgeber Hermann Denz).

Im Rahmen einer gesamteuropäischen Wertestudie wurde die Entwicklung vom Materialismus zum Postmaterialismus gemessen. Während der Materialismus für Werte wie Sicherheit und Stabilität steht (für Wirtschaft, Landesverteidigung und innere Ordnung), drückt sich Postmaterialismus in dem Wunsch nach Partizipation, Freiheit und Selbstverwirklichung aus. Materialisten machen zum Zeitpunkt der Studie in Europa sechzig Prozent aus, Postmaterialisten immerhin vierzig Prozent. Die Werte der Materialisten sind besonders hoch für Osteuropa (siebzig Prozent) sowie für die Vorkriegsgeneration in Westeuropa. Während von den Autoren der Studie ein steigender Anteil der Postmaterialisten erwartet worden war, ging dieser im Zeitraum von 1990 bis 1999 insgesamt leicht zurück. Die Entwicklung war jedoch für die verschiedenen Länder nicht einheitlich. Inwieweit diese unerwartete Tendenz durch die im untersuchten Zeitraum rückläufige Wirtschaftsentwicklung verursacht wurde, müsste noch untersucht werden.

In einer getrennt durchgeführten Untersuchung zur europäischen Religiosität zeigte sich, dass in den Großstädten – interessanterweise im Gegensatz zu den ländlichen Gebieten – ein Zunehmen der Religiosität vor allem bei jüngeren Menschen festzustellen ist (von zweiundsechzig Prozent der Gesamtbevölkerung in 1980 auf siebenundsechzig Prozent in 1999), welches sich allerdings nicht den Großkirchen zuordnen lässt, sondern sich verstärkt in einer privaten Religiosität äußert, die sich dazu der Angebote der Esoterik, östlicher Weisheitsreligionen und Ähnlichem bedient. Es wurden drei Gruppen von Glaubenselementen gewichtet, die christlichen, die esoterischen (zum Beispiel Glaube an Telepathie und Reinkarnation) und die magischen (wie etwa der Glaube an Glücksbringer). Christen stimmen den christlichen Elementen fast ausnahmslos zu, lehnen die anderen beiden jedoch ab. Ihr Anteil an der europäischen Bevölkerung beträgt zweiundzwanzig Prozent (Westeuropa sechsundzwanzig Prozent, Osteuropa achtzehn Prozent). Die Glaubenskomponisten stellen die größte Gruppe dar mit achtundvierzig Prozent (Westeuropa dreiundvierzig Prozent, Osteuropa vierundfünfzig Prozent). Sie haben eine eher starke Zustimmung zu den esoterischen Glaubenselementen, eine passable zu den christlichen, eine eher ablehnende Haltung gegenüber den magischen. Die Nichtglaubenden mit dreißig Prozent (Westeuropa einunddreißig Prozent, Osteuropa achtundzwanzig Prozent) haben zu keiner der drei Gruppen von Glaubenselementen Zugang.

Die für Deutschland durchgeführte Shell-Jugendstudie für 2002 weist ebenfalls eine steigende religiöse Orientierung der Jugendlichen nach. Einundsechzig Prozent der Jugendlichen halten Religion für wichtig. Gleichzeitig weist der Mangel an Vertrauen zu anderen Menschen einen Höchststand aus: Mehr als zwei Drittel der Jugendlichen geben an, kein grundsätzliches Vertrauen zu anderen Menschen zu haben. Daraus lässt sich ein großes Orientierungsdefizit ableiten und eine hohe psychische Belastung der Jugendlichen erahnen.

In der österreichischen Jugendwertestudie von 1999 bezeichnet sich mehr als die Hälfte der Sechzehn- bis Vierundzwanzigjährigen als religiös, aber nur ein knappes Drittel davon versteht dies als traditionelle Religiosität im Rahmen einer institutionalisierten Kirche. Religion ist allerdings – gleichrangig mit Politik – nur an letzter Stelle der Werte zu finden (mit acht Prozent Zustimmung als ›sehr wichtig‹), weit abgeschlagen nach Familie, Freizeit und Freunden. Für die Jugendlichen ist die Religion etwas Privates, die eigene Autonomie bleibt ihnen wichtig, sie lehnen Bevormundung ab.

Im Frühjahr 2006 wurde in Deutschland erstmals eine große Umfrage der Identity Foundation zusammen mit der Universität Hohenheim durchgeführt *(Spiritualität in Deutschland)*, in der es um die Suche nach dem Sinn des Lebens ging. Sie lieferte eine Reihe interessanter Ergebnisse. Danach sind zehn bis fünfzehn Prozent der erwachsenen Bevölkerung in Deutschland auf der aktiven Suche nach der inneren Mitte. Das heißt, dass diese Gruppe mehr als sechs Millionen Menschen umfasst, eine Zahl, die sogar die Werte übertrifft, die Ray für die USA im Jahr 1999 ermittelt hat. Lediglich zehn Prozent der Bevölkerung können als ›Traditionschristen‹ mit fester religiöser Orientierung bezeichnet werden, weitere dreißig bis fünfunddreißig Prozent fühlen sich von den christlichen Religionen angesprochen; sie werden als ›religiös Kreative‹ bezeichnet, da sie sich nicht in die orthodoxe religiöse Tradition eingebunden sehen. Immerhin vierzig Prozent sind sogenannte Alltagspragmatiker, denen die Suche nach dem Sinn des Lebens kein Anliegen ist.

Die einzelnen Gruppen unterscheiden sich stark in ihrer Einstellung zu Religion und Spiritualität: Die spirituellen Sinnsucher erforschen diesen Bereich auf eigene Faust und beziehen neben asiatischen Praktiken – wie Buddhismus und Yoga – auch esoterische Angebote mit ein. Die Traditionschristen bewegen sich immer mehr in die Richtung der ›religiös Kreativen‹, die sich ihre religiöse Haltung aus verschiedenen religiösen Bestandteilen, aus allgemeinen ethischen Angeboten und aus eigener Reflexion zusammenstellen. Die Alltagspragmatiker sehen die Sinnfrage durch materiellen Wohlstand erfüllt.

Interessant ist, dass über die spirituellen Sinnsucher hinaus eine spirituelle Praxis für dreißig Prozent der Befragten ein wichtiger Bestandteil ihres Alltags ist. Die Durchführung variiert sehr stark nach Altersgruppen. Von den Jüngeren meditiert bereits jeder Zehnte, von den Vierzig- bis Neunundvierzigjährigen üben zehn Prozent Yoga, für die Älteren ist Gebet und Kirchenbesuch wichtig.

Interessant sind auch die Ergebnisse für die Gruppe der spirituell Praktizierenden, was allgemeine Parameter der Lebenszufriedenheit und -sicherheit betrifft: Gelebte Spiritualität fördert die Solidarität mit anderen, die Bereitschaft, Verantwortung zu übernehmen, Leistungsfähigkeit und Stresstoleranz. Der Glaube und die Verbindung mit dem Absoluten führen auch zu einem Gefühl der Sicherheit den Herausforderungen des Lebens und dem Schicksal gegenüber.

Resümee: Unser Weltbild bedarf des Wandels

Die gesellschaftliche Realität, die wir heute miterleben, zeigt, dass zutrifft, was aus kulturphilosophischer oder kultursoziologischer Sicht über die Entwicklung des menschlichen Potenzials gesagt wird: Die Ganzheitlichkeit, das Geistige wird für uns zunehmend wichtiger. Die defizient gewordenen Strukturen unseres Zeitalters, wie die Sachorientierung, die Anthropozentrik, der Egoismus, die Gier, das Machtstreben, müssen durch ethisch höher stehende Strukturen abgelöst werden. Dies liegt im dringlichen Interesse der Erhaltung unserer Lebensgrundlagen und in der Notwendigkeit begründet, den Menschen neuen Lebenssinn und neue Lebensperspektiven zu vermitteln. Was wir brauchen, ist ein Paradigma, das alle menschlichen Grundbedürfnisse auf eine ganzheitliche Weise berücksichtigt, nicht nur diejenigen, die im Interesse der Ökonomie liegen. Dieses Paradigma muss die Menschen gleichzeitig aus der Anthropozentrik herausführen und sie die Natur als Partner sehen lassen. Die Verantwortung der Natur gegenüber, Mitmenschlichkeit und Liebe müssten zu den meist praktizierten Werten werden. Wir können – nach Lage der Dinge – nicht davon ausgehen, dass eine solche Entwicklung von selbst geschieht. Aber es ist die wichtige und legitime Frage zu stellen: Woher wird diese Entwicklung kommen?

Vom Wirtschaftsbereich ist eher wenig zu erwarten, gerade wenn man die jüngsten Verwerfungen des Finanzsystems und der gesamten Weltwirtschaft, die chaotische Entwicklung der Nahrungsmittel- und Energiemärkte betrachtet oder wenn man sich die zahlreichen ethischen Verfehlungen von Mitgliedern unserer Wirtschaftselite vor Augen hält.

Einiges von dem, was Jean Gebser uns als künftige Entwicklung vor Augen stellt, kann in den vielen aktuellen Suchbewegungen – abseits vom gesellschaftlichen Mainstream – gefunden werden. Vieles ist noch unsicher, manche dieser Suchbewegungen führen vielleicht in eine Sackgasse. Andere Suchbewegungen werden sich im Praxistest nicht bewähren. Am Anfang einer solchen Phase, in der es darum geht, Neuland zu erkunden, kann das auch nicht anders sein. Es wird zunächst nur darum gehen, den eigenen Standort und das angestrebte Ziel zu bestimmen. Vieles von dem, was auf dem breiten Markt von Esoterik, Lebenshilfe, Wellness, Meditationsseminaren und so fort angeboten wird, mag für den Weg in das integrale Paradigma auch nur vorübergehend hilfreich sein. In einer solchen Orientierungsphase ist ständig zu überprüfen, ob das, was man gerade tut, noch mit dem eigenen Ziel im Einklang steht. Es kann auch durchaus sein, dass man das eigene Ziel korrigieren muss. Die Methode, die dabei vor allem anzuwenden ist, ist die der Introspektion, der Innenschau. Der Begriff des selbstreflexiven Denkens, den Gerhard Schulze verwendet, drückt Ähnliches aus. Dies vor allem gilt es zu entwickeln. Gleichzeitig benötigen wir im übertragenen Sinn Leuchttürme, die uns, die wir uns auf der unruhigen See unserer heutigen Gesellschaften bewegen, Orientierung geben können. Besonders in dieser ersten Phase der Orientierung ist Hilfe vonnöten, die dem eigenen Suchen eine systematische und zuverlässige geistige Basis gibt.

Vielleicht können die Naturwissenschaften diese Hilfe bieten, vielleicht kommt das ›Bewusstwerden des Geistigen‹, von dem Jean Gebser spricht, von den Naturwissenschaften, die für unsere religionslosen Gesellschaften so etwas wie einen Religionsersatz und eine sinnstiftende Instanz darstellen.

ZWEITER TEIL
DIE WELT DER WISSENSCHAFTEN

Suchbewegungen in der Physik

Unser westliches Weltbild wird in hohem Maß von den Naturwissenschaften bestimmt. Mit dem Weltbild der Naturwissenschaften und ihrer Leitwissenschaft, die Physik, haben wir auch deren Erklärungen dafür übernommen, woraus unsere Welt besteht und wie sie funktioniert. Mit wenigen Worten kann dies so zusammengefasst werden: Die physische Welt ist die reale Welt, Materie, Raum, Zeit und Energie sind ihre fundamentalen Bestandteile.

Die Naturwissenschaft erhob lange Zeit den Anspruch: Wenn wir das Funktionieren der physischen Welt vollständig verstehen, können wir alles im Kosmos erklären. Im Weltbild der Naturwissenschaften wie in unserem westlichen Alltags-Weltbild dominiert das Rationale, das Messende, aber auch – meist, ohne dass uns dies bewusst würde – die Perspektive des Eigenen, des Ego im weitesten Sinn. Für diese Anwendung der Ego-Perspektive hat sich in der Wissenschaft der Begriff Anthropozentrik eingebürgert. Der Mensch ist Maßstab aller Dinge, seine Einstellungen und Interessen als handelndes und entscheidendes Subjekt stehen im Mittelpunkt.

Ohne Frage haben die Naturwissenschaften mit ihrer Methodik Großes geleistet, und das seit ihren systematischen Anfängen in der Zeit der Aufklärung. Mit ihrem allein an den Zielen der Forschung orientierten Vorgehen, mit dem Verzicht auf die Beschäftigung mit allem Geistigen konnten sie sich aus dem Einflussbereich der damals dominierenden gesellschaftlichen Gruppen des Klerus und der Aristokratie befreien und im Bereich des Materiellen – im weitesten Sinn aufgefasst – große Fortschritte erzielen. Heute haben sich die Vorzeichen im Vergleich zur damaligen Zeit insofern umgekehrt, als die Naturwissenschaften, das naturwissenschaftliche Weltbild, längst von einer unbeachteten Randexistenz zum dominierenden geistigen Element unserer postindustriellen Gesellschaften geworden sind.

Die Einseitigkeit der Ausrichtung auf die Materie führt allerdings auch zu einer Einseitigkeit des Weltbildes: Alles Geistige wird aus der naturwissenschaftlichen Auseinandersetzung ausgeblendet und in die Bereiche der Geisteswissenschaften, von Kultur und Religion abgedrängt. Diese Spaltung ist Ergebnis einer historischen Zäsur, die in der beginnenden Aufklärung ihren Anfang nahm. Der Philosoph Descartes traf eine grundsätzliche Unterscheidung in die geistige und die materielle Welt. Newton und in der Folge die Naturwissenschaften sahen sich für den Bereich der Materie zuständig, die sie mit methodischer Vorgehensweise und den Mitteln der Mathematik zu ergründen suchten. Die geistigen und geistlichen Angelegenheiten überließ man den Philosophen und den Theologen. Dies ging so weit, dass man das Geistige vollständig aus der Naturbetrachtung ausschloss – mit der Folge, dass auch der Beobachter, das Subjekt der Erkenntnis, aus den naturwissenschaftlichen Untersuchungen ausgeschlossen wurde. Auch Sinnfragen wurden nicht zugelassen: sowohl die nach dem Sinn der Existenz des Kosmos als auch die nach dem Sinn der menschlichen Existenz. Dies hatte zunächst einen erkenntnistheoretischen Vorteil: Man war frei von Einflüssen von außerhalb der Naturwissenschaften. Man konnte so tun, als ob man es mit einer *realen, objektiven Außenwelt* zu tun hätte. Die Besonderheiten des Lebendigen, auch und speziell die des Menschen und seiner geistigen Bedürfnisse, wurden so ausgespart. Diese ausschließliche Konzentration auf die wissenschaftliche Arbeit an der Materie beschleunigte sicher den technischen Fortschritt, führte aber dazu, das sich die Naturwissenschaften von den Problemen entfernten, die für die Menschen in der Gesellschaft wichtig waren. Die Forschung gewann immer mehr eine gewisse Eigengesetzlichkeit. Etwas überspitzt ausgedrückt: Man forschte, um der Wissenschaftsgemeinde neue Erkenntnisse präsentieren zu können und damit Ansehen, Einfluss und Geld zu gewinnen, nicht um Probleme der Menschheit zu lösen. Wie im vorigen Kapitel aufgezeigt wurde, sind die Naturwissenschaften in die gesellschaftliche Kritik geraten – weil sie in manchen ihrer Projekte das Maß des Naturverträglichen und des Menschengemäßen überschritten haben und weil sie sich zu wenig um die Anliegen der Menschen, aber auch zu wenig darum gekümmert haben, um Verständnis für ihre Bemühungen zu werben.

Die bahnbrechenden Erkenntnisse, die in allen naturwissenschaftlichen Disziplinen erzielt wurden und in einen ungeahnten technischen Fortschritt mündeten, führten zu einem großen Optimismus aufseiten der Wissenschaftler. Dazu kam die perspektivisch-anthropozentrische Sicht – der Mensch sei in der Lage, alles in der Natur als objektive Wirklichkeit zu erkennen, zu verstehen und sich nutzbar zu machen. Man dachte zum Ende des neunzehnten Jahrhunderts in Physikerkreisen, man hätte alle wissenschaftlichen Fragen der Physik gelöst. Heute wissen wir, dass diese Annahme mindestens voreilig war und dass wir die Welt nie vollständig und objektiv abbilden werden, sondern lediglich ein Bild der von uns wahrgenommenen Wirklichkeit konstruieren können. Das notwendigerweise Subjektive aller Erkenntnis wurde in der Geschichte der Naturwissenschaften – auch hier wieder ein Aspekt der Anthropozentrik – erst sehr spät und zögerlich wahrgenommen. Dennoch sprechen wir immer noch von *der* Geologie oder *der* Astrophysik und nicht etwa von *unserer* Geologie. E. F. Schumacher hat dies sehr treffend konstatiert, als er von dem tragischen Irrtum sprach, dass wir unsere Karte von der Realität mit der Realität selbst verwechselten.

Im Lauf einer langen Entwicklung haben die Naturwissenschaften ein *Axiomensystem* entwickelt, auf das sie sich in ihren Arbeiten stützen und mit dem sie nicht nur auf die anderen Wissenschaften und deren Axiomatik Einfluss ausgeübt haben, sondern das auch in unser Alltagsweltbild eingegangen ist. In gebotener Kürze seien die wichtigsten Axiome beschrieben:

1. *Das Objektprinzip*: Das Universum wird als aus getrennten, voneinander unabhängigen Objekten bestehend angenommen. Das können winzige Elementarteilchen sein, riesige Planeten oder ganze Galaxien. Die kleinsten Objekte, die Elementarteilchen, werden als – mathematisch gesehen – punktförmige Einheiten definiert. Objekte wirken über Kräfte und Energien aufeinander.

Die Annahme der Getrenntheit und Unabhängigkeit der Bausteine der Natur ergab sich aus dem experimentellen Vorgehen der Naturwissenschaften, die die zu untersuchenden Objekte in immer kleinere Einheiten zerteilte, um diese unabhängig voneinander zu erforschen.

2. *Das Messbarkeitsprinzip und das Prinzip von Ursache und Wirkung:* Die reale Welt ist in ihrer Gesetzmäßigkeit grundsätzlich erkennbar, die Abläufe in ihr sind deterministisch, also durch die Naturgesetze eindeutig bestimmt, messbar und in ihren Wirkungen voraussagbar. Alle realen Erscheinungen haben unmittelbar erkennbare Ursachen. Leibniz hat dies einst so formuliert: »Die Gegenwart birgt stets die Zukunft in ihrem Schoße und jeder gegebene Zustand ist nur durch den ihm unmittelbar vorausgehenden auf natürliche Weise erklärbar.«[7]

Vor allem Voraussagbarkeit und Messbarkeit sind Eckpfeiler dieses Weltbildes. Durch sie wird sichergestellt, dass Vorgänge oder Versuche, die unter definierten Bedingungen ablaufen, immer wieder dieselben Ergebnisse liefern. Daraus ergibt sich ein mächtiger Grundzug dieses Weltbildes, die objektivierende Betrachtung. Sie isoliert die Phänomene, stellt sie aus dem Kontext heraus und zerlegt sie in kleinstmögliche Elemente, um sie zu beobachten, in ihren Wechselwirkungen zu erforschen, in mathematischer Form darstellbar und manipulierbar zu machen, um sie dann anschließend wieder zusammenbauen und technisch in Dienst nehmen zu können.

3. *Zeit und Raum haben absolute Geltung.* Man nimmt für sie – ebenso wie für alle Energien und Kräfte – einen gleichmäßig-kontinuierlichen Verlauf an: das Kontinuitätsprinzip.

4. *Das Prinzip der Zweckfreiheit allen Geschehens in der Natur*: Allein die physikalischen Kräfte und Energien bestimmen den Lauf der Natur. Fragen nach geistigen Ursachen oder nach dem Sinn der natürlichen Abläufe werden von den Naturwissenschaften nicht gestellt. Seit Aristoteles bis in die Zeit des Mittelalters hatte die Zweckursache (›causa finalis‹), die Frage nach dem Sinn also, den obersten Rang aller Ursachen in der Natur. Diese Ursache lag auch für die Naturwissenschaften damals selbstverständlich bei Gott. Seit Galilei – bis heute – beschäftigen sich die Naturwissenschaften hauptsächlich mit den Objekten und den Gesetzmäßigkeiten ihrer Bewegung (der ›causa efficiens‹ des Aristoteles). Die natürliche Ordnung wird aus den Bewegungen der

Objekte und deren Messung abgeleitet. Man geht davon aus, die Vorgänge der Natur erklären zu können, wenn alle Bewegungen und Kräfte erforscht sind. Daher auch das Streben nach der mystischen ›Weltformel‹, die alle Kräfte der Natur zusammenfassen kann, dem die Physikergenerationen seit Einstein anhängen.

Die Vorteile der naturwissenschaftlichen Methodik liegen auf der Hand: Sie ermöglichte unseren enormen technischen Fortschritt. Ihre Nachteile treten nicht so ohne Weiteres zutage. Dennoch werden sie seit langem auch von vielen Wissenschaftlern gesehen.

Diese Nachteile ergeben sich vor allem aus der Absolutsetzung dieser Prinzipien. Das soll an einem Beispiel verdeutlicht werden: Aus der zerlegend-analysierenden Vorgehensweise – die auf eine nachfolgende Integration der zerlegten Teile verzichtet – ergibt sich für uns als Nachteil, dass wir die Qualitäten aus dem Blick verlieren, die der Ganzheit zuzuschreiben sind. Die Systemwissenschaften, die Biologie, vor allem die Medizin zeigen, dass das Ganze mehr und anderes ist als die Summe der Teile und dass die Eigenschaften der Ganzheit nicht aus den Merkmalen der Teile abgeleitet werden können. So ergibt sich in der Medizin aus dem Überwinden bestimmter Symptome nicht der Befund von Gesundheit, sondern lediglich der des Fehlens einer bestimmten Krankheit. Wir haben am Beispiel unseres Gesundheitswesens gesehen, dass über der Fokussierung auf Symptome und deren Beseitigung der ganzheitliche Blick auf die Gesundheit verloren geht.

Auch die Verabsolutierung des Prinzips der Zweckfreiheit führt zu fragwürdigen Ergebnissen, in vielen Fällen zum Ausschluss von Fragestellungen, die weiterführen könnten. So wird für die Evolution, die ja ein zentrales Thema der Naturwissenschaften ist, von den Wissenschaftlern streng das Prinzip der Zweckfreiheit vertreten. Die Vorgänge der Evolution selbst werden nun minutiös erforscht, es werden aber keine Erklärungen für ein wie auch immer geartetes Ziel der Evolution gesucht – weder für die evolutionären Prozesse der nicht lebenden wie für die der lebenden Natur. Im Gegenteil: Die einzig zugelassene Prämisse ist die, dass die Evolution kein Ziel hat. Das Prinzip der Zweckfreiheit gibt vor, dass die Prozesse der Evolution zufällig vor sich gehen – ähnlich wie Darwin dies mit seinen Evolutionsprinzipien der Selektion und Auslese für die Evolution der lebenden Natur formuliert hat. Forscher, die anderes behaupten, verlassen den Bereich der akzeptierten Wissenschaftlichkeit. Jede Art von Teleologie, also jede Behauptung einer Entwicklung, die auf ein bestimmtes Ziel zusteuert, darauf zuzusteuern scheint oder von diesem angezogen wird, oder gar die Annahme einer höheren, eine evolutionäre Richtung vorgebenden Intelligenz, wird kategorisch ausgeschlossen. Die Mehrfachentwicklung von Organen, zum Beispiel des Auges, oder der Extremitäten, die sich in unterschiedlichen Tierarten auf ganz unterschiedliche Art und Weise herausbilden, legt jedenfalls den Schluss nahe, dass die Evolution der Natur zielgerichtet ist.

Ähnlich ist es mit der Verabsolutierung des Prinzips der Messbarkeit. Der Konzentration auf die beobachtbaren und messbaren Phänomene verdanken wir zwar unsere technischen Erfolge, wir erkaufen dies jedoch mit einem Reduktionismus, einer Beschränkung auf einen Teil der Phänomene der Natur, da die nichtobjektivierbaren, nichtmessbaren Phänomene ausgeblendet werden. Das gilt vor allem für den Geist und die Phänomene des Geistigen. *Geist* sei hier ganz allgemein verstanden als das Vermögen, Informationen aufnehmen, speichern, auswerten und weitergeben zu können. Dieses Vermögen, über Geist zu verfügen, ist ja nicht nur dem Menschen zuzuschreiben, es ist – nach allem, was wir wissen – eine universelle Kompetenz der Manifestationen der Natur. Geist ist natürlich auch und vor allem der menschliche Geist – mit allen seinen Fähigkeiten wie Konzentration, Kreativität, Denkvermögen, Gedächtnis und mit dem unbezähmbaren Bedürfnis, in der eigenen Existenz wie in der Existenz des Kosmos nach einem Sinn zu suchen. Es hat schon ein Element der Absurdität, dass der Geist, der ja ganz maßgeblich in Gestalt der Naturforscher Einfluss auf das Weltbild nimmt, aus der Arbeit der Naturwissenschaften selbst ausgeschlossen ist.

Risse im naturwissenschaftlichen Weltbild

Das fest gefügte Gebäude der Naturwissenschaften bekam mit dem beginnenden zwanzigsten Jahrhundert durch die Ergebnisse der physikalischen Forschung erste Risse – im Bereich des Großen durch Einsteins Relativitätstheorie, im Bereich des Kleinen durch die Entdeckungen der Quantenphysik: Als die Physiker sich mit den großen Fragen des Kosmos wie mit den kleinsten Elementarteilchen der Materie beschäftigten, zeigte sich ein unerwartetes Bild der Realität sowie unerwartete und neuartige Effekte, die sich mit den geltenden Axiomen nicht vereinbaren ließen.

Mit der Aufstellung der Relativitätstheorie zeigte Einstein, dass Zeit und Raum nicht absolut sind. Die Zeit ist keine getrennte, eigenständige Entität, sondern verläuft für alle sich gegeneinander bewegenden Körper relativ zu derjenigen der anderen. Diese Differenz ist allerdings bei Geschwindigkeiten, wie wir sie im Alltag erleben, nicht wahrzunehmen. Die Zeit ist zudem auf unerklärliche Weise mit dem Raum zur Raumzeit verschränkt. Die Gravitation ist keine Kraft massehaltiger Körper, die aufeinander wirkt, sondern ist für Einstein ein geometrisches Konstrukt. Sie manifestiert sich in einer Krümmung des Raums – verursacht durch Materie. Einsteins Theorie konnte durch später durchgeführte Messungen bewiesen werden, als man eine exakt vorhergesagte Lichtbeugung feststellte, die sich beim Durchgang des Lichts an Planeten vorbei zeigte.

Als sei dies nicht rätselhaft genug – kein Mensch konnte sich relative Zeit oder Raumkrümmungen vorstellen –, tat sich eine völlig fremdartige und unverständliche Welt auf, als sich die Forscher mit dem Mikrobereich der Materie beschäftigten.

Das *Kontinuitätsprinzip*, das heißt die Annahme, dass Energien und Kräfte einen kontinuierlichen Verlauf annehmen, musste aufgegeben werden, als Max Planck herausfand, dass die Aufnahme und Abgabe von Strahlung der kleinsten Materiebausteine nicht kontinuierlich, sondern in Sprüngen, sogenannten Quanten erfolgt (dem Planck'schen Wirkungsquantum). Diese Quantisierung gilt generell, auch für Raum und Zeit. Mittlerweile gibt es Forschungsergebnisse, die nachweisen, dass auch Raum und Zeit nicht als kontinuierlich anzunehmen sind, sondern ›körnige‹ Struktur haben. Die kleinste Raumeinheit ist die Planck-Länge (10^{-33} cm), die Planck-Zeit – jene Zeit also, die erforderlich ist, um eine Plancklänge zu durchqueren – beträgt 10^{-43} cm, unvorstellbar winzige Größenordnungen, die Milliarden mal unterhalb der Größe von Atomen liegen. Diese Quantisierung gilt für alle Prozesse in der Natur. Auch Elementarteilchen, die in Teilchenbeschleunigern erzeugt werden, entstehen nicht kontinuierlich, sondern treten sofort mit ihrem vollständigen Energiebetrag auf.

Die Quantenphysik als der Bereich, der die kleinsten Teilchen der Materie erforscht, hat auch eine neue Darstellung der Wirkung von Kräften und Energien gegeben. Kräfte und Energien sind nicht, wie Newton meinte, Eigenschaften massehaltiger Körper, sondern sie entstehen aus der *Wechselwirkung* der Elementarteilchen. Sie wirken innerhalb von Feldern und werden von bestimmten Teilchen getragen. Für jede der vier Kräfte (Gravitation, elektromagnetische Kraft, starke und schwache Kernkraft) wurden Teilchenfamilien gefunden, die die Wechselwirkung transportieren. Wechselwirkungsteilchen sind nicht nur ungleich zahlreicher als Masseteilchen, sie haben auch die größere Bedeutung in der Bestimmung der Struktur der Materie. Für uns am wichtigsten sind die Wechselwirkungsteilchen der elektromechanischen Kraft, die Photonen – die Träger des Lichts. Die elektromagnetische Anziehung beziehungsweise Abstoßung muss man sich so vorstellen, dass Photonen zwischen Elektronen ausgetauscht werden. Dieser Austausch ist mit dem Einsatz von Energie verbunden, die wir mit unseren technischen Geräten nutzen. Demnach ist auch die Gravitation kein geometrisches Konstrukt, wie Einstein meinte, sondern sie entsteht durch den Austausch der Wechselwirkungsteilchen der Gravitation, der Gravitonen. Allerdings konnten Gravitonen wegen ihrer winzigen Größe – eine Milliarde mal kleiner als ein Atom – bisher nicht nachgewiesen werden.

Die Erforschung der Gesetzmäßigkeiten dieser kleinsten Elemente der Natur führte schließlich zu völlig unannehmbaren Ergebnissen.

Es zeigte sich, dass Elementarteilchen in ihren Materieeigenschaften nicht eindeutig bestimmbar sind. Sie weisen eine unerklärliche *Doppelnatur* auf, indem sie einmal Materiecharakter, ein andermal Wellencharakter anzunehmen scheinen. Solange Teilchen Wellennatur haben, scheinen sie nicht real zu existieren, sondern nur als Möglichkeit, mit einer mathematisch zuordenbaren Wahrscheinlichkeit ihrer Existenz an einer bestimmten Stelle, der sogenannten Aufenthaltswahrscheinlichkeit. Diese Aufenthaltswahrscheinlichkeit hat Erwin Schrödinger mit seiner berühmten Wellengleichung nachgebildet. An Stellen, an denen die Teilchenwelle hohe Werte hat, ist auch eine entsprechend größere Wahrscheinlichkeit gegeben, dass sich das Teilchen dort aufhält. Der Zustandswechsel vom Wellen- in den Teilchenzustand – in der Quantenphysik als Kollaps der Wellenfunktion bezeichnet – ist nicht vorhersagbar, er tritt aber immer dann ein, wenn ein Teilchen gemessen wird. Zudem sind die Teilchen flüchtig: Nach dem Messvorgang sind sie nicht mehr nachweisbar. Das ist etwas, an das die Wissenschaftler – und nicht nur sie – bis heute nicht glauben mögen. Bis heute hat man dafür innerhalb des geltenden Paradigmas keine schlüssige Erklärung. Im Gegenteil, man muss konstatieren, dass damit das Prinzip eines exakt vorbestimmten, deterministischen Ablaufs aufgehoben ist.

Schließlich schien sich – auf der Suche nach den fundamentalen Bestandteilen der Materie – diese selbst nach und nach aufzulösen. Man fand unterhalb der Ebene der Atome immer weitere Teilchenebenen, immer kleinere Teilchen – heute sind es mehr als dreihundert verschiedenen Teilchenarten –, die sich immer mehr in Unbestimmbarkeit auflösten und immer weniger damit zu tun hatten, was wir im Bereich sinnlicher Wahrnehmung als Materie zu bezeichnen pflegen. Manche hatten eine extrem kurze Lebensdauer, manche sind nicht direkt nachweisbar, andere haben keine Masse. Zudem scheint es eine spiegelbildliche Gegenwelt zu den nachweisbaren Teilchen zu geben, wie der Physiker und Nobelpreisträger Paul Dirac in seinen Forschungen herausfand. Zu jedem positiv geladenen Teilchen existiert ein negatives Äquivalent. Diese negativ geladenen ›virtuellen‹ Teilchen entstehen aus den Wechselwirkungsvorgängen, um dem Prinzip der Energieerhaltung zu genügen, und bilden die sogenannte *Dirac-See*. Deren

Existenz gilt mittlerweile als gesichert und hat zur Annahme – deshalb Annahme, da bis heute nicht nachweisbar – eines *Quantenfeldes* geführt, welches die Teilchen aufnimmt.

Natürlich wurden all diese Erkenntnisse nicht rein spekulativ erzielt, sondern es wurde eine Fülle von Experimenten angestellt, um sie abzusichern. Mit dem sogenannten *Doppelspaltexperiment* wurde die so missverständliche Doppelnatur der Teilchen nachgewiesen: Teilchen werden durch einen Doppelspalt geschickt, um auf einen dahinterliegenden Schirm projiziert zu werden. Auf diesem Schirm bilden sich Interferenzmuster, die dadurch entstehen, dass Teilchen sich auf dem Schirm punktförmig materialisieren. Dass sie sich materialisieren, entspricht ihrer Teilcheneigenschaft; dass sie sich in der Form eines Musters materialisieren, ist nur aus ihrer Wellennatur erklärbar. Die Form des Musters auf dem Schirm, die durch das Ergebnis vielfachen Auftreffens der Teilchen auf dem Schirm entsteht, stimmt genau mit den Werten der Schrödinger'schen Wellengleichung überein. Wenn allerdings hinter dem Spaltdurchgang eine Messvorrichtung angebracht ist, nehmen die Teilchen bei jedem Durchgang durch den Spalt sofort Materiecharakter an, und es bildet sich kein Interferenzmuster auf dem dahinterliegenden Schirm.

Interessanterweise bildet sich das Interferenzmuster auch dann, wenn jeweils nur ein einzelnes Teilchen durch den Spalt geschickt wird – so, als ob das Teilchen als zwei Teilchen mit sich selbst in Interferenz treten würde. Zwei nacheinander abgeschickte Teilchen treffen jedoch nie an derselben Stelle des Schirms auf, was zeigt, dass es sich tatsächlich um einen Wahrscheinlichkeitswert handelt, mit dem das Teilchen an einer bestimmten Stelle auftrifft. Dieser Vorgang ist nicht objektivierbar.

Der Versuch wurde mit Photonen, mit Elektronen, mit Atomen, sogar mit Makromolekülen durchgeführt – immer mit dem gleichen Ergebnis.

Der Nobelpreisträger Paul Dirac hat im Gespräch mit Shimon Malin (zitiert in *Dr. Bertlmanns Socken – Wie die Quantenphysik unser Weltbild verändert*) in diesem Zusammenhang zum Ausdruck gebracht, dass die Natur eine Wahl treffe, nämlich die, an einem bestimmten Punkt in den Teilchenzustand überzugehen – und zwar dann, wenn eine Interferenz nicht mehr möglich sei.

Bei den Versuchen stellte sich zudem heraus, dass Teilchen, wenn sie vorher in eine Beziehung zueinander gebracht wurden – quantenphysikalisch gesprochen: wenn sie miteinander verschränkt wurden –, nicht unabhängig voneinander agieren, sondern miteinander verbunden zu sein scheinen. Dies erfolgt, ohne dass eine Wechselwirkung, ein Energieaustausch, eine Kraftübertragung feststellbar wären. Die Reaktion der Teilchen aufeinander läuft zudem ohne Zeitverzug über beliebige Entfernungen ab, also *nichtlokal*. Dies verletzt eine andere physikalische Gesetzmäßigkeit, die von Einstein aufgestellt wurde: Es gebe in der Natur keine Bewegung, die mit einer größeren als der Lichtgeschwindigkeit erfolgt.

Diese Nichtlokalität wurde durch das sogenannte *EPR-Paradoxon* nachgewiesen (EPR für Einstein-Podolski-Rosen): Durch die Versuchsanordnung, die zunächst unter der Beteiligung Einsteins als Gedankenexperiment durchgeführt wurde, sollte eigentlich nachgewiesen werden, dass sich Teilchen stets deterministisch verhalten und nicht nach den Gesetzen der Wahrscheinlichkeit. Einstein stellte noch fest: »Gott würfelt nicht.« Erst in den Achtzigerjahren des vorigen Jahrhunderts verfügte man über die nötigen Apparaturen, um den Versuch auch experimentell durchzuführen (es sind dafür Vorrichtungen nötig, die über eine Reaktionszeit von weniger als 10 Milliardstel Sekunden verfügen). Dabei werden Teilchen, die sich vorher in einem verschränkten Quantenzustand befanden (ein einzelnes Photon wird in zwei Photonen mit jeweils halbzahligem Spin zerlegt), in verschiedene Richtungen ausgesandt. Wird nun an einem der Teilchen eine Messung vorgenommen, geht das gemessene Teilchen vom Wellen- in den Teilchenzustand über. Das andere Teilchen – obwohl nicht gemessen – reagiert ebenfalls mit Zustandsänderung –, und zwar ohne Zeitverzug. Die weit voneinander entfernten Teilchen sind also informationstechnisch miteinander verbunden. Dieses Experiment funktioniert sogar dann, wenn von dem ›führenden‹ Teilchen, von dem die Reaktion des zweiten Teilchens abhängt, zum Zeitpunkt des Abschickens noch gar nicht feststeht, ob es gemessen wird, wenn also zum Beispiel ein Strahlteiler (ein halb reflektierender Spiegel) nach dem Abschicken angebracht ist. Es wurde sogar versucht, die Teilchen zu überlisten, indem man eine Markierung an den Photonen anbrachte, die dazu geführt hätte, dass das Teilchen gemessen würde. Diese Markierung wurde nachträglich beseitigt. Es wurde – wie zu erwarten war – nicht gemessen, die Wellennatur blieb erhalten. Weitere Spielarten dieses Versuchs wurden durchgeführt, aber die Photonen ließen sich nicht überlisten. Immer dann, wenn auf seinem Weg gemessen werden würde, nahm das Photon Teilchencharakter an.

In Fortführung dieses Experiments wurden von einem Physikerteam um Anton Zeilinger erfolgreiche Versuche durchgeführt, bei denen mehr als zwei Photonen miteinander verschränkt und anschließend über mehrere hundert Meter ›teleportiert‹ wurden (dokumentiert in dem Buch *Einsteins Spuk*).

Das Phänomen der Nichtlokalität entzieht sich seit Jahrzehnten beharrlich jedem wissenschaftlichen Nachweis. Dies legt nahe, dass die Natur hier nicht mit den bisherigen Mitteln der Naturwissenschaften, das heißt also mechanisch und objektivierend erforscht und erklärt werden kann. Die Tatsache, dass Elementarteilchen miteinander verschränkt werden und in verschränktem Zustand über anscheinend beliebig große Entfernungen miteinander informationstechnisch verbunden bleiben, bedeutet auch, dass das Prinzip unabhängiger, getrennter Objekte zugunsten einer Ganzheitsvorstellung aufgegeben werden muss, die beinhaltet, dass die Einzelphänomene der Natur auf Quantenebene miteinander verbunden sind.

Ein weiteres Beispiel für Informationsbeziehungen zwischen Elementarteilchen stellt das sogenannte *Pauli-Prinzip* dar – benannt nach dem Nobelpreisträger Wolfgang Pauli. Es besagt, dass Elektronen innerhalb eines Atoms stets unterschiedliche Umlaufbahnen einnehmen. Sie regeln dies, obwohl sie energetisch oder kräftemäßig nicht messbar miteinander verbunden sind.

Der Nobelpreisträger Louis de Broglie hat sich mit diesem Phänomen beschäftigt und entdeckt, dass jedes Materieteilchen – er beschäftigte sich vor allem mit Elektronen – eine Periodizität als Welle besitzt. Er fand heraus, dass jedes Elektron (wie alle sogenannten massehaltigen Fermionen) von einer stehenden Welle begleitet wird, die auf der entsprechenden Elektronenbahn schwingt. Die spezielle Verteilung der Elektronen auf den Umlaufbahnen ergibt sich daraus, dass sich stehende Wellen nur in ganzzahligen Zuständen bilden können. Allerdings sind diese Materiewellen nicht nachweisbar, da ihnen keine Energie zugeordnet ist. Für de Broglie sind sie dennoch real, er vermutet eine tiefere Bedeutung dieser Wellen, konnte für sie aber keine theoretische Lösung finden. Auch für Schrödinger waren die Teilchenwellen nicht nur ein Wahrscheinlichkeitsphänomen, sondern eine reale Erscheinung. Der Umstand, dass die Wellen mit Messapparaturen nicht erfasst werden konnten, und die Tatsache, dass die Wellen nach seinen Gleichungen in einem mehr als dreidimensionalen Raum agieren, waren der Hauptgrund dafür, dass eine realistische Interpretation der Materiewellen bis heute von vielen Physikern abgelehnt wird.

Bereits in den Arbeiten der Pioniere Maxwell, Riemann, de Broglie, Schrödinger, Gabor sind – die Entdeckungen der Quantenphysik gleichsam vorwegnehmend – die Voraussetzungen für ein ganzheitliches Weltbild unter Einschluss der Quantenwelt geschaffen worden. Riemann schuf die Mathematik für die Erfassung von mehrdimensionalen Räumen, die von de Broglie und Schrödinger aufgenommen und in die Quantenwelt übertragen wurde, indem sie die Materiewellen in die Realität der Natur integrierten. Maxwell beschrieb bereits Ende des neunzehnten Jahrhunderts mit seinen Gleichungen das Wirken elektromagnetischer Felder, insbesondere deren Zusammenwirken mit der Gravitation. Da damals entsprechende mathematische Verfahren fehlten, wurden nur die einfacheren und praktisch verwertbaren Teile seiner Gleichungen übernommen, die die Funktion der elektromagnetischen Wechselwirkung auf der Basis der sogenannten Transversalwellen – also die Phänomene der Elektrizität und des Magnetismus – darlegten. In seinen Gleichungen sind jedoch auch die Beschreibungen für Längs- und Torsionswellen enthalten, wie sie auf Quantenebene unter der Voraussetzung der Verschränkung oder Synchronisation der Quantenzustände vorkommen. Maxwell postulierte für diese Wirkungen ein universelles Feld, ein Quantenfeld, und bezeichnete dieses als Äther. Zur damaligen Zeit fehlten allerdings die mathematischen Mittel, um diese Vorstellungen zu verifizieren.

Erst viel später, als die quantenphysikalischen Grundlagen dies zuließen, wurden die Vorstellungen des *Quantenfeldes* wieder aufgenommen – unter ganz unterschiedlichen Bezeichnungen wie Quantenfeld, Quantenvakuum, Nullpunktfeld oder Higgs-Feld.

Bei dem Quantenfeld handelt es sich um ein riesiges, den gesamten Kosmos umfassendes Feld, von welchem die Quantenwelt gesteuert wird. Dieses Feld wird in der Welt der Quanten benötigt, um die Wechselwirkung der elektromechanischen Kraft und der Gravitation zu erklären, die beide keine räumliche Beschränkung kennen. Dieses Feld wäre somit Trägerfeld für die Lichtwellen und die Gravitonen.

Man benötigt dieses Feld auch zur Erklärung dafür, woher die Teilchen kommen, wenn sie in den Versuchen auftauchen beziehungsweise wohin sie verschwinden, wenn sie plötzlich nicht mehr nachweisbar sind. Für Paul Dirac war das Quantenfeld der Ort, an dem sich die virtuellen Teilchen aufhielten. Das Quantenfeld wäre somit der Ursprung und auch das Ende unseres existierenden Universums. Aus ihm ist die bestehende Materie hervorgegangen und wird laufend aus ihr weiter aufrechterhalten.

Dieses Feld wird in der großen Welt des Kosmos auch benötigt, um zu erklären, dass im gesamten Kosmos – dem Ausdehnungsraum des Quantenfeldes – gleichförmige Bedingungen herrschen.

Die Fachwelt ist sich einig, dass es dieses Feld geben muss, aber: Da dieses Feld nicht nachweisbar ist, geht man davon aus, dass sich das Quantenvakuum für die sichtbare Materie unserer physischen Welt wie eine Supraflüssigkeit verhält, das heißt sich in einem Zustand befindet, in dem sie für diese unbemerkt bleibt. Dies ist beispielsweise bei Helium bei extrem niedrigen Temperaturen der Fall. Dann wird es zur Supraflüssigkeit und setzt in diesem Zustand anderen Substanzen, mit denen es in Berührung kommt, keinen Widerstand entgegen. In den letzten Jahren konnte in Versuchen gezeigt werden, dass Masse ein Ergebnis der Wechselwirkung mit dem Vakuum zu sein scheint. Sie kann somit nicht als eine fundamentale Größe des Universums gelten, sondern als eine Struktur, die aus der Energie des Vakuumfelds durch Wechselwirkung entsteht. Nach diesem Modell des Quantenfelds ist die Masseträgheit eine Form elektromagnetischen Widerstands im Vakuumfeld. Diese Kraft entsteht, wenn Materie unter dem Einsatz riesiger Energiemengen aus dem Quantenvakuum in die Alltagswelt freigesetzt wird.

Auf diesen Überlegungen aufbauend, könnte die Gravitation mit den anderen Kräften vereinheitlicht werden. Wenn man sich vorstellt, dass im Quantenfeld alle Wellen des gesamten Kosmos in dichtester Überlagerung enthalten sind, befindet sich in jedem Kubikzentimeter dieses Feldes mehr Energie als im gesamten materiellen Universum.

Die oben beschriebenen Quanteneffekte sind vielfach überprüft und gesichert worden. Physiker betonen, dass die Quantenphysik die genauesten Ergebnisse aller Teilwissenschaften der Physik liefert. Mit den Konsequenzen aus diesen Ergebnissen steht die Physik allerdings vor einem bis heute nicht gelösten Rätsel.

Es zeigte sich, dass – was die Gesetze der Physik nicht vorsehen – kleinste Materieteilchen informationstechnisch miteinander verbunden sein und nichtlokal aufeinander oder miteinander reagieren können. Da diese Reaktion ohne den Nachweis eines materiellen Transfers und auch zeitversetzt erfolgen kann, müssen die Teilchen ein Gedächtnis über ihre Zustände aufweisen. Informationsaustausch und Gedächtnis stellen aber nichts anderes als geistige Funktionen dar. Die Reaktion der Teilchen erfolgt ohne Zeitverzug auch über große Entfernungen – wofür der Begriff der Nichtlokalität geprägt wurde.

Niels Bohr, der große Physiker, erkannte, dass hier verborgene Beziehungen vorhanden sein müssen: »Isolierte Materieteilchen sind Abstraktionen, ihre Eigenschaften sind nur durch ihr Zusammenwirken mit anderen Systemen definierbar und wahrnehmbar.« Gleichzeitig legte er jedoch in der zusammen mit Heisenberg formulierten ›Kopenhagener Deutung‹ nieder, dass dem quantentheoretischen Formalismus – wie etwa der Wellenfunktion – kein realer Gehalt entspreche, sondern dass er lediglich ein messtheoretisches Hilfsmittel sei. Diese Deutung wurde neuerdings durch die *Ensemble-Interpretation* zurückgenommen, der heute die meisten Quantenphysiker zustimmen und in der den Phänomenen der Quantenmechanik Realitätsgehalt zugestanden wird – ohne dass man dafür eine Erklärung hätte.

Das naturwissenschaftliche Weltbild, das sich für die ›normale‹ Materie so bewährt hatte, war im Bereich der kleinsten Teilchen in wesentlichen Punkten infrage gestellt: Elementarteilchen haben keine kausal eindeutig bestimmbaren Abläufe, sie reagieren nichtlokal aufeinander beziehungsweise miteinander, sie verwerten Informationen. Kurz, der Geist scheint in die Physik Eingang gefunden zu haben. Die elementaren Kategorien Raum, Zeit, Kraft und Energie nehmen nicht kontinuierlich zu, sondern in Quantensprüngen; Materie scheint sich aufzulösen, je weiter man Teilchen in immer kleinere Bestandteile untergliedert. Materie besteht in ihren kleinsten Partikeln aus Energie.

Angesichts all dessen stellte der Quantenphysiker und Nobelpreisträger Richard Feynman resigniert fest: »Ich glaube, ich kann mit Sicherheit behaupten, dass niemand die Quantentheorie versteht.«[8]

Die große Frage, die sich die Wissenschaftsgemeinde stellte, war die, ob es sich bei den neuen Phänomenen um spezielle Effekte handelte, für die man später eine Erklärung finden würde, oder um eine universelle Gesetzmäßigkeit der Natur, aus der sich die Notwendigkeit für ein neues Weltbild ergibt. Seit fast einhundert Jahren unternimmt man gewaltige Anstrengungen, um diese Frage zu klären und gegebenenfalls diesem neuen Weltbild näher zu kommen, bisher ohne zufriedenstellendes Ergebnis. Die Trennlinie verlief und verläuft auch heute noch zwischen der Welt der Relativitätstheorie und derjenigen der Quantenmechanik. Jede der beiden verfügt über einen gesicherten Erkenntnisstand, bisher gibt es aber noch keine allgemein akzeptierte Theorie, die diese beiden Welten miteinander zu einem großen einheitlichen Theoriegebäude verbunden hätte. Immerhin werden die Phänomene der Quantenmechanik heute von der überwiegenden Mehrzahl der Physiker als real anerkannt. Aber es fehlt bislang eine Erklärung für die seltsamen Phänomene der großen Welt des Kosmos und der kleinen Welt der Elementarteilchen – sowohl für die Phänomene selbst als auch für die Prinzipien, die Ordnung, aufgrund deren diese Phänomene möglich werden. Es gibt sogar Versuche, die Frage der Erklärung als überflüssig hinzustellen, da ja die Quantenphänomene auf unsere Alltagsrealität keine Wirkung hätten.

Lange hat das Festhalten an den überlieferten Axiomen der Physik den wissenschaftlichen Fortschritt behindert. Die erreichten Forschungsergebnisse wurden beschränkt durch das, was Jean Gebser das mental-perspektivische Paradigma nannte: die Fokussierung auf die Fassbarkeit und Messbarkeit der Phänomene, die Beschränkung auf die drei Dimensionen der Alltagswirklichkeit und die Reduzierung des menschlichen Geistes auf die rechnerische Logik als höchste interpretierende Instanz. Man versuchte und versucht, durch immer neue Messungen mit immer größeren Teilchenbeschleunigern und Nebelkammern den Geheimnissen auf die Spur zu kommen, und erreicht doch nur eine höhere Genauigkeit der Messungen um einige Zehnerpotenzen nach der zehnten Stelle hinter dem Komma. Dabei sind mittlerweile die Grenzen des Messbaren erreicht: Um etwa die angenommenen Wechselwirkungsteilchen der Schwerkraft, die Gravitonen, nachweisen zu können, müsste man Anlagen bauen, in denen die gesamte im Kosmos gebundene Energie eingesetzt wird. Und – wie sich im Doppelspaltexperiment zeigt – es ist gerade die Messung, die den Einblick in die tieferen Ebenen der Realität verwehrt.

Umrisse eines neuen naturwissenschaftlichen Weltbildes

Man kann die Situation, in der wir uns angesichts des naturwissenschaftlichen Weltbildes zurzeit befinden, so charakterisieren, dass augenscheinlich ist, in welchem Maße das bestehende Paradigma seine universelle Erklärungskraft eingebüßt hat, dabei aber noch nicht klar ist, wie das neue Paradigma beschaffen sein wird.

Freilich gibt es Hypothesen darüber, in welche Richtung sich die Wissenschaften bewegen müssen, um ein neues Weltbild zu finden. Diesen Wechsel zu einer neuen Sichtweise haben die oben genannten Pioniere der neuen Physik bereits in die Wege geleitet, der Prozess ist jedoch noch lange nicht abgeschlossen.

Wolfgang Pauli hat die Relevanz der Entdeckungen der Quantenphysik für das neue Weltbild erkannt: »Der Verfasser gehört zu den Physikern, welche glauben, dass die neue, der Quantenmechanik zugrunde liegende erkenntnistheoretische Situation befriedigend ist, und zwar sowohl vom Standpunkt der Physik, als auch von dem weiteren Standpunkt der menschlichen Erkenntnis im Allgemeinen. Dieser neue Aspekt der Naturbeschreibung erweckt, im Gegensatz zu den der klassischen Physik zugrunde liegenden Ideen, die Hoffnung auf eine zukünftige Entwicklung verschiedener wissenschaftlicher Teildisziplinen in Richtung auf eine größere Einheit des Ganzen.«[9]

Auch Carl Friedrich von Weizsäcker hat die Folgen der quantenphysikalischen Erkenntnisse auf unser Weltbild gesehen und in seinem Buch *Aufbau der Physik* so zusammengefasst: »Mit der Quantentheorie, so wie wir sie rekonstruiert und gedeutet haben, ist der Gedanke voll vereinbar, dass die Wirklichkeit ein nichträumlicher individueller Prozess ist, den wir mit den uns geläufigen Worten als geistig zu beschreiben haben.«[10]

Ähnlich der Physiker Eddington: »Das Material, aus dem die Welt gemacht ist, ist geistiger Stoff.«[11]

Die Arbeiten an den Rätseln der Quantenphysik wie an den Rätseln, die uns der Kosmos aufgibt, gehen in ganz unterschiedlichen Bereichen und in unterschiedlichen Richtungen vor sich.

Die Richtung, in der die meisten Physiker forschen, ist die Welt der Relativitätstheorie. Sie betreibt ihre Forschungen auf der Basis des sogenannten *Standardmodells*. Sie stellt sich die Aufgabe, der sich bereits Einstein in seinen Arbeiten widmete, nämlich zu einer vereinheitlichten Theorie der Naturkräfte zu kommen, zur ›Weltformel‹, die die vier Grundkräfte (elektromagnetische Kraft, starke und schwache Teilchenkraft, Gravitation) zusammenführen und ihr Zusammenwirken erklären würde.

Die Arbeiten werden mit großem Aufwand an vielen Stellen vorangetrieben, und es ist interessant, mitzuverfolgen, wie sich mosaikartig die Ansätze für ein neues Weltbild abzeichnen.

Der Teilchenphysiker Brian Greene schildert in seinem Buch *Der Stoff, aus dem der Kosmos ist*[III] den Stand der Forschungen, insbesondere beschreibt er die neue Superstringtheorie. Sie geht davon aus, dass die Materie nicht aus kleinsten, punktförmigen Bausteinen, sondern aus Strings besteht, winzigen fadenartigen Strukturen, die Schwingungsmuster unterschiedlicher Energie aufweisen. Teilchen sind also unterschiedliche Schwingungsmuster. Materie ist demzufolge im Bereich der kleinsten Elementarteilchen Schwingung, sie besteht auf dieser Ebene nicht aus *Masseteilchen.*

Das Standardmodell verharrt insgesamt jedoch bei einer ausschließlich materieorientierten Betrachtung. Es kann auch nicht erklären, wie aus einem homogenen, gleichförmigen Anfang – der winzigen, unvorstellbar heißen Materieballung zum Zeitpunkt des Urknalls – ein Universum mit unregelmäßigen Einsprengseln von Materie und einer kosmischen Struktur entstehen konnte, für deren Entwicklung zu Beginn keine Voraussetzungen vorhanden waren. Nach den Gesetzen der Thermodynamik (der Wissenschaft von der Ordnung der natürlichen Systeme) wäre eine solche Entwicklung deshalb ausgeschlossen, da in einem geschlossenen System Ordnung nicht zunehmen kann. Im Universum ist aber aus ungeordneter subatomarer Materie eine hoch komplexe Ordnung der unbelebten und belebten Natur entstanden.

Im Kontext des Standardmodells ist auch nicht erklärbar, warum die Verhältnisse in der Natur so sind, wie wir sie vorfinden: die große Zahl unterschiedlich gearteter Teilchen – man hat bisher mehr als dreihundert verschiedene Teilchenarten gefunden – oder die Prozesse, die im Universum ständig neue Teilchen entstehen beziehungsweise verschwinden lassen. Es gibt bislang keine Erklärung für die Existenz und Wohlordnung der sogenannten *Naturkonstanten.* Es wurden vier fundamentale Größen als Konstanten eingeführt, die im gesamten Kosmos stets denselben Betrag haben: die Gravitationskonstante, die Lichtgeschwindigkeit, die Boltzmann'sche Konstante zur Beschreibung des Ordnungszustands (der sogenannten Entropie) von Systemen und das Planck'sche Wirkungsquantum.

Daneben gibt es noch weitere Größen, die zu den Naturkonstanten gezählt werden, die allerdings nicht dieselbe fundamentale Bedeutung haben. Dass sich unser Universum über die verschiedenen Stufen der anorganischen Materie bis zum Leben entwickeln konnte, hängt wesentlich von den Werten dieser Naturkonstanten ab. Wären diese nur ein wenig anders, hätte sich nie ein Kosmos entwickeln können, der Leben ermöglicht. Im Standardmodell werden die gemessenen Werte für die Naturkonstanten eingesetzt, man kann sie mit seinen Gleichungen nicht errechnen.

Man hat auch keine Erklärung für die fünfundneunzig Prozent der ›dunklen‹ Materie und circa fünfundsiebzig Prozent der ›dunklen‹ Energie des Universums, denen fünf Prozent der sichtbaren Materie beziehungsweise fünfundzwanzig Prozent der messbaren Energie gegenüberstehen. Man hat sie aufgrund der Werte vermutet, die sich aus der Berechnung der Gravitation ergaben, die ganze Galaxien aufwiesen. Auf ihre Existenz schließt man auch deshalb, da es sonst keine Erklärung dafür gäbe, dass Sterne am Rand von Galaxien ähnliche Rotationsgeschwindigkeiten haben wie im Zentrum von Galaxien. Aufgrund der Gravitationsgesetze müssten zentrumsnahe Sterne schneller rotieren. Im Jahr 2006 ist es erstmals gelungen, diese dunkle Materie sichtbar zu machen, als man Bilder vom Zusammenstoß zweier Galaxienhaufen aufzeichnen konnte.

Ebenso findet das Standardmodell keine Erklärung für das seltsame Verhalten der kleinsten Teilchen, für deren Wellennatur, für die Nichtlokalität, für den Informationsaustausch, der zwischen den Teilchen stattfindet.

Etwas abseits von der Welt des Standardmodells hat David Bohm einen wichtigen Beitrag zur Lösung der Rätsel der Quantenphysik geleistet, indem er auf der Basis des Hologramms Ordnungsprinzipien der Natur definierte. Er nahm die Ergebnisse der Arbeiten von Louis de Broglie und Erwin Schrödinger über die reale Natur von Materiewellen auf und legte – darauf aufbauend – ein eigenes, vom Standardmodell abweichendes Konzept der Quantenwelt vor. Darin geht er davon aus, dass Teilchen und Wellen gleichzeitig real existieren (während man in der Standardtheorie von der Alternative Welle oder Teilchen ausgeht). Die sogenannte Pilotwelle des Teilchens – nichts anderes als die Wellenfunktion Schrödingers – hat nach dem Modell Bohms in der Realität die Aufgabe, die Umgebung des Teilchens zu untersuchen und Impulse für das Verhalten zu geben. Die Welle repräsentiert sozusagen die äußeren Sinne des Teilchens. Änderungen in der Wellenfunktion können dazu führen, dass das Teilchen plötzlich an anderer Stelle ist. Bohms Ansatz ist explizit nichtlokal. Die Informationen über die Positionen aller Teilchen stellen für ihn den geistigen Aspekt der Teilchen dar und werden als Quanteninformationspotenzial bezeichnet. Die Informationen über die Teilchenzustände sind in einem Hologramm gespeichert und dort für alle Teilchen des zugehörigen Teilchenfelds verfügbar. Bohm kam auf sein Modell, als er an der Erforschung des Plasmas arbeitete, also von Teilchen in hoch verdichtetem, gasförmigem und ionisiertem Zustand. Er entdeckte, dass sich die Teilchen im Plasma nicht mehr chaotisch, sondern harmonisch geordnet verhielten. Diese Entdeckung veranlasste ihn, nach dem Ordnungsprinzip zu suchen, das dieses ermöglichte. Er ging davon aus, dass diese von ihm so genannte *implizite Ordnung* von einem universellen Feld, dem Quantenfeld, gesteuert wird, und er suchte nach dem Prinzip, nach dem diese Ordnung aufrechterhalten wird. Dabei stieß er auf das Hologramm und sah es als jenes Konstrukt an, welches die Ordnung unserer Welt aufbaut und erhält.

Das *Hologramm* ist neben dem Quantenfeld ein weiteres Konzept, das immer wieder in den Modellvorstellungen der neuen Physik auftaucht. Es wurde von Dennis Gabor als ein Ordnungssystem entdeckt, das mit gebündeltem Laserlicht Interferenzmuster nichtlokal in Feldern speichern und wieder auslesen kann. Das Hologramm ist damit der logische Kandidat für das Informationsmedium, dessen sich die Natur bedient, um nichtlokal Informationen zu speichern und auszutauschen. Das Hologramm spielt auch eine maßgebliche Rolle als ordnendes Prinzip im Modell des Quantenfeldes. Nachdem das Hologramm ein

Trägermedium benötigt, um wirken zu können, ergibt sich zwangsläufig die Querverbindung zum Quantenfeld, welches auf gesamtkosmischer Ebene dieses Medium sein könnte.

David Bohm war demnach einer der Ersten, der ein Medium suchte und fand, welches in der Lage ist, zu erklären, wie die Ordnung im Kosmos geschaffen und aufrechterhalten wird. In der bisherigen Physik wurde diese Ordnung einfach als gegeben angenommen und im mathematischen Ausdruck der physikalischen Gleichungen gesehen. Mit seinen Theorien – obwohl bereits vor fünfzig Jahren formuliert – gilt Bohm allerdings nach wie vor als Außenseiter.

Die Arbeiten am Standardmodell und an den offenen Fragen der Quantenphysik haben eine Reihe von faszinierenden Einblicken in die Welt der Quanten gebracht, sie führen aber immer mehr an die Grenzen des Erforschbaren. Manche Phänomene entziehen sich prinzipiell dem direkten Nachweis, so das Quantenfeld. Andere wichtige Bereiche bleiben weiter im Hintergrund, obwohl sie vielleicht über geänderte Fragestellungen zu neuen Erkenntnissen führen würden: jene nach der Ordnung, nach der sich der Kosmos und die Natur entwickeln. Jene nach Erklärungen für die geistigen Phänomene, die bereits bei kleinsten Teilchen vorgefunden werden. Diese Fragen lassen sich mit den heute gängigen Theorien und dem Selbstverständnis der meisten Naturwissenschaftler nur schwer in Angriff nehmen.

Abseits vom Mainstream der physikalischen Forschung gibt es heute bereits Theorien, die die im Standardmodell und in der Superstringtheorie offen gebliebenen Fragen beantworten.

Ein wahrhaft revolutionärer Ansatz steckt im Quantenmodell von Burkhard Heim: Durch einen Unfall fast blind und seiner Hände beraubt, lebte und arbeitete er zurückgezogen abseits vom Wissenschaftsbetrieb, schuf aber dennoch ein großartiges Weltmodell. Ähnlich wie die Superstringtheorie sieht er in den Elementarteilchen Strukturflüsse, die kleinste Flächen, sogenannte Metronen, bilden, die ebenfalls die Planck-Länge als Abmessung haben. Ihre Masse erhalten sie durch innere Austauschprozesse. Spin und Trägheit entstehen aus den Vakuumfluktuationen. In seinem Modell gibt es keinen Urknall, sondern gewaltige Gammastrahlenausbrüche. Heims Theorie kann als die erste wirklich einheitliche Feldtheorie angesehen werden. Er bezieht nicht nur die physikalischen, sondern auch die biologischen und psychischen Phänomene, nämlich Leben und Bewusstsein, mit ein. Mit seiner Metronenrechnung, die er eigens für seine Feldtheorie entwickelt hat, ist er in der Lage, die Werte für sämtliche bekannten Teilchen – einschließlich der Gravitonen – zu berechnen. Sein Weltmodell ist zwölfdimensional. Die materielle Welt verfügt über sechs Dimensionen: Die Dimensionen eins bis vier sind die Raumzeitdimensionen, die Dimensionen fünf und sechs enthalten Organisationsstrukturen. Die Dimension fünf enthält alle möglichen Strukturen im Kosmos, die Dimension sechs ihre Verwirklichung in der Zeit. Die nichtmaterielle Welt besteht ebenfalls aus sechs Dimensionen, von Heim als *Hyperraum* bezeichnet; diese Dimensionen haben negative Raumzeit und beinhalten den informatorischen Raum.

Heim unterscheidet vier Teilchenklassen – man müsste eher sagen: Klassen von Schwingungsebenen –, die eine unterschiedliche Zugehörigkeit zu den sechs materiellen Dimensionen haben: Elektrisch geladene Teilchen (zum Beispiel Elektronen) erscheinen in allen Dimensionen, neutrale Masseteilchen (zum Beispiel Protonen) in den Dimensionen eins bis drei, fünf und sechs; sie erscheinen also nicht in der Zeit, das heißt, sie kennen keinen Zeitablauf. Die Wechselwirkungsteilchen (wie zum Beispiel Photonen) tauchen in den Dimensionen vier bis sechs auf, sie haben somit keinen Raumbezug und sind damit grundsätzlich nichtlokal; die Teilchen des Gravitationsfeldes hingegen erscheinen in den organisierenden Dimensionen fünf und sechs. Die Dimensionen fünf und sechs sind somit die wichtigsten, da sie für alle Teilchen gelten. Sein Modell hält in seiner Gesamtheit die Zeitsymmetrie ein: Der Raum der Materie kennt nur positive Zeit, der Hyperraum des Geistigen kennt nur negative Zeit. Die negative Zeit sollte man sich allerdings nicht so vorstellen, dass alles immer jünger würde, sondern in der Form, dass aus heutigen Ursachen künftige Wirkungen abgeleitet werden.

Aus der Logik seines Weltmodells ergibt sich, dass es vier miteinander verbundene, hierarchisch angeordnete Seinsschichten gibt, Pneuma (die geistige Ebene), Psyche (die emotionale Ebene), Bios (die vegetative Ebene) und Physis (die mineralische, physische Ebene).

Vom deutschen Kernforschungszentrum DESY wurden Heims Modelle in den Achtzigerjahren des vorigen Jahrhunderts nachgerechnet und mit großer Genauigkeit bestätigt.

Sein Modell, welches das Geistige explizit aufnimmt, ist dadurch auch in der Lage, die Frage der Entstehung des Kosmos und die der Entwicklung der Ordnung für den gesamten Kosmos zu beantworten. Die Entropie des materiellen Bereichs (also das Maß an Unordnung) nimmt ständig zu, wie dies auch die gängigen Theorien postulieren, während die Entropie des geistigen Bereichs gleichzeitig abnimmt. Somit ist eine *Symmetrie der Ordnung* zwischen dem materiellen und dem geistigen Bereich gegeben, die für alle Kräfte und Energien gilt; der gesamte Kosmos bleibt im energetischen Gleichgewichtszustand. Die Symmetrie, die ein wichtiges Prinzip im dialektischen Realismus der Naturwissenschaften darstellt, ist also durch das Heim'sche Modell auf einer kosmischen Ebene explizit hergestellt, was ihm neben dem rechnerischen Nachweis der Naturkonstanten einen hohen Rang in der wissenschaftlichen Einschätzung sichern sollte.

Ein weiteres Modell mit ähnlichen Prämissen und ähnlichen Ergebnissen hat der renommierte Kernphysiker Jean Charon geschaffen. Er trifft die Annahme einer geistigen Raumzeit für die Elementarteilchen und nennt sie *Raum-Zeit des Geistes*. Für Charon zeigt sie dieselben Funktionen wie das menschliche Gedächtnis, dessen Informationen ebenfalls unverlierbar sind. Auch in diesem Modell ist die Symmetrie der Ordnung von geistigem und materiellem Bereich gegeben. Charon nennt sein Modell *Komplexe Relativitätstheorie* und kann mit ihm wie Heim die wichtigsten Naturkonstanten errechnen.

Diese beiden Modelle liegen auf einer Linie mit den Vorstellungen, die Teilhard de Chardin in den Fünfzigerjahren des letzten Jahrhunderts zum Modell der Natur noch mehr erahnt hat: nämlich dass sie sich – vom Geist gesteuert – immer mehr in Richtung einer Durchgeistigung entwickeln würde.

Kosmische und menschliche Evolution

Teilhard de Chardin, Jesuit, Philosoph und Naturforscher, entwarf seinerzeit wie Jean Gebser eine evolutionäre Schau der kosmischen Entwicklung und der Rolle, die der Mensch darin spielt. Dabei ging es ihm in hohem Maße darum, Naturwissenschaft und Spiritualität zu verbinden. In seinem Hauptwerk *Der Mensch im Kosmos* legte er die Evolutionsprinzipien nieder, die er für maßgeblich hielt. Nach Teilhard de Chardin haben alle Erscheinungen – vom Kosmos bis zum Materieteilchen – immer eine materielle Außenseite und eine Innenseite, die über Bewusstsein verfügt. Beide Seiten erlangen zunehmende Komplexität, je höher der Gegenstand entwickelt ist. Bereits einfache Materie verfügt über Bewusstsein, wenn auch in einer rudimentären Form. Diese Aussage war zu der Zeit, als Teilhard sie formulierte, als revolutionär einzustufen. Nach den Erkenntnissen, die wir mittlerweile aus der Quantenphysik gewonnen haben, wird sie nun wissenschaftlich bestätigt.

So wie die Evolution der Materie für Teilhard eine Richtung hat, hat auch das Bewusstsein eine Ausrichtung auf das Höhere. Teilhard bezeichnet dies als den Punkt Omega. Omega zieht alles Bewusstsein an; man könnte es auch Gott nennen, ein strahlendes Zentrum. Die Evolution menschlichen Denkens nähert sich dem transzendenten Punkt Omega – von ihm angezogen – in der Involution (Einfaltung) aus der Materie. Mit dem Erscheinen des Menschen taucht ein neues Prinzip auf, die Noogenese, ein Prozess geistiger Kreativität. Das allumfassende Prinzip, das den Menschen auf seinem Weg begleitet und die Kraft für diesen Weg bereitstellt, ist die Liebe. Er postuliert, dass die Liebe bereits in den Grundbausteinen der Materie vorhanden sei, da sie auf der höheren Ebene nur erscheinen könne, wenn sie auf der untersten bereits angelegt ist. Die Vorstellung Teilhards, dass die Liebe die bewegende Kraft der Evolution sei, erscheint auch heute noch revolutionär. Als naturwissenschaftliches Axiom ist sie bisher noch undenkbar.

Für Teilhard ist die Evolution in unserer Zeit dabei, aus der Gegenstandswelt in die geistig-seelische Welt vorzustoßen. Er geht davon aus, dass die Natur offen ist, das heißt, dass die Noogenese erfolgreich weitergehen kann, wenn die Forschung zu einer Haupttätigkeit des Menschen wird, sich stärker auf den Menschen konzentriert und die Wissenschaft sich wieder mit der Religion vereint. Für Teilhard sind es Vernunftgründe, die zu einem Akt des Glaubens einladen, dass die Entwicklung positiv verlaufen wird. Durch die riesige Zahl der Menschen, die an der Evolution teilnehmen und sie gestalten, schafft es der Evolutionsprozess, »sich unfehlbar zu machen«. Teilhard war optimistisch, dass die Evolution positiv verlaufen und der Mensch nicht scheitern werde.

Resümee: Das Geistige drängt in den Fokus der Physik

Die Physik steckt – nunmehr seit fast einhundert Jahren – in einer Erklärungskrise. Sie ist nicht mehr in der Lage, darzulegen, wie die Vorgänge in der Natur – konkret diejenigen bei den Elementarteilchen der Materie – ablaufen. Aus dieser Krise – so scheint es – wird sie nur herausfinden, wenn sie der Natur, aber auch ihrem eigenen Axiomensystem unbefangen gegenübertritt und sich für Bereiche öffnet, die bisher aus ihrem Arbeitsbereich ausgeschlossen waren. Das gilt vor allem für die Anerkennung des Geistigen als einen elementaren Bestandteil der Natur. Nach dem heutigen Erkenntnisstand kann man nicht umhin, bei den Elementarteilchen der Materie Eigenschaften des Geistigen im weitesten Sinn zu konstatieren – also die Fähigkeit, Informationen aufzunehmen, auszuwerten und weiterzugeben.

Geist ist in diesem Zusammenhang viel weiter gefasst als seine Ausprägung beim Menschen als Intellekt oder Gefühl. Der Begriff des Geistes, der hier gemeint ist, leitet sich aus der bei den geistigen Phänomenen auf Quantenebene vorgefundenen Funktionsweise ab: Geist im so verstandenen Sinn manifestiert sich darin, dass Informationen verarbeitet werden – ohne einen messbaren mechanischen oder energetischen Transfer. Deren Speicherung erfolgt auf eine eigene, nicht materiell darstellbare, aber objektivierbare Art, die nichtlokalen Charakter hat.

Es wäre an der Zeit, *solche Eigenschaften bei jeder Form von Makromaterie* anzuerkennen. Dazu müsste man sich allerdings ernsthaft mit ihnen beschäftigen.

Geistige Phänomene in der Natur

Für die Axiomatik der Naturwissenschaften gilt, dass es außer der Geistigkeit des Menschen keinen Geist in der Natur gibt; insbesondere postuliert sie, dass vom (menschlichen) Geist keinerlei Wirkungen auf die Materie ausgehen können. Wir haben aber gesehen, dass es bereits bei kleinsten Materieteilchen einfachste geistige Funktionen gibt – siehe die Versuchsergebnisse des EPR-Paradoxons, indem es zu einem Informationsaustausch zwischen weit voneinander entfernten Elementarteilchen kommt, der messbare Wirkungen auslöst. Um wie viel eher sollten geistige Funktionen bei den komplexeren Erscheinungen der Natur auftreten und dort zu finden und nachzuweisen sein.

In den Wissenschaften, die sich mit den komplexeren Phänomenen der Natur beschäftigen – außer der Physik vor allem die Biologie, die Botanik, die Chemie –, kommt es nun immer mehr zu einem vorsichtigen Erfassen der Phänomene, auf die die Bezeichnung ›geistig‹ im weiter oben definierten Sinn zutrifft: nämlich als Ordnung beinhaltendes Empfangen, Weitergeben und Auswerten von Informationen. Es geht um jene Phänomene, in denen es zu einem Informationsaustausch – auf den unterschiedlichsten Ebenen, also zwischen Objekten der unbelebten Natur wie zwischen Lebewesen – kommt. Dieses Erfassen ist zunächst vorwiegend deskriptiv, das heißt, diese Vorgänge und deren Gesetzmäßigkeit – wie etwa die Morphogenese (die Formbildung) in der Natur oder die vielen Formen von ›lernenden‹ Rückkopplungsprozessen – werden zwar in ihrem Ablauf und ihrem Ergebnis beschrieben, doch ausgespart bleibt, was da elementar auf Teilchenebene vor sich geht und welche Verursachung diesen Abläufen zugrunde liegt. Erforscht werden also vor allem die Phänomene selbst und deren materielle Folgewirkungen. Bei Lebewesen wird bei den meisten Wissenschaftlern die Verursachung dieser Art von Phänomenen bei den Genen gesehen – so etwa bei der Morphogenese –; bei der nicht lebenden Natur wird gar nicht nach geistigen Ursachen gefragt.

Der Schlüssel für die Erforschung dieser Phänomene wird darin liegen, sie zunächst in ihrer Existenz wahrzunehmen, um dann Modelle geistigen Austauschs und geistiger Verursachung in der Natur zu erarbeiten. Man kann davon ausgehen, dass die Erforschung dieser Phänomene unser Weltbild verändern wird: Wir werden die Vorgänge in der Natur und in uns selbst verstehen lernen und nach dem Sinn dieser Vorgänge suchen.

Wie in der Physik gibt es auch in den anderen Wissenschaften bisher eine strenge Reserviertheit seitens der Gelehrten hinsichtlich der Auseinandersetzung mit geistigen Phänomenen, da diese – wie wir schon bei den Versuchen der Quantenphysik gesehen haben – nicht in das Schema passen, das die Naturwissenschaften bei der Beobachtung von Objekten anwenden, insbesondere was die Objektivierbarkeit des Verhaltens und die Wiederholbarkeit der Versuche betrifft. Das Geistige verhält sich nicht deterministisch. Wir erinnern uns, dass dies bereits den Schöpfern der Quantenmechanik gehöriges Kopfzerbrechen bereitete und dazu führte, dieses Verhalten tendenziell als (noch) nicht erklärbare Ausnahme, als lediglich messtechnische Besonderheit anzunehmen.

Immerhin kann man heute feststellen, dass die Beschäftigung mit diesen Phänomenen – auch im Rahmen der Wissenschaften – zunehmendes Interesse findet. Es gibt immer mehr Ergebnisse aus den verschiedensten Bereichen, die geistige Phänomene nachweisen, auch solche, bei denen vom Geistigen erkennbare Wirkungen auf die Materie ausgehen. Und nur solche Phänomene sind ja nachweisbar.

Um mit den Phänomenen im Bereich der Biologie zu beginnen: In den Zwanzigerjahren des vergangenen Jahrhunderts gelangte der russische Biologe Alexander Gurwitsch nach Experimenten mit keimenden Zwiebeln zu der Auffassung, dass lebende Zellen eine sehr schwache Lichtstrahlung abgeben. Er nannte diese ›mitogenetische Strahlung‹, und zwar aufgrund seiner Vermutung, dass diese Strahlung die Zellteilung (Mitose) auslösen könne. Da damals nicht messtechnisch nachweisbar, wurde diese Richtung nicht weiterverfolgt. In den Siebzigerjahren wurde diese Hypothese von dem Physiker Albert-Fritz Popp wieder aufgenommen. Er entdeckte in seinen Versuchen, dass – wie Gurwitsch vorhergesagt hatte – von allem Lebendigen Licht in ganz schwacher Intensität ausstrahlt, und konnte dies auch messtechnisch nachweisen. Es sind pro Quadratzentimeter wenige bis zu einigen Hundert Photonen, die pro Sekunde austreten. Popp spricht in diesem Zusammenhang von ›Biophotonen‹. Dieses Licht zeichnet sich durch hohe Kohärenz aus – ähnlich dem Licht eines Laserstrahls – und eignet sich dazu, Informationen zu übertragen. Popp sieht die Funktion der Biophotonen in der Informationsübertragung, und zwar in der Form, dass sie in den Zellen gespeichert werden und die Kommunikation zwischen den Zellen und den Organen regeln. Biophotonen sind auch um die untersuchten Objekte herum nachweisbar – sie stellen gleichsam deren Aura dar. Popp hat durch seine zahlreichen Versuche herausgefunden, dass die Biophotonenabstrahlung bei Lebewesen durch Stoffwechselprozesse beeinflusst wird. So zeigt sich dann etwa eine Abschwächung der Strahlung, wenn Pflanzen absterben. Popp hat die Biophotonenabstrahlung auch beim Menschen untersucht und konnte die Biophotonen hier ebenfalls nachweisen. Unter anderem hat er mit Geistheilern gearbeitet und dabei festgestellt, dass es manchen von ihnen möglich war, willentlich die Biophotonenabstrahlung ihrer Hände zu verändern und auf ein Vielfaches zu steigern. Darin dürfte die Ursache für ihr Heilvermögen liegen, da es die Biophotonen zu sein scheinen, die eine Heilwirkung beim Auflegen der Hände bewirken. Einen Überblick über Popps Arbeiten gibt Spiegel Online vom 23. August 2005.

Peter Tompkins und Christopher Bird haben mit ihrem Buch *Das geheime Leben der Pflanzen* unsere Aufmerksamkeit darauf gelenkt, wie reich das ›geistige‹ Leben der Pflanzen ist und in welchem Maß wir auf Pflanzen einwirken können, wenn wir unsere Gefühle auf sie richten. Nach dem Erscheinen des Buchs gab es eine Fülle von Nachahmern der im Buch beschriebenen Versuche mit Pflanzen, die im Wesentlichen das Beschriebene bestätigen konnten, nämlich dass es uns durch Übermittlung von positiven Gefühlen an die Pflanzen gelingen kann, bei ihnen positive Reaktionen – wie zum Beispiel ein schnelleres Wachstum – hervorzurufen.

Jeder kann diese Versuche selbst durchführen, indem er zwei Zimmerpflanzen nebeneinander aufstellt und sich täglich vielleicht zehn Minuten lang mit liebevollen Gedanken an eine (immer dieselbe) Pflanze wendet. Die Ergebnisse in Form einer deutlich besseren Entwicklung der Pflanze, der man seine Aufmerksamkeit schenkt, sind verblüffend. Man kann wohl davon ausgehen, dass die Übertragung auch hier über Biophotonen erfolgt, über die wir uns mit unseren positiven Gefühlen mit den Pflanzen verbinden – quantenphysikalisch gesprochen, über die wir uns mit den Pflanzen verschränken und mit ihnen in Wechselwirkung treten. Die erzielte Wirkung ist im Übrigen nichtlokal, sie ist nicht davon abhängig, dass wir uns in der unmittelbaren Nähe der Pflanze aufhalten.

Die beiden Psychologen Gary E. Schwartz und Linda G. Russek haben die Gedanken über den Informationsaustausch in der Natur weitergeführt. Sie postulieren in ihrem Buch *Alles erinnert* ein allgemeingültiges, lernendes systemisches Gedächtnis, über welches alle Wesen des Kosmos verfügen, von den kleinsten Materieteilchen (Photonen) bis hin zum Universum. Sie bringen eine Reihe von eindrucksvollen Beispielen für geistige Phänomene in der Natur, so etwa für die Informationsweitergabe und -speicherung durch Elektronen, die der australische Forscher B. L. Reid 1987 in einem Versuch dokumentierte (die Autoren des Buches haben diesen Versuch selbst nachgestellt): Zwischen zwei getrennten Behältern mit jeweils einer Kochsalz- und einer Albuminlösung wurden über Elektroden Elektronen ausgetauscht. Dadurch werden – wofür es bisher keine wissenschaftliche Erklärung gibt – Informationen über die Kristallstruktur mit übertragen. Das führt dazu, dass die Flüssigkeit im Kochsalzbehälter anders kristallisiert als vorher – ähnlich den Albuminkristallen. Die Abweichung von der ursprünglichen Kristallstruktur und die Annäherung an die Albuminstruktur sind umso größer, je länger der Elektronenaustausch anhält. Elektronen sind offensichtlich in der Lage, Informationen – in diesem Fall jene über die Kristallstruktur der Flüssigkeiten – zu transportieren und diese Informationen an die andere Flüssigkeit abzugeben. Das heißt, Elektronen fungieren als Informationsträger, Flüssigkeiten fungieren als Informationsspeicher.

Rupert Sheldrake hat sich in vielen seiner Veröffentlichungen mit geistigen Phänomenen in der Natur auseinandergesetzt. Eines seiner zentralen Themen ist die Morphogenese, mit der er sich als Botaniker eingehend beschäftigte. In dem Buch *Das Gedächtnis der Natur* untersucht er die Morphogenese, das heißt das Vermögen eines Organismus, aus der eindimensionalen genetischen Information dreidimensionale Formen zu bilden. Diese Fähigkeit haben alle Lebewesen, auch der Mensch. Der menschliche Organismus verfügt über eine ›Reparaturfunktion‹, durch die er in der Lage ist, beispielsweise abgeschnittene Fingerkuppen originalgetreu – einschließlich der Linien des Fingerabdrucks – zu regenerieren. Voraussetzung dafür ist, dass die Wunde nicht durch ein Hauttransplantat verschlossen wurde. Diese Fähigkeit zur Regenerierung von Körperteilen haben bekanntlich Eidechsen und andere Tiere in weit höherem Maße. Einfachere Lebewesen wie Plattwürmer verfügen sogar über die Fähigkeit, sich zu zwei neuen Lebewesen zu verdoppeln, wenn sie zerschnitten werden. Von der Wissenschaft ist dieser Prozess bis heute nicht verstanden worden. Lange Zeit hat man diese Funktion den Genen zugeschrieben, ohne allerdings dort die entsprechenden Mechanismen finden zu können. Inzwischen hat man herausgefunden, dass die Gene das Ergebnis der Morphogenese zwar beeinflussen, aber nicht die Informationen über die anzustrebende Form enthalten. Für Sheldrake sind dafür von ihm so genannte *morphogenetische* (Informations-)*Felder* verantwortlich, über die Informationen für die zu erzeugende Form eingesteuert werden.

Die New York Times berichtet am 26. Juni 2007 über Forschungsergebnisse über das Zusammenwirken von *Genetik und Morphogenese*, die neues Licht auf den Ablauf der Evolution werfen und ganz nebenbei das Axiom der Zweckfreiheit der Naturwissenschaften infrage stellen (und damit die ›causa finalis‹ des Aristoteles wieder in Kraft setzen). Durch die Untersuchung des entwicklungsgeschichtlich uralten Paddelfisches, der Extremitätenstummel ausbildet, aus denen Flossen wachsen, fand man heraus, durch welches Gen gesteuert wird, ob ein Lebewesen – nicht nur Fische – Extremitäten ausbildet. Man entdeckte nun, dass auch alle Fische, die in ihrer Entwicklungsgeschichte noch nie Extremitäten ausgebildet haben, über dieses Gen verfügen. Dessen Existenz ist aber nur erklärbar, wenn man davon ausgeht, dass der Zweck der Bildung von Extremitäten bereits lange im Genpool vorhanden war, bevor sich Extremitäten tatsächlich ausgebildet haben. Demnach muss angenommen werden, dass von der Evolution die Möglichkeit zur Bildung von Extremitäten bereits zur Verfügung gestellt wurde, bevor die Umwelt die Möglichkeit der Anwendung von Extremitäten bereitstellte.

Eine weitere Variante der Morphogenese wurde von Masaru Emoto untersucht. Der japanische Wasserprofessor hat in seinen Büchern *Die Botschaft des Wassers* und *Die Antwort des Wassers* eindrucksvolle Studien mit Bildern von Wasserkristallen vorgelegt, die durch Sprache, Musik, Symbole oder Gebete beeinflusst und geformt worden waren. Die Bilder der Ergebnisse sind absolut überzeugend. Die Form vieler der gezeigten Wasserkristalle ist allein durch geistige Beeinflussung zustande gekommen – in wunderschönen Gestalten, wenn positive, liebevolle Gedanken, in hässlichen, ungestalten Formen, wenn negative, hasserfüllte Gedanken ausgesandt wurden. Materie wurde in diesem Fall durch den Geist beeinflusst und geformt, etwas, was sich die meisten Wissenschaftler bislang nicht vorstellen können. Die Ergebnisse werden von vielen Wissenschaftlern auch deshalb nicht akzeptiert, da sich gezeigt hat, dass die Formen nicht mit vollständig gleichen Ergebnissen reproduziert werden können. Die genaue Form der Kristalle ist von der Person und ihrer Tagesverfassung abhängig, die sich auf die Flüssigkeit einstellt. Das aber verträgt sich nicht mit der Vorgabe naturwissenschaftlicher Axiomatik, dass jeder Versuch mit gleicher Versuchsanordnung identische Ergebnisse bringen müsse.

Auch die Kristallbildung – wie hier diejenige der Eiskristalle – wird nach der Hypothese von Sheldrake durch morphogenetische Felder gesteuert. Offensichtlich gelingt es dem Menschen, durch die Übertragung von geistigen Energien und den damit verbundenen Schwingungen die Kristallbildung zu beeinflussen. Es liegt nahe, anzunehmen, dass es sich bei den morphogenetischen Feldern um Hologramme handelt. Dafür sprechen die Beobachtungen Sheldrakes – die er ausführlich in seinem Buch *Das Gedächtnis der Natur* beschreibt –, dass sich die Felder für neu geschaffene Kristalle erst langsam bilden, was zu längeren Kristallisierungszeiten im Vergleich zu ›alten‹ Kristallen führt. Die Kristallisierungszeiten nehmen mit der Häufigkeit der durchgeführten Kristallisierungen ab, und zwar weltweit in gleichem Tempo. Diese weltweit gleiche Steuerung der Formbildung deutet auf das Vorhandensein eines holografischen Felds hin, das Abnehmen der Kristallisierungszeiten darauf, dass wir es mit einem rückgekoppelten, lernenden Prozess zu tun haben.

Geistige Phänomene in der Medizin

Auch in der Medizin hat die Axiomatik der Physik prägend gewirkt. Sowohl der Körper als auch der Geist des Menschen werden in der traditionellen Medizin fast ausschließlich in ihrem Materieaspekt gesehen. Überspitzt formuliert: Der Körper ist der Mensch als Maschine, der Geist ist der Computer des Menschen, der außer zu den wesentlichen Verstandesäußerungen auch zu bestimmten subjektiven Gefühlsäußerungen in der Lage ist. Die Tätigkeit des Geistes wird weitgehend als ein physiologischer materieller Vorgang im Gehirn angesehen. Wenn man den Geistbegriff dieses Weltbildes etwas verkürzend beschreiben wollte, dann so, dass Geist auf den Menschen beschränkt ist und sich in Verstandes- und Gefühlsäußerungen manifestiert, die vom Gehirn erzeugt und gesteuert werden. Nach diesem Bild wären Krankheitsursachen allein im Körper zu suchen.

Wir erkennen allerdings heute immer besser, dass sowohl das Krankheitsgeschehen ebenso wie dessen Heilung von geistigen Faktoren abhängig sind. Insofern kann man auch und besonders in der Medizin von geistigen Phänomenen sprechen, die hier eine wichtige Rolle spielen.

Während die Schulmedizin den menschlichen Organismus als physiologische Maschine sieht und wie eine solche behandelt, gibt es verschiedene Richtungen der Medizin – die Homöopathie, die Psychosomatik oder die sogenannte Integrierte Medizin –, für die der Mensch eine Gesamtheit aus Körper und Geist darstellt. Diesen Ansatz führt die Richtung der ›Salutogenese‹ – begründet von Aaron Antonovsky in den Siebzigerjahren des zwanzigsten Jahrhunderts – weiter, indem sie nicht die Erkrankung des Menschen und die Krankheitsursachen in den Mittelpunkt ihrer Betrachtungen stellt, sondern danach fragt, was den Menschen gesund macht beziehungsweise gesund erhält. Antonovsky führt Erkrankungen darauf zurück, dass ein Mensch mit aufgetretenen Stressoren nicht fertig werden konnte. Solche Stressoren sind Sinnverlust (wie der Verlust eines Angehörigen), Über- oder Unterforderung und Kontrollverlust (zum Beispiel durch Arbeitslosigkeit). Die Menschen haben nun ganz verschiedene Fähigkeiten in der Bewältigung solcher Spannungszustände, die auf das unterschiedlich starke ›Kohärenzgefühl‹ zurückzuführen sind, über welches die Menschen verfügen. Dieses Kohärenzgefühl speist sich aus mehreren Quellen: aus Intelligenz, Ich-Identität, Lebensführung, Wohlstand, aus einer intakten Sozialstruktur, einer spirituellen Ausrichtung und verschiedenem mehr. Dieses Kohärenzgefühl wird in der Regel bereits in jungen Jahren erworben und zeigt sich darin, dass in besonderem Maß damit begabte Menschen in der Lage sind, adäquate Widerstandsreserven zu mobilisieren, wenn sie in Stresszustände geraten. Wir sind noch weit davon entfernt, die konkreten Wirkbeziehungen für dieses Kohärenzgefühl zu kennen, es gibt jedoch erste medizinsoziologische Untersuchungen, die diesem Gefühl einen sehr hohen Wert bei der Gesunderhaltung zumessen. Allein für den Faktor des Vorhandenseins einer spontanen Gottesbeziehung wurde eine um fünfzig Prozent höhere Wahrscheinlichkeit festgestellt, gesund zu bleiben (wie Ronald Grossarth-Maticek in seinem Buch *Selbstregulation, Autonomie und Gesundheit* darlegt).

Aus einem völlig anderen geistigen Phänomen der Medizin hat sich ein ganzer Medizinzweig entwickelt. Es handelt sich um das sogenannte Placebo. Damit werden nachweisbare Heilwirkungen erzielt, obwohl gar keine Heilsubstanzen verabreicht werden. Diesem Placeboeffekt werden rund ein Drittel aller Heilwirkungen (egal welcher Heilmethode) zugeschrieben. Die Effekte treten unter den unterschiedlichsten Umständen auf: So werden im Anschluss an die Verabreichung wirksamer Medikamente Placebos ohne Wirkstoff gegeben, die dann eine vergleichbare Wirkung erzielen. Oder es werden von Anfang an Placebos ohne Wirkstoff verabreicht, lediglich die Richtung der Wirkung wird vorgegeben. Placebos gibt es auch bei physiotherapeutischen Behandlungen. Manche Placebo-Akupunkturbehandlungen sind annähernd wirkungsgleich mit tatsächlich durchgeführten Behandlungen. Generell sind Placebos dann besonders wirksam, wenn sie das ›Glaubenssystem‹ eines Patienten stützen. Dies wird vor allem dann erreicht, wenn Arzt oder Heiler besonders einfühlsam und/oder besonders charismatisch sind. Die Wirkung des Placebos ist unbestritten, aber auch hier sind die Wirkzusammenhänge bislang nicht erklärbar.

Wir kennen viele weitere geistige Einflussfaktoren, die in den Heilungsprozess hineinspielen und die wir noch nicht verstehen. Da ist zunächst die Person des Heilers, die eine ganz zentrale Rolle spielt. Er erzielt Heilwirkungen, indem er dem Kranken einen geistigen Zugang zu seiner Krankheit verschafft oder ihn seine Therapie verstehen lässt und damit seine Selbstheilungskräfte aktiviert und sein Kohärenzgefühl stärkt. Heilwirkungen liegen aber auch in der unüberschaubaren Vielfalt der unterschiedlichsten komplementär- und alternativmedizinischen Methoden, die vor allem mit dem therapeutischen Prinzip der Induzierung von Schwingungen (über die eigene Stimme des zu Behandelnden, über Symbole, über Klänge, Aromen, Pflanzen, Steine und andere mehr) arbeiten.

Hierbei ist ein interessantes Phänomen festzustellen, das sich in vielen Verfahren der Komplementär- und Alternativmedizin zeigt: Es ist gar nicht erforderlich, die betroffenen Körperbereiche oder Organe direkt anzusprechen, sondern möglich, diese Bereiche indirekt, über die eigene Stimme, über Blutstropfen, über bestimmte Punkte am Ohr oder an den Fußsohlen (Auriculomedizin beziehungsweise Fuß- und Handreflexzonentherapien) wirksam zu erreichen. Dies deutet darauf hin, dass unser gesamtes körperlich-geistiges System einem Hologramm gleich in beliebig kleinen Teilen die Gesamtheit seiner Funktionen und Befindlichkeiten enthält.

Für diese neuartigen Behandlungsangebote hat sich neben der traditionellen Medizin ein rasch wachsender, unübersichtlicher Bereich von Heilern gebildet, die zum Teil ausschließlich auf geistigem Weg heilen. Die Heilwirkung ist hier sehr unterschiedlich und wenig dokumentiert. Man muss davon ausgehen, dass es neben ernsthaften Heilern auch Scharlatane gibt, die auf der Geistheilungswelle mitschwimmen. Anhand genau dokumentierter Einzelfälle lässt sich allerdings nachweisen, dass es durchaus Geistheiler gibt, die in der Lage sind, tatsächlich zu helfen. Als Beispiel mag die Fernsehsendung *Wunder an den Grenzen der Medizin* (Sender Phönix, 22. August 2007) gelten, in der unabhängig voneinander mehrere Beispiele von Geistheilungen in der Darstellung der geheilten Patienten gezeigt wurden. Sehr instruktiv sind auch der Film und das gleichnamige Buch von Clemens Kuby, *Unterwegs in die nächste Dimension*, wo er an dem Beispiel seiner eigenen Heilung und an vielen von ihm recherchierten Fällen aufzeigt, wie geistiges Heilen im Bereich des Schamanismus wirkt. Vielfach wurde dabei in der Öffentlichkeit der Eindruck erweckt, es ginge um Zauberkünste. Kuby zeigt, dass in allen Fällen eine Heilung nur zustande kam, wenn vor und nach den Heilbehandlungen ausführliche Gespräche mit den Patienten geführt wurden und die Patienten nicht nur den Glauben an den Heiler und seine Heilkunst, sondern auch die Bereitschaft zu einer Änderung ihrer krankheitsverursachenden Lebensgewohnheiten mitbrachten.

Für Außenstehende ist schwer zu erkennen, ob es sich bei einem Geistheiler um einen seriösen Vertreter seines Fachs handelt oder lediglich um jemanden, der auf einfache Weise viel Geld verdienen möchte. Immerhin kann die Fähigkeit, auf geistigem Weg zu heilen, nicht von vornherein abgesprochen werden. Es gibt neuerdings Bestrebungen, die Heilkapazität von Geistheilern zu messen und zu bewerten, um wenigstens Ansatzpunkte für die Beurteilung der Seriosität von Heilversprechen zu haben. In Bulgarien wurde ein solches Verfahren entwickelt, mit dem Geistheiler auf ihre Heilfähigkeit getestet werden. Sie müssen dazu durch geistige Beeinflussung Wasser in seiner chemo-physikalischen Zusammensetzung messbar verändern. Bei diesen Tests wurden deutliche Unterschiede zwischen den Geistheilern festgestellt. Der Rückschluss auf deren Heilfähigkeit ist deshalb plausibel, da der Mensch zu rund siebzig Prozent aus Wasser besteht, die Fähigkeit zur Beeinflussung der chemo-physikalischen Zusammensetzung des Wassers also tatsächlich etwas über die Heilfähigkeit eines Heilers aussagen kann. In einem anderen Versuch, der an diesem Institut durchgeführt wurde, konnte gezeigt werden, dass ein Geistheiler über eine große Distanz hinweg – von Europa nach Japan – an einem ihm bekannten Probanden geistige Reaktionen auslösen konnte, die zeitgleich mit der Aktivität des Geistheilers an den Gehirnströmen des Probanden gemessen wurden.

Über ebenfalls für die Schulmedizin unerklärliche geistige Phänomene im Heilungsprozess führte Dr. Byrd 1988 in den USA eine klinische Studie an dreihundertdreiundneunzig Patienten durch (beschrieben in *Glaube macht gesund* von Dale A. Matthews). Er teilte die Patienten in zwei annähernd gleich große Gruppen. Für die eine Gruppe wurde während ihres Krankenhausaufenthaltes regelmäßig von Menschen gebetet, die sich außerhalb des Krankenhauses aufhielten und die Patienten nicht kannten. Beide Patientengruppen wurden darüber informiert, dass sie an diesem Projekt teilnahmen, nicht hingegen darüber, zu welcher Gruppe sie gehörten. Auch Ärzte und Schwestern wurden darüber nicht in Kenntnis gesetzt – lediglich eine Schwester, die das Forschungsprojekt leitete. Beide Patientengruppen erhielten die gleiche Behandlung. Die Unterschiede im Heilungsprozess waren deutlich. Von den gemessenen zweiundzwanzig medizinischen Parametern waren sechs signifikant günstiger für die Gruppe der Patienten, für die gebetet wurde. Für keinen Parameter gab es schlechtere Werte, die Komplikationsrate war nur halb so hoch wie bei den Patienten der Kontrollgruppe.

Wir sehen, dass es in der Medizin eine Fülle von Anwendungen gibt – vom Placebo bis zur Geistheilung –, die sich auf geistige Phänomene stützen. Die möglichen Wirkungen dieser Anwendungen stehen außer Frage, die ihnen zugrunde liegenden Wirkzusammenhänge liegen für uns im Dunkeln; vielleicht werden wir sie nie exakt wissenschaftlich nachweisen können.

Das Schema, das wir bei den geistigen Phänomenen in der Medizin finden, ist ähnlich wie bei den geistigen Phänomenen der unbelebten Natur. Mithilfe geistiger Energie – durch positive Gefühle, durch positive Suggestionen – ist es uns möglich, auf uns selbst oder auf andere Menschen einzuwirken und Heilwirkungen zu erzielen. Gegenüber der unbelebten Natur oder den Pflanzen kommt beim Menschen eine zusätzliche geistige Ebene hinzu, über die auf körperliche Vorgänge Einfluss genommen werden kann: die des Bewusstseins. Und es scheint das Bewusstsein zu sein – und zwar in einer besonderen Form, die nicht dem Alltagsbewusstsein entspricht –, über das wir die Verbindung zu anderen Lebewesen oder zu Gegenständen herstellen und über diese Verbindung geistige Impulse abgeben oder empfangen.

Außersinnliche Wahrnehmungen (ASW)

Unter ASW sollen all jene Wahrnehmungen verstanden werden, die den Rahmen dessen überschreiten, was üblicherweise einem Menschen mit seinen physischen Sinneswerkzeugen sowie mit seinen psychischen und geistigen Mitteln möglich ist. Dabei ist durchaus von einem fließenden Übergang von den weiter oben beschriebenen geistigen Phänomenen zur ASW auszugehen.

Von der Wissenschaft lange ignoriert und in die Esoterik abgeschoben, hat sich mittlerweile eine ernsthafte Erforschung außersinnlicher Phänomene entwickelt. Der Gehirnforscher Sir John Eccles hat gezeigt, dass ASW-Wahrnehmungen mindestens theoretisch möglich sind. Das menschliche Gehirn ist in der Lage, über spezielle Sinneswerkzeuge, sogenannte Ventrikelzellen, ohne den Umweg über die ›normalen‹ Sinnesorgane Außenreize aufzunehmen und an die Gehirnzellen direkt weiterzugeben. Es gibt eine Fülle von ASW-Phänomenen, bei denen genau dies geschieht. Durch systematische wissenschaftliche Arbeit wird offenbar, dass wir es hier mit einem bislang vernachlässigten Bereich unserer Realität zu tun haben.

Stanislav Grof, einer der Mitbegründer der Transpersonalen Psychologie, hat in seinem Buch *Impossible – Wenn Unglaubliches passiert* eine ganze Fülle von Erfahrungen dargestellt, denen er selbst oder seine Klienten im Rahmen von LSD-Sitzungen oder von Übungen im sogenannten holotropen Atmen (siehe auch das Kapitel *Die Entwicklung geistigen Potenzials in der Psychologie*) begegneten und die nicht durch normale persönliche Erfahrung – also interpersonale Kommunikation oder Wahrnehmung durch die eigenen Sinne – zustande gekommen sein konnten. Besonders spektakulär sind zwei auch öffentlich publizierte Fälle, in denen es den Probanden gelungen war, die Situation nachträglich historisch zu verifizieren, die sie in ihren Atemsitzungen vor Augen hatten. In dem einen Fall handelt es sich um eine Frau in Australien, die konkrete Vorstellungen von der Vergewaltigungsszene entwickelte, die zu ihrer Zeugung führte. Sie wuchs bei Adoptiveltern auf und hatte mit ihrer leiblichen Mutter nie Kontakt gehabt, da sie von dieser sofort nach der Geburt zur Adoption freigegeben worden war. Sie konnte daher diesen Vorgang nicht aus Erzählungen kennen. In dem zweiten Fall sah ein Brite während seiner Atem-Sessions, wie er als Priester in einer Gruppe von spanischen Soldaten auf einer Burg am Meer von fremden Soldaten ermordet worden war. Durch Zufall besuchte er später einen Platz an der irischen Küste, den er fotografierte und der seine Aufmerksamkeit erregte, als er die Fotos später betrachtete. Es waren zwar keine Gebäudereste zu sehen, aber an den Konturen des Geländes ließ sich erkennen, dass hier eine größere Anlage existiert haben musste. Als er daraufhin die lokalen Archive durchsuchte, stellte er fest, dass an diesem Platz tatsächlich eine Burg gestanden und dass im sechzehnten Jahrhundert eine spanische Besatzung dieser Burg von habsburgischen Soldaten vertrieben und ermordet worden war. Mitglied dieser Besatzung war ein spanischer Geistlicher gewesen, dessen Name mit den Initialen übereinstimmte, die der Proband deutlich auf einem Siegelring gesehen hatte, den er selbst in seiner Vision als spanischer Geistlicher getragen hatte.

Aus der Vielzahl von dokumentierten Fällen der ASW sei noch ein von Gary E. Schwartz durchgeführter und besonders gut dokumentierter Versuch herausgegriffen, den er in seinem Buch *The G.O.D.-Experiments* beschreibt. Ein Sensitiver hatte sich mit ihm in Verbindung gesetzt und ihm mitgeteilt, dass es ihm möglich sei, Ereignisse vorherzusehen, die er an Folgetagen erleben würde. Schwartz ging darauf ein, einen gemeinsamen Versuch zu starten unter folgender Versuchsanordnung: Schwartz würde zwanzig Besuchsorte auswählen, die in einem

Briefumschlag bei einer dritten Person verschlossen aufbewahrt würden. An zehn aufeinanderfolgenden Tagen sollte je ein Ort davon ausgewählt und gemeinsam besucht werden. Der Sensitive würde am Morgen jedes Tages – ohne den Zielort zu kennen – seine vorhergesehenen Erlebnisse zu Protokoll geben. Anschließend würde die dritte Person – an einem getrennten Ort – aus den zwanzig Vorschlägen den Ort ziehen, der an diesem Tag besucht werden sollte. Alle Erlebnisse würden schriftlich und im Film aufgezeichnet werden. Die Übereinstimmung der vorhergesehen Erlebnisse mit den tatsächlich vorgefundenen, wie sie von Schwartz beschrieben werden, kann man nur als in höchstem Maße verblüffend bezeichnen. Es lohnt sich, den Bericht im Buch nachzulesen.

Im selben Buch wird über einen weiteren ASW-Versuch berichtet, in dem der Psychologe Lonnie Nelson in seiner Diplomarbeit an der Universität Arizona eine Versuchsanordnung aufstellte, um die unbewusste Einflussnahme seiner Probanden auf ein elektronisches Gerät zu messen. Er postierte diese in der Nähe eines Gerätes mit elektrischem Widerstand und maß das elektronische Rauschen in diesem Widerstand durch einen angeschlossenen Computer. Die Probanden mussten nun irgendeiner Beschäftigung nachgehen, die sie in einen entspannten Zustand brachte, Lesen, Tagträumen, was auch immer. Sie stellten sich dabei in keiner Weise auf das elektronische Gerät ein. Währenddessen wurde laufend das elektronische Rauschen im elektrischen Widerstand gemessen. Befanden sich die Probanden in einem entspannten Zustand, nahm das elektronische Rauschen signifikant ab. Dieselben Ergebnisse wurden erzielt, wenn der Widerstand elektromagnetisch abgeschirmt wurde und wenn die Probanden physisch durch eine Wand von dem Widerstand getrennt waren. Menschen können also durch ihr energetisches Potenzial auf andere Potenziale einwirken, was wir im Alltag oft erfahren, wenn wir feststellen, dass wir uns in der Gegenwart bestimmter Personen wohlfühlen – oder, bei anderen Personen, eben nicht wohlfühlen. So war zum Beispiel der Nobelpreisträger Wolfgang Pauli ein gefürchteter Besucher in Labors und Rechenzentren. Geräte pflegten in seiner Gegenwart regelmäßig auszufallen.

Milan Ryzl – von Haus aus Naturwissenschaftler – beschäftigte sich jahrzehntelang mit ASW-Phänomenen. In seinem Buch *Der Tod ist nicht das Ende*[IV] hat er zahlreiche Erscheinungen der Telepathie erfasst und in ihrer Wirkungsweise beschrieben. Anlässlich seiner Beobachtungen fordert er, dass unser Bild der Realität um diese geistigen Phänomene erweitert werde.

Er erläutert dieses erweiterte Bild der Realität anhand des ASW-Phänomens der Psychometrie. Dabei handelt es sich darum, dass sensitive Personen einen Gegenstand in die Hand nehmen, sich auf ihn einstellen und daraus Vorstellungen und Gedanken entwickeln, was mit diesem Gegenstand in der Vergangenheit geschehen ist. Die Ergebnisse, die dabei von sensitiven Menschen erzielt werden, weisen ein so hohes Maß von Übereinstimmung mit den tatsächlichen Vorgängen auf, dass nicht von Zufallsergebnissen gesprochen werden kann. Die Informationen kommen allerdings nicht systematisch und vollständig, sondern ereignishaft, das heißt, es werden Einzelereignisse aus der Verwendungsgeschichte des Gegenstandes gesehen, unabhängig davon, wann und wo diese Ereignisse eingetreten sind. In der Praxis der Psychometrie reist nach Ryzl die ASW-Fähigkeit die ›Lebenslinie‹ des Objekts entlang und nimmt Ereignisse aus seiner Geschichte wahr – vor allem Ereignisse, die von hoher emotionaler Beteiligung begleitet wurden.

Die Methode der Psychometrie wird seit vielen Jahren in der Archäologie praktisch eingesetzt, um archäologische Funde einzuordnen. Die Ergebnisse, die dabei erzielt wurden, sind verblüffend. In den Sechzigerjahren wurde beispielsweise von G. Croiset anhand von kleinsten Knochensplittern detailliert und exakt deren Verwendung beschrieben (siehe Michael Talbot, *Das holographische Universum*). Der Archäologe Paul Devereux konnte – während er sich in der Gegend aufhielt, in der er dies vermutete – durch den Wechsel in besondere Bewusstseinszustände ein neues, bislang unbekanntes und völlig zugewachsenes Grabungsfeld nahe Stonehenge orten und in seinen zahlreichen Bestandteilen freilegen (beschrieben in dem Buch *Politik des Herzens*).

Für Ryzl sind die Gründe dafür, dass die ASW umstritten ist, genau dieselben wie diejenigen, die bis heute die Forscher der

Quantenphysik irritieren: ASW-Phänomene sind nichtlokal, also nicht durch Raum und Zeit begrenzt, und sie sind nicht mit absolut gleichen Ergebnissen wiederholbar, denn sie sind von besonderen Umständen bei der Wiedergewinnung abhängig. Nicht nur muss augenscheinlich eine besondere Fähigkeit zur Aufnahme solcher ASW-Eindrücke bestehen. Dazu kommt, dass besondere Momente wie Stimmung, Selbstvertrauen, Motivation und Gefühlslage eine große Rolle spielen.

Außersinnliche Wahrnehmungen werden vor allem im sogenannten Theta-Zustand des Gehirns gemacht, also in einem Zustand, der normalerweise dem Schlaf oder den Träumen vorbehalten ist (siehe auch das Kapitel *Neuere Entwicklungen in den Neurowissenschaften*). Sensitive können sich allerdings gezielt in diesen Zustand versetzen. Ryzl stuft die ASW-Ergebnisse deshalb als wissenschaftlich ein, da unter gleichen Versuchsbedingungen die Ereignisse durchaus reproduzierbar seien. Jeder Mensch habe im Übrigen eine natürliche Eignung, ASW-Phänomene wahrzunehmen. Der Umstand, dass wir normalerweise dazu nicht in der Lage zu sein scheinen, hat damit zu tun, dass wir nicht konzentriert sind beziehungsweise unsere volle Aufmerksamkeit auf die äußere Wirklichkeit gerichtet haben.

ASW-Phänomene gibt es im Übrigen auch bei Tieren, sie zeigen sich in ihrem Kontakt mit dem Menschen. In seinem Buch *Sieben Experimente, die die Welt verändern könnten* bringt Rupert Sheldrake das Beispiel von Hunden oder Katzen, die vorwegnehmen, wann ihr Herrchen oder Frauchen nach Hause kommt. Sie zeigen das Kommen zu dem Zeitpunkt an, an dem sich Herrchen oder Frauchen entscheiden, nach Hause zu fahren und nicht – wie man gemeinhin erwarten würde, wenn sie vor der Haustür auftauchen. Haustieren scheint also – wie uns Menschen auch – Telekommunikation zugänglich zu sein. Erklärbar sind diese Phänomene mit unserem heutigen Wissensstand freilich nicht.

Durch die immer zahlreicher werdenden Publikationen scheint sich jedoch ein Schleier zu lösen, der bisher diese Form der Realität für uns verbarg. Dies ermutigt dazu, solche Erfahrungen ernst zu nehmen, denn fast jeder von uns hat selbst Erfahrungen mit ASW-Phänomenen in irgendeiner Form gemacht, vielleicht ohne sich ihrer bewusst geworden zu sein – sei es mit eigenen Haustieren oder in der Form, dass man an jemanden denkt und im nächsten Moment von derselben Person angerufen wird.

Besonders zwischen engen Familienangehörigen sind Erfahrungen der Telepathie häufig. Es gibt zahlreiche Berichte, dass Unfälle oder Todesfälle im Augenblick ihres Eintretens von engen Angehörigen gefühlt wurden – auch wenn diese Ereignisse weit entfernt eingetreten sind.

Dass außersinnliche Wahrnehmungen oder geistige Phänomene der belebten wie der unbelebten Natur zustande kommen, steht für jemanden, der sich ernsthaft und mit Offenheit damit auseinandergesetzt hat, außer Frage. Die Frage nach den dieser Form der Wahrnehmung zugrunde liegenden Wirkmechanismen ist freilich noch ungeklärt, wenngleich es sich in all diesen Fällen um eine Form der ›Verschränkung‹ handeln mag, die wir schon bei den Quantensystemen kennengelernt haben. Beim Menschen scheint die ›Verschränkung‹ besonders gut zu funktionieren, wenn eine positive Gefühlsbeziehung existiert. Die Liebe führt also zu besonders guten ASW-Ergebnissen. Es mag befremdend wirken, dass unsere Gefühle zum Austausch von Informationen beitragen, aber der große Naturwissenschaftler Teilhard de Chardin hat es ausgesprochen: Die Liebe ist die zentrale steuernde Energie im Kosmos.

Neuerdings gibt es einen Vorschlag zur Erweiterung der Quantentheorie (siehe H. Atmanspacher et al., *Weak Quantum Theory*), in dem die ›Verschränkung‹ von Systemen von der Ebene der Quantensysteme auf beliebige Systeme ausgedehnt wird. Damit wird eine Erklärung für die mindestens theoretische Plausibilität von ASW-Vorgängen oder von anderen synchronen geistigen Phänomenen wie etwa der Geistheilung angeboten und die Einladung an die Wissenschaft ausgesprochen, diese Phänomene vorurteilsfrei zu erforschen.

Neuere Entwicklungen in den Neurowissenschaften

Bei der Beschäftigung mit den geistigen Phänomenen geht es darum, den Transfer von Informationen zwischen Elementen der Natur und die daraus resultierenden Wirkungen zu erforschen. In der Erforschung des menschlichen Gehirns als dem leistungsfähigsten Mechanismus der Natur, der mit diesen Phänomenen arbeitet, liegt womöglich der Schlüssel dazu, den Wirkmechanismen näherzukommen, die diesen Phänomenen zugrunde liegen.

Die Neurowissenschaften, die sich aus der Medizin heraus entwickelt haben, haben sich genau das zum Ziel gesetzt: Sie erforschen das menschliche Gehirn und seine Funktionen. Anfangs betrachtete man das Gehirn als intelligente Maschine zur Verarbeitung von Gedanken und Gefühlen und als Speichermedium gedanklicher und gefühlsspezifischer Inhalte. Es herrschte die Vorstellung vor, das Gehirn arbeite wie ein Aufzeichnungsgerät der objektiven Wirklichkeit, am besten einer Kamera vergleichbar. Die Gehirntätigkeit wurde in einer strengen Abhängigkeit von den physiologischen Abläufen im Gehirn gesehen. Die Neurowissenschaften halten auch heute noch in weiten Bereichen an dem Konzept fest, dass Geist an Materie gebunden sei und nur zusammen mit Materie vorkommen könne, da er sich auch im Rahmen der Evolution aus der Materie entwickelt habe. Für diese Sichtweise ist ein Bewusstseinszustand nicht mehr und nicht weniger als eine neuronale Entsprechung, die durch physiologische Vorgänge im Gehirn verursacht wird. Von diesem Standpunkt sind die Neurowissenschaftler durch die Verfügbarkeit immer genauerer Messmethoden mittlerweile abgerückt: Man weiß heute, dass Bewusstseinszustände zwar Verhalten verursachen können, aber nicht auf Verhalten reduzierbar sind.

Auch vom Bild des Gehirns als Speichermedium hat man sich mittlerweile entfernt. Trotz jahrzehntelanger Bemühungen ist es nicht gelungen, Erinnerungsinhalte bestimmten Gehirnbereichen zuzuordnen. Die Erinnerungen scheinen sich auf diffuse Art über das ganze Gehirn zu verteilen und bleiben erhalten, selbst wenn große Gehirnareale entfernt werden. Sie verhalten sich somit wie Hologramme; diese zeigen, wenn sie geteilt werden, immer das ganze Bild, nur in abgeschwächter Intensität. Vor allem der Neurochirurg Karl Pribram hat sich für die Hypothese des Hologramms stark gemacht und etliche Belege gesammelt, die nahelegen, dass das Gehirn nicht nur seine Gedächtnisinhalte wie in einem Hologramm speichert, sondern dass auch die Gehirnzentren – das optische, akustische, olfaktorische et cetera – wie Hologramme arbeiten. So werden etwa im optischen Gehirnzentrum Bewegungsfolgen nicht direkt wahrgenommen (das Bild der Kamera), sondern signaltechnisch in Frequenzkomponenten umgewandelt, die in Form von Fourier-Reihen repräsentiert werden. Bekanntlich sind Fourier-Reihen genau die mathematischen Verfahren, die in der Holografie verwendet werden, um holografische Aufzeichnungen zu rekonstruieren.

Ähnlich wie in der Quantenphysik, wo man vom Ideal der Objektivierbarkeit abgehen musste, musste auch das Ideal aufgegeben werden, dass wir ein objektives Bild von der Realität hätten. In neueren Forschungsergebnissen (beschrieben in *Die blinde Frau, die sehen kann* von V. Ramachandran) wird gezeigt, dass wir nicht nur – wie oben ausgeführt – die Außenwelt synthetisch im Gehirn nachbauen und nicht abbilden, sondern dass auch unsere Konstruktion des Ego mit Verschiebungen und Verleugnungen erfolgt, die uns in den meisten Fällen gar nicht bewusst sind. Diese Techniken des Ego stützen sich auf neurologische Funktionen, sind also nicht psychisch verursacht und dienen zum Schutz, zur Aufrechterhaltung der Stabilität des Selbst. Genauso konstruieren wir Geschichten über unser Leben, um es für uns stimmig zu machen. Unser Leben ist für uns die Summe vieler episodischer Erinnerungen, die sich als neuronale Spuren nachweisen lassen – und auf die man mit geistigen Mitteln Einfluss nehmen kann.

Dennoch sind wir auf die Introspektion angewiesen, um unser Erleben zu erforschen. Während das Gehirn und seine physikalischen Abläufe mit Messungen erfasst werden können, haben wir zu unserem Bewusstsein nur durch Introspektion Zugang. Die Introspektion zur Wahrnehmung innerer geistiger Zustände wurde und wird von vielen Wissenschaftlern lediglich für eine Art Zerrlinse gehalten, die nur subjektive und unzuverlässige Informationen liefert. Man hielt lange daran fest, dass nur durch die Beobachtung einer dritten Person die Realität des Bewusstseins erfasst werden kann.

Heute bietet sich ein differenziertes Bild: Tatsächlich wird die Introspektion durch unsere Muster und Prägungen verfälscht und lässt – vor allem in den Bereichen, in denen wir unser Selbstbild manipulieren – kein objektives Bild der Wirklichkeit zu. Dennoch ist sie die einzige Möglichkeit, um unser Erleben zu erfassen. Neuerdings können durch Messungen während des Denkvorgangs sogar mögliche Fehler der Introspektion aufgedeckt werden, da man in der Lage ist, authentische von konstruierten Wahrnehmungen zu unterscheiden.

Mit ihren neuen Erkenntnissen sind die Neurowissenschaften heute sehr gut in der Lage, Auskunft darüber zu geben, wie das Gehirn aufgebaut ist und wie es im Groben funktioniert. Wir wissen eine Menge über den Aufbau des Gehirns und den Ablauf seiner Arbeit, wir kennen seine stammesgeschichtliche Entwicklung und die daraus abgeleiteten geistigen Funktionen. Und wir beginnen zu erkennen, welche Entwicklungsmöglichkeiten sich für uns daraus ergeben. Wir tappen jedoch noch im Dunkeln, was die Details betrifft, wie – auf Quantenebene – die Abläufe gesteuert werden, was dort verursachend beziehungsweise beeinflussend wirkt. Das kann auch nicht anders sein angesichts der Kürze der Zeit, in der wir uns mit dem Gehirn in seiner gewaltigen Komplexität beschäftigen. Sie übertrifft bei weitem alles, was wir in der gesamten Natur kennen.

Das menschliche Gehirn besteht aus drei Hauptstrukturen: dem Stammhirn, dem limbischen System und dem Großhirn (oder Neocortex). Diese drei Strukturen entsprechen unserer evolutionären Entwicklung, demzufolge werden sie auch Reptiliengehirn, Altsäugetier- und Neusäugetiergehirn genannt. Das Reptiliengehirn oder R-System umfasst das sensomotorische System und alle physischen Prozesse, die für unser Wachbewusstsein zuständig sind. Auf dieser Ebene geht es um die Arterhaltung: Nahrung, Schutz, Fortpflanzung und Territorium. Das vegetative – sympathische und parasympathische – Nervensystem steuert diese Aktivitäten. Man kann es auch als Erregungs- und Beruhigungssystem bezeichnen, da es den Organismus in kritischen Situationen entweder in Angriffs- oder in Abwehrhaltung (Flucht- oder Totstellreflex) bringt oder ihn nach Abklingen der Gefahr wieder beruhigt. Die nächste entwicklungsgeschichtliche Struktur ist das limbische System oder Emotionsgehirn, das die simplen Anziehungs- und Abstoßungsreaktionen des R-Systems zu komplexeren Gefühlsschattierungen erweitert. In dieses System fallen die Polaritäten von Mögen – Nichtmögen, Gut – Schlecht, Ärger – Glück, Liebe – Hass und so fort. Es stellt sich in den Dienst von möglichst angenehmen Sinnesberichten – unter Vermeidung von unangenehmen Berichten. Das limbische System ist zuständig für unser Immunsystem, für unsere Gefühlsbeziehungen, für unsere Träume.

Der Neocortex schließlich liefert den Intellekt, das kreative Denken sowie Empathie, Mitgefühl und Liebe. Hier reflektieren wir die Berichte der beiden anderen Systeme, hier planen wir, entwickeln Vorstellungen über transzendente Fragen, beschäftigen uns mit Philosophie und Religion, denken über den Sinn unseres Lebens nach, haben Zugang zur Kausalität.

Die drei Systeme arbeiten als zusammenhängende Einheit, das jeweils höhere, entwicklungsgeschichtlich jüngere System vergrößert die Möglichkeiten des vorhergehenden. Dennoch ist es möglich, ja oft notwendig, zeitweise die Aufmerksamkeit auf eines dieser Systeme zu konzentrieren. Wenn es etwa um Überlebensinteressen geht, konzentrieren wir uns auf die Selbstverteidigung. Umgekehrt können die Funktionen der niederen Ebenen durch den Neokortex verfeinert werden, wenn wir etwa im Bereich der Sexualität unseren Paarungsinstinkt so weit verfeinern, dass wir Liebesgedichte schreiben. Mit unserer persönlichen Bewusstheit sind wir in der Lage, zwischen den drei Systemen hin und her zu wandern. Zur Entwicklung unserer höheren geistigen Ebenen benötigen wir Zuwendung, eine schützende, fördernde Umgebung. Umgekehrt wird nur wenig von unseren höheren Fähigkeiten gebraucht, wenn wir uns in instinktnahen Bereichen unseres R-Systems aufhalten oder in einer Abwehrhaltung bleiben. Dies gilt für alle Menschen, in besonderem Maße natürlich für Kinder. Kinder, die durch ihre Lebensumstände in ständiger Angst und Unsicherheit gehalten werden, können sich emotional und intellektuell nicht entwickeln.

Interessanterweise können wir im Alltag gut ohne unseren Neocortex auskommen. Untersuchungen an einhundertfünfzig Personen mit Wasserkopf, also von Menschen, die keinen oder einen nur minimalen Neocortex hatten, zeigten, dass diese Menschen einen Intelligenzquotienten von bis zu einhundertzwanzig aufwiesen und normalen Berufen nachgingen.

Für jedes der drei Teilsysteme des Gehirns sind auch die ›zugehörigen‹ Gehirnchemikalien gefunden worden: eines für die Schadensvermeidung, eines für die Belohnungserhaltung, eines für das Neuheitsstreben – entsprechend der drei Ebenen unserer Gehirnstruktur. Bei allen unseren Aktivitäten geht es für das Gehirn – für unser Selbstgefühl – darum, möglichst viele solcher belohnenden Gehirnchemikalien zu erhalten. Es liegt auf der Hand, dass es für uns selbst wie für die Gesellschaft einen großen Unterschied ausmacht, auf welcher Belohnungsebene wir uns bewegen.

Neben dieser stammesgeschichtlich entwickelten Struktur verfügen wir noch über eine funktionelle Grobstruktur in Form zweier unterschiedlicher Gehirnhälften. Die rechte Gehirnhälfte repräsentiert unsere Gefühlsseite, sie ist körperorientiert, ganzheitlich, musisch, intuitiv, kreativ, jedoch unbewusst. Die linke Hälfte ist die Kontrollinstanz; sie ist bewusst, rational, analytisch, sprachlich, linear und logisch. Über die rechte Gehirnhälfte, über unser die Gefühle steuerndes limbisches System, nehmen wir Wahrnehmungen als analoge Signale aus der Außenwelt auf, über die linke Gehirnhälfte werten wir diese Ergebnisse aus (bei Linkshändern sind die beiden Gehirnhälften in der Regel vertauscht). Die Signalübertragung erfolgt über eine Brücke, die die beiden Gehirnhälften verbindet – das Corpus Callosum. Erst wenn die Eindrücke in der linken Gehirnhälfte angekommen sind, werden sie uns bewusst. Auch alle unsere Entscheidungen werden in der gefühlsbetonten Gehirnhälfte gefällt. Die Vernetzung der beiden Gehirnhälften ist also extrem wichtig, zumal wenn man weiß, dass lediglich zehn Prozent unserer geistigen Vorgänge bewusst sind. Nur wenn diese Verbindung gut entwickelt ist, können wir unser volles menschliches Potenzial ausschöpfen. Sie wird im Kleinkindalter durch motorische Betätigung, später besonders durch musikalische Betätigung geübt und verstärkt.

Unsere geistige Tätigkeit wird aber nicht nur durch unsere Gehirnstruktur und die beiden Gehirnhälften organisiert, sondern noch durch eine weitere steuernde Ebene, nämlich die verschiedenen Frequenzbereiche, in denen unser Gehirn schwingt. Unsere Gehirnwellen treten in unterschiedlichen Frequenzbereichen auf: der ›normale‹ Alltags-Frequenzbereich ist der sogenannte Beta-Zustand mit 14 bis 30 Hertz. Er gilt für unsere aktive Aufmerksamkeit, hohe Konzentration, im hohen Frequenzbereich aber auch für Stress, Aggression und Frustration. Im Alpha-Zustand (8 bis 14 Hertz) sind wir entspannt und gelassen. In diesem Zustand sind die beiden Hemisphären am besten verbunden. Dieser Zustand stellt auch die Brücke zwischen Wachbewusstsein und Unterbewusstsein dar. Der Theta-Zustand von 4 bis 8 Hertz ist ein ruhiger Zustand, in den Intuition, Phantasie, Schlaf, Träumen, aber auch Meditation fallen. Der Delta-Zustand (1 bis 4 Hertz) stellt den Tiefschlafzustand dar. Auch Trance und Hypnose finden in diesem Zustand statt. Unser Unterbewusstsein, unser Instinkt sind hier angesiedelt. Kleinkinder befinden sich ausschließlich im Theta-Zustand. Die niederen Frequenzbereiche scheinen eine bessere Synchronisierung der Gehirnaktivitäten zu bewirken und veränderte Bewusstseinszustände zu begünstigen, wie sie in Hypnose oder Meditation auftreten. In jüngster Zeit hat man noch einen weiteren Frequenzbereich mit eigenen Wellen entdeckt, den der sogenannten Gammawellen. Die Gammawellen schwingen mit etwa 40 Hertz. Sie bilden den Rahmen, in dem das Gehirn/das Bewusstsein erkennt, welche unterschiedlichen Wahrnehmungen zusammengehören. Sobald wir etwas betrachten, an etwas denken, verteilen sich unsynchronisierte Gammawellen in den verschiedenen Zentren des Gehirns. Im Moment der Erkenntnis dagegen synchronisieren sie sich – und verschwinden. Diese Wellen sind also flüchtig.

Für ein gedeihliches Funktionieren der Gehirntätigkeit ist eine

Harmonisierung aller dieser Ebenen erforderlich. Wenn sich unser Gehirn in einem Frequenzbereich am oberen Ende des Beta-Bereichs befindet – wir also im Stress sind –, werden wir automatisch in unser R-System mit seinen Angriffs- und Verteidigungsmechanismen fallen und kaum dazu in der Lage sein, kreativ oder intuitiv zu sein. Ferner bedarf es eines gut entwickelten Corpus Callosum, um unsere Gefühle wahrnehmen und auf sie einfühlsam reagieren zu können, oder einfach, um die ›richtigen‹ Entscheidungen zu treffen. Neuerdings hat die Psychologie herausgefunden, dass die ›Bauchentscheidungen‹ im Vergleich zu den ›logischen‹ Entscheidungen oft die stimmigeren sind, da sie auf den kognitiven, evolutionären und sozialen Faktoren unserer Intuition beruhen. Dieses Zusammenspiel der verschiedenen Ebenen kann sich nur durch Einübung entwickeln – am besten in der kindlichen Erziehung. Leider geht unser Erziehungssystem darauf wenig ein. Die Ausbildung an unseren Schulen besteht – wie wir im Kapitel *Die Institutionen unserer geistigen Zukunft* gesehen haben – vor allem in der Vermittlung von kognitiven Wissensinhalten. Was nicht gelehrt wird, ist, mit welcher Einstellung, mit welchen Wertvorstellungen wir mit anderen Menschen oder mit den kognitiven Inhalten umgehen sollten.

Wesentliche Impulse erhielten die Neurowissenschaften durch die Verwendung von neuen Messverfahren, dem Elektroenzephalogramm (EEG) und den farbgebenden Verfahren der Computertomografie. Dadurch kann gezeigt werden, mit welcher Gehirnfrequenz das Gehirn gerade arbeitet oder welche Gehirnhälfte aktiv ist. Auch die Aktivität bestimmter Gehirnzentren bei bestimmten geistigen Tätigkeiten kann gezeigt werden. Dadurch wurden rasche Fortschritte bei der Feststellung erzielt, wie sich das Gehirn bei verschiedenen geistigen Tätigkeiten oder in bestimmten psychischen Zuständen verhält.

Eine wichtige Frage für die Neurowissenschaften ist auch die, ob grundsätzlich eine Kommunikation in Form von ASW auf rein geistigem Weg – ohne den Umweg über den Sinnesapparat – möglich ist. Noch halten viele Neurowissenschaftler an dem Axiom fest, dass der menschliche Geist als eigenständiges Objekt anzusehen ist und nicht durch Wirkungen von außen beeinflusst werden und seinerseits keine Wirkungen auf die umliegende Realität haben kann. Viele Wissenschaftler stellen in Abrede, dass der Geist in der materiellen Welt Wirkungen auslösen kann. Hier hat wie bereits angedeutet der Nobelpreisträger und Gehirnforscher Sir John Eccles Bahnbrechendes geleistet, indem er auf der Basis neurologischer Befunde und quantenphysikalischer Prozesse nachwies, dass das menschliche Gehirn in der Lage ist, über spezielle Sinneswerkzeuge, sogenannte Ventrikelzellen, Außenreize aufzunehmen und direkt an die Gehirnzellen weiterzugeben (siehe John Eccles, *Wie das Selbst sein Gehirn steuert*). Wie wir gesehen haben, gibt es eine Fülle von Phänomenen, bei denen genau dies geschieht. Es sind vor allem Phänomene der Telepathie, die eine solche Kommunikation über jeden Zweifel hinaus als vorhanden nachweisen. Allerdings lehnen viele Wissenschaftler die Beschäftigung mit solchen Phänomenen bisher ab.

Andrew Newberg, Eugene d'Aquili und Vince Rause haben experimentell die neuen Entwicklungen der Neurowissenschaften aufgenommen, um mithilfe bildgebender Verfahren Zugang zu den geistigen Funktionen des Menschen zu bekommen. In ihrem Buch *Der gedachte Gott*[V] haben sie sich vor allem mit den Wirkungen beschäftigt, die spirituelle Erfahrungen auf das Gehirn haben, und Menschen untersucht, während sie meditierten. Sie konnten dabei die interessante Entdeckung machen, dass Meditationserfahrungen mit Aktivitätsspitzen in vier der komplexesten Gehirnfelder korrelierten, dem visuellen und dem sprachlich-begrifflichen Assoziationsfeld, dem Aufmerksamkeitsfeld und dem Orientierungsfeld.

Zudem ist den Autoren eine weitere Besonderheit aufgefallen. Das vegetative Nervensystem reagiert normalerweise in unterschiedlichen Richtungen: abwechselnd durch Erregung und durch Beruhigung. In besonderen Bewusstseinszuständen, wie sie etwa beim Tanzen und Musizieren, beim Laufen, bei lang anhaltender Konzentration, aber auch bei spirituellen Praktiken auftreten, können beide Zustände gleichzeitig maximiert sein, was sich in einem besonderen Zustand ausdrückt, in dem wir uns völlig eins mit unserer Umgebung fühlen. Mihalyi Csikszentmihalyi hat dafür den Begriff ›Flow‹ geschaffen. Die Tatsache, dass diese Erfahrungen unabhängig davon, ob sie im Rahmen von Ritualen oder Meditation gewollt oder ungewollt aufgerufen wurden, in gleicher Weise ablaufen, weist darauf hin, dass zwischen vegetativem Nervensystem und dem im Gehirn angelegten Potenzial für spirituelle Erfahrungen ein deutlicher Zusammenhang besteht. Die Autoren gehen davon aus, dass das vegetative Nervensystem ganz wesentlich für religiöse Erfahrungen ist. Herzfrequenz, Blutdruck und Atmung werden signifikant verändert, ebenso die elektrische Leitfähigkeit der Haut.

Newberg, d'Aquili und Rause untersuchten auch, ob die bei den Meditationen gemachten Erfahrungen als illusionär einzustufen sind, also schlicht auf einen verwirrten Geisteszustand hinweisen. Dies war aber ganz offensichtlich nicht der Fall. Bei den mystischen Erfahrungen geht es um das erhebende Gefühl des Verlassens der Ego-Vorstellung und der geistigen Vereinigung mit etwas Größerem als dem eigenen Selbst. Dieses Gefühl verbindet sich mit einer Erfahrung größter Authentizität und unterscheidet sich signifikant von illusionären Vorstellungen. Diese Beschreibung deckt sich weitgehend mit den Berichten aller mystischen Traditionen.

Während für Sigmund Freud die Sehnsucht nach spiritueller Vereinigung noch ein Fluchtreflex vor der Realität war, zeigt eine Reihe von Untersuchungen in den USA und Deutschland, dass Menschen, die über spirituelle mystische Erfahrungen verfügen, einen deutlich besseren Gesundheits- und Seelenzustand aufweisen als der Durchschnitt, was sich in besseren zwischenmenschlichen Beziehungen, geringerer Angst, einem stärkeren Engagement für andere und einer insgesamt positiveren Lebenseinstellung ausdrückt. Natürlich gibt es auch spirituelle Wunschphantasien. In diesen Fällen ist den Versuchspersonen das Illusionäre ihrer Erfahrung jedoch bewusst. Aus alldem ziehen die Autoren den Schluss, dass die ›Transzendenzmaschinerie‹, über die wir mit unserem Gehirn verfügen, tatsächlich ein Fenster ist, durch das wir die absolute Wirklichkeit von etwas Göttlichem ausmachen können.

Eine der Richtungen in den Neurowissenschaften, die sich explizit mit geistigen Phänomenen beim Menschen beschäftigt, ist die *Psychoneuroimmunologie*. Sie ist die Wissenschaft von den Wirkungen zwischen Nervensystem, Hormonsystem und Immunsystem und baut auf der Erkenntnis auf, dass Botenstoffe des Nervensystems auf das Immunsystem und Botenstoffe des Immunsystems auf das Nervensystem wirken. Auf diesem Weg werden auch geistige Phänomene – durchaus vergleichbar mit außersinnlichen Wahrnehmungen – ausgelöst, die man bisher zwar feststellen, aber noch nicht in ihrer Wirkungsweise erklären kann.

Paul Pearsall beschreibt in seinem Buch *Heilung aus dem Herzen* Ergebnisse dieser jungen Wissenschaft anhand seiner Arbeit mit Patienten, die sich einer Organtransplantation unterziehen mussten. Er schreibt vor allem über Patienten, die er nach Herztransplantationen ärztlich betreut hat.

Den Berichten dieser Patienten ist gemeinsam, dass mit der Verpflanzung des Herzens Erinnerungen des Herzspenders ebenso wie dessen Charaktereigenschaften mit auf den Empfänger übertragen wurden. Herzempfänger entwickelten plötzlich Appetit für Dinge, die sie vor der Transplantation nicht ausstehen konnten, die aber Leibgericht des Herzspenders waren. Pearsall konnte in einigen Fällen Treffen zwischen Angehörigen der Herzspender und den Organempfängern arrangieren. Die Angehörigen konnten über das Herz mit dem Empfängerorgan – also eigentlich mit ihren verstorbenen Angehörigen – Kontakt aufnehmen, ohne die Herzempfänger zu sehen. Der Kontakt fiel dann besonders gut aus, wenn sie sich ruhig und entspannt auf das Herz einstellen konnten. Pearsall berichtet aber auch darüber, dass manche der Herzempfänger Angst davor hatten, sich mit der Frage auseinanderzusetzen, wer ihr Herzspender sei. In diesen Fällen kam auch keine Kommunikation zustande. Die Aussagen der Teilnehmer an diesen Gesprächen lassen keinen Zweifel zu, dass die Herzempfänger authentische Aussagen über die Organspender trafen. In einem Fall – in dem es um das Herz einer Ermordeten ging – konnte aufgrund der Angaben der Herzempfängerin, die offensichtlich im Traum den Mörder in der Mordszene gesehen hatte, der Mörder von der Polizei ausfindig gemacht werden.

An diesen Beispielen ist zu sehen, dass Informationstransfers auf rein geistigem Weg erfolgen können. Interessant ist im Hinblick auf die geistigen Phänomene der deutliche Nachweis, dass die ›Verschränkung‹ – die wir im Kapitel *Risse im naturwissenschaftlichen Weltbild* als Voraussetzung für die dauerhafte Verbindung zwischen Elementarteilchen kennengelernt haben – auch zwischen Menschen existiert und sogar über deren Tod hinaus anhalten und zu Phänomenen der Telekommunikation führen kann.

Psychische und geistige Entwicklung

Nach allem, was wir über geistige Phänomene wissen – einschließlich solcher der ASW –, drängt sich die Frage auf, inwieweit die Entwicklung des geistigen Potenzials und der Umgang mit diesen geistigen Phänomenen eine spezielle Fähigkeit ist, die erlernt und gesteuert werden kann. Sollte dies der Fall sein, wäre in erster Linie die Psychologie aufgerufen, Methoden und Strategien bereitzustellen, um solche Fähigkeiten auszubilden und zu entwickeln.

Der Psychologe Joseph Chilton Pearce verfolgt dazu einen interessanten Ansatz. In seinem Buch *Der nächste Schritt der Menschheit* zeigt er einen Weg auf, auf dem es gelingen könnte, die ›höheren‹ Gehirnebenen zu aktivieren. Daraus folgt, dass bei jungen Menschen durch Zuwendung und Anregung bestimmte Verhaltensweisen gefördert werden müssen, um die ›richtigen‹ Gehirnstrukturen zu aktivieren und zu entwickeln.

Um das vollständige menschliche Potenzial auszuschöpfen, welches darin besteht, mit seinen Gefühlen, mit seinem Lebensplan, mit seiner Umwelt schöpferisch umzugehen, ist es auf jeden Fall erforderlich, den Neocortex auszubilden. Dazu bedarf es in besonderer Weise einer schützenden Umgebung und eines Vertrauens, das sich unter diesem Schutz entwickelt hat. Pearce zeigt, dass wir darauf in unseren Gesellschaften mit ihren heutigen Erziehungs- und Bildungsstilen, die stark auf Selektion und Leistung abzielen, nicht eingerichtet sind. Die Folge ist, dass wir stark mit unseren psychischen Problemen beschäftigt sind, mit hohem Angstpotenzial.

In diesem Zusammenhang ist es wichtig, sich mit den Erkenntnissen der Herzforschung auseinanderzusetzen. Die Herzforschung – zwar noch in den Anfängen steckend, vergleichbar mit der Gehirnforschung vor hundert Jahren – hat festgestellt, dass unser Herz weit mehr ist als eine leistungsfähige Pumpe. Über Neurotransmitter und Hormone beeinflusst es alle wesentlichen Körperorgane und unser limbisches System, den Hormonhaushalt und unser Immunsystem. Ähnlich dem Gehirn verfügt es über ein eigenes Intelligenzfeld, über welches alle Zellen miteinander verbunden sind. Über dieses Intelligenzfeld sind wir auch mit dem ›Gesamtbewusstsein‹ des Universums verbunden. Pearce unterscheidet drei herzzentrierte Hauptstufen des Lebens:

1. die Entwicklung einer Herz-Geist-Synchronie, wie sie für das physische Leben benötigt wird. Diese entwickelt sich in der Kindphase und stellt die Welt der Emotionen bereit,
2. eine spätere ›nachadoleszente‹ Entwicklung, die das ausgebildete physische Selbst und den schöpferischen Prozess synchronisiert. Sie ermöglicht uns, die Emotionen in einen höheren, reifen Zustand zu bringen,
3. ein ›höchstes‹ Herz, das uns jenseits aller physisch-emotionalen Systeme trägt. Diese Stufe bringt uns in den Bereich der erkennenden, kausalen Intelligenz.

Es gibt zwar kein akademisches Konzept für die Entwicklung dieser Stufen, eine fördernde Umgebung ist jedoch über alle drei Phasen entscheidend. Wichtig ist, dass die grundlegenden Stufen entwickelt sind. In der ersten Phase ist vor allem die Mutter der Lehrer des Herzens und Modell für die ablaufende Entwicklung.

Für diese erste Phase der kindlichen Entwicklung wurde der Begriff des Bondings geschaffen. Das Bonding entsteht im ersten Kontakt des Säuglings zur Mutter und erfüllt ein elementares, lebenswichtiges Bedürfnis. Der Säugling bedarf der ständigen Fürsorge und Zuwendung, des Gefühls der Geborgenheit, um sich entwickeln zu können. Gelingt diese liebevolle Zuwendung, wird die Voraussetzung dafür geschaffen, auch im späteren Leben Gefühlsbeziehungen aufzubauen und zu erhalten. Das Herz ist die Basis für jedes Bonding.

Der Kardiologe Paul MacLean stellt die Hypothese auf, dass die Entwicklung der höheren Gehirnstrukturen nur möglich ist, weil wir eine so lange Phase der liebevollen Umsorgung haben.

Pearce sieht in den unpersönlichen Krankenhauspraktiken während Geburten, in den wenig fördernden Erziehungsstilen eine große Gefahr für unsere Gesellschaft und führt die Probleme, die wir heute an vielen jungen Leuten in unseren Ländern erleben, die Drogensucht, das epidemische Erleben von Sinnlosigkeit, die fehlende Motivation, auf diese Entwicklungsmängel zurück. In einem dramatischen Appell stellt er uns die wichtige soziale Aufgabe anheim, durch die Erziehung diesen Rahmen bereitzustellen, da sich sonst die höheren Funktionen nicht ausbilden können, die für eine gedeihliche Entwicklung junger Menschen erforderlich sind.

Paul Pearsall sieht in einer Neubewertung der Rolle des Herzens für uns eine große Herausforderung. Er möchte, dass das einundzwanzigste Jahrhundert das Jahrhundert des Herzens wird, und hofft, mit seinem Buch *Heilung aus dem Herzen* dazu beizutragen, dass dies auch eintritt. Ähnlich wie Pearce sieht Pearsall im Herzen die wichtigste ordnende Kraft im Körper. Es ist auch der größte Produzent elektromagnetischer Energie. Sein elektromagnetisches Feld ist fünftausendmal stärker als das Feld des menschlichen Gehirns und deshalb besonders geeignet, Informationen zu übertragen – es sei hier nochmals auf die Erfahrungen von Herzempfängern und Angehörigen nach Herztransplantationen verwiesen, die wir weiter oben geschildert haben. Ähnliche Erfahrungen sind bei der Transplantation anderer Organe nicht feststellbar. Als einzige Zellen des Körpers verfügen Herzzellen über die Fähigkeit, zu pulsieren. Es scheint so, dass dieses Pulsieren dazu dient, Informationen zwischen den Zellen auszutauschen. Dabei werden merkliche Veränderungen an den Körperzellen bewirkt, die man als info-energetisches Zellgedächtnis bezeichnen könnte. Pearsall stellt die berechtigte Frage, warum es der Medizin bisher nicht eingefallen ist, danach zu fragen, ob die Erzeugung dieser großen Energie, die millionenfach als EKG aufgezeichnet wird, eine weitere Bedeutung als die habe, als mechanisches Potenzial gemessen zu werden.

Pearsall geht es aber vor allem darum, die Dominanz des Gehirns – vor allem in der unentwickelten Form der R-System- und Altsäugerausprägung – in unseren Gesellschaften zu beenden und den Weg des Herzens zu gehen, der einfühlsam, liebevoll und partnerschaftlich ist. Dies ist eher ein spiritueller als ein mentaler Prozess. Pearsall schlägt als Methode, um dieses Ziel zu erreichen, eine ›Kardiokontemplation‹ vor, eine Form der Meditation, die nicht auf Konzentration oder Visualisierung abzielt, sondern auf die ›Resonanzreaktion‹. »Sie tritt ein, wenn wir innehalten, in die Stille gehen und in uns hineinhorchen, um uns auf die Schwingungen aller Energieströme, Gefühle und Empfindungen des gegenwärtigen Augenblicks einzustimmen.«

Die Entwicklung geistigen Potenzials in der Psychologie

Die Psychologie hat sich von ihrer mehr naturwissenschaftlichen Orientierung, der Sigmund Freud und die klassische Psychoanalyse noch sehr bewusst folgten, und von einer Psychotechnik zur Reparatur geistig-seelischer Defekte zu einer Wissenschaft entwickelt, die den ganzen Menschen in den Blick nimmt.

Die Richtung der Humanistischen Psychologie etwa verfolgt ein Konzept, »die Ganzheit des menschlichen Wesens zu wecken und den Zugang zur Integration auf einer höheren Ebene zu erweitern«, wie Roberto Assagioli in seinem Buch *Psychosynthese* schreibt. Carl Rogers, einer der wichtigsten Vertreter dieser Richtung, geht davon aus, dass in jedem Menschen ein tiefes Bedürfnis nach Entwicklung und Wachstum steckt, hin zu einer erfüllten und freien Persönlichkeit.

Viktor E. Frankl stellt den Lebenssinn in das Zentrum seines Lehrgebäudes. Er hat mit der Logotherapie eine Therapieform geschaffen, mit der er die seiner Ansicht nach größte Neurose unserer heutigen Zeit – vor allem unter jungen Menschen – bekämpft, diejenige der Sinnlosigkeit. Er leistet den Menschen dabei Beistand, ihren Lebenssinn zu finden, die Fragen zu beantworten, wofür sie leben, wofür sie etwas tun sollten. Diese Fragen können nur beantwortet werden in der Auseinandersetzung mit der Situation, in der wir stehen, und in der Auseinandersetzung mit uns selbst.

Abraham Maslow, der die Humanistische Psychologie begründete, hat sich als einer der ersten Psychologen nicht die Frage gestellt, was einen Menschen psychisch krank macht, sondern was einen Menschen ausmacht, der psychisch gesund ist. In *Motivation und Persönlichkeit* stellt er eine Bedürfnishierarchie oder Bedürfnisleiter auf, in der die menschlichen Bedürfnisse hierarchisch gegliedert sind.

Wir folgen hierarchischen Bedürfnissen ›instinktoider‹ Art: Sie sind hierarchisch, da für die nachfolgenden Bedürfnisse Voraussetzung ist, dass die vorhergehenden erfüllt sind; instinktoid deshalb, da sie für alle Menschen gleich sind. Jede der Stufen muss erfüllt werden, keine kann übersprungen werden. Die Bedürfnisleiter »ist eine Konzeption der Normalität, die entdeckt und nicht erfunden wurde«, sie ist also keine Projektion oder Wunschvorstellung.

Die Reihenfolge der Bedürfnisse:

Vitale Grundbedürfnisse (Hunger und Durst): Sie sind die stärksten Bedürfnisse. Wenn diese gestillt sind, kommen die

Sicherheitsbedürfnisse: Diese sind für Kinder ganz wichtig; der Mangel an erlebter Sicherheit führt zu einer ständigen Grundangst, im politischen Leben führt dies zur Suche nach dem schützenden starken Mann.

Liebe, Zugehörigkeit ist die nächste Ebene; Nestwärme ist für ein Kind sehr wichtig, nur aus dieser heraus kann sich ein Zusammengehörigkeitsgefühl für die Gemeinschaft entwickeln. Fehlt sie, zeigen sich Protestformen in der Gemeinschaft. Für Maslow resultiert ein großer Teil der jugendlichen Revolte aus dem Hunger nach Gruppenkontakt; Kinder brauchen einen enormen Vorschuss an Liebe, um ein Erwachsenenleben bestehen zu können.

Achtung: Wertschätzung durch andere ist in allen Gesellschaften von großer Wichtigkeit; Achtung wird uns zuerst durch Angehörige und Freunde entgegengebracht; die höchste Form der Achtung gewinnen wir vor uns selbst, wenn wir die Achtung durch eigene Leistung oder eigenes Verhalten verdient haben.

Selbstverwirklichung: Jeder Mensch hat das natürliche Bestreben, seine Begabungen, Fähigkeiten und Talente zu entwickeln. Wem dies nicht gelingt, der leidet unter einem Gefühl des Versagens und der Sinnlosigkeit. Dazu gehört das Verlangen nach Wissen und Verstehen: Einsicht zu gewinnen, stellt einen glücklichen, strahlenden Punkt im Leben dar, oft sogar den Höhepunkt.

Transzendenz: Maslow hat diese letzte Stufe erst später hinzugefügt; er versteht darunter die Suche nach Gott, nach einer das individuelle Selbst überschreitenden Dimension beziehungsweise nach etwas, das jenseits des mit den äußeren Sinnen Wahrnehmbaren liegt.

Maslow bezeichnet die psychisch Gesunden als Selbstverwirklicher, der Arbeit mit ihnen und über sie hat er fünfunddreißig Jahre seiner Forschungstätigkeit gewidmet. Ihr typisches Merkmal ist nach Maslow, dass sie die Realität sehen, wie sie ist, und entsprechend reagieren; sie akzeptieren sich selbst so, wie sie sind, sie sind frei von Schuldgefühlen und auf eine natürliche Weise ethisch – nämlich von innen her, nicht durch Anstoß von außen. Sie wissen, was sie wollen, entscheiden selbst; sie schöpfen Freude und Kraft aus ihren Grunderfahrungen: Kinder, Natur, Musik und Ähnlichem. Sie schätzen die einfachen Dinge und zeigen ihre Dankbarkeit. Sie kennen auch das Problem der Sinnlosigkeit nicht, da sie offenbar intuitiv das für sie Richtige tun. Da sie weniger mit sich selbst beschäftigt sind, haben sie mehr Energie und Zeit, sich für allgemeine Probleme einzusetzen. Sie werden von einer Wachstums-, nicht von einer Mangelmotivation angetrieben. Aus alldem resultiert ein Gefühl von innerer Befriedigung, das sich in einem kraftvollen und ausgeruhten Gesundheitszustand ausdrückt. Sie haben Zugang zu spirituellen Erfahrungen, was sich jedoch mehr in ihrer ethischen Einstellung manifestiert als in der Zugehörigkeit zu einer Konfession.

Manfred Max-Neef, Träger des Alternativen Nobelpreises, hat das vertikale Konzept der Maslow'schen Bedürfnisleiter, das er im Wesentlichen übernimmt, um ein zusätzliches Modell von vier horizontalen Kategorien von Befriedigungsebenen erweitert, die auf jeder Stufe erfüllt sein müssen: diese Ebenen sind Sein, Haben, Tun und Interaktion. Die Elemente der Bedürfnisbefriedigung (er nennt sie ›Satisfiers‹) sind etwa auf der ersten Stufe der vitalen Grundbedürfnisse für die Kategorie Sein: physische und mentale Gesundheit; für die Kategorie Haben: Nahrung, Wohnung und Arbeit; für die Kategorie Tun: Essen, Zeugen und Schlafen, und für die Kategorie Interaktion: soziales und natürliches Umfeld. Max-Neef stellt den positiven Satisfiers negative, Pseudo- oder limitierende Satisfiers entgegen, die eine falsche Bedürfnisbefriedigung anbieten. Für die Existenz einer Gesellschaft verspricht Rüstung zwar Schutz, jedoch auf Kosten einer Reduzierung der Selbsterhaltung (persönliche Gefährdung im Kriegsfall) und auf Kosten der Reduzierung von Freiheit und Toleranz. Oder das Gefühl des Nationalismus: Es fördert zwar die (Ich-) Identifikation, stört aber Toleranz und Mitmenschlichkeit.

In langjähriger Projektarbeit konnte Max-Neef zeigen, dass wirtschaftliche Entwicklung sowie Glück und Zufriedenheit in einer Gesellschaft nicht nur nicht korrelieren, sondern dass Einsamkeit und Entfremdung in entwickelten Gesellschaften zuzunehmen scheinen. Er wies auch auf, dass Pseudo-Satisfiers zu nicht erwünschten Reaktionen führen. Unbegründetes Lob kann bei Kindern zu narzisstischem Verhalten führen; nur Lob, das sie aus ihrer eigenen Tätigkeit erfahren, stärkt dauerhaft ihre Persönlichkeit.

Gemeinsam ist den Vertretern der Humanistischen Psychologie, dass sie eine Triebkraft im Menschen annehmen, die von innen her seine volle Entwicklung bewirkt. Diese natürliche Entwicklung kommt immer dann zur Entfaltung, wenn diese Triebkraft durch persönliche Förderung unterstützt wird. Sie kommt nur dann nicht zustande, wenn sie in der Erziehung ignoriert oder behindert wird. Als neue Richtung in der Psychologie beschäftigt sich die Humanistische Psychologie stark mit Problembeschreibung und Diagnose, bleibt mit ihren Therapie- und Aktions- oder pädagogischen Vorstellungen eher allgemein und philosophisch.

In Fortsetzung der Humanistischen Psychologie hat der amerikanische Psychologe Martin Seligman um die Jahrtausendwende die ›Positive Psychologie‹ begründet. Seligman wollte für alles Gute und Entwicklungsfähige im Menschen das leisten, was bisher von der Psychologie vor allem für die Pathologien und die dunklen Seiten des Menschen erforscht worden war. Er stellte zusammen mit seinem Kollegen Chris Peterson einen Tugendkatalog auf, in den sie alles über Tugenden aufnahmen, was sie in der Literatur finden konnten (dargestellt in seinem Buch *Authentic Happiness*). Es zeigte sich, dass sich über alle Kulturen hinweg und in allen Zeitperioden – mit geringfügigen Abweichungen – dieselben Tugenden finden. Seligman und Peterson teilten die Tugenden in sechs große Gruppen auf: Weisheit, Mut, Menschlichkeit/Zuwendung, Gerechtigkeit, Mäßigung und Glaube an etwas, das das Menschliche übersteigt. Seligman und Peterson wollten aber nicht nur herausfinden, welche positiven Eigenschaften der Mensch hat, sondern auch, mit welchen Charakterstärken er diese Eigenschaften am besten entwickelt. Dabei fanden sie für jede Tugend mehrere Aktionsparameter, die – jeder für sich trainierbar – zum Erwerb dieser Tugend führen: Zu Weisheit führen Neugier, Lernbegierde, Urteilsfähigkeit, Kreativität und emotionale Intelligenz. Zur Menschlichkeit führen Liebe und Freundlichkeit, zum Glauben an das Übernatürliche Dankbarkeit, Hoffnung, Spiritualität, Vergebung, Begeisterung und so fort.

Die Richtung der positiven Psychologie, ihr Tugendkatalog und dessen Aktionsparameter sind von ihren Autoren nicht als letztverbindlich gemeint, vielmehr werden die Inhalte von ihnen als vorläufig bezeichnet. Viel wichtiger als die Bereitstellung einer möglichst exakten Definition ist, dass sich die positive Psychologie darum bemüht zu zeigen, wie diese Tugenden in der Praxis entwickelt werden können. Dabei kommt ihr zugute, dass sie empirisch vorgeht und sich auf Erkenntnisse der Neurowissenschaften und der Genetik stützen kann. Diese haben herausgefunden, dass Charakter- und Gefühlsausprägungen einen genetisch unveränderlichen und einen durch Lernen änderbaren Anteil haben. Charaktereigenschaften und Gefühle gehören den älteren, tieferen Gehirnstrukturen an und sind durch die neuen Gehirnstrukturen, den Neocortex, das logische Denken, im Konfliktfall nur schwer zu beeinflussen. Der Psychologe Jonathan Haidt nennt in seinem Buch *The Happiness Hypothesis* dieses Verhältnis zwischen Denken und Fühlen ›Reiter‹ und ›Elefant‹. Der Reiter kann den Elefanten nur lenken, wenn dieser gut trainiert ist. Die Charakterstärken der Liste der Tugenden können nicht durch bewusste, willentliche Entscheidung, sondern nur durch Übung entwickelt werden.

Die positive Psychologie zeigt damit eine Schwäche der traditionellen psychologischen Konzepte auf, die den Intellekt überbewerten und davon ausgehen, dass alle Eigenschaften des Menschen durch intellektuelle Einsicht erworben werden und beliebig formbar sind. Die positive Psychologie belegt dagegen anhand von sogenannten Zwillingsstudien, dass alle Charaktereigenschaften in (unterschiedlich) hohem Maß genetisch bedingt und nicht beliebig formbar sind. Sie zeigt auch einen Weg zur Vermittlung von Moral auf, den wir im Westen aus den Augen verloren haben. Für die modernen Konzepte westlicher Moral galt der kategorische Imperativ Immanuel Kants. Er sagt, dass die eigenen Handlungen des Menschen so sein sollten, dass sie Maßstab für die allgemeine Moral sein könnten. Dieser Imperativ hat jedoch in der historischen Entwicklung – wie wir heute schmerzhaft erfahren – nicht zu besserer Moral geführt, sondern nur zu einem verstärkten Denken über Moral. Es wurde immer mehr über die Rechtfertigung der eigenen Handlungen nachgedacht, als dass Moral wirklich eingeübt worden wäre. Die Moral entfernte sich mehr und mehr aus der täglichen Praxis und verlagerte sich in theoretische, hypothetische Fallentscheidungen. Es zeigt sich immer wieder – und das kann jeder an sich selbst feststellen –, dass im Widerstreit der Logik mit den tiefer liegenden, älteren psychischen Strukturen die Logik verliert. Die einzige Möglichkeit, dem abzuhelfen, besteht in einem ständigen Training der alten Strukturen des ›Elefanten‹, durch Meditation und/oder durch ständiges bewusstes Üben der Aktionsparameter des Tugendkatalogs – also durch tugendhaftes Leben. Damit nähert sich die Psychologie den alten Weisheitslehren an, die genau dieses Üben der Tugenden betonen und zum Selbstzweck und Ziel eines glücklichen Lebens machen. In zahlreichen Versuchen hat es die positive Psychologie geschafft, uns ins Gedächtnis zu rufen, dass uns die

Arbeit an unseren Charakterstärken eine größere und länger anhaltende Befriedigung vermittelt als unmittelbarer Sinnengenuss. Ein unter mehreren Studentengruppen durchgeführter Versuch zeigte, dass die – durchaus anspruchsvolle und fordernde – Aufgabe, anderen Menschen gegenüber einen persönlichen Ausdruck von Zuneigung und Dankbarkeit zu erbringen, eine größere und länger anhaltende Befriedigung verschaffte als der Genuss eines Stücks Kuchen.

Die Transpersonale Psychologie hat den Untersuchungsbereich der Psychologie erweitert, indem sie die spirituellen Bedürfnisse und Erfahrungen zum Gegenstand ihrer experimentellen Arbeit gemacht hat.

Stanislav Grof als einer der wichtigsten Vertreter dieser Richtung zieht besondere geistige Zustände mit heran und stützt sich dabei auf eigene Erfahrungen, die durch spezielle Atemtechniken, durch Drogen (LSD) oder durch Meditation hervorgerufen werden. Grof teilt diese Zustände in drei Gruppen ein: Die erste besteht in der Erweiterung des eigenen Bewusstseins und der Identifikation mit dem Bewusstsein einer weiteren Person oder einer Gruppe von Personen oder auch des Bewusstseins von Tieren und Pflanzen, im Extremfall mit dem Bewusstsein der gesamten Biosphäre. Die zweite Gruppe von Zuständen ist durch das Überschreiten zeitlicher Grenzen gekennzeichnet, durch das Überschreiten der linearen Zeit. Dies kann sich zum Beispiel im intensiven Erleben frühkindlicher Ereignisse dokumentieren, es kann aber auch Erfahrungen widerspiegeln, die unserem Wachbewusstsein nicht zugänglich sind. Die dritte Gruppe besteht aus Visionen von Archetypen und Symbolen und führt bis zur Identifikation mit als göttlich erlebten Wesen oder mit dem kosmischen Bewusstsein. Das Gemeinsame dieser letzten Gruppe von Erfahrungen scheint nach Grof in der Identifikation mit der gesamtkosmischen Leere zu bestehen. Grof konzediert, dass die Erfahrungen aller drei Gruppen mit dem westlichen wissenschaftlichen Bewusstsein nicht vereinbar sind – sehr wohl hingegen mit dem Bewusstsein der Mystiker aller spirituellen Richtungen, christlicher wie fernöstlicher. Er verlangt – nach gründlicher und skeptischer Prüfung des Realitätsgehaltes dieser Erfahrungen – eine konstruktive Auseinandersetzung mit diesen Phänomenen und nicht eine generelle Ablehnung und Ausgrenzung dieser Erfahrungen als psychopathologische Phänomene, wie dies von großen Gruppen der Psychologen und von großen Teilen der Wissenschaft getan wird.

Die künftige Rolle des Geistigen in der Gesellschaft

Mit der Entwicklung der Neurowissenschaften kann die Erforschung des menschlichen Geistes eine neue Dimension ansprechen – diejenige der physiologischen Verursachung geistiger Prozesse auf Quantenebene. Damit wird eine Brücke zur Psychologie gebaut, der es dadurch möglich wird, viel gezielter an den psychologischen Fragestellungen zu arbeiten, da die Untersuchungsergebnisse durch messtechnische Befunde sofort verifiziert werden können.

So bildet sich eine deutliche Konvergenz zwischen diesen beiden Bereichen heraus, es zeigt sich eine – zumindest für das Weltbild der westlichen Wissenschaften – neue geistig-spirituelle menschliche Realität, eine Realität, für die auch die großen Physiker wie Einstein, Heisenberg, Schrödinger oder von Weizsäcker große Sympathie hegten. Es sind erste, tastende Versuche, vieles ist spekulativ: Dennoch ist eine Richtung zu erkennen, in die sich die künftige wissenschaftliche Arbeit bewegen wird. Und wir erhalten eine Ahnung davon, wie dies unser künftiges Weltbild und damit auch unser Leben beeinflussen wird.

Während also diese Entwicklungen erst langsam in unser Alltagsbewusstsein, in unsere alltäglichen Einstellungen einsickern, steht ein Teilbereich dieses neuen Geistigen bereits im Zentrum des Interesses der Wirtschaft: die Kreativität. Man spricht von einem Wechsel von der Wissens- zur Kreativökonomie. Nach einer Umfrage der Boston Consulting Group im Jahr 2006 hat für vierzig Prozent der Manager Innovation bereits höchste Priorität unter allen Sektoren ihrer Unternehmensstrategie. Für viele Ökonomen gilt Kreativität als das wichtigste Wirtschaftsgut des einundzwanzigsten Jahrhunderts. Nun ist Kreativität als Ressource noch wenig erforscht. Immerhin weiß man, dass sie nichts mit Alltagsintelligenz und Wissen zu tun hat. Dafür umso mehr mit Persönlichkeitsfaktoren wie Einstellung, innerer Motivation, Kritikfähigkeit, Beharrungsvermögen und so fort. Mit diesen Faktoren kommt man bis heute in vielen Unternehmen nur schwer zurecht, ebenso an unseren Bildungsinstitutionen. Dafür fallen die Parallelen zu den Arbeiten von Pearce, Maslow oder Max-Neef umso mehr ins Auge. Es zeigt sich hier an der Aktualität eines großen gesellschaftlichen Feldes, dass – um höhere geistige Fähigkeiten zu entwickeln, deren unsere Gesellschaft dringend bedarf – andere Wege geistiger Entwicklung zu beschreiten sind als die, die uns bisher offen standen.

Der Systemforscher William E. Halal hat das Thema geistiger Entwicklung aus einer soziologischen Sicht heraus behandelt und gibt in seiner Veröffentlichung *Der Lebenszyklus der Evolution*[VI] einen Vorausblick auf deren künftigen Verlauf in unseren Gesellschaften. Darin stellt er eine These zur kulturellen Evolution auf, indem er die Phasen unserer technisch-wissenschaftlichen Zivilisation als fortlaufende Evolution zu immer weiter vergeistigten Formen beschreibt. Er zeigt diese Entwicklung anhand der Verlagerung der Schwerpunkte der gesellschaftlichen Aktivitäten auf, die bisher vor sich gegangen ist und aller Voraussicht nach weiter vor sich gehen wird.

Nach Halal strebt die Zivilisation unaufhaltsam danach, das Physische zu überwinden. Bereits in den Jahren ab etwa 2020 wird die mental-spirituelle Technologie in der Lage sein, die Bereiche anzusprechen, die jenseits des kognitiven Wissens liegen. Dieser Prozess des spirituellen Wachstums scheint sich in natürlicher Weise aus dem Lebensprozess heraus zu entfalten – also evolutionärer Druck zu sein. Aus der eindeutig zum Geistigen ausgerichteten Entwicklung der Evolution schließt der Autor, dass es eine höhere Intelligenz geben muss, die den Zug zum Geistigen ausübt. Er sieht sich aber nicht in der Lage, diese zu benennen.

Entdeckung des Geistigen in den Wissenschaften

In der Beschäftigung mit den geistigen Phänomenen der unbelebten wie der belebten Natur beginnen die Wissenschaften zusammenzuwachsen. Während die jeweiligen Wissenschaften ihre Objekte getrennt von den anderen Wissenschaften untersuchen und zu je eigenen Ergebnissen kommen, gibt es auf der Quantenebene der geistigen Phänomene keinen Graben zwischen den einzelnen Wissenschaftsrichtungen, auch nicht zwischen den Geistes- und den Naturwissenschaften. Dies zeigt sich etwa daran, dass aus dem Bereich der Psychologie Erweiterungen zur Quantentheorie der Physik vorgenommen werden (siehe das Kapitel *Außersinnliche Wahrnehmungen*).

Geist in dem hier angesprochenen Zusammenhang ist – wie oben bereits ausgeführt – weiter gefasst als seine Ausprägung beim Menschen. Der Begriff des Geistes, der hier gemeint ist, ist ganz allgemein als die inhärente Fähigkeit aller Manifestationen der Natur zu verstehen, Informationen sinnvoll zu verarbeiten. Inhärent insoweit, als dazu nicht technische oder andere Hilfsmittel erforderlich sind. Der Zugang zu den Informationen ist universell und erfolgt auf allen Ebenen – von der Quantenebene bis zum Menschen – über steuernde holografische Felder. Die geistige Aktivität wird durch ein subjektives Element gefördert, die Verschränkung. Verschränkungen gibt es ebenfalls auf jeder Ebene – von den Elementarteilchen bis zu den Lebewesen. Zwei oder mehr miteinander verschränkte Elemente (Elementarteilchen, Pflanze, Mensch und so weiter) bleiben informationstechnisch, nichtlokal dauerhaft miteinander verbunden.

Materie ist in ihrem innersten Kern, dem Quantenbereich, komprimierte, schwingende Energie, hervorgerufen durch Ordnungsprozesse, die vom Quantenfeld aufgerufen werden. Auf dieser Ebene löst sich die Vorstellung von fester Materie auf. Aus dem Dualismus Materie–Geist wird eine Dualität, ein Sowohl-als-auch. Die gesamte Materie hat Anteil am Geist und ist über den Geist – die Informationsbeziehungen des Quantenfeldes – universell verbunden. Felder sind das Medium, über welches die geistige Verbindung zwischen den Teilen der Natur hergestellt wird. Im Universum existieren die unterschiedlichsten Felder, die Kräfte, Energien und Informationen steuern, wie die Felder der Wechselwirkungsteilchen, das Schwerefeld oder das Licht, oder wie die morphogenetischen Felder, die Sheldrake postuliert. Der sichtbare Kosmos entsteht aus dem unsichtbaren – dem Quantenfeld – und wird von diesem gehalten. Unsere den Sinnen zugängliche Welt ist nur ein kleiner Spezialfall der kosmischen Ordnung.

Es sei betont, dass es sich hierbei durchaus nicht um Phantasien handelt, sondern um das Ergebnis dessen, was die Naturwissenschaften selbst in den letzten Jahrzehnten herausgefunden haben. Man sollte vielleicht noch hinzufügen, dass die Ergebnisse der quantenphysikalischen Versuche mit absoluter Genauigkeit gemessen werden können. Es geht also nicht um einen Rückfall in vorwissenschaftliche Magie, sondern um die Einbeziehung dessen, was sich unabweislich in den Versuchen zeigt, in ein neues Weltbild.

Im Zusammenhang mit der Rolle des Geistigen im Kosmos ist auch die Frage nach den Prinzipien der Evolution neu zu stellen, insbesondere diejenige nach den Entwicklungssprüngen, die im Lauf der Evolution aufgetreten sind: von der nicht belebten zur lebenden Natur, von den im Wasser lebenden Lebewesen zu den Landlebewesen sowie von den instinktbehafteten Lebewesen (den Tieren) zu den Lebewesen mit Bewusstsein. Die neueren Erkenntnisse zum Auftreten dieser Entwicklungssprünge (siehe das Kapitel *Geistige Phänomene in der Natur*) deuten an, dass es eine Richtung der Evolution gibt. Das würde allerdings ebenfalls die Annahme von aus Feldern generierten geistigen Funktionen verlangen, also von Rückkopplungsprozessen, von einem Gedächtnis und von Entscheidungen, die sich auf solche Gedächtnisinhalte stützen.

Die Religionen aller Kulturen haben Ähnliches schon immer gesagt, allerdings in einer mehr autoritativen Form, als Behauptung, sodass die Wissenschaften nicht bereit waren, dies anzunehmen. Es ist an der Zeit, anhand der neuen Erkenntnisse der Wissenschaften diese Aussagen der Religionen neu zu bewerten.

Unser Menschenbild wird aber vor allem auch durch die neuen Erkenntnisse der Neurowissenschaften und der Psychologie geformt werden. Es ist sicher kein Zufall, dass zu dem Zeitpunkt, zu dem die Erforschung geistiger Phänomene in den Vordergrund rückt, die Neurowissenschaften Licht in das Dunkel um das geistige Phänomen Gehirn bringen. Und in dem Maß, in dem unsere Kenntnisse über Aufbau und Arbeitsweise des Gehirns zunehmen, wächst auch unser Vermögen, unser Verhalten, unsere Lern- und Entwicklungsmöglichkeiten genauer zu fassen. Wobei festzuhalten ist, dass wir uns erst in einer Phase befinden, in der wir uns langsam an die neuen Erkenntnisse herantasten. Von Lernzielen oder gar von Methoden, wie diese Erkenntnisse im täglichen Leben umgesetzt werden können, sind wir weit entfernt. Dennoch: Dies alles wird mit Sicherheit nicht nur auf die Wissenschaften, sondern auch auf unser tägliches Leben ausstrahlen.

In diesem Zusammenhang ist interessant, dass das Bild, das Neurowissenschaften und Psychologie heute vom Menschen und seinem Entwicklungspotenzial zeichnen, sich weitgehend mit dem deckt, was die Vorausbetrachtung künftiger Entwicklung aus kulturphilosophischer oder kultursoziologischer Sicht ergibt: Das Geistige wird für uns immer wichtiger, die defizient gewordenen Strukturen unseres Zeitalters, die Sachorientierung, die Anthropozentrik, der Egoismus, die Gier, das Machtstreben werden durch ethisch höher stehende Strukturen abgelöst werden, ja im Interesse der Erhaltung unserer Lebensgrundlagen abgelöst werden müssen. Es ist interessant, dass die Evolutionskonzepte von Jean Gebser, Teilhard de Chardin und W. J. Halal, die zu unterschiedlichen Zeiten und von verschiedenen Ausgangspunkten aus erstellt wurden, dennoch – vom komplexen Allgemeinen zum konkreten Detail gelesen – eine prinzipielle Gemeinsamkeit aufweisen.

Aus der Wissenschaft ist dazu allerdings noch wenig Konkretes, auch für den Alltagsgebrauch Verwendbares vorgelegt worden. In einigen Bereichen – etwa der Salutogenese oder der Humanistischen und positiven Psychologie – taucht immerhin die Vorstellung eines geistigen Potenzials und dessen Stellenwerts für den Menschen auf. Was fehlt, sind Entwürfe dafür, wie dieses Potenzial zu entwickeln wäre.

Vieles von dem, was an neuen Entwicklungen stattfindet, ist – man möchte sagen, zwangsläufig – umstritten. Seltsam unbestimmt bleibt vor allem, wie diese Entwicklung zum Geistigen praktisch vor sich gehen soll. Aus der Pädagogik sind keine Entwürfe nach außen gedrungen, die die modernen Erkenntnisse der Neurowissenschaften oder der Humanistischen oder positiven Psychologie in ihre Konzepte aufgenommen haben. Man hat in der Pädagogik, vor allem aber in der Bildungspolitik das Neue noch kaum wahrgenommen, dass es um mehr gehen muss als um die Vermittlung kognitiver Inhalte und deren Förderung durch Lernmaschinen, Sprachlabors oder durch den großflächigen Einsatz von Personalcomputern, nämlich auch und in hohem Maß um die Vermittlung von Werten und die Förderung allgemeiner menschlicher Fähigkeiten. Es ist nicht zu erwarten, dass wir aus diesem Umfeld in nächster Zeit konkrete Anstöße für eine pädagogische Erneuerung erhalten werden.

Dabei zeigt der Zustand der Pädagogik nur auf, was in unseren westlichen Gesellschaften generell fehlt: ein Paradigma für die Entwicklung des geistigen Potenzials von uns Menschen. Der Pädagogik geht es heute um die Ansammlung von Wissen, im sozialen Bereich von Wirtschaft und Gesellschaft dreht sich nahezu alles um die Ansammlung von Geld, Gütern oder von geldwerten Sicherheiten.

Aus dem gesamten Wissenschaftsbetrieb gewinnt man letztendlich den Eindruck, dass die Wissenschaftler – von wenigen Ausnahmen ausgenommen – zu sehr mit sich selbst und den eigenen Forschungszielen beschäftigt sind, als sich daran zu beteiligen, ein neues Welt- und Menschenbild praktisch zu erarbeiten.

Geistige Phänomene passen nicht in das bisherige Weltbild der Naturwissenschaftler. Vielleicht sollten wir die diesbezügliche Änderung des Weltbildes auch gar nicht von ihnen erwarten. Zu stark ist ihr Arbeitsmedium, der logische Verstand, dem mental-perspektivischen Paradigma verhaftet. Der Verstand ist sehr gut in der Lage, mit den vier Dimensionen der Raumzeit umzugehen, nicht jedoch mit den für den Blick der Wissenschaften bisher verborgenen höheren Dimensionen. Die Geheimnisse der höheren geistigen Dimensionen, etwa die Welt der Quantenparadoxien, lassen sich nicht mit den Mitteln der messenden Vernunft entschlüsseln. Sie erschließen sich – wenn überhaupt –

einer anderen Art des geistigen Zugriffs, der Intuition. Diese Geistesform hat man bisher eher den Mystikern zugesprochen. Sie setzt eine gelassene, innere Verschränkung mit dem Untersuchungsgegenstand voraus, beim Menschen normalerweise als Liebe bezeichnet. Deren Einbeziehung in die wissenschaftliche Forschung würde eine revolutionäre Änderung des Selbstbilds der Wissenschaftler bedeuten. Dabei berichten viele der großen Forscher, dass sie ihre Eingebungen nach oft langer und mühevoller Verstandesarbeit in genau diesem Zustand der geistigen Leere, der gelassenen Intuition erfahren haben, in der sich gleichzeitig ein Glücksmoment der Erleuchtung meldete. Genauso beschreiben Yogis den Zustand der Vereinigung mit dem Göttlichen.

Was einer Anerkennung des neuen Weltbildes im Weg steht, sind also die vielen Wissenschaftler, die dem bestehenden Paradigma verhaftet sind, dem messenden, objektivierenden, eindeutig verifizierbaren Verfahren und der zugehörigen Anthropozentrik. Da die geistigen Phänomene ein anderes, scheinbar willkürliches Verhalten zeigen, werden sie ins Reich des Nichtwissenschaftlichen abgeschoben. Da dieses Verhalten aber durchaus nicht willkürlich ist, sondern – wie es Wolfgang Pauli ausdrückt – eine neue, sinnvolle Ordnung zeigt, werden die Wissenschaften ihre Einstellung zu diesen Phänomenen ändern müssen, um sinnvoll weiterforschen zu können. Für die Einstellung der Wissenschaften ist in diesem Zusammenhang bezeichnend, dass nicht Physiker massiv vor den Folgen bestimmter großtechnologischer und umweltschädlicher Entwicklungen gewarnt haben, sondern dass wir mit großer Deutlichkeit erst von den Klimaforschern auf die bedenkliche Entwicklung in unserer Welt hingewiesen wurden. Die Ökologie als die Wissenschaft vom Leben in und mit der Natur führt nach wie vor eine Randexistenz im Schatten der Ökonomie. Es scheint so, dass die Wissenschaftler lieber auf den breiten Schultern von Newton und Einstein stehen wollen als etwa auf den schmalen und steilen Stufen des Heim'schen Theoriengebäudes. Aber das muss ja nicht so bleiben.

Resümee: Wir stehen am Anfang

In den vorhergehenden Abschnitten wurde aufgezeigt, dass sich angesichts der aktuellen Erkenntnisse der Wissenschaften die Umrisse eines neuen Welt- und Menschenbildes abzeichnen: Der Geist stellt eine eigene Dimension der Realität dar, kosmisch und allgemein wie die anderen Dimensionen Raum, Zeit und Materie. Wir Menschen nehmen diese Dimension immer stärker wahr, können sie in uns wachsen lassen und aus ihr ein erweitertes, reiferes Verständnis entwickeln für uns selbst, für unsere Mitmenschen, für die Natur und für eine Geistigkeit, die die unsere übersteigt. Dies könnte uns auch von unserer Anthropozentrik wegführen und zu einer Aussöhnung mit der Natur beitragen. Realistisch gesehen stehen wir in dieser Entwicklung noch am Anfang. Wir betreten für uns unbekanntes Terrain, es bedeutet in unseren Gesellschaften Pionierarbeit, sich mit diesem Thema zu beschäftigen und dabei voranzukommen, es sich anzueignen.

Zum Zweiten ist abzusehen, dass die Entwicklung des Geistigen in einem viel höheren Maß als eine innere Entwicklung stattfinden wird. Was wir brauchen, ist also eine Methode, eine Technik, die uns hilft, systematisch die in uns selbst liegenden Werkzeuge der Introspektion zu entwickeln.

Der Osten verwendet seit Jahrtausenden solche Techniken und hat es darin zu einer Meisterschaft gebracht. Was liegt näher, als uns mit den Methoden und Techniken auseinanderzusetzen, die immer schon dafür eingesetzt wurden und Millionen von Menschen in ihren Bann gezogen haben? Eine dieser Methoden ist der Yoga. Der Weg des Yoga, wie er seit alters von der indischen Tradition aufgezeigt wird, scheint in unserer Situation wie gerufen zu kommen. Die große Frage ist: Kann er uns nur, wie manche meinen, in die mythische Vergangenheit des alten Indien führen, oder ist er in der Lage, uns dabei zu helfen, in der integralen geistigen Zukunft anzukommen?

DRITTER TEIL
DIE WELT DES YOGA

Die Ankunft des Yoga im Westen

Yoga ist in unseren Ländern populär geworden, man kann sagen, Yoga ist ›in‹. Ihn umgibt zwar immer noch ein Hauch von Exotik und Räucherstäbchen, aber er ist endgültig bei uns angekommen, wie an den vielen Veranstaltungen zum Yoga und an der zunehmenden Medienpräsenz dieses Themas zu erkennen ist. Mit Yoga wird bei uns meist die körperorientierte Form des *Hatha-Yoga* verbunden, die sich im Westen großer Beliebtheit erfreut. Dabei ist im Ursprungsland des Yoga, in Indien, die klassische Form der Yoga der Meditation. Er ist seit Tausenden von Jahren integrierender Bestandteil der indischen Kultur. Und er ist viel mehr als eine Sammlung von Körperübungen oder Meditationstechniken, um die Menschen zu innerer Harmonie und körperlichem Wohlbefinden zu führen. Natürlich ist er auch das, aber darüber hinaus stellt er vor allem eine Methode zur Entwicklung, zur Befreiung und Emanzipation des Menschen von seinen existenziellen Nöten dar. Ziel der Yogapraxis ist es, dass die Menschen ihre individuellen Probleme sowie ihre Schwierigkeiten mit sozialen und gesellschaftlichen Institutionen verstehen, annehmen und auflösen lernen. Der Yoga hat mit dieser Zielsetzung eine ähnliche gesellschaftliche Funktion wie unsere Individual- und Sozialpsychologie, die – in unserer westlich-wissenschaftlichen Art – genau dies für uns leisten. Er tut dies jedoch immer mit dem Blick auf das Göttliche, mit dem ständig verbunden zu sein das eigentliche Ziel ist.

Yoga umspannt einen weiten geistigen Rahmen: konkrete Aussagen über den Aufbau und das Wirken der Natur – in uns und außerhalb von uns –, Konzepte zur Philosophie, insbesondere zu Ethik und Religionsphilosophie, Konzepte zur Psychologie und eher soziologische Konzepte der menschlichen Gesellschaft. Alle diese Vorstellungen basieren jedoch auf einer Ontologie oder Lehre von den Grundstrukturen der Wirklichkeit, die sich von der unseren grundlegend unterscheidet. Insbesondere die Unterscheidung von Geist und Materie ist völlig anders, als sie in unserer Kultur seit den griechischen Naturphilosophen überliefert ist. Die philosophische Seite des Yoga ist für uns nur schwer zugänglich. Die Texte wurden nicht in Form von systematischen Darstellungen niedergelegt, wie wir dies in unserer heutigen Kultur kennen, sondern es handelt sich meist um erzählende oder hymnisch anrufende Texte der indischen Seher, zu deren Verständnis man vieles vom mythologischen Hintergrund und von der Bedeutung der verwendeten Redewendungen wissen muss. Wenn wir vom klassischen Yoga sprechen, haben wir es also mit einem komplexen geistigen Gebilde zu tun, welches nur im Kontext seiner Herkunftskultur zu verstehen ist.

In Deutschland entstand das Bedürfnis nach einer systematischen Beschäftigung mit dem Yoga in der Zeit der Aufklärung und der frühen Romantik. Dieses Bedürfnis kam aus dem Geist der Aufklärung, andere Kulturen und Religionsvorstellungen kennenzulernen, um dem zu eng gewordenen Korsett des Christentums und der starren, absolutistischen Staatsform zu entfliehen. Die Suche nach der ›blauen Blume‹ der Romantik – in ihrer Naturmystik und ihrer Idealisierung des Ursprünglich-Edlen – bezog auch Indien mit ein.

Aus dieser Situation heraus ist die Begeisterung zu verstehen, die damals von deutschen Philosophen und Dichtern dem indischen Gedankengut entgegengebracht wurde. Vor allem die Bhagavad Gita, neben den *Yoga-Sutras* eines der grundlegenden Werke über den Yoga, erfreute sich großer Beliebtheit. Anfang des neunzehnten Jahrhunderts fertigte Ernst August Schlegel die erste deutsche Übersetzung aus dem Englischen an. In der Folge war sie Quelle der Faszination für viele deutsche Dichter und Denker. Wilhelm von Humboldt äußerte sich ganz überschwänglich über die Gita und bezeichnete sie als »... das schönste, ja vielleicht das einzig wahrhafte philosophische Gedicht, das alle uns bekannten Literaturen aufzuweisen haben«.[12] Johann Gottfried Herder, Joseph Görres und Friedrich Schlegel schlossen sich dieser sehr positiven Einschätzung an. Von den Philosophen waren es vor allem August Wilhelm Hegel und Friedrich W. J. Schelling, die sich früh mit den philosophischen Aspekten indischer Kultur, vor allem mit der Gita, auseinandersetzten. Hegel kam dabei zu einer zunehmend kritischen Einstellung zum Yoga – er versuchte, den Yoga in seine Bewusstseinsphilosophie einzugliedern, was scheitern musste. Er setzte die Ruhe im Denken, die im Yoga angestrebt wird, mit einem begriffsentleerten, toten Bewusstsein gleich, für ihn eine schreckliche Vorstellung. So beschrieb er in seinen *Berliner Schriften* sehr hellsichtig den Zustand, den man im Yoga anstrebt, die Losgelöstheit von allen äußeren Gegenständen sowie von allen inneren Empfindungen, konnte aber mit diesem Zustand überhaupt nichts anfangen: »Solcher Zustand ist uns aber durchaus ein Fremdartiges und Jenseitiges«,[13] stellte er kategorisch fest. Er schlug als Übersetzung für das Wort Yoga ›abstrakte Andacht‹ vor, maß ihr aber einen geringeren Rang zu als dem – wie er sagte – inhaltsvollen christlichen Gebet.

Schelling erreichte ein tieferes Verständnis des Yoga. Er behandelte den Yoga etwa dreißig Jahre nach Hegel, auf dessen Begriffen und Aussagen er aufbaute. Dabei schlug er einen neuen Begriff für Yoga vor, das Wort ›Innigkeit‹. Er erkannte, dass die Befreiung, die der Yogi anstrebt, keineswegs ein Akt der Selbstzerstörung ist, wie dies Hegel meinte, sondern eine Vereinigung mit Gott, bei der der Mensch sein Selbstsein bewahrt, indem er es Gott überantwortet.

Dennoch, die kritische Haltung, die Hegel – vor allem wegen der fehlenden Kenntnis der kulturellen Bezüge – gegenüber dem Yoga zum Ausdruck brachte, wirkte sich über das ganze neunzehnte Jahrhundert negativ für dessen Rezeption in Europa aus. Erst mit dem Heraufkommen des Historismus in Deutschland – gegen Ende des neunzehnten Jahrhunderts – setzte die Beschäftigung mit indischer Kultur und Philosophie neu ein und fand ihren Höhepunkt im Werk des Indologen und Philosophen Paul Deussen. Er sah es als seine Lebensaufgabe an, die indische Philosophie der europäischen gegenüberzustellen. Mit seiner *Allgemeinen Geschichte der Philosophie* schuf er ein bahnbrechendes Werk des interkulturellen Vergleichs. Zudem übertrug er viele der historischen Werke der indischen Literatur ins Deutsche. Er gewann eine positive Einstellung zum Yoga und stellte vorsichtig, aber weitsichtig formulierend fest, dass »bis jetzt in keiner Weise vorauszusehen ist, ob und inwieweit nicht ein vollständiges und zureichendes Bekanntwerden indischer Weisheit in dem religiösen und philosophischen Denken des Abendlandes nach und nach eine nicht so sehr die Oberfläche, wie gerade die letzten Tiefen berührende Umwälzung zur Folge haben wird«.[14]

Einen Durchbruch für den Yoga im Westen schaffte schließlich Swami Vivekananda mit seiner berühmten Rede, als er 1893 in den USA vor dem Weltparlament den Yoga einem großen Forum der westlichen Welt vorstellte. Vivekananda reiste anschließend viel durch die USA und Europa und verbreitete in seiner mitreißenden Art das Gedankengut des Yoga. Er traf sich auch mehrfach mit Deussen und bezeichnete ihn als den größten lebenden deutschen Philosophen. Deussens Werk war für Vivekananda eine wichtige Wissensbasis, um den Yoga so präsentieren zu können, dass er im Westen verstanden wurde.

Vivekananda sah sich aber weniger als Schulgründer. Er bemühte sich darum, eine Brücke vom Yoga zur westlichen Kultur zu schlagen, indem er das *Pranayama* des Yoga – in dem es um die Übung der Regulierung des Atems geht – zu den Naturwissenschaften in Bezug setzte und beides, den Yoga und die Naturwissenschaften, als zwei Seiten derselben Sache bezeichnete, nämlich die verschiedenen Formen der Energie zu beherrschen. Als Nächster kam Paramahansa Yogananda 1920 in die USA. Er sollte im Westen die Botschaft des *Kriya-Yoga* – ebenfalls eine meditative Form des Yoga – verbreiten. Alle diese Aktivitäten hatten zunächst keine weitreichenden Folgen. Das Konzept des Yoga, den Menschen wahrhaft geistig zu befreien, wurde zwar mit großer Begeisterung aufgenommen, aber die Distanz zur westlichen Kultur war zu groß.

Während in der ersten Phase der Beschäftigung mit dem Yoga die Philosophie im Vordergrund stand, wurde nach dem Ersten Weltkrieg in Europa die Beschäftigung mit dem Yoga unter neuen Gesichtspunkten wieder aufgenommen, vor allem aus dem Geist der Psychologie heraus. Mit dem Zusammenbruch der alten Gesellschaftsordnungen war eine neuromantische Abwendung von den tradierten gesellschaftlichen Formen festzustellen, die in Jugendbewegung, Lebensreform, Esoterik und okkulten Praktiken ihren Ausdruck suchte und fand. Die großen Umwälzungen im und nach dem Krieg führten auch zu einem Umbruch in der Psychologie: Die Ausformung von Sigmund Freuds Psychoanalyse – wiewohl bereits vor dem Krieg begonnen – fällt in diese Zeit, ebenso wie die Tiefenpsychologie C. G. Jungs. Auch die Entwicklung von Psychotechniken wie dem Autogenen Training mag dazu zählen, dessen Anfänge von Heinrich Schultz, dem Begründer des Autogenen Trainings, auf die Zeit unmittelbar vor dem Ersten Weltkrieg datiert werden. Vor allem C. G. Jung und H. Schultz setzten sich ganz intensiv mit dem Yoga auseinander und entdeckten viele Gemeinsamkeiten mit ihren eigenen Ansätzen.

Freud war areligiös und sah in den Praktiken des Yoga Regressionsvorgänge in frühkindliche Zustände und Fluchtversuche vor der Realität. In seinem Buch *Das Unbehagen in der Kultur* nahm er zu der Frage Stellung, die in einem Brief an ihn gestellt wurde, ob das ozeanische Gefühl, welches bei Meditationen erfahren werden könne, nicht die eigentliche Quelle aller Religiosität sei. Er verneinte dies; für ihn sei als Basis für die religiösen Bedürfnisse »die Ableitung von der infantilen Hilflosigkeit und der durch sie geweckten Vatersehnsucht unabweisbar«. Und das ›ozeanische Gefühl‹, das er in sich selbst nicht entdecken konnte, verlegte er in den Bereich der psychischen Pathologie und der Verliebtheit.

C. G. Jung fand eine ungleich positivere Einstellung zum Yoga. Er bekannte sich dazu, dass das Hauptinteresse seiner psychologischen Arbeit nicht in der Behandlung von Neurosen liege, sondern in der Annäherung an das Numinose. In einer Zeit der persönlichen Krise hatte er selbst Yoga praktiziert – allerdings nur zu dem Zweck, sein Inneres zu beruhigen und seine Emotionen zu dämpfen – und sich intensiv mit indischer Kultur und Philosophie auseinandergesetzt. Er hielt Vorlesungen zu Yogaphilosophie und Buddhismus und beteiligte sich am intensiven geistigen Austausch zum Thema Yoga, der in den Dreißigerjahren des zwanzigsten Jahrhunderts vor allem auf den sogenannten Eranos-Tagungen in der Schweiz stattfand. Auf diesen Tagungen zeigte sich erstmals eine Einstellung zu indischer Kultur und Philosophie, die nicht vom westlichen Überlegenheitsgefühl fremden Kulturen gegenüber geprägt und dafür offen war, die fremdartige Praxis auch selbst anzuwenden. Jung selbst hatte Indien bereist, fand aber die indische Lebensweise und insbesondere die Form, in der der Yoga dort praktiziert wurde, zu fremdartig, als dass er sich vorstellen konnte, der geistige Yoga sei für den Europäer geeignet. Im Jahr 1943 äußerte er sich dazu in einem Aufsatz: »Ja, wer es fertigbrächte, in jeder Hinsicht auf Europa zu verzichten und wirklich auch nichts anderes zu sein als ein Yogin mit allen ethischen und praktischen Konsequenzen, und im Lotussitz auf dem Gazellenfell unter einem staubigen Banyanbaum dahinzuschwinden und seine Tage in namenlosem Nichtsein zu beschließen, einem solchen würde ich es zugestehen müssen, dass er den Yoga auf Indisch verstanden hat.«[15]

Seine Haltung zum Yoga blieb zeitlebens gespalten. Er sah die Auseinandersetzung mit indischer Philosophie und dem Yoga als ungemein bereichernd an, da hier geistige Erfahrungsbereiche mit einer Klarheit angesprochen werden, die in der westlichen Kultur nicht zu finden ist. Allerdings war er der Ansicht, dass die Yogapraxis nicht für den Europäer – mit seinem Lebensumfeld, seiner aktiven, ichzentrierten Lebenseinstellung – geeignet sei. Er entwickelte anstelle dessen die sogenannte ›aktive Imagination‹, in der das eigene Unterbewusstsein dem Imaginierenden diejenigen Bilder und Vorstellungsinhalte anbietet, die sich ihm enthüllen wollen. Nicht ein vollständiges Sich-Leermachen, sondern ein aktives Sich-Öffnen zum Unterbewussten soll eine Klärung innerer Widersprüche und Komplexitäten herbeiführen.

Die Einstellung der zwei großen Psychologen des frühen zwanzigsten Jahrhunderts dem Yoga gegenüber war mit prägend für seine Rezeption im Westen in der ersten Jahrhunderthälfte – der Zugang westlicher Menschen zum Yoga blieb auf einen kleinen Kreis von Insidern beschränkt.

Erst in den Fünfzigerjahren fand der Yoga in die breite Öffentlichkeit. Durch Indienreisende, die eigene Yogaerfahrungen im Zusammensein mit großen Yogis machen konnten – wie etwa Paul Brunton oder Richard Hittleman mit Ramana Maharshi oder Indra Devi und B. K. S. Iyengar mit Krishnamacharya, oder Walt and Magana Baptiste mit Yogananda –, wurde die Distanz westlicher Menschen zum Yoga verringert. In den USA und in Europa wurden die ersten Yogaschulen gegründet, vor allem solche, die sich mit der Vermittlung des *Hatha-Yoga*, des körperorientierten Yoga, beschäftigten. Die Zahl der Interessierten und Praktizierenden nahm kontinuierlich zu. In den USA schätzt man, dass heute allein etwa vier Millionen Menschen das System der Transzendentalen Meditation (›TM‹ – eine westliche Form des *Mantra-Yoga*, also eine Meditation über eine Silbe oder ein Wort) praktizieren. Wie die Studie der Universität Hohenheim aus dem Jahr 2006 zum ›Sinn des Lebens‹ zeigt, sind es in Deutschland allein in der Altersgruppe zwischen vierzig und fünfzig Jahren zehn Prozent der Bevölkerung, die Yoga praktizieren. Das macht in dieser Gruppe fast eine Million Menschen aus. Nach einer vom Magazin Focus 2007 in Auftrag gegebenen Umfrage praktizieren in Deutschland 2,5 Millionen Menschen den Yoga regelmäßig. Wenn in diesem Zusammenhang von Yoga gesprochen wird, ist vor allem wiederum der *Hatha-Yoga* gemeint. Er wird vor allem wegen seiner gesundheitsfördernden Wirkungen geschätzt und von öffentlichen Institutionen wie den Volkshochschulen, aber auch von vielen privaten Gruppen angeboten.

Yoga heute

Die Übertragung des Yoga in den Westen – in ein anderes kulturelles Umfeld – brachte auch Yogaformen hervor, die mit den klassischen Zielen des Einswerdens mit dem göttlichen Selbst und der damit verbundenen Charakterarbeit nicht mehr viel gemeinsam hatten und die körperliche Fitness in den Mittelpunkt der Bemühungen stellten. Die indischen Yogis, die den Yoga im Westen verbreiten wollten, sahen dagegen im Yoga vor allem die Chance einer ›Spiritualisierung‹ des Westens und seiner materialistischen Kultur. Ihr Befund ist sicher zutreffend, dass unsere Kultur einer stärkeren Orientierung hin zur Seelenpflege und zur Suche nach inneren Werten bedarf.

Im ›modernen Yoga‹ liegt der Schwerpunkt in der Praxis des Yoga, die meist körperbezogen und nur in geringerem Umfang meditativ ist. Angesichts der vielfach bestätigten und erfahrenen positiven Auswirkungen der Übungspraxis betrachtet man Yoga als individuelle Bereicherung oder als Beitrag zur persönlichen Entwicklung, ein Bezug zu religiösen oder weltanschaulichen Überzeugungen wird kaum hergestellt.

Die Yogapraxis ist – schon wegen der Vielzahl der existierenden Schulen – durch ein hohes Maß an Gestaltungsfreiheit gekennzeichnet. Die Anwendungsregeln werden eher als technisch gesehen – ohne verpflichtenden Charakter. Die Praxis des Yoga zeichnet sich durch eine empirische Vorgehensweise aus, sein philosophischer Hintergrund bleibt meist unberücksichtigt. Methoden zur geistigen Reinigung, zum Loslassen, wie sie bei fast allen Yogarichtungen praktiziert werden, werden vor allem hinsichtlich ihrer gesundheitsfördernden, weniger mit Bezug auf ihre geistigen Wirkungen eingeordnet. Hinsichtlich der Wirkungen des Yoga auf Körper und Geist wird ein ganzheitlicher Ansatz angewendet, wie er auch in den Konzepten der Salutogenese oder der Psychosomatik zu finden ist.

Man kann also durchaus vom Aufblühen einer Yogakultur im Westen sprechen – mit dem Schwerpunkt auf den eher körperorientierten Yogaformen. Dies ist naheliegend, da hier eine geringere Distanz zur indischen Ursprungskultur des Yoga besteht als in den eher geistigen Formen des Yoga. Die stärkenden wie die entspannenden Wirkungen der Yogaübungen sind tatsächlich unabhängig von dem Weltbild, aus dem heraus diese Übungen geschaffen wurden.

Yogaschulen und -richtungen

Der westliche Sprachgebrauch fasst die körperbetonten Yogapraktiken unter dem Oberbegriff *Hatha-Yoga* zusammen. In den Schulen, die den klassischen *Hatha-Yoga* lehren und die meist nach ihrem Gründer beziehungsweise dem Begründer der Yogamethode benannt werden – also etwa die Richtungen des *Iyengar-Yoga*, des *Sivavananda-Yoga*, der von Devananda, Sivavanandas Schüler, begründet wurde, oder des *Yesudian-Yoga* –, wird der Bezug hergestellt zu den eigentlichen Zielen auch des *Hatha-Yoga*, nämlich der Befreiung des Menschen von seiner seelischen Last und der Verwirklichung des Selbst. Traditionell gilt der *Hatha-Yoga* auch als eine Hinführung zum *Raja-Yoga*, dem Yoga der Meditation. Eine Synthese und Weiterentwicklung der klassischen Yogaausprägungen – unter Einbeziehung des geistigen Yoga – findet etwa im Integralen Yoga statt, das von Aurobindo begründet wurde.

Über die Schulen des klassischen *Hatha-Yoga* hinaus werden im Zuge des Fitness- und Wellnesstrends immer wieder »neue« Yogaarten kreiert, die meist die körperliche Seite des Yoga betonen. Um nur einige Beispiele aufzuzählen: Der *Kundalini-Yoga* beispielsweise setzt den Schwerpunkt auf die Erweckung und Lenkung der Kundalini-Energie, indem die Energie des Basischakras (des Energiezentrums im Bereich des unteren Endes der Wirbelsäule) aktiviert wird. Weitere Formen sind der Lachyoga, der Yoga des grundlosen Lachens, oder der Poweryoga, der bei hohen Temperaturen geübt wird, um besondere körperliche Fitness zu erlangen.

Yoga und Gesundheit

In vielen Studien konnte gezeigt werden, dass Yoga positive harmonisierende Effekte sowohl auf die physische als auch auf die psychische Gesundheit hat. Mit seinen Bewegungs-, Atem-, Entspannungs- und Meditationsübungen stellt der Yoga ein umfassendes und ganzheitliches Konzept der Gesundheitsförderung und Therapie dar. Wegen dieses breiten Anwendungsspektrums wird der Yoga nicht symptomorientiert, sondern ganzheitlich – bezogen auf den ganzen Menschen und seine geistigen und körperlichen Gesundheitsressourcen – eingesetzt. Dies macht den konkreten Nachweis von eindeutig zuordenbaren Heilungserfolgen schwierig. Elemente des Yoga werden häufig auch als Ergänzung von medizinischen Therapien eingesetzt. Man kann durchaus davon sprechen, dass sich der Einsatz des Yoga im medizinischen Bereich noch in einem experimentellen Stadium befindet. Mindestens lässt sich aus den Ergebnissen der vorliegenden Studien ein klarer Trend erkennen, der immer mehr Therapeuten und Forscher dazu bringt, sich mit dem Yoga als therapeutischem Instrument auseinanderzusetzen.

Yoga kann zu einer Besserung bei den unterschiedlichsten Krankheitsbildern führen. Durch seine beruhigende, ausgleichende Wirkung kann er den Folgeerscheinungen von Stress oder nervösen Beschwerden, aber auch Schlafstörungen entgegenwirken. In dieser Funktion wurde der Yogameditation in einer umfassend angelegten Studie aus dem Jahr 1994 (Grawe et al., *Psychotherapie im Wandel*) eine größere Wirksamkeit attestiert als den vergleichbaren Methoden des Biofeedback, der Progressiven Muskelrelaxation, der Hypnose oder dem Autogenen Training. Bei einer jüngst an Studenten in den USA durchgeführten Studie, die im International Journal of Psychophysiology (Band 71, 2009) veröffentlicht wurde, wurde aufgezeigt, dass Studenten nach einem zehnwöchigen Meditationstraining Belastungen durch Prüfungssituationen besser standhalten konnten als Studenten der Vergleichsgruppe.

Meditations- und Atemübungen haben nachweislich positive Wirkungen auf das Herz-Kreislauf-System. Yogameditation konnte bei Bluthochdruckpatienten erfolgreich zum Senken des zu hohen Blutdrucks eingesetzt werden. Dies wurde in zwölf Studien an der Yale-Universität ermittelt. Bei Migränepatienten konnten durch Meditationsübungen – ergänzt durch Haltungs- und Entspannungsübungen – gute Wirkungen erzielt werden. Hier erwies sich vor allem die entspannende Wirkung der Meditation als positiv. In einer Studie der Universität Graz wurde konkret die therapeutische Wirksamkeit des Yoga bei Asthma nachgewiesen. Es gibt sogar Forschungsergebnisse, die auf eine positive Wirkung des Yoga auf das Immunsystem hindeuten. Probanden, die sich einem achtwöchigen Meditationstraining unterzogen, zeigten bei der anschließend durchgeführten Impfung signifikant stärkere Immunreaktionen als die Vergleichsgruppe.

Bei den *Asanas* (den Körperhaltungen des Yoga) werden Kraft, Flexibilität, Gleichgewichtssinn und Muskelausdauer trainiert. So kommt es durch die Aktivierung der Muskeln, Sehnen und Blutgefäße zu einer verbesserten Durchblutung. Die Rückenmuskulatur wird gestärkt, was zu einer verbesserten Körperhaltung führt.

Entsprechend konnten bei Rückenproblemen und Gelenksbeschwerden gute Therapieerfolge erzielt werden. Die fehlerhafte Ausführung von Übungen oder die Ausführung von nicht dem Gesundheitszustand angepassten Übungen können in diesem Zusammenhang allerdings schaden. Deshalb sollte Yoga besonders im therapeutischen Kontext nicht nach Büchern, sondern unter qualifizierter Anleitung erlernt und praktiziert werden. Es gibt auch Gegenanzeigen: bei akuten Erkrankungen oder bei schwerwiegenden Rückenproblemen sollte auf das Praktizieren von Körperübungen verzichtet werden.

Der Nutzen von Yoga bei Krankheit oder zur Erhaltung der Gesundheit wird unterschiedlich bewertet. In Deutschland werden Kosten für Yogakurse von vielen Krankenkassen vor allem im Rahmen des Präventionsprinzips zur Vermeidung spezifischer Risiken und stressabhängiger Krankheiten erstattet. Der gesundheitsfördernde Aspekt wird in den verschiedenen Yogarichtungen unterschiedlich stark betont. Zum Teil sieht man ihn lediglich als eine Begleiterscheinung, manchmal steht er im Zentrum der Herangehensweise.

In den letzten Jahren ist zu beobachten, dass die meditativen Formen des Yoga in den Vordergrund treten, dies zuallererst aus einem spirituellen Bedürfnis heraus, aber auch aus einem steigenden Gesundheitsbewusstsein – der Wert der Meditation für innere Ausgeglichenheit und Harmonie wird immer mehr erkannt – sowie aus einem neu entstandenen geistigen und wissenschaftlichen Interesse. Dies wird nicht zuletzt durch die zunehmende Beschäftigung von Neurowissenschaften und Psychologie mit Meditation dokumentiert.

In den Versuchen mit Meditierenden zeigte sich, dass in der Meditation spezielle Gehirnareale angesprochen werden – es werden die Bereiche des Gehirns, die für Ausgeglichenheit und eine positive Grundstimmung sorgen, deutlich angeregt – und besondere geistige Fähigkeiten trainiert werden. Ulrich Ott, Psychologe und Neurowissenschaftler mit langjähriger Meditationserfahrung, erklärt dies in einem Beitrag in SZ WISSEN 13/2007 damit, dass Meditierende lernen, ihre automatischen Reaktionen auf Sinneseindrücke wahrzunehmen und in bewusste Reaktionen umzuwandeln. Sie üben sich darin, einen Schritt zwischen den Eindruck und ihre Reaktion darauf zu setzen. Dies kann im täglichen Leben dazu genutzt werden, das eigene – oft unangemessene – Verhalten in bestimmten Situationen, auch gegenüber Mitmenschen, zu reflektieren und positiver zu gestalten.

In Studien an Menschen mit langjähriger Meditationserfahrung haben die Neurowissenschaften herausgefunden, dass die Gehirnfunktionen nicht nur während der Meditation positiv beeinflusst werden, sondern dass die dabei erzielten Wirkungen bei dauerhafter Praxis auch außerhalb der Meditation anhalten. Die Befunde lassen den Schluss zu, dass regelmäßiges Meditieren die Architektur des Gehirns verändert. Die Zentren, die in der Meditation angesprochen werden, also diejenigen für Aufmerksamkeit, für Sinnesverarbeitung und für die Emotionsregulierung, zeigten sich bei der Gruppe der langjährig Meditierenden stark vergrößert. Der altersbedingte Abbau von Gehirnsubstanz erscheint zudem geringer als bei Vergleichsgruppen.

Mittlerweile gerät auch die Philosophie des Yoga in den Fokus von immer mehr Menschen. Die Zahl der Sinnsucher im Westen nimmt zu – laut der oben zitierten Studie der Universität Hohenheim sind es allein in Deutschland etwa zehn bis fünfzehn Prozent der mittleren Altersgruppen. Damit steigt auch das Interesse an den geistigen Formen des Yoga. Wenn die Entwicklung des Yoga im Westen nicht bei der derzeitigen Fitness- und Wellness-Welle stehen bleiben soll, sind also Formen der Vermittlung nötig, die das Konzept des klassischen, geistigen Yoga als Methode zur Selbstfindung und zur Förderung der seelischen und geistigen Entwicklung aufnehmen.

Denn so wie die Psychoanalyse Sigmund Freuds und die Tiefenpsychologie C. G. Jungs mit der Entdeckung des Unbewussten dem westlichen Menschen ein tieferes Verständnis des Yoga ermöglichten – das Unbewusste spielt auch im klassischen Yoga eine bedeutende Rolle als diejenige Instanz, die für unsere psychische Befindlichkeit, aber auch für unsere Entscheidungen verantwortlich ist –, so sind es heute die neuen wissenschaftlichen Entdeckungen, vor allem in der Quantenphysik, in der Biologie, in den Neurowissenschaften, in der Psychologie, die uns einen weiteren, grundlegenden Aspekt des Yoga erschließen können: das Verständnis von Geist und Materie. Und während unsere westliche Wissenschaft diese Themen in der objektivierenden Außensicht erschließt, wendet sich der Yoga denselben Themen aus der Innensicht der eigenen Erfahrung zu.

Man kann durchaus davon sprechen, dass es auf diese Weise zu einer Annäherung der dem Yoga zugrunde liegenden Philosophie mit westlicher Wissenschaft kommt. Damit ist erstmals die Möglichkeit eröffnet, den geistigen Yoga für den Westen vollends zu erschließen. Dieser Möglichkeit soll im Folgenden nachgegangen werden.

Die Philosophie des Yoga

Das geistige Gebäude des Yoga – eines der tragenden Fundamente indischer Kultur – erschließt sich unserer westlichen Weltsicht nur bruchstückhaft und mit einer gewissen Ambivalenz. Wir sind fasziniert von der Ausstrahlung, die von großen Yogis ausgeht, und bewundern die Gelassenheit und Ausgeglichenheit indischer Menschen. Wir sind jedoch verstört, wenn wir den Schattenseiten indischer Kultur begegnen, der verbreiteten Armut, dem Analphabetismus großer Bevölkerungsgruppen und vielem mehr.

Dies mag paradox erscheinen, ist es jedoch weniger, wenn man berücksichtigt, dass der Yoga aus einer anderen Welt kommt, aus der des alten Indien. Aus dieser Zeit ragen bis in unsere Gegenwart vor allem die heiligen Schriften herein, die Veden, die Upanischaden, die Bhagavad Gita, die *Yoga-Sutras*. Indische Philosophie hat zu allen Zeiten die Gesamtheit menschlicher Existenz in ihrem Bezug auf das Göttliche definiert. Das Materielle hat in der indischen Kultur immer eine vergleichsweise geringe Rolle gespielt. Dies rechtfertigt zwar nicht die aktuellen sozialen Missstände, macht sie aber eher verständlich.

Die antike Kultur des Westens ist im Vergleich dazu profan. Westliche Philosophie hat sich schon sehr früh vor allem den materiellen Erscheinungen der Natur zugewandt. Dies kommt nachdrücklich bereits in den philosophischen Anfängen bei den ionischen Naturphilosophen zum Ausdruck. Diese der diesseitigen, materiellen Welt zugewandte Tradition der westlichen Kultur ist bis heute ungebrochen. Unser philosophisches Denken ist immer mehr um die gegenständlichen Phänomene gekreist und hat diese bis ins Kleinste erforscht und zu beherrschen gelernt. Da die Beschäftigung mit diesen Phänomenen mithilfe der Vernunft und der analysierenden Logik einen ungeheuren materiellen und technischen Fortschritt mit sich brachte, verstärkte sich dieser Trend in unserer westlichen Kultur immer mehr.

Im Unterschied zu unserem neuzeitlichen westlichen, anthropozentrischen und materialistischen Weltbild kann das indische Weltbild, auf dem der Yoga aufsetzt, als *theozentrisch* bezeichnet werden. Theozentrisch bedeutet, dass alles vom Göttlichen her gedacht wird und dass der gesamte Weltablauf wie der Ablauf des menschlichen Lebens als vom Göttlichen bestimmt angesehen wird. Gott gilt als das Absolute, Höchste, Wirkliche – da Unveränderliche. Gott ist das höchste Geistige, aber nicht Denk- oder Benennbare, dennoch im eigenen Inneren Erfahrbare. Daraus ergeben sich deutlich andere geistige Koordinaten, als wir sie in unserer Kultur kennen. Das Göttliche ist Ausgangspunkt und steht im Zentrum jeder Realitätsbetrachtung. Als real wird nicht das angesehen, was wir mit den Sinnen erfassen, sondern das, was göttlich und deshalb unveränderlich ist. Dieses höchste Geistige ist zudem ewig, und deshalb kommt ihm allein Wirklichkeit zu. Das Wort Verwirklichung, das Ziel yogischen Strebens, bekommt aus dieser Sicht eine völlig andere Bedeutung, als wir ihm in unserer Kultur zuschreiben. Verwirklichung heißt für den Yoga, in den Zustand des Göttlichen einzutreten. Das bedeutet, gleichzeitig höchster Seinserfahrung, höchster Erkenntnis und größter Glückseligkeit teilhaftig zu werden (*Sat-Chit-Ananda* in der Terminologie des Yoga).

Das Göttliche ist nicht nur oberstes Prinzip, alle Manifestationen des Kosmos haben an ihm teil. Das ist buchstäblich zu nehmen. Indische Philosophie und Religion gehen davon aus, dass alle Wesen der Schöpfung Teil des Göttlichen sind. Und dieser geistige, göttliche Kern aller Wesen ist ebenfalls real und unveränderlich. Verwirklichung heißt somit – auf den Menschen bezogen – den eigenen göttlichen Kern zu leben. Diese Verwirklichung setzt jedoch voraus, dass dieser göttliche Kern in uns zuerst bewusst gemacht und freigelegt wird. Die Arbeit daran ist Gegenstand des Yogawegs. Ziel des Yoga ist es, das Göttliche unverstellt im eigenen Innen zu erfahren.

Die materiellen Manifestationen des Kosmos – dazu zählt auch unser Körper – sind demgegenüber ständigen Änderungen unterworfen, sie haben nur ein geringeres Maß an Realität. In der wichtigen philosophischen Schule des Vedanta wird sogar ein Monismus des Göttlichen vertreten – nur das Göttliche ist real und existiert wirklich. Alles andere ist Illusion *(Maya)*.

Obwohl Gott eine so zentrale Stellung in der indischen Philosophie hat, versucht sie nicht, Gott logisch, mit den Mitteln der Vernunft, zu beschreiben oder zu definieren. Definieren heißt ja schon von der Bedeutung des Wortes her ein- beziehungsweise ausgrenzen – ein derartiges Vorgehen verbietet sich der streng logisch aufgebauten indischen Philosophie von vornherein. Sie entwickelte sehr früh – also lange vor der Zeitenwende – den sehr reifen Gedanken, dass jede Definition, jeder Versuch, sich eine Vorstellung von Gott zu machen, eine unzulässige Verengung und Einschränkung des Wesens des Göttlichen wäre. Indische Philosophie verzichtet also darauf, das Göttliche bestimmen oder definieren zu wollen – sie versucht lediglich, sich dem Göttlichen durch Negativsetzung anzunähern, also durch Aufzählung und Beschreibung all dessen, was Gott nicht ist (*Neti, Neti* – nicht dies, nicht jenes). Darin ähnelt sie der bei uns in den letzten Jahren wieder aktuell gewordenen negativen Theologie, die Ähnliches im Raum des Christentums unternimmt. Meister Eckehart war ein Meister dieser negativen Theologie. In einer seiner Predigten legte er dar, dass man sich keine Vorstellung vom Göttlichen machen könne: »Das verborgene Dunkel der ewigen Gottheit ist unerkannt und ward nie erkannt und wird nie erkannt werden.«[16] Der Gott indischer Philosophie steht also jenseits jeglicher Personalisierung. Das Göttliche wird allerdings als erfahrbar angenommen, da jeder Mensch Anteil am Göttlichen hat. Der Ort der Erfahrung liegt in uns, genauer, in unserem Herzen.

Die Annahme einer je eigenen Gotteserfahrung für alle Menschen ist die zentrale Botschaft des Yoga. Mit dieser Vorstellung stimmt der Yoga mit den meisten mystischen Traditionen überein. Für den Hindu gehört die Beziehung zu Gott zu seiner Alltagswirklichkeit, sie ist immer eine gefühlte, sein Heilsziel ist ein individuelles; seine persönliche Form der Annäherung an dieses Ziel entspricht seinem persönlichen Lebenszuschnitt.

Da der Ort der Gotteserfahrung in uns liegt, nähert sich die indische Philosophie Gott auf dem Weg der eigenen Erfahrung, in der Form der liebenden Verehrung *(Bhakti)*. Während sich die westliche Philosophie dem Transzendenten über die Erforschung der weltlichen Phänomene und mit den Mitteln der Logik und der Spekulation annähert, geht die indische Philosophie direkt auf das zu, womit allein Wirklichkeit erlangt werden kann, das reine Bewusstsein, das sich aus dem inneren Zustand ergibt. Die verschiedenen Formen des Yoga sind im Grunde Versuche, im menschlichen Bewusstsein – welches weiter gefasst ist als bloße intellektuelle Reflexion – den unmittelbaren Kontakt mit dieser inneren, höheren Wirklichkeit herzustellen. Hier zeigt sich zugleich ein Unterschied zur westlichen Philosophie, die sich mit einer Vielzahl von Wissensgebieten und Objekten beschäftigt und auf dem Weg begrifflichen Objektivierens die Wirklichkeit sucht.

Ein Problem für uns westliche Menschen ist demgegenüber, dass wir vielfach gar nicht mehr in einem Gottesbezug leben und unsere Moral und Lebenseinstellung aus Psychologie und Philosophie beziehen. Für uns ist dieser Gottesbezug – sofern vorhanden –, in den meisten Fällen nicht ein individueller, sondern einer, der durch Geschichte und Organisation der Kirchen, durch Schriften und Lehraussagen bestimmt wird.

Die Universalität indischer Gottesvorstellung führt zu großer Toleranz anderen Religionen gegenüber. Da es nur einen Gott gibt und dieser Gott sich jeder Definition entzieht – und da wir alle Anteil an diesem Gott haben –, verzichtet man von vornherein darauf, eine Gottesvorstellung zu bewerten. Dieser Einstellung würde es absurd erscheinen, irgendeine Gottesvorstellung oder Religion einer anderen als überlegen anzusehen.

Indische Philosophie – wie auch der Yoga und indische Spiritualität ganz allgemein – ist bei aller Orientierung am Göttlichen ausgesprochen lebenspraktisch ausgerichtet. Die spirituellen Lehren, die zahlreichen Formen des Yoga, stellen eine Anleitung dafür dar, wie das Einssein mit dem Göttlichen in der individuellen Lebenswirklichkeit und Lebenszeit erreicht werden kann. Dieses Einssein findet in der eigenen Gotteserfahrung statt, die jedem Menschen nach dem Maß seiner geistig-spirituellen Entwicklung zugänglich ist. Bei den Übungen des Yoga geht es deshalb darum, den eigenen inneren Zustand so zu verfeinern, dass aus dem inneren Zustand heraus die Wahrnehmung ›höherer‹ Bewusstseinsformen möglich wird. Das ›Höhere‹ des Bewusstseins drückt sich jedoch nicht darin aus, dass unglaubliche oder sensationelle Erkenntnisse oder Erleuchtungen erzielt würden, sondern dass das, was unserer normalen Wahrnehmung unterliegt, also das Alltägliche, auf einer ›höheren‹ Ebene wahrgenommen werden kann, losgelöst von den eigenen Interessen und Gefühlslagen. Die Art der Erfahrung ergibt sich also logisch aus dem inneren Zustand. Intellektuelles Wissen hat im Vergleich zur Erfahrung den geringeren Rang. Nur Erkenntnis aus eigener Erfahrung zählt als Maßstab für Philosophie wie für Spiritualität. Dem steht nicht entgegen, dass *Jnana-Yoga*, der Yoga der Erkenntnis, eine der vier Hauptrichtungen des Yoga darstellt.

Das Erreichen des spirituell höheren Zustands wird durch die Einübung und Befolgung der yogischen Regeln gefördert. Diese Regeln sind jedoch nicht nur Regeln des Tuns, sondern vor allem Regeln über das Wie des Tuns und über das eigene Verhalten: Zu diesen Regeln – in der Terminologie des Tugendkatalogs der positiven Psychologie könnte man es Charakterstärken nennen – gehört die Übung von Mäßigung, Harmonie, Ausgewogenheit, Geduld, Gehorsam in der Form des Hörens auf die innere Stimme, die Haltung des liebenden Annehmens und einiges mehr. Es gibt daher keinen Automatismus in dem Sinn, dass das Befolgen der Übungen und Regeln den angestrebten inneren Zustand zwangsläufig herbeiführt. Die eigene innere Einstellung ist dabei ganz wichtig. Und der ›Erfolg‹ des Bemühens hat immer einen starken Aspekt göttlicher Gnade. Hier ist auch ein Unterschied zwischen den religiösen Systemen etwa des Christentums und dem Yoga zu sehen. Während der Yoga sein Ziel durch ständiges Üben der eigenen inneren Erfahrung anstrebt und versucht, diese Erfahrung im Hier und Jetzt in einen dauerhaften Zustand überzuführen – man könnte dies dann den Zustand der ›Erleuchtung‹ nennen –, strebt der Christ in seiner Religionsausübung die Gnadennähe Christi an und denkt die Erlösung als etwas, das erst bei seinem Tod eintritt.

Prinzipien indischer Welterkundung

Wie bereits angedeutet, liegt der indischen Philosphie wie dem Yoga eine andere Ontologie zugrunde, als wir sie kennen. Real, da unveränderlich, ist das Geistige, während die Materie ständiger Änderung unterliegt und daher den Charakter des Scheinbaren hat *(Maya)*. Alles, was sich im Kosmos manifestiert, ist aus dem Geist entstanden, sei es Materie, die sich aus der energetisch-geistigen Form der Urmaterie *(Prakriti)* manifestiert hat, seien es unsere menschlichen Schöpfungen, die aus unserem eigenen Geist geboren werden.

Im Yoga wie in aller indischen Philosophie liegt also der Primat auf dem Geistigen – in den Vorstellungen über den Kosmos und seine Entwicklung wie in den Vorstellungen über die persönliche und die kulturelle Entwicklung. Dabei hat dieses Geistige in seiner Struktur durchaus Ähnlichkeiten mit den aristotelischen Prinzipien und kennt eine formale, eine energetische und eine finale Ebene. Das Geistige wird auch nie abstrakt gesehen, sondern immer im Kontext des Wesens betrachtet, bei dem es anzutreffen ist. Es wird also immer die Gesamtheit einer Manifestation erfasst, zu der auch ihr geistiger Ursprung gehört. Die Konzepte des Geistigen wurden vor sehr langer Zeit in der Selbstbeobachtung der indischen Seher gewonnen. Wie wir in den Ausführungen zur Yogaphilosophie des *Samkhya* sehen werden, wird auch die kosmische Entwicklung aus der menschlichen Entwicklung – über sehr lange Zeiträume gesehen – abgeleitet. In einem zyklischen Ablauf entspringt der Kosmos – wie der Mensch – seiner geistigen Idee und manifestiert sich in einer mehrstufigen Evolution schließlich als materiell-geistige Wesenheit, um in Umkehrung der Evolution über mehrere Stufen wieder zu seinem Ursprungszustand zurückzukehren. Diese Verursachung aller Entwicklung aus dem Geistigen macht das indische Weltbild sehr modern, da wir in unserer westlichen Wissenschaft gerade beginnen, das Geistige als Grundbestandteil und Ausgangspunkt des Kosmos anzuerkennen. Auf der Ebene der Grundbestandteile der Materie finden wir mit unserer westlichen Wissenschaft ebenfalls nur mehr Energie, also etwas Immaterielles.

Vor diesem Hintergrund und angesichts ihrer großen Tradition muss die Verdrängung der Geisteswissenschaften, in besonderem Maß auch der Indologie, Buddhologie, Orientalistik, Sinologie und so fort aus deutschen Universitäten befremden.

Das Geistige wird im Yoga, wie wir später sehen werden, in vielen Stufen der Verfeinerung und deutlich anders wahrgenommen und behandelt, als wir dies gewohnt sind. Die Ursachen für alle Erscheinungen und Wesen, die sich in der Welt manifestieren, liegen für den Yoga im Geistigen, auch unsere eigene menschliche Existenz. Wir haben allerdings mit unserem westlichen, materialistischen Weltbild verlernt, dies wahrzunehmen, obwohl neue Konzepte der westlichen Kosmologie dies durchaus nahelegen. Erst in dem Maß, in dem wir dies wahrzunehmen lernen, können wir im Verständnis des Yoga voranschreiten. Im Yoga ist damit auch die moderne Idee von übergreifenden Feldern angelegt, die etwa Rupert Sheldrake mit seinen morphogenetischen Feldern postuliert.

Da nach allgemein akzeptierter Vorstellung indischer Philosophie das Göttliche in allem enthalten ist, was existiert, geht der Yoga davon aus, dass es eine geistige Verbindung mit allen anderen Wesen gibt und dass wir in der Lage sind, aufgrund dieser Verbindung mit allen Wesen in Resonanz zu treten. Das Geistige im Yoga wie in der gesamten indischen Philosophie ist, diesen Gedanken des Vorhandenseins geistiger Felder aufnehmend, allerdings mehr eine Geistigkeit, die wir mit dem Herzen, als eine, die wir mit dem Verstand wahrnehmen. Indische Philosophie und Religion betonen in allem das Verbindende, Gemeinsame, die Harmonie, die Liebe. Dies führt zu großer Toleranz anderen Gedankengebäuden und Vorstellungen gegenüber. In allen Wesen wird der gemeinsame Kern, der gemeinsame Anteil am Göttlichen gesehen. Die indische Kultur hat deshalb wie bereits angedeutet keine Probleme, andere Systeme anzuerkennen und auch zu übernehmen, wenn sie als geeignet erscheinen.

Dabei sei noch eine Anmerkung zu indischer Logik gemacht. Es entspricht der großen Toleranz der indischen Philosophie, unterschiedliche Versionen der Wahrheit gelten zu lassen – die dem jeweils erreichten Entwicklungsstand desjenigen entsprechen, für den die Wahrheit gilt – und unterschiedliche Wege zur Erlangung der Wahrheit zuzulassen. Positiv formuliert kann man auch sagen, dass die indischen Philosophen sehr früh die mehrwertige Logik entdeckt haben; überhaupt zählt für sie die innere Schau des Höchsten mehr als intellektuelle Logik. Die Logik ist mehr eine des Herzens als eine des Verstandes, der Vernunft. Deshalb gibt es in der östlichen spirituellen Literatur wie im Yoga so viele Paradoxien, die dem westlichen Verstand unlogisch erscheinen können, aber eben nur einer anderen Logik folgen. Aus der Sicht dieser Logik des Herzens sind sie dann auch verständlich und konsistent und nicht im Geringsten willkürlich, wie es dem westlichen Verständnis zunächst scheinen mag.

Es besteht durchaus ein entscheidender Unterschied zwischen westlicher und indischer Welterkundung: Während westliche Welterkundung die Welt so sieht, wie sie sich den äußeren Sinnen darbietet, erfasst indische Welterkundung alles mit dem inneren, geistigen Auge, mit Bezug auf die innere Erfahrung. Und der Gegenstand der Beobachtung gewinnt für den indischen Betrachter sein Interesse in seinem Bezug zum Göttlichen. Zu diesem Göttlichen gehört ganz wesentlich der kreative Prozess, in dem sich alles aus dem Geistigen heraus entwickelt. Deshalb legt die Philosophie, die dem Yoga zugrunde liegt, große Aufmerksamkeit auf diesen kreativen Prozess in der Natur wie beim Menschen. Während wir im Westen meist die materielle Welt – ohne Einbeziehung ihres geistigen Grundes – als operational sehen und unsere Kreativität in der Erfassung der Naturgesetze und im Umgang mit der Materie erschöpfen und das Geistige ins eher Schöngeistig-Reproduktive abschieben, gilt für die indische Kultur das Gegenteil: Während sie sich mit der materiellen Welt nur die Mühe zum Nötigsten macht, stellt sie das Geistige, die Psychologie ganz in den Dienst der Erkenntnis und der ständigen Arbeit am eigenen Selbst, um das Ziel, die Vereinigung mit dem Göttlichen, zu erreichen.

Dass Indien schon immer Weltzentrum der Spiritualität war, ist hinlänglich bekannt. Weniger bekannt ist, dass schon sehr früh – lange vor der Zeitenwende – differenzierte Konzepte zu menschlicher Psychologie und Philosophie entworfen und erprobt wurden und dass gleichzeitig ausgefeilte Vorstellungen zur kosmischen wie menschlichen Evolution entwickelt wurden, die für uns angesichts neuer wissenschaftlicher Erkenntnisse eine erstaunliche Aktualität besitzen.

Alles das gehört zu dem Weltbild, das hinter dem Yoga steht. Es ist seinem philosophischen Zwilling, dem *Samkhya*, entlehnt. Bei uns ist dieser Zwilling kaum bekannt, auch in der indischen Yogaliteratur wird darauf wenig Bezug genommen, vor allem deshalb, weil dieses Weltbild als selbstverständlich vorausgesetzt werden kann. Erst wenn das Weltbild transparent wird, auf welchem der Yoga aufbaut, sind auch seine Methode und seine Voraussetzungen und Folgerungen für westliche Menschen verständlich und nachvollziehbar.

Östliche und westliche Grundeinstellung

Aus all dem Gesagten lässt sich ableiten, dass es Unterschiede zwischen der östlichen und westlichen Kultur auf einer tieferen, existenziellen Ebene gibt, der der *Grundeinstellung zur Welt*. Unsere westliche Grundeinstellung wurde von den Philosophen des alten Griechenland geprägt und hat sich in der Zeit des Christentums in der eingeschlagenen Richtung eines ausgeprägten Materialismus weiterentwickelt. Die indische Grundeinstellung war immer schon religiös geprägt.

Die folgende Tabelle stellt die östliche Grundeinstellung zur Welt derjenigen des westlichen Menschen gegenüber. Sie ist inspiriert von William S. Haas und seinem Buch *Östliches und westliches Denken* und stellt den Versuch dar, Tendenzen und Schwerpunkte östlicher und westlicher Weltbewältigung in Bezug zur jeweiligen Grundeinstellung aufzuzeigen. Die Qualitäten, die in der Tabelle der einen oder der anderen Seite zugeschrieben werden, gelten selbstverständlich nicht jeweils exklusiv, sondern mit unterschiedlicher Gewichtung.

Östliche und westliche Grundeinstellung der Menschen

Osten (Indien)	**Westen**
Grundhaltung: **liebende Verehrung des Göttlichen** *(Bhakti)*	Grundhaltung: **Staunen** (Plato, Aristoteles), **Hinterfragen** (Sokrates)
Beispielhaft dafür die Vielzahl von **religiösen Texten** des alten Indien; die Gottesvorstellung ist schon früh hoch entwickelt	Bei den alten Griechen waren die ersten großen Schriften jene **über den Staat** (Solon) und **über die Natur** (ionische Naturphilosophen)
In dieser Haltung richtet man sich **nach innen**	In dieser Haltung richtet man sich **nach außen**
Diese Haltung stellt eine gefühlsmäßige Verbindung mit dem her, worauf man sich verehrend bezieht, sie bringt mit sich die Erfahrung einer **Wesensgleichheit**	Das Außen ist das andere; man **objektiviert**, bildet – möglichst vollkommene, harmonische – Objekte und Systeme; man hat zunächst keine gefühlsmäßige Beziehung zum anderen
Identifikation und **Verschmelzung** sind Mittel, um sich damit zu verbinden	Das Herstellen einer **Einheit** durch begriffliche Systeme schafft die Verbindung
Tugenden, die das unterstützen: Demut, Gehorsam, liebevolle Verehrung *(Bhakti)*	Platonische Tugenden: Gerechtigkeit, Liebe, Mut, Maß, Weisheit, Kunst
Die Haltung ist eine individualistische – in allen Wesen wird der göttliche Kern gefühlt; das andere wird angenommen und respektiert	Die Haltung ist eine auf geschaffene Systeme bezogene: Identifikation mit dem je eigenen kann zu Intoleranz führen (meins ist das Bessere)
Auch der Bezug zur Religion ist ein individueller	Der Bezug zur Religion ist ein sozialer: auf das historisch gewachsene System der Kirche

Osten (Indien)	Westen
Das Ideal ist ein persönliches: der Guru; die Erfüllung liegt im Tun, nicht im Erfolg	Das Ideal ist abstrakt: das Wahre, Gute, Schöne; Lebensziel ist Eudaimonia: Glück im Gelingen
Jedes Tun geschieht in Bezug auf das Göttliche, es bezieht den Sinn aus sich selbst	Das Tun bezieht seinen Sinn aus dem Erfolg/der Zielerreichung
Die Beziehung zu anderen ergibt sich aus der gefühlten Gemeinsamkeit des Identifikationsgegenstands; das andere, Konflikthafte wird durch Identifikation/Liebe integriert	Die Beziehung zu anderen ergibt sich aus der gemeinsamen Identifikation mit dem System (Religion, Familie, etc.); das andere, Konflikthafte wird ausgegrenzt oder bekämpft
Innere Entwicklung besteht in **Loslösung** und im **Leeren** (Abbau des Nicht-Subjekts)	Die innere Entwicklung ist die eines **Erwerbens** und **Habens**: ›gutes Leben‹
Das Wissen ergibt sich aus dem Seinszustand; die Vernunft ist nicht höchste geistige Instanz; Wissen entsteht, wenn Unwissen entfernt wird	Das Wissen stellt einen Bewusstseinsinhalt dar, es wird durch kognitives Lernen erworben; die Vernunft ist höchste geistige Instanz
Die Phänomene der Welt können unmittelbar mit dem inneren Sinn erfahren werden	Die Phänomene der Welt werden mit den äußeren Sinnen erfahren beziehungsweise gemessen
Höchste Realität ist das, was sich nicht ändert: das Göttliche	Realität ist das, was wir mit den Sinnen erfahren (Aristoteles), heute: das Messbare
Das Weltmodell ergibt sich aus der Erfahrung der geistig-psychischen Entwicklung: Gott als das höchste Geistige ist das einzig Wirkende	Das Weltmodell ist ein materialistisches: Das Universum entwickelt sich aus den Kräften und Energien der Natur
Bereits früh zutreffende Antworten auf die grundlegenden Fragen gefunden; daraus resultieren Urvertrauen und ein Annehmen des Bestehenden	Unsicherheit in den grundlegenden Fragen (viele philosophische Richtungen); daraus entstehen Angst und das Streben nach Weltverbesserung

Aus der jeweils dominierenden Grundeinstellung können typische Verhaltensweisen der westlichen wie der östlichen Gesellschaften abgeleitet werden. Es leuchtet unmittelbar ein, dass die Haltung des indischen Menschen dazu führt, das Äußere, alles Materielle und Organisationsbezogene geringer zu achten beziehungsweise zu vernachlässigen. Wir können demgegenüber in genau diesen Bereichen unschwer die Stärken der westlichen Gesellschaften erkennen. Mindestens auf den ersten Blick erscheint es paradox, dass die westlichen Gesellschaften trotz ihrer Betonung des Materiellen die menschlichen Freiheitsrechte so weit entwickelt und den sozialen Stand in ihren Gesellschaften auf ein vergleichsweise hohes Niveau gebracht haben. Soziale Missstände wie Kinderarbeit, Analphabetismus, Unterdrückung der Frau, Kastenwesen, die in der indischen Gesellschaft – wenn sie auch dem Gesetz nach abgeschafft sind – zumindest sozial und politisch toleriert werden, sind in den westlichen Gesellschaften schlechterdings nicht vorstellbar. Die Stärke, die in der Fähigkeit indischer Menschen liegt, sich mit anderen zu identifizieren, birgt somit gleichzeitig die Gefahr, dass das Identifizieren mit anderen das Tun ersetzt. Ebenfalls unvorstellbar für unsere Gesellschaften ist die Rücksichtslosigkeit, mit der in Indien nach wie vor Umweltzerstörung betrieben werden kann. Zu verdanken haben wir die diesbezüglichen Erfolge in unserer Kultur der Einstellung, Prinzipien, die wir als gültig erkannt und festgelegt haben, auch gegen Widerstand zu erkämpfen und konsequent durchzusetzen.

Auf der anderen Seite müssen wir registrieren, dass trotz all dieser Errungenschaften in unseren Gesellschaften Angst, Sinnleere und Unzufriedenheit herrschen, die – wie weiter oben ausgeführt – daraus resultieren, dass wir das Verstandesmäßige, Rationale absolut gesetzt und die Frage nach dem Sinn unseres Tuns und die Beschäftigung mit dem Geistig-Gefühlsmäßigen hintangestellt haben. Die Schwäche der Entwicklung des Sozialen in Indien hingegen hat – wiederum paradoxerweise – zu tun mit der Tugend des Annehmens dessen, was ist, und mit der Einstellung, dass jeder nur für das Eigene verantwortlich ist. So werden auch Dinge und Zustände angenommen, die in unseren Augen nicht annehmbar sind.

Es geht also nicht darum, das glückliche Indien dem unglücklichen Westen gegenüberzustellen. Wenn wir uns das Ziel des integralen Paradigmas vor Augen halten, alles in der Natur ausgewogen zu verwirklichen, das Geistige wie das Materielle, fällt sofort auf, dass beide Grundeinstellungen – die westliche wie die indische – zu Einseitigkeit geführt haben. Es kann also nicht darum gehen, dass der Osten unsere Grundeinstellung übernimmt oder wir die des Ostens. Beide Kulturen müssen dasjenige in ihr Weltbild integrieren, was bisher zu kurz gekommen ist.

Für den Westen wird dieser Prozess darin bestehen, das Geistige in seiner Ganzheit anzunehmen, nicht nur den Intellekt: auch die elementare Geistigkeit der Quantenwelt, das Gefühlsmäßige, Kreativität und Intuition und vor allem die höhere Geistigkeit, das Transzendente, Sinnhafte. Im Sinn der Pflege der Ankunft, die Gerhard Schulze anspricht, und dem, was die positive Psychologie über das Glücksstreben der Menschen herausgefunden hat, wird es darauf ankommen, dass wir wieder in unserem Tun den Sinn, die Bedeutung suchen und finden, nicht nur im Erfolg.

Für die indische Gesellschaft heißt es, das Soziale – und zwar in einer allgemeinen Form, die über den Rahmen der eigenen Familie oder der eigenen Gruppe hinausgeht – als gleichrangig mit dem Individuellen anzusehen. Das Individuum muss seine Verantwortung in der Gesellschaft wahrnehmen – auch gegen Widerstand. Es darf nicht alles angenommen werden, was sich in der Realität der Gesellschaft manifestiert. Die Prinzipien, die für den Menschen und die Natur als förderlich erkannt worden sind, müssen auch zur Durchsetzung kommen. Angesichts der Unterschiede der beiden Kulturen ist klar, dass ein spirituelles oder religiöses System aus der indischen Kultur – wie der Yoga – nicht ohne Probleme und Anpassungsprozesse auf die westliche Kultur übertragbar ist. Darüber später mehr.

Der Yogaweg

Die Metapher des Wegs ist im Yoga allgegenwärtig. Was hat man sich darunter vorzustellen? Nun, ganz allgemein ist damit gemeint, dass man sein normales Leben lebt, sich den yogischen

Übungen unterzieht und bei alldem auf sein yogisches Ziel ausgerichtet ist. Der Yoga ist also kein Weg für Aussteiger. Viele Yogamethoden sehen gerade im Bestehen und Durchleben ganz alltäglicher Situationen die eigentliche Prüfung. Yoga ist also zuallererst ein Arbeits- und Entwicklungsweg.

Im Sanskritwort Yoga steckt die Bedeutung des Verbindens, nämlich des Verbindens des Menschen mit dem Göttlichen. Yoga bedeutet aber auch das Joch, das Anschirren und Zusammenzwingen der Geisteskräfte Denken, Fühlen und Wollen, der gesamten menschlichen Intentionalstruktur. Unser Denken, Fühlen und Wollen ist es schließlich, was uns vom Göttlichen trennt. Im Yoga wird die gesamte Intentionalstruktur in den Dienst der Verbindung mit dem Göttlichen gestellt. Wirksam wird diese Verbindung erst, wenn die Intentionalstruktur von den Ablenkungen der inneren und äußeren Welt – von all den Wünschen, Emotionen und Egoismen – befreit ist. Dann kommt es zum Einswerden des eigenen, leeren Selbst mit dem leeren göttlichen Selbst, als Zustand. Leerheit *(Sunyata)* meint nicht ›Nichts‹, sondern ›Alles‹, aber nicht abgegrenzt, de-finiert. Es ist dies ein vor-definitorischer, vor-denkerischer, vor-intentionaler Bewusstseinszustand, wie auch die Welt in Wirklichkeit vor-definiert ist. Demgemäß findet keine Trennung zwischen Individuum und Welt statt, da bei Stillstand der Intentionalstruktur – also ohne Denken, Fühlen und Wollen – dasjenige wegfällt, was die Trennung herbeiführt. *Brahman* (das kosmische Göttliche) wird eins mit *Atman* (dem individuellen Göttlichen). Meister Eckehart, der christliche Mystiker, hat Ähnliches zum Ausdruck gebracht: Das, was er als eigenes Seelenfünklein bezeichnet, ist für ihn Gott im Menschen, für den Yoga *Atman*.

Da Yoga ein ganz praktischer Weg zu dem Zustand des Verbundenseins ist, gibt es eine Vielzahl von Übungen, die zu dieser Verbindung führen. Nahezu jede menschliche Fähigkeit – in der richtigen Einstellung dargebracht – ist dazu geeignet, durch ihre Ausübung dem Göttlichen näher zu kommen. Deshalb gibt es auch viele unterschiedliche Formen des Yoga in zahllosen Spielarten: *Hatha-Yoga* – der Yoga des Körpers, *Bhakti-Yoga* – der Yoga der liebevollen Hingabe, *Karma-* oder *Kriya-Yoga* – der Yoga des uneigennützigen Handelns, *Raja-Yoga*, der Yoga der Beherrschung des Geistes, und *Jnana-Yoga*, der Yoga der Erkenntnis, um nur die Wichtigsten zu nennen. In diesem Buch soll das Hauptaugenmerk auf dem *Raja-Yoga* liegen. *Raja-Yoga* heißt so viel wie königlicher Yoga. Dieser Begriff wurde von Vivekananda geprägt und auf den klassischen Yoga der *Yoga-Sutras* des Patanjali bezogen. Das zentrale Instrument, mit dem im *Raja-Yoga* gearbeitet wird, ist der menschliche Geist. Durch die yogischen Techniken – insbesondere diejenige der Meditation – werden wir in die Lage versetzt, den Geist zu meistern und nicht von ihm gemeistert zu werden.

Ein wesentlicher Aspekt und der erste Schritt auf dem Yogaweg ist es, sich dem zuzuwenden, was dazu geführt hat, dass die Verbindung mit dem Göttlichen getrübt wurde. Ganz allgemein gesehen ist ja eine Verbindung zwischen zwei Teilen erst möglich, wenn sie zueinander passen. Um also die Verbindung des Menschen mit dem Göttlichen herstellen zu können, muss das Trennende ausgeräumt werden, das durch unsere Intentionen und Handlungen geschaffen wurde.

Im Yoga wurde dazu das Konzept des Karma entwickelt, welches besagt, dass wir mit unseren Handlungen – vor allem mit den Emotionen, die unsere Handlungen begleiten – energetische Strukturen schaffen, die in der Folge verursachend sind für die uns, aber auch unsere Umwelt betreffenden Folgehandlungen. Diese Energien (in der Form von *Samskaras* oder Prägungen) wirken als Attraktor für künftige Ereignisse. Sie verstärken sich durch die Wiederholung gleichartiger Handlungen. Wir sind es also, die unser Karma schaffen. Aus diesem Konzept resultiert, dass wir letzten Endes für alles verantwortlich sind, was uns zustößt, da es durch unser eigenes Karma verursacht wurde. Das mag für unsere westliche Vorstellung bedrohlich klingen, aus der Sicht des Yoga bedeutet es jedoch die große Chance, sich durch yogische Übung von der karmischen Last befreien zu können. In diesem Sinn ist die im Yoga allgegenwärtige Befreiung *(Moksha)* durch Loslösung *(Vairagya)* und ernsthafte Übung *(Tapas)* als Ziel der yogischen Bemühung zu verstehen.

Gerade im *Raja-Yoga*, der in der Beherrschung des Geistes das beste Mittel sieht, die Verbindung mit dem Göttlichen zu erreichen, haben die Übungen zur Reinigung von *Samskaras* einen hohen Stellenwert.

Yoga sagt also, dass die Verbindung mit dem Göttlichen gestört ist, solange wir noch in unseren Mustern und Einstellungen gefangen sind. Dies legt auch die moderne Psychologie nahe, dies meint auch Meister Eckehart, wenn er davon spricht, dass alle Bilder wegmüssen, die uns von Gott trennen. Bevor wir uns mit dem Göttlichen verbinden können, müssen wir uns von unseren persönlichen und sozialen Anhaftungen und Gewohnheiten befreien. Damit befreien wir uns gleichzeitig zu einem guten Teil von dem Leid, das jeder menschlichen Existenz innewohnt. Dies weniger in dem Sinn, dass uns leidvolle Erfahrungen erspart blieben, sondern mehr in der Hinsicht, dass das Leidvolle der Erfahrung – das jeder irdischen Existenz innewohnt – in der Wahrnehmung des Einsseins mit dem Göttlichen und im Wissen um die Vergänglichkeit des Leids seine Kraft einbüßt; vergänglich ist das Leid insofern, als durch die Reinigungsübung spezifisches Leid, das aus bestimmten Mustern kommt, verringert beziehungsweise aufgehoben werden kann.

Leid ist für den Yoga die Grundbedingung menschlichen Lebens. Leid ist von uns selbst verursacht und damit von uns selbst zu verantworten. Das Annehmen des Leids ist ein wichtiger Schritt im Yoga. Wir im Westen haben dagegen eine Haltung erworben, Leid als von außen auferlegt anzusehen und uns von ihm abzugrenzen. Wir haben viele Bereiche des Leids – alles, was mit Krankheit, Sterben und Tod zu tun hat – tabuisiert und in einen Außenbereich abgeschoben. Unsere Gesellschaft suggeriert uns, dass es ein Leben ohne Leid gibt, solange wir uns nur im Rahmen unseres gesellschaftlichen Wertesystems bewegen. Durch die günstigen materiellen Umstände unserer Zivilisation ist in unseren Gesellschaften zumindest ein Leben ohne materielles Leid, also ohne Hunger und Mangelkrankheiten, möglich geworden. Unsere Gesellschaft suggeriert uns auch eine Freizügigkeit der Lebensführung, die allerdings im besten Fall eine der materiellen Freizügigkeit ist, die Verfügbarkeit materieller Ressourcen also voraussetzt.

Unsere Prägungen, unser Karma – die Last unserer vergangenen Handlungen – macht uns zu Unfreien. Wir sind von unseren Prägungen abhängig. Unser Leid hat damit einen zweifachen Grund: einmal das Leid an der Unausweichlichkeit unseres Schicksals – vom Existenzphilosophen Martin Heidegger als ›Geworfenheit‹ bezeichnet – und zum Zweiten das Leid aus den Folgen unserer Handlungen. Der Yoga stellt in Aussicht, dass wir uns von dieser zweiten Last und dem damit verbundenen Leid befreien können, wenn wir uns von unseren Mustern lösen.

Die Reinigung von Mustern und Anhaftungen ist somit der erste notwendige Schritt im Yoga. Solche Anhaftungen gibt es in jeder Gesellschaft in ähnlicher Form – es sind die Anfechtungen des Ego, die uns etwa aus dem Katalog der sieben Todsünden des Christentums bekannt sind. Um uns von ihnen zu befreien, hat der Yoga eine ausgefeilte Psychologie entwickelt, die wir im folgenden Kapitel über den *Samkhya* näher betrachten werden. Sie kennt die menschlichen Bewusstseinsstadien sehr genau und stimmt in vielem mit unserer modernen Psychologie überein. Allerdings stellt sie ihre Erkenntnisse in den Dienst der Erreichung des spirituellen Ziels, während unsere westliche Psychologie auf eine Autonomie des Ego und der menschlichen Existenz, auf die selbst bestimmte Realisierung von Lebensentwürfen abgestellt ist.

Der Yoga ist in seiner gleichsam physikalischen Sicht menschlicher Verstrickung und der Anleitung, sich durch geeignete Übungen aus dieser Verstrickung zu befreien, konsequenter als die westliche Kultur, die, wenn sie sich überhaupt bemüht, einer solchen Verstrickung zu entkommen, Zuflucht bei moralischen Appellen sucht.

Dass der Yogaweg naturgemäß nicht nur individuell unterschiedlich verläuft, sondern auch zwischen verschiedenen Kulturen, hat damit zu tun, dass der Weg davon geprägt wird, wo er seinen Ausgang nimmt. Beide Kulturen – die westliche wie die indische – haben sozusagen ›blinde Flecken‹ der Selbstwahrnehmung, was die Anfechtungen des Ego betrifft. Die Bevorzugung des Eigenen – wozu außer dem Ego noch der Kreis der Familie und der Freunde, der jeweiligen sozialen Gruppe zu zählen ist – auf Kosten des anderen zeigt sich vor allem dort, wo es um Besitz, Privilegien, Ansehen und Ähnliches geht. Diese Bevorzugung des Eigenen wird von den meisten Menschen in beiden Kulturen gar nicht wahrgenommen, da und insoweit sie zum Bestand allgemeiner Gewohnheiten gehört.

Wenn es Unterschiede zwischen den Kulturen gibt, dann in der Herangehensweise, im Umgang mit den Anfechtungen. Wir im Westen sind es gewohnt und haben es nach und nach erlernt, Probleme selbst wahrzunehmen und – wenn wir uns dazu bereit finden – sie auch selbstverantwortlich zu lösen. In Indien – der Heimat des Yoga – hat sich eher ein anderes Verhalten herausgebildet. Die Menschen sind stärker auf geistige Autoritäten fixiert, auch auf den Konsens mit ihrer sozialen Gruppe, vor allem mit ihrer Familie und ihrer Kaste. Kasten sind zwar offiziell längst abgeschafft, stellen in Indien aber immer noch eine starke soziale Klammer dar. Aus dieser Einstellung heraus ist zwar das Bewusstsein um die eigene Verantwortung stark ausgeprägt, die Bereitschaft, selbst tätig zu werden, dagegen weniger. Man ist eher bereit, den Anweisungen einer spirituellen oder politischen Autorität zu folgen, und man ist darauf bedacht, nicht in einen Konflikt mit seiner Familie oder seiner Kaste zu geraten. Das führt dazu, dass vor dem Handeln, das den sozialen Gewohnheiten entgegensteht, große Barrieren aufgebaut sind, sodass es unterbleibt – trotz der Einsicht in seine Notwendigkeit.

Solche kulturspezifischen Unterschiede deuten sich auch in dem oben erwähnten Tugendkatalog an, den die ›positive Psychologie‹ entwickelt hat. Loyalität und Gehorsam haben für indische Menschen große Bedeutung, tauchen aber in dem an den westlichen Tugenden orientierten Katalog weder als Tugend noch als Charakterstärke auf. In einem indischen Tugendkatalog würden sie nicht fehlen.

Hier zeigt sich auch ein kulturübergreifendes Paradoxon: Während die indische Einstellung Einsicht in die Verursachung des eigenen Schicksals zeigt, aber Probleme damit hat, diese Verursachung selbstverantwortlich aufzulösen, haben wir im Westen in aller Regel kein Problem damit, Verantwortung zu übernehmen. Nur nehmen wir uns als Verursacher von irgendwelchen Folgeerscheinungen eigener Handlungen nicht wahr. An dieser

Stelle können wir durchaus voneinander lernen. Aus ihrem yogischen Weltbild heraus gehen Inder viel gelassener mit ihren Fehlern und Schwächen um. Dazu trägt das Wissen darum bei, dass ihr göttlicher Kern unverletzlich ist und das göttliche Ziel – wenn auch nach vielen Leben – von allen erreicht werden wird. Hinzu kommt, dass viele indische Kinder ein für uns unglaublich liebevolles Angenommensein und natürliches Umsorgtsein erleben können und – scheinbar automatisch – ein geradezu beneidenswertes Urvertrauen entwickeln.

Der eigentliche Yogaweg ist der Weg nach innen. Nach innen nicht im Sinn einer Zuwendung zur Introversion, sondern im Sinn der Zuwendung zu den in uns liegenden geistigen Instrumenten der Wahrnehmung, um sie dann in den Situationen des Alltags einzusetzen. Die Praxis des Yoga ist über weite Strecken eine Übung und Zentrierung der Aufmerksamkeit auf einen Punkt, eine Schulung der inneren Unterscheidung und das Aufnehmen der Fühlung mit dem Göttlichen. Die Methode, mit der dieser Weg nach innen geübt wird, ist die Meditation. Sie ist sicher derjenige Teil der yogischen Praxis, der erscheinungstypisch für den geistigen Yoga steht. Yoga wird vielfach mit Meditation gleichgesetzt. Dies ist insofern richtig, als damit zum Ausdruck kommt, wie der Yoga praktizierende Mensch der Welt begegnet, nämlich in einer Zentriertheit nach innen. Insgesamt ist es aber eine verkürzende Darstellung, da die Übung der Meditation nur ein Element der yogischen Praxis ausmacht. Die Meditation ist auch nicht das Ziel des Yoga, sondern sein wichtigstes Instrument. Mit ihrer Hilfe wird die Kontrolle des Geistes geübt und perfektioniert.

Die Meditation ist schließlich die Form der inneren Kommunikation, bei der wir mit unserer Seele in Berührung kommen. Deshalb ist für Patanjali die Meditation das Instrument, das uns mit dem Göttlichen verbinden kann. In der Meditation kommen wir mit tieferen Schichten unseres Bewusstseins in Berührung, wodurch sich ein Fenster zum Numinosen öffnen kann. Mystische Erfahrungen sind auch außerhalb der Meditation möglich, die Meditation ist jedoch ein systematischer Übungsweg dafür.

Zu allen Zeiten und in allen spirituellen Systemen war die Meditation die Methode, um die Verbindung mit Gott aufzunehmen.

Bei aller Orientierung auf das Göttliche hat der Yoga durchaus eine diesseitige Komponente, denn das Göttliche wird sowohl als transzendental als auch als diesseitig erfahren: *Brahman* ist *Atman*, Jenseits und Diesseits sind nicht getrennt, die Übergänge zwischen beiden sind fließend. Die Wirklichkeit ist also non-dual und umfasst alle Bereiche. Erleuchtung passiert im Hier und Jetzt.

Yoga bedeutet auch, die menschlichen Fähigkeiten und Eigenschaften zu Ganzheit und Harmonie zu verbinden und ist so eine Schule der persönlichen Entwicklung. Das, was der Praktizierende auf sich nimmt, um sich dem Göttlichen zu nähern, kommt ihm auch im täglichen Leben zugute. Das Wahrnehmen und Annehmen eigener karmischer Prägungen führt zu höherer Selbstakzeptanz und Selbstliebe. Das Auflösen dieser Prägungen macht den Blick ungefiltert frei für das wirklich Wesentliche im Leben. Die Schulung der Konzentration mit der Fähigkeit, in tiefere Ebenen der Intuition vorzudringen, schafft einen größeren Raum für Kreativität und Leistungsfähigkeit. Fähigkeiten und Eigenschaften der Menschen werden als etwas Individuelles und Persönliches angesehen, als eine individuelle Ausprägung des Absoluten und nicht als etwas zu Verabsolutierendes, als eine Absolutheit des Individuums. Auch aus diesem Aspekt indischer Lebensweisheit resultiert eine große Gelassenheit indischer Menschen.

Integrierender Bestandteil des Yogawegs ist die Figur des Lehrers. In der indischen Kultur gilt, dass man ohne Vorbild oder Lehrer schon im normalen menschlichen Leben nichts erreichen kann, viel weniger in der Spiritualität, wo es um subtilste Dinge geht, für die uns im Westen zudem meist die grundlegenden Kenntnisse, fast immer die eigene Erfahrung fehlen. Mindestens seit der Bhagavad Gita mit der Figur des Krishna als Lehrer ist es Tradition des Yoga, dass es der Lehrer oder Guru ist, der zu Gott führt. Er sieht seine Aufgabe darin, seine Schüler den Weg bis zum Ziel zu führen. Er hat den Weg selbst gemeistert – und nur jemand, der dies erreicht hat, ist tatsächlich in der Lage, andere zu führen. Er macht den Schüler mit den Gesetzlichkeiten des

Wegs vertraut und gibt Rat in schwierigen Situationen. Im Lauf des Entwicklungsprozesses werden tiefe persönliche Schichten berührt und beglückende wie schmerzhafte Erfahrungen durchlaufen. Ziel der gemeinsamen Bemühung ist es, den Schüler den spirituellen Zustand seines Lehrers erreichen zu lassen.

Der *Samkhya*

Samkhya ist bei uns kaum bekannt, dabei zählt er wie der Yoga zu einem der sechs Systeme der klassischen indischen Philosophie. Wie alle diese Schulen stellt sich der *Samkhya* ganz in den Dienst der Befreiung des Menschen von seiner irdischen Last, von seinem irdischen Verhaftetsein.

Die beiden Systeme, Yoga und *Samkhya*, haben sich im Lauf einer mehrtausendjährigen Entwicklung so weit ineinander verwoben, dass man von einem Doppelsystem sprechen kann.

Samkhya und Yoga gelten als zwei Aspekte einer Disziplin. Während der *Samkhya* ein theoretisches Grundgerüst der Welterklärung bietet und sein Ziel in der unterscheidenden Erkenntnis – nämlich der des Göttlichen gegenüber dem Nicht-Göttlichen – sucht, wendet sich der Yoga vor allem der Dynamik der Loslösung vom Gebundensein an die irdisch-materielle Sphäre zu und stellt praktische Techniken zur Verfügung, um die Befreiung aus ihr zu erlangen.

Samkhya und Yoga kommen ursprünglich nicht aus der vedisch-brahmanischen Tradition, sondern aus der jainischen, und reichen zum nichtvedischen indischen Altertum zurück. In den historischen indischen Texten tauchen sie erst relativ spät auf, in der Bhagavad Gita, in den jüngeren Teilen der Upanischaden und in den *Yoga-Sutras*, alle in der Zeit zwischen 500 und 200 v. Chr. entstanden.

Nach und nach verschmolzen die Ideen des *Samkhya* und des Yoga mit der vedisch-brahmanischen Tradition – die unterschiedlichen Philosophien wurden zusammen dargestellt als zwei Theorien, die die Wahrheit von zwei Seiten her betrachten. Sie lassen sich heute kaum mehr separieren.

Während der *Samkhya* als System der Welterklärung und mit

seinem psychologischen Konzept explizit und implizit in der indischen Kultur und Philosophie unbestrittene Geltung hat, ist seine Rolle als eigenständiger Erkenntnisweg in den Hintergrund getreten.

Der *Samkhya* ist ganz wesentlich ein Erkenntnissystem. Er beschreibt die Grundlagen menschlicher Erkenntnisfähigkeit und die Haltung, die zu einer Befreiung der Erkenntnis führen kann. Im ersten *Samkhya-Sutra* wird als das Ziel die Beendigung allen Leids erklärt. Ursache des Leids ist die Unfähigkeit, zwischen dem Göttlichen (oder dem höchsten Selbst) und dem Nicht-Selbst (also allem außer dem Göttlichen) zu unterscheiden. Alle Lebewesen sind dem Leid unterworfen, allein der Mensch ist in der Lage, sich davon freizumachen. Medizinische oder äußerliche Hilfen können keine wirkliche Abhilfe schaffen, allein die reine Erkenntnis, die richtige Unterscheidung, kann das Leid beenden. Voraussetzung dafür ist die Kenntnis der Kategorien der Erkenntnisgegenstände, ihres Aufbaus und ihrer Funktionsweise. Dazu bietet der *Samkhya* ein fein strukturiertes, streng logisch aufgebautes System der Welterklärung. Dessen Ontologie, die Wirklichkeit des Seienden, wie dessen Evolutionsmodell sind der menschlichen Entwicklung abgeschaut – über sehr lange Zeiträume beobachtet. Die Weltentstehung wird also im Sinne menschlicher Bewusstseinsstadien gedeutet, die in den Erfahrungen des Yoga beobachtet werden.

Der *Samkhya* gibt eine grundlegende theoretische Auslegung der Natur, ihrer Entstehung, ihrer Elemente, der Art ihres Zusammenwirkens im Zustand der Gefangenschaft *(Bandha)* und des Zustands ihrer Ablösung bei der Befreiung *(Moksha)*. Um die Realität korrekt zu erfassen, ist ja außer einem richtigen Verständnis der Phänomene der psychologische Vorgang bei der Wahrnehmung mit einzubeziehen, also der Umstand, dass jeder Wahrnehmung eine individuelle Wertung mitgegeben wird. Diesen subjektiven Aspekt der Erkenntnis gilt es aufzulösen. Der Betrachter ist gefordert, den Phänomenen unvoreingenommen gegenüberzutreten, sie als das anzunehmen, was sie sind, ihnen nicht Denkschemata und Bewertungen überzustülpen, sondern geduldig und offen auf deren Antwort auf unsere Fragen zu warten. Dazu hat der *Samkhya* eine facettenreiche, sehr modern anmutende Psychologie mit klaren Aussagen zur menschlichen Entwicklung ausgearbeitet.

Die Ableitung des Namens *Samkhya* ist unklar. Viele Interpreten ordnen *Samkhya* der Zahl, zählen, zu; dies scheint aber unlogisch, da kein Zusammenhang zu dieser Wortbedeutung hergestellt werden kann und es im *Samkhya* auch nicht um Zahlenmystik oder Ähnliches geht. Wahrscheinlicher und plausibler scheint die Herleitung des Namens von der Bedeutung ›philosophische Erkenntnis‹, mit der das Wort *Samkhya* in alten Schriften gebraucht wird.

Die Begründung des *Samkhya* wird dem mythischen Kapila zugeschrieben, der in der Bhagavad Gita von Krishna als der größte Weise von allen bezeichnet wird. Die Datierung seines Lebens und Werks ist allerdings nicht exakt belegt. Mit Sicherheit hat er aber vor Buddha gelebt, also vor dem sechsten Jahrhundert v. Chr., da er in den frühesten buddhistischen Schriften als Vorgänger Buddhas erwähnt wird. Die *Samkhya-Sutras*, die ihm zugeschrieben werden, gelten als das Hauptwerk des *Samkhya*. Sie sind allerdings erst um 500 n. Chr. entstanden.

Die Grundprinzipien des Weltaufbaus *(Tattvas)*

Der Begriff *Tattva* setzt sich im Sanskrit aus den Teilbegriffen *Tat* und *Tvam* zusammen. Zum einen steht der erstere Teilbegriff für ›das‹, der zweite für ›du‹ (›Das bist du‹): *Tattva* bedeutet in diesem Kontext ›Wahrheit, Prinzip‹. Im zweiten Bedeutungspaar, das genauso aussagekräftig ist wie das erste, steht *Tat* für Gott, *Tvam* für Individuum. *Tattva* drückt in diesem Kontext die Parallelität von Gott und Individuum aus (›Wie oben, so unten‹). Daraus leitet sich ab, dass die *Tattvas* sowohl eine kosmische Ausprägung für die gesamte Natur als auch eine für jedes individuell manifestierte Wesen besitzen.

Unter den einzelnen *Tattvas* haben zwei eine ganz besondere, herausragende Stellung: *Purusa* (göttlicher, unwandelbarer Geist) und *Prakriti* (nichtmanifestes Prinzip der Natur). Die Welt wird von diesen beiden ewigen und grundlegenden Prinzipien getragen. Das Geistige und die nichtmanifeste Form der Materie sind das Unwandelbare. Die Materie dagegen, die sich aus *Prakriti* in mehreren Stufen entfaltet, ist ständigen Änderungen unterworfen, die auf klare energetische Prinzipien zurückzuführen sind. Das Weltmodell des *Samkhya* ist also nicht statisch angelegt, es liefert eine Erklärung sowohl für die kosmische als auch für die individuelle menschliche Evolution. *Purusa* ist der erste Beweger, der erste Grund der kosmischen Entwicklung, gleichzeitig die unveränderliche göttliche Realität neben allen veränderlichen Erscheinungen der Welt. Er enthält in sich alles absolut Geistige. Das Einzige, was von ihm positiv (also nicht als Negation) gesagt werden kann, ist, dass er *ist*. Das Wesen des *Purusa* ist es, Licht auf die Erscheinungen zu werfen, sie ins reine Bewusstsein zu heben. *Purusa* kann allerdings nur in Erscheinung treten, indem er sich in *Prakriti* manifestiert. Allein *Purusa* hat Bewusstsein, besser, er ist selbst das unveränderliche Prinzip des Bewusstseins, hat allerdings kein Bewusstsein über sich selbst.

Purusa bedeutet ursprünglich ›Mensch‹ (vergleiche Rig-Veda 10.90), im *Samkhya* das Unvergängliche im Menschen, sein Geist, sein Bewusstsein, sein höchstes Selbst. Daraus können wir ableiten, dass der Mensch im *Samkhya* durch seinen unvergänglichen Teil definiert wird. Anfangs bezog sich *Purusa* im *Samkhya* auf den großen Gottes-*Purusa* (im vedischen System der Gott *Isvara*), dem im alten Indien der Veden die gesamte Verehrung galt. Bereits im *Samkhya* des Kapila und mit der Entwicklung als eigener Erkenntnisweg trat immer mehr der individuelle *Purusa* jedes einzelnen Menschen in den Vordergrund. Dieser Pluralismus der individuellen *Purusas* kommt offensichtlich aus der vorvedischen indischen Philosophie. In der Spätzeit des klassischen *Samkhya* wurde der universelle *Purusa* dann nicht mehr ausdrücklich behandelt, aber immer noch stillschweigend vorausgesetzt.

Prakriti ist das zweite der beiden grundlegenden Prinzipien. Sie ist die nominelle Basis, der energetische Grund des Universums. Aus ihr entstehen alle materiellen Erscheinungen. *Prakriti* ist unbewusst – allein *Purusa* verfügt über Bewusstsein. Sie erhält Bewusstsein nur in dem Maß, in dem sie sich mit *Purusa* verbindet. Sie braucht *Purusa* als Beweger, der sie zu ihren Erscheinungen anregt. Als *Prakriti* ist sie lediglich die Essenz der Materie, geistige Form. Manifestiert, somit erkennbar, ist sie nur in den aus ihr hervorgegangenen, vergänglichen Erscheinungen.

Im Gegensatz zur vedantischen Lehre, die in *Brahman* beziehungsweise *Atman* – dem kosmischen respektive individuellen Prinzip des Göttlichen – das einzig Reale sieht, geht der *Samkhya* von einer Dualität der beiden unmanifestierten Prinzipien *Purusa* und *Prakriti* als ewig und wirklich aus.

Alle Manifestationen im Kosmos setzen sich aus drei *Gunas* zusammen – egal, ob es sich um materielle oder um geistige Objekte handelt. Es sind also die *Gunas*, die das Universum bilden – in unendlich vielen unterschiedlichen Mischungen für die verschiedenen Objekte.

Die drei *Gunas* sind

- *Sattva* (das Reine, Lichtvolle, Glückliche, Harmonische; es bewirkt ein Aufwärtsstreben und ermöglicht das Erkennen der Gegenstände)
- *Rajas* (das Bewegte, Aktive, Leidenschaftliche, Feurige; von ihm geht jede Art von Bewegung aus) und
- *Tamas* (das Träge, Schwere, Unbewegliche, Feste, Hemmende).

Das Wort *Guna* hat zwei Bedeutungsrichtungen: einmal Qualität, Erscheinungsweise, Attribut, dann ›das Band, das verbindet‹ im Sinne einer Energie, die verbindet oder schafft. Da im *Samkhya* Qualität und Substanz dasselbe sind, sind *Gunas* also zunächst substanzielle Größen. In der zweiten Bedeutung können die *Gunas* als Energieträger gesehen werden. Die Manifestationen zeigen durch ihre Eigenschaften und ihr Verhalten, welcher *Guna* dominiert: Man kann etwa sagen, dass *Sattva* im Sonnenlicht dominiert, *Rajas* in flüssigem Metall, *Tamas* in Steinen.

Die *Gunas* sind es schließlich auch, die die Veränderungen im Evolutionsprozess tragen. Die Wandlungsprozesse der Natur sind nichts anderes als Änderungen der Mischungsverhältnisse der *Gunas*. Dies gilt auch für alle Elemente des im Menschen manifestierten Geistes (Gedanken, Gefühle et cetera), die im *Samkhya* ebenfalls Materiecharakter haben und ein Mischungsverhältnis der *Gunas* aufweisen.

An dieser Stelle sei angemerkt, dass der menschliche Geist nach dieser Theorie nicht über eine eigene Intelligenz verfügt. Da aus *Prakriti* hervorgegangen, somit Bestandteil der Materie, ist er lediglich Instrument und wird von *Purusa*, dem nicht veränderlichen Prinzip des reinen Bewusstseins, mit Wissen und Bewusstsein versorgt, erleuchtet, sodass er intelligent erscheint, es aber selbst nicht ist. Dies ist eine grundsätzliche Differenz zu unseren westlichen Vorstellungen über den menschlichen Geist, die diesem sowohl Eigenständigkeit als auch eine immaterielle Kategorie zuweisen.

Die *Gunas* repräsentieren auch die unterschiedlichen Evolutionsstadien. *Sattva* ist die Energie, durch die sich ein Objekt im Bewusstsein manifestiert. *Sattva* stellt die Form dar, die manifestiert werden soll – als Ziel der Evolution –, *Tamas* hingegen diejenige Form, die die Evolution behindert. *Rajas* ist schließlich die Energie, die Hindernisse beiseiteschafft.

Parallelen des Weltmodells des Samkhya *zur westlichen Naturwissenschaft*

Die energetische Sicht des *Samkhya* auf die Manifestationen und Wandlungsvorgänge der Natur mutet sehr modern an. Geradezu verblüffend sind die Bezüge und Übereinstimmungen, die zwischen den Konzepten des *Samkhya* – der *Prakriti* und den *Gunas* –, wie sie vor Tausenden von Jahren dargelegt wurden, und der modernen Physik bestehen. Verblüffend vor allem, wenn man sich vor Augen hält, dass die Erkenntnisse des *Samkhya* älter als zwei Jahrtausende sind und ohne jegliches wissenschaftliche Instrumentarium gefunden wurden. Die Quantenphysik hat, wie weiter oben ausgeführt, eine ganz ähnliche Vorstellung von dem entwickelt, was *Samkhya* mit den Konzepten der *Prakriti* und der *Gunas* lehrt: Sie postuliert, dass wir es auf der subatomaren Ebene nicht mit dem zu tun haben, was wir üblicherweise Materie nennen, sondern lediglich mit Erscheinungen unterschiedlicher Energiezustände (eine Qualität, die jener der *Gunas* vergleichbar ist), und in den avancierten Konzepten von Bohm, Heim und Charon, dass die innere Ordnung der Materie (also die *Prakriti* des *Samkhya*) im kosmischen Quantenfeld zu finden ist.

Das Feld, in dem die *Gunas* agieren, kann man sich unschwer als ein zum Quantenfeld analoges Feld vorstellen, die organisierenden Prinzipien im Quantenfeld als eine Analogie zur kosmischen *Prakriti*. Sowohl im *Samkhya* als auch in der modernen Quantenphysik wird so der gesamte Kosmos von einem nicht messbaren, nicht erkennbaren Feld getragen, dessen Wirkweise als geistig-energetisch bezeichnet werden kann. Eine interessante Parallele ist auch darin zu sehen, dass die Superstringtheorie als modernes kosmologisches Konzept die Elementarteilchen der Materie als winzige elastische Bänder annimmt – bezeichnenderweise ist eine der Bedeutungen des Wortes *Guna* ›Band‹.

Die qualitative Dreiheit der *Gunas* findet eine Entsprechung in den Teilchenfamilien der Quantenphysik, die dort ebenfalls über unterschiedliche Konsistenz und Eigenschaften verfügen: nämlich die Familie der schweren Masseteilchen (Hadronen) – *Tam*-Qualität –, die der leichten, beweglichen Teilchen (zum Beispiel Elektronen) – *Rajas-Qualität* – und die der masselosen Wechselwirkungsteilchen (wie etwa Photonen) – *Sattva*-Qualität –, die sich zu immer neuen Teilchenkonstellationen verbinden. Die Dynamik des Wandlungsprozesses der *Gunas* spiegelt sich schließlich im sogenannten Superpositionsprinzip der Quantentheorie wider, welches nachweist, dass bei Elementarteilchen die Überlagerung von Wellenfunktionen wiederum gültige Wellenfunktionen (also neue Elementarteilchen) ergibt.

Es sei an dieser Stelle noch angefügt, dass die *Gunas* eine wesentliche Rolle in der Ernährungslehre des *Ayurveda* spielen, aber auch in den Ernährungsvorschriften für Yogis aufgeführt werden. Krishna empfiehlt in der Bhagavad Gita dem auf dem Yogaweg Strebenden vor allem sattvische, leichte Ernährung.

Die Grundprinzipien der materiellen Natur

Neben den beiden grundlegenden Aspekten oder Schöpfungsprinzipien *Purusa* und *Prakriti* gibt es im *Samkhya* weitere dreiundzwanzig *Tattvas* für die manifestierten Erscheinungen der Natur – alle aus der *Prakriti* heraus entwickelt. Zusammen mit *Prakriti* bilden sie die Welt der Materie.

Diese manifestierten *Tattvas* wurden aus der Beobachtung von menschlicher Psyche und Physis abgeleitet und auf die gesamte Natur übertragen. Sie bilden eine Hierarchie von geistigen, energetischen und physischen Ebenen, die wohlgeordnet zusammenwirken. Die geistigen, verursachenden und steuernden Ebenen stehen in der Hierarchie oben, die energetischen Funktionen und die physischen Manifestationen auf den niederen Ebenen. Mit dieser Hierarchie wird gleichzeitig die Reihenfolge abgebildet, in der sich die verschiedenen Ebenen in der Evolution entwickelt haben. Alle manifestierten Wesen bestehen aus allen *Tattvas*, freilich in unterschiedlicher Gewichtung. Somit ergibt sich insgesamt die folgende Reihenfolge der *Tattvas*:

1. *Purusa*, reines, göttliches Bewusstsein
2. *Prakriti*, unmanifestierte Materie, die drei *Gunas* sind im ausgeglichenen Zustand; sie stellt die Materie in der Form dar, wie sie vor der Entstehung des Kosmos bestand
3. *Buddhi*, unterscheidendes Bewusstsein, (intuitive) Erkenntnis; sie wird auch *Mahat* (die Große) genannt in Anspielung auf das kosmische Bewusstsein
4. *Ahamkara*, Ich-Identifikation, Ego
5. *Manas* oder Wahrnehmungsvermögen, Gedanken, Verstand, Gefühle und Gemüt (dem die fünf wahrnehmenden und die fünf handelnden Sinne zugeordnet sind);
6. bis 10. *Inanendriyas* oder die fünf Wahrnehmungssinne oder -organe (Ohren/Hören, Augen/Sehen, Nase/Riechen, Zunge/Geschmack, Haut/Tasten)
11. bis 15. *Karmendriyas* oder die fünf Handlungssinne oder -organe: Sprechen, Greifen und Handeln, Stehen und Gehen, Ausscheidung, Zeugung
16. bis 20. *Tanmatras* oder die fünf feinstofflichen Elemente oder Sinneswahrnehmungen: Klang, Berührung, Form/Farbe, Geschmack, Geruch. Sie bilden eine direkte Entsprechung zu den fünf *Inanendriyas* in dem Sinn, dass jeweils einem Wahrnehmungssubjekt ein Wahrnehmungsobjekt zugeordnet ist (Hören ↔ Klang).
21. bis 25. *Mahabhutas* oder die fünf grobstofflichen Elemente: Äther, Luft, Feuer, Wasser, Erde.

Auf den Menschen bezogen hat sich auf Basis der *Tattvas* ein differenziertes philosophisches und psychologisches Konzept entwickelt. Im Menschen gibt es den individuellen *Purusa*, der immer schon besteht und von der gleichen Qualität ist wie der universelle, kosmische *Purusa*, nur dass er verbunden ist mit der unmanifestierten individuellen *Prakriti* sowie dem feinstofflichen und dem physischen Körper, also den der individuellen *Prakriti* zugeordneten individuellen *Tattvas*. *Buddhi*, *Ahamkara* und *Manas* ergeben zusammen den inneren Sinn *(Antahkarana)*, der oft als elfter Sinn oder Organ – neben den *Inanendriyas* und *Karmendriyas* – bezeichnet wird. Der feinstoffliche Körper *(Linga Sarira)* besteht aus diesem Organ – zusammen mit der geistigen Anlage der Sinnesorgane und den feinstofflichen Elementen. Dieser feinstoffliche Körper bildet die Charakteristik eines Menschen. Er bleibt nach dem Tod erhalten und wird in jeder Inkarnation wiedergeboren.

Die vedantische Tradition unterscheidet in ähnlicher Weise fünf Schichten oder *Kosas*:

- *Anna Maya Kosa* (den physischen Körper)
- *Prana Maya Kosa* (den subtilen, energetischen Körper)
- *Mano Maya Kosa* (den mentalen Körper oder *Manas*: Verstand und Gefühl)
- *Vignana Maya Kosa* (den Körper der geistigen Unterscheidung oder *Buddhi*) und
- *Ananda Maya Kosa* (den Körper der Glückseligkeit – *Purusa* und *Prakriti*).

Die Schichten zwei bis fünf entsprechen dem feinstofflichen Körper des *Samkhya*. In der vedantischen Tradition gibt es gegenüber dem *Samkhya* eine geringfügige Abweichung von der Reihenfolge der *Tattvas*: *Ahamkara* ist die erste Stufe der Manifestation aus der *Prakriti*.

Der Ablauf der kosmischen Evolution

Der bedeutendste Beitrag des *Samkhya* liegt in der Bereitstellung eines Evolutionskonzepts der Natur. Dem *Samkhya* zufolge hatte die Welt keinen zeitlichen Anfang und hat kein zeitliches Ende.

Die Welt ist auch nicht aus einem Akt des Schöpfers entstanden, sondern dadurch, dass unendlich viele *Purusas* Energie ausstrahlten. Nicht durch ihr Wollen, nur durch ihr einfaches Vorhandensein regten sie *Prakriti* zur Aktivität an, wie der Magnet das Eisen. Bliebe *Prakriti* sich selbst überlassen, befänden sich die drei *Gunas* stets im Gleichgewicht, also zu je einem Drittel *Sattva*, *Rajas* und *Tamas*. Allein durch die Existenz des *Purusa* änderten sich die Mischungsverhältnisse der *Gunas*, sie verdichteten sich allmählich, wodurch Formen von Objekten entstanden. Daraus resultiert ein endloser Entwicklungs- und Ausfaltungsprozess in die zahllosen Formen der manifestierten Materie. Die Evolution nimmt also ihren Ausgang vom nichtmanifesten Urzustand der *Prakriti* und lässt das Universum sich stufenweise zu immer dichteren Ebenen der Manifestation entwickeln – bis zu den Formen fester Materie, die wir um uns beobachten können. Wenn die Stufe der höchsten Dichte der Manifestation erreicht ist, bewegt sich die Evolution in einer Umkehrbewegung wieder auf ihren Ursprungszustand zu – die reine *Prakriti*. Ist auch diese Bewegung abgeschlossen, wird durch einen neuen Impuls der *Purusas* der Prozess der Manifestation erneut aufgenommen. Die Evolutionsvorstellung ist also zyklisch, unser jetziges Universum ist eines in einer Kette von Universen.

Dieses Evolutionskonzept gilt für die gesamte Natur wie für jeden Menschen, für jedes manifestierte Wesen. Man kann durchaus sagen, dass sein eigentlicher Zweck darin besteht, die geistige Evolution des Menschen im Dienste der yogischen Entwicklung zu beschreiben. Das Evolutionskonzept wird zu einem psychologischen Konzept erweitert, auf das wir im Folgenden näher eingehen werden. Auch hier ist die Betrachtungsweise eine energetische, die aus der Wirkungsweise der *Gunas* abgeleitet werden kann. Ähnlich wie sich Materie stufenweise verfestigt, haben auch geistige Entitäten (wie Gedanken und Gefühle) die Fähigkeit und die Neigung, sich zu verfestigen. Wir sprechen in diesem Zusammenhang von den sogenannten Prägungen oder Eindrücken *(Samskaras)*, die unsere Erkenntnis im Zusammenwirken mit dem *Ahamkara* (der Ich-Instanz, auf die weiter unten eingegangen wird) beeinträchtigen und die es durch richtige Unterscheidung aufzulösen gilt. Der Auflösung dieser *Samksaras* gibt sowohl der *Samkhya* wie der Yoga großen Raum.

Die Evolution erfolgt in der ersten Phase der Ausfaltung so, dass sich die *Tattvas* nacheinander in der oben dargestellten Reihenfolge manifestieren. Dabei wird nichts vollkommen neu hinzugefügt, alles ist auf der jeweils höheren Stufe in seiner geistigen Essenz bereits vorhanden. Es geht auch nichts verloren. Materie wird lediglich umgeformt, transformiert. Die Evolution besteht also darin, das zu entfalten, was schon immer als geistige Ursache da ist. Alles, was erforderlich ist, ist das Entfernen von Hindernissen für die Evolution. Patanjali bringt in den *Yoga-Sutras* (IV, 3) dafür das Beispiel eines Bauern, »der die Dämme öffnet, um seine Felder zu bewässern«. Dies gilt für die kosmische wie für die menschliche Evolution. Die Fähigkeit, Hindernisse zu entfernen, steckt in der Natur der *Gunas*, insbesondere der *Rajas-Gunas*, die den Antrieb dazu stellen, das Mischungsverhältnis der *Gunas* zu ändern – dasjenige, was sich in der Evolution tatsächlich ändert.

Auf der ersten Stufe der Manifestation erscheint *Mahat*, die kosmische Intelligenz. Sie ist nicht mit der reinen Intelligenz, dem *Purusa*, zu verwechseln. Ihre Intelligenz ist geliehen, sie wird aus der Nähe zum *Purusa* gewonnen. *Mahat* verkörpert das Schöpfungs- und Zerstörungsprinzip, auf der individuellen Stufe wird sie von *Buddhi* (Unterscheidungsvermögen, Erkenntnis, Intuition) repräsentiert. Die Manifestationen dieser Ebene können mit dem Geist, nicht aber mit den Sinnen erfasst werden. Hier werden Objekte erkannt und unterschieden, es ist die Ebene von Intuition und Kreativität. *Buddhi* ist auch der Speicher für alle unbewussten Eindrücke oder *Samskaras*, die im Konzept des *Samkhya* und des Yoga eine bedeutende Rolle spielen (siehe das Kapitel *Die* Yoga-Sutras *des Patanjali*). Zu dieser Ebene gehören auch die subtilen Eigenschaften der folgenden Ebenen: des *Ahamkara*, des *Manas*, der Organe und der Elemente. Sie alle sind bereits auf der Ebene der *Buddhi* in ihrer geistigen Anlage vorhanden und manifestieren sich schließlich vollständig auf ihrer eigenen Ebene.

Auf der nächsten Stufe der Manifestation folgt das Ich-Prinzip

(Ahamkara). Auf der kosmischen Ebene ermöglicht es die Entstehung von Individualität, auf der individuellen Ebene die Unterscheidung vom Du und der umgebenden Umwelt. Positiv formuliert leistet es die Identifikation mit allem, was zum Ich gehört. Dem *Ahamkara* kommt im *Samkhya* wie im Yoga eine wichtige Rolle zu, da die Identifikation mit den aus der *Prakriti* stammenden Manifestationen Ursache allen Leids ist, dessen Beseitigung Ziel sowohl des *Samkhya* wie des Yoga ist.

Aus dem *Ahamkara* (der Ich-Instanz) entfalten sich im Zuge der Evolution zwei weitere Entwicklungszweige. Aus dem sattvischen Zweig entstehen *Manas*, der wahrnehmende Geist, mit den fünf Wahrnehmungssinnen (Ohren, Augen, Nase, Zunge, Haut) und den fünf Organen des Handelns (Arme, Beine, Mund, Zeugungs- und Aussscheidungsorgane).

In der tamasischen Ausprägung entstehen paarweise einander zugeordnet die fünf feinstofflichen Elemente (Klang, Berührung, Form/Farbe, Geschmack und Geruch) und die fünf grobstofflichen, physischen Elemente Äther, Luft, Feuer, Wasser und Erde. Die Zuordnung ist derart, dass das Erdelement über das Prinzip des Geruchs, das Wasserelement über das Prinzip des Geschmacks, das Feuerelement über das Prinzip des Sehens und der äußeren Form, das Luftelement über das Prinzip der Berührung und das Ätherelement über das Prinzip des Klangs verfügen.

Erst auf der letzten Stufe der Evolution erscheint die Natur in ihren konkreten, beobachtbaren Formen. Für unser modernes westliches Weltbild ist streng genommen nur diese Stufe real, während für die indische Philosophie das real ist, was unveränderlich ist, und das sind die geistigen Grundursachen, *Purusa* und *Prakriti*.

Auf den Menschen übertragen führt der Evolutionsprozess zunächst zum Übergang aus dem Zustand des reinen Bewusstseins, des Einsseins mit dem Göttlichen, in einen Zustand intuitiven Innewerdens *(Buddhi)*. Dem folgt wiederum die Ich-Vorstellung *(Ahamkara)*. Durch Wahrnehmen, Denken und Fühlen *(Manas)* gelangt das Bewusstsein dann zum ›gewöhnlichen‹ Wachzustand des Bewusstseins und mithilfe der äußeren Sinne *(Inanendriyas, Karmendriyas)* dazu, die Außenwelt zu erfahren und auf sie einzuwirken. Eindrücke oder *Samskaras* bilden sich, indem *Ahamkara* (die Ich-Instanz) sich mit den Objekten identifiziert, mit denen er in Kontakt tritt. Das ist die Ursache für die Ablenkung und Verfälschung der Erkenntnis des Menschen und somit die eigentliche Ursache für sein Leid.

Mithilfe des Yoga werden diese Verwandlungen durch das Entfernen der Eindrücke, die gebildet wurden, rückläufig wieder aufgelöst. Die Nähe zum *Purusa* – wie sie etwa in der Meditation gefunden wird – ist diesem Vorgang förderlich. Es findet also im Yoga ein gegenläufiger Prozess statt. Während im Ausfaltungsprozess die *Tamas-Gunas* anwachsen, nehmen im rückläufigen Prozess die *Sattva-Gunas* zu. Ziel der Entwicklung – der menschlichen wie der aller anderen Geschöpfe des Kosmos – ist es, die materielle Evolution zum Ende und *Prakriti* wieder in den Zustand zu bringen, den sie auf der ersten Schöpfungsstufe innehatte.

Der *Purusa* bleibt bei alldem unbeeinflusst, er ist nichtstofflich und befindet sich außerhalb des Systems. Er wird allerdings im Lauf der menschlichen Evolution mehr und mehr freigesetzt. Im Zustand der Vervollkommnung ist die direkte, unmittelbare Erfahrung des *Purusa* als getrennt von *Prakriti* gegeben – damit wird für den Menschen das vollständige Freisein von Leid erreicht.

Dies führt zu einer Einstellung des Annehmens den Lebensvorgängen gegenüber. Der Lebensprozess geht ohne Beeinträchtigung durch die Sphäre der *Gunas* weiter, im absoluten Für-sich-Sein. Die Ereignisse des Daseins werden angenommen, ohne sie zu bewerten.

Die Grundkonzeption des Doppelsystems *Purusa–Prakriti* lässt sich folgendermaßen zusammenfassen:

1. Die Welt basiert auf einer unauflösbaren Zweiteilung in Geist (*Purusa* oder göttlicher Kern; er hat keine Form und keinen Inhalt, ist reines, selbststrahlendes Licht) und dem Prinzip der Materie *(Prakriti)*.
2. Aus der *Prakriti* faltet sich die Materie in mehreren Evolutionsstufen zu den manifesten Erscheinungen des Kosmos auf und existiert auf allen diesen Stufen in drei Qualitäten oder

Gunas: *Sattva* oder kontemplative Qualität (Helle, Erleuchtung, Freude), *Rajas* oder aktive Qualität (Bewegung, Erregung, Schmerz) und *Tamas* oder Qualität der Trägheit (Schwere, Hemmung). Die Evolution – verursacht durch den *Purusa* und ihren Ausgang nehmend von der *Prakriti* – entfaltet sich über die verschiedenen Entwicklungsstufen oder *Tattvas* und kehrt schließlich wieder zurück zur *Prakriti*. Sie wird bewirkt durch eine Wandlung der Mischungsverhältnisse der *Gunas*.

3. Jedes individuelle Selbst, das sich mit Materie verbindet, gerät unter die Knechtschaft des endlosen Kreislaufs der Seelenwanderung *(Samsara)*. Gemäß der Philosophie des *Samkhya* kann sich der Mensch nur durch reine Erkenntnis, durch die richtige Unterscheidung von höchstem Selbst (dem Göttlichen) und Nicht-Selbst aus diesem Kreislauf befreien.

Die Psychologie des *Samkhya*

Die Psychologie des *Samkhya* ist ausgesprochen komplex. Da aus der Wirkungsweise der *Gunas* abgeleitet, arbeitet sie stark mit energetischen Vorstellungen, die in die funktionale Struktur der *Tattvas* eingefügt werden. In dieser energetisch-funktionalen Sicht ist sie auf faszinierende Weise modern.

Für den *Samkhya* ist es das Lebensziel des Menschen, die Befreiung des *Purusa* von der *Prakriti* zu erreichen und damit frei von Leid zu werden. Leid kann nur in *Prakriti* und ihren Manifestationen gefunden werden, nicht in *Purusa*. Wir erfahren Leid, weil wir mit unserer mangelnden Unterscheidung die beiden verwechseln. Durch die Gewinnung der richtigen Erkenntnis im *Samkhya* beziehungsweise durch die Verfolgung des Yogaweges wird die richtige Unterscheidung vermittelt, und so wird eine direkte Erfahrung des *Purusa* möglich, die allein vollkommenes Wissen vermitteln kann. Dies ist aber nur erreichbar, wenn alle Unreinheiten des Denkens, alle Vorurteile, alle persönlichen Eindrücke und Prägungen – samt ihrer Ursache, der Identifikation des *Purusa* mit den Folgestufen der *Prakriti*: *Buddhi*, *Ahamkara* und *Manas* – aufgelöst sind. Dann erst ist das Wissen um die Dinge möglich, wie sie wirklich sind – nicht als Sammlung von

Ansichten, Vorurteilen und Emotionen, sondern als unmittelbare Wahrnehmung. Solange diese Ebene nicht erreicht ist, werden die menschlichen Geistorgane bei der Wahrnehmung von Objekten entsprechend der Muster durch Eindrücke geformt, die zu diesen Objekten gebildet wurden, und bilden mit jeder Wahrnehmung zusätzliche neue Muster.

Es handelt sich hier um eine zentrale Vorstellung des *Samkhya* und des Yoga, dass jeder mentale Akt, jede Handlung Eindrücke oder Spuren *(Samskaras)* im Geist bewirkt, die auf subtile Weise Gedanken, Charakter und Verhalten eines Menschen beeinflussen.

Die Befreiung des Geistes ist nur möglich, wenn die Eindrücke aufgelöst sind und das Kreisen der Gedanken aufhört. Da die Gedanken bestimmend sind für die Verstrickung des Geistes in die Materie und es kaum möglich ist, ihren Fluss zu steuern, ist es schwer, das Anhaften an den Dingen zu überwinden. Deshalb ist Disziplin bei den Übungen und stetige Ausrichtung auf das Ziel nötig. Die Wandlung, die auf diese Weise stattfindet, ist auch weniger eine des Wesens desjenigen, der Erkenntnis erlangt hat, sondern eine der Schau, des Verständnisses dessen, was ›wirklich‹ ist.

Samkhya wie Yoga haben aus der Jahrhunderte währenden Praxis der Selbstanalyse so etwas wie einen psychologischen Funktionalismus begründet, in welchem die geistigen und physischen Organe in einer klaren Logik aufeinander aufbauen und zusammenwirken. Der Mensch ist aktiv durch seine fünf Tatorgane und rezeptiv durch seine fünf Wahrnehmungsorgane. Sie dienen als Tore beziehungsweise Eingänge für unsere Wahrnehmung. *Rajas-Guna* herrscht im Tatvermögen, *Sattva-Guna* im Aufnahmevermögen. Verstand und Gefühl *(Manas)*, das Ichbewusstsein *(Ahamkara)* und das Unterscheidungsvermögen *(Buddhi)* fungieren als Türwächter.

Das innere Organ des Menschen (Antahkarana)

Buddhi, Ahamkara und *Manas* bilden zusammen das innere Organ *(Antahkarana)*, welches die Tore der Wahrnehmung öffnet und schließt – und zugleich registriert und kontrolliert, was hindurchgeht. Dieses Organ bildet auch die lebenswichtigen Energieströme *(Pranas)* aus, die das Körpersystem erhalten. Dazu sind sie aber nur durch die Anwesenheit des aus sich selbst leuchtenden *Purusa* imstande – unseres göttlichen Kerns, der alle Prozesse der groben und feinen Materie erhellt und durchgeistigt.

Buddhi als Fähigkeit des Gewahrwerdens (wörtlich ›wieder zum Bewusstsein kommend‹) wird durch den *Sattva-Guna* charakterisiert. *Buddhi* als erste aus *Prakriti* manifestierte Form gilt durch ihre Nähe zum *Purusa* als das Lichtorgan und als dasjenige Organ, welches durch seine *Purusa-Nähe* die größte Ähnlichkeit mit der göttlichen Wirklichkeit hat. *Buddhi* ist die Fähigkeit des Gewahrwerdens, der Intuition, der Unterscheidung und Entscheidung. Sie umfasst die Gesamtheit unserer geistigen Vorstellungen und Möglichkeiten. Weil ihre feine Materie alle ihr von den Sinnen angebotenen Formen annimmt, pflegen die wahrgenommenen Objekte der *Buddhi* eine Form einzuprägen und in ihr einen Eindruck zu hinterlassen. Nicht nur die Form des Objekts, sondern auch die damit verbundenen Gefühle und Gedanken wie auch der davon erregte Wille und Entschluss zur Tat hinterlassen ihre Spuren *(Samskaras)* und werden später von Neuem erregt und wiederbelebt. Sie werden so Teil unseres Unbewussten.

Die *Buddhi* ist unserer Ichfunktion übergeordnet und steht außerhalb von dieser. Deshalb werden wir ganz generell von der Art beherrscht, wie wir reagieren, anstatt sie zu beherrschen. Die *Buddhi* dominiert somit weitgehend unseren Charakter. Immer, wenn wir meinen, einen freien Entschluss zu fällen, geraten wir unter die Führung der *Buddhi*, unseres Unbewussten. *Buddhi* lässt das Unbewusste durch alle möglichen – von innen kommenden – geistigen Prozesse offenbar werden. Da wir keinen bewussten Zugang zum Ganzen unseres Wesens haben, können wir es nur indirekt erkennen, durch die Gefühle, Erinnerungen, Intuitionen, Ideen, die wir erleben, und durch die Entscheidungen, die wir treffen. Wir haben aber nicht die Freiheit, genau das zu fühlen oder zu denken, was wir möchten, sondern nur das, was als Essenz unserer Identität aus der *Prakriti* und was als unser ›Repertoire‹ an Eindrücken oder *Samskaras* vorhanden ist.

Die *Buddhi* setzt sich – wie alle manifesten Erscheinungen – aus den drei *Gunas* zusammen. Im nicht erlösten Zustand besteht ein Übergewicht des *Tamas-Guna*. Das führt dazu, dass die *Buddhi* sich stärker in ihrem ‹Dunkelbereich‹ bewegt, sowohl was die Themen betrifft, mit denen sie sich beschäftigt – der *Tamas*-Bereich des Materiellen dominiert –, als auch, was ihre Reaktionen betrifft – ihre Sicht wird durch die angesammelten *Samskaras* beeinflusst.

Durch die Übung des *Samkhya* und des Yoga setzt sich allmählich der *Sattva-Guna* durch, welcher die *Buddhi* von ihren übermäßigen *Tamas*- und *Rajas*-Anteilen reinigt. Die feine Materie der *Buddhi* wird – wie es in der *Samkhya*-Literatur sehr schön ausgedrückt wird – durchsichtig wie ein Bergsee. *Buddhi* enthält und ist zugleich die Spontaneität unseres Wesens. Die anderen Fähigkeiten, auch *Ahamkara*, folgen ihrem Rat. Das wird aber erst deutlich, wenn die *Gunas* im Gleichgewicht sind. Erst dann fließen die geistigen Kräfte fühlbar ungefiltert und rein in den menschlichen Organismus ein.

Davor muss die Verbindung mit dem Leid und seinen Ursachen durchtrennt werden. Die Illusion der Bindung daran wird durch die mangelnde Unterscheidung von *Purusa* und *Prakriti* hervorgerufen. Die Erkenntnis *(Viveka)* dessen wird der Leidenserfahrung ein Ende machen.

Ahamkara oder Ichbewusstsein (wörtlich ›Ichmacher‹) geht aus der *Buddhi* hervor. Er ist die Instanz, die die Bildung eines individuellen Selbst ermöglicht. Aus dem *Ahamkara* entwickeln sich *Manas* und alle Sinnesorgane. Er hat also eine Mittelposition zwischen *Buddhi* und *Manas*. Er stellt die Verbindung her zwischen Wahrnehmung und Erkenntnis beziehungsweise zwischen Erkenntnis und Wollen. Im Laufe der Lebensentwicklung baut er die Identifikation mit unseren Gedanken und Vorstellungen immer stärker aus. Er macht uns glauben, dass *wir* agieren, indem wir denken, handeln, leiden und so fort. Unser wahres, ewiges Ich *(Purusa)* ist aber in Wirklichkeit unbeeinflusst von diesen Aktionen. *Ahamkara* ist also der Hauptgrund der Täuschung – in der Meinung, alle Objekte und Handlungen des Bewusstseins seien auf ein Ich bezogen. Daher kommt auch unsere Vorstellung, wir seien in die Prozesse der Materie verstrickt, mit ihnen identisch. *Ahamkara* lebt sich vor allem im Tun aus (Vorherrschen des *Rajas-Guna*). Die verschiedenen Formen des Yoga stellen ausdrücklich den *Ahamkara* als dasjenige Element heraus, das mit seinen Identifikationen den Yogaweg behindert, und arbeiten Methoden aus, um sie zu beseitigen. Im *Samkhya* geschieht dies durch die unterscheidende Erkenntnis der *Buddhi*, die es uns ermöglicht, den *Ahamkara* ins Gleichgewicht zu bringen – nicht durch Ablehnung und Askese, sondern durch erkennendes Auflösen unserer Identifizierung mit unseren Gefühlen, Wünschen, Prägungen.

Manas (Denkorgan, im englischen ›mind‹, lateinisch ›mens‹) als drittes Element des inneren Organs, ist zuständig für Denken, Fühlen, Wollen und Begehren. Es hat die Steuerung über die Sinnesorgane und wird seinerseits über *Buddhi* und *Ahamkara* gesteuert. *Manas* reagiert bei der Wahrnehmung von Objekten entsprechend der Gedanken und Muster *(Samskaras)*, die wir zu diesen Objekten gebildet haben, und bildet zusätzlich neue Muster, indem es seine mit Gedanken, Gefühlen und Willensimpulsen verbundenen Eindrücke an die *Buddhi* weitergibt.

Es ist, wie weiter oben erwähnt, eine zentrale Vorstellung des *Samkhya* und des Yoga, dass jeder mentale und jeder physische Akt Gedächtniseindrücke oder Spuren hinterlässt, die auf subtile Weise Gedanken, Verhalten und Charakter eines Menschen beeinflussen. Gedanken erzeugen Erinnerungen, und diese bilden wieder einen Vorrat potenzieller Gedanken, die erneut darauf warten, aufgerufen zu werden. Die Arbeit des Gedächtnisses besteht nicht im bloßen Erinnern an vergangene Ereignisse, sondern ist immer verbunden mit inneren Bewertungen, die meist mit einem Gefühl – etwa von Angst, Glück oder Unglück – verbunden sind.

Das Gefüge aus Eindrücken, das in Gedanken und Handlungen zum Ausdruck kommt, ist für die unbewussten Neigungen verantwortlich, die den Charakter eines Menschen formen. Erst das Auflösen der durch den *Ahamkara* aufgebauten Identifikation mit den aufgenommenen Gedanken führt zu einem Freiwerden der gedanklichen Bindung. Der *Samkhya* nimmt dabei keine wertende Unterscheidung zwischen Gut und Böse beziehungsweise Schlecht vor, in seiner energetisch-funktionellen Sicht kennt er nur unterschiedliche Mischungsverhältnisse von Qualitäten *(Gunas)*, die einen bestimmten Entwicklungsstand manifestieren.

Die Form der Eindrücke wurde bereits in vergangenen Inkarnationen angelegt. Auch die Idee der Seelenwanderung – die im *Samkhya* wie im Yoga Geltung hat – basiert auf diesem Konzept. Der innere feinstoffliche Leib, der aus der geistigen Anlage der Sinnesorgane und dem inneren Organ mit den gespeicherten Eindrücken besteht, überdauert den physischen Tod. Er ist Träger der reinkarnierten Persönlichkeit. Eine endgültige Befreiung des Geistes ist nur möglich, wenn die Eindrücke aufgelöst sind.

Im *Samkhya* – wie auch im Yoga – ist somit die Vorstellung angelegt, dass es eine Hierarchie der wirkenden, verursachenden Ebenen gibt und dass unsere Haltungen, Gedanken und Handlungen geistig verursacht sind: Deren höchste Ebene ist der *Purusa*, das Göttliche. Innerhalb der manifestierten *Tattvas* sind es die jeweils zuerst manifestierten, höheren, die für die niederen Ebenen verursachend wirken. *Buddhi* etwa kann auf *Manas* einwirken, *Manas* aber nicht direkt auf *Buddhi*. Es wirkt, indem es aus den aktuellen Erlebnissen und Erfahrungen Eindrücke – durch die emotionalen Reaktionen, die die Erfahrungen und Erlebnisse begleiten – für die Bildung von *Samskaras* bereitstellt.

Um unser Verhalten, unsere Gedanken und Handlungen zu ändern, müssen wir auf der höchstmöglichen Ebene ansetzen, im *Samkhya* auf derjenigen der *Buddhi*, indem wir unsere Prägungen und Anhaftungen auflösen und so unsere Erkenntnisfähigkeit vergrößern und die gewonnene Erkenntnis in unser Denken und Verhalten integrieren. In den Bereichen, in denen uns dies gelungen ist, werden die bestehenden Eindrücke aufgelöst und die Bildung neuer Eindrücke verhindert.

Parallelen der Psychologie des Samkhya *zu den westlichen Humanwissenschaften*

Die Vorstellungen, die der *Samkhya* zum Entstehen und der Wirkung der Eindrücke oder Prägungen entwickelt, werden von Tiefenpsychologie und Neurowissenschaften in ähnlicher Form bestätigt. Sie haben herausgefunden, dass die meisten unserer Handlungen unbewusst ablaufen und dass große Teile unseres Wissens und unserer Erfahrung unterhalb der Bewusstseinsschwelle liegen.

Ein Bezug zur Tiefenpsychologie ist insoweit zu sehen, als diese ebenfalls sagt, dass eine Wiederbesinnung auf das eigene Selbst dann erfolgt, wenn Verdrängungen oder Fixierungen aufgelöst wurden. Auch unsere alten Mythen erzählen in unterschiedlichsten Variationen davon, dass der leibliche Vater und das von ihm Ererbte (also der gesamte Bereich der Sinnesorgane und die überlieferten Sitten und Vorurteile) aufgegeben werden müssen, ehe wir in den Besitz des eigenen ursprünglichen Selbst gelangen.

Ähnliche Vorstellungen, wie sie der *Samkhya* zur Dynamik der *Samskaras* entwickelt, werden auch in neueren Ansätzen der Psychologie und in der Epigenetik, der Wissenschaft von den Mechanismen, die die Genaktivitäten in der Zelle steuern, entwickelt. Auch unsere westliche Psychologie hat erkannt, dass, um Verhaltensänderungen zu bewirken, höhere geistige Ebenen angesprochen und entwickelt werden müssen. Durch Belohnung allein – wie dies noch die Schule des Behaviourismus behauptete – kann dergleichen nicht erreicht werden. Die westliche Psychologie hat neuerdings, wie in vorangegangenen Kapiteln dargelegt, Konzepte entwickelt, die in diese Richtung führen: Abraham Maslow hat die Ebenen der Bedürfnispyramide gefunden, Viktor Frankl hat die Bedeutung der Auseinandersetzung mit der Sinnfrage thematisiert, die positive Psychologie hat einen Tugendkatalog aufgestellt und darin den Tugenden die Charakterstärken zugeordnet, die in einem gelingenden Leben zu verwirklichen sind.

Die Epigenetik konnte jüngst nachweisen, dass sich traumatische Störungen, die Kinder erlitten haben, in ihren Genen niederschlagen. Die Befunde lassen vermuten, dass diese Störung mit hoher Wahrscheinlichkeit sogar auf die Gene der nächsten Generation vererbt wird. Forschungen an den sogenannten Spiegelneuronen – deshalb Spiegelneuronen, weil wir mit ihnen Handlungsabläufe ›spiegeln‹, das heißt durch Imitation erlernen –

haben gezeigt, dass Gene auch durch positive Erfahrungen in positive Richtung verändert werden.

Absolut verblüffend ist zudem, dass die Neurowissenschaften ein ähnliches Bild von der Struktur des menschlichen Gehirns entwerfen (siehe das Kapitel *Neuere Entwicklungen in den Neurowissenschaften*), wie sie der *Samkhya* entwickelt hat: das Stammhirn (oder Reptiliengehirn) mit der Repräsentation der physischen Prozesse würde den *Inanendriyas* und *Karmendriyas* des *Samkhya* entsprechen, das limbische System (oder Altsäugergehirn) dem *Manas*, der Neocortex (oder Neusäugergehirn) der *Buddhi*. Auch für die Repräsentation des Selbst – im *Samkhya* durch *Ahamkara* verkörpert – wurden zentrale Gehirnfunktionen gefunden (das sogenannte Aufmerksamkeits- und das Orientierungsfeld des Cortex). Dazu steht nur scheinbar im Widerspruch, dass die Reihenfolge, in der sich die einzelnen Gehirnebenen im Rahmen der menschlichen Evolution entwickelt haben, eine andere, nämlich die umgekehrte ist als die der *Tattvas* im *Samkhya*: Die Entwicklung der Gehirnebenen ist im *Samkhya* – wie bei allen Manifestationen – zunächst eine geistige; erst zuletzt erfolgt die materielle Manifestation der Gehirnebenen, und diese beginnt mit der untersten Ebene, dem Reptiliengehirn.

Ein weiterer, ausgesprochen moderner psychologischer Gedanke, der bisher allerdings von der westlichen Wissenschaft kaum aufgenommen wurde, ist der, dass etwas entfernt werden muss, bevor Neues aufgenommen werden kann. Das Entfernen der *Samskaras* – in Form einer ›Reinigung‹ – ist für *Samkhya* wie Yoga Voraussetzung für ein Vorwärtskommen auf dem spirituellen Weg.

Die Weltsicht des *Samkhya*

Was die Wahrnehmung unserer persönlichen Wirklichkeit betrifft, vertritt der *Samkhya* eine Position des erkenntnistheoretischen Realismus. Ereignisse, Gedanken wirken auf alle Menschen – aber jeweils unterschiedlich: auf den einen beglückend, auf den anderen leidvoll, wieder ein anderer wird gar nicht betroffen sein. Was wir erfahren, ist nach der Philosophie des *Samkhya* insofern real, als es sich auf reale Objekte bezieht. Es ist gleichzeitig subjektiv, da es sich auf unsere Erfahrungen mit diesen Objekten bezieht und diese grundsätzlich subjektiv sind. Wir erfassen somit immer nur einen Teil der möglichen Erfahrungen. Sie sind notwendigerweise bruchstückhaft, abhängig von unseren Konditionierungen und Vorurteilen wie auch von der Rolle, die wir den Objekten gegenüber einnehmen. So vermittelt eine schöne Frau ihrem Ehemann ein Glücksgefühl, den weniger schönen Frauen um sie herum das Gefühl der Eifersucht und des Neids und anderen Männern das Gefühl sexuellen Begehrens. Bei allen Erfahrungen kann somit ein konkreter Bezug zur selben äußeren Wirklichkeit bestehen, sie werden letztlich aber von der eigenen inneren Wirklichkeit bestimmt. Man kann also von einer Position des eingeschränkten Realismus sprechen. Die Philosophie des *Samkhya* geht davon aus, dass nur der befreite *Purusa* in uns die Dinge vollständig erfassen kann.

Diese Position eines eingeschränkten Realismus entspricht auch dem, was die modernen Neurowissenschaften sowohl für Sinneswahrnehmungen als auch für Erinnerungen festgestellt haben. Ihnen zufolge erzeugt unser Geist ein eigenes Bild von seiner Umwelt im wahrsten Sinne des Wortes *(Konstruktivismus)*, welches aber nicht der Wirklichkeit entspricht, sondern unserer ›Lebenswirklichkeit‹, das heißt es werden diejenigen Dinge ausgefiltert, die für uns und unser Überleben nicht wichtig sind, und diejenigen betont – und im Gehirn ›verdrahtet‹ – , die sich in der langen Geschichte unserer biologischen Evolution, aber auch im Laufe unseres eigenen Lebens als wichtig herausgestellt haben.

Relevanz des Samkhya *für die westliche Philosophie*

Der *Samkhya* kann uns, die wir uns im modernen westlichen Vernunftdenken bewegen, über das Verstehen einen Zugang zu indischer Philosophie und Spiritualität – und natürlich einen Zugang zu uns selbst und zu der Welt, die uns umgibt – ermöglichen, wobei dieses Verstehen die unterschiedlichen Wahrnehmungsmodi wie Denken, Fühlen und Intuition einbezieht. Es ist alles in allem ein faszinierendes Konzept, mit einem schlüssigen Welt- und Evolutionsmodell und einem psychologischen Ansatz, der die geistig-energetische Verursachung unserer Einstellungen und Haltungen offenbart und Wege aufzeigt, wie wir auf diese Einstellungen zur Entwicklung größerer Realitätsnähe und größerer Harmonie mit unserem eigenen Existenzgrund einwirken können.

Gerade für uns westliche Menschen kann der *Samkhya* eine Schule der Unterscheidung sein, der Annäherung an die Wirklichkeit durch innere intuitive Wahrnehmung. Die westliche Kultur ist ja in ihren geistigen Grundlagen eine *Buddhi*-Kultur. Sie hat die Kunst der Unterscheidung an den Phänomenen der Natur von Beginn an – mit den Naturphilosophen des alten Griechenland – intensiv und mit reichem Ertrag betrieben. Da sie in der Egozentriertheit und Vernunftorientierung des – von Jean Gebser so genannten – mental-perspektivischen Weltbildes mit ihrer *Buddhi* eher die dunkle, tamasische, materialistische Ausprägung entwickelt hat, ist sie in eine Sackgasse geraten, aus der nur schwer ein Ausweg zu finden ist. Dies merken wir allerorten an einer diffusen Krisenstimmung, an der scheinbaren Ausweglosigkeit der sich anbahnenden Katastrophen (Klimakatastrophe, Energiekrise, Rohstoff- und Ernährungskrise, Kollaps der Gesellschaften und so fort). Es ist zwar in vielen Bereichen unserer Gesellschaft ein Umdenken feststellbar – zumindest im Rahmen der Erkenntnis, dass die Fortsetzung des jetzigen Weges nicht möglich ist.

Die Kunst der Unterscheidung – zu der uns der *Samkhya* hinführen will – können wir uns allerdings nur zugänglich machen, wenn wir uns den Erscheinungen der Welt nicht nur mit dem begrifflichen Denken der Wissenschaft, sondern mit allen Wahrnehmungsmitteln nähern, die uns zu Gebote stehen, sowie in einer grundsätzlichen Offenheit den Phänomenen gegenüber. Es geht demnach nicht um das Annehmen einer neuen, anderen Begrifflichkeit oder das Errichten eines neuen Systems, sondern vielmehr um eine Änderung unserer inneren Haltung. Das Verstehen im *Samkhya* – wie in der indischen Philosophie – ist immer auch ein Verstehen aus der eigenen Erfahrung heraus, die gekoppelt ist an den inneren Zustand. Das Erkennen erschließt sich dann automatisch aus dem inneren Zustand, ist gleichsam mit diesem identisch. *Tat tvam asi* (›Das bist du‹): Damit ist dieses Zusammenfließen von Erkenntnis und innerem Zustand wunderbar ausgedrückt.

An den Konzepten des *Samkhya* lässt sich eine Reihe weiterer Unterschiede zwischen westlicher und indischer Philosophie festmachen. So kennt der *Samkhya* – wie auch die gesamte indische Philosophie – das Konzept des Dualismus nicht, das sich wie ein roter Faden durch die westliche Philosophie nach Cusanus zieht. Er kennt nur Dualitäten oder Polaritäten – wie zum Beispiel Gut und Böse, Liebe und Hass –, die sich in der Form unterschiedlicher Mischungsverhältnisse von Qualitäten *(Gunas)* manifestieren und damit einen bestimmten Entwicklungsstand anzeigen. Eine Entwicklung zum Besseren kann – energetisch gesehen – nur durch einen Ausgleich der Polaritäten, also durch Abmilderung der Extreme erfolgen, nicht durch Bekämpfung oder Eliminierung des Schlechten. Dem Bösen kann nur begegnet werden, indem es durch Stärkung des Guten verringert wird, und nicht, indem es bekämpft wird. Der *Samkhya* bringt uns nahe, zu einer Harmonie all unserer Fähigkeiten und Energien zu kommen. Es geht nicht darum, einzelne Stufen oder Qualitäten zu verabsolutieren, es ist in allem auf einen Ausgleich, eine Harmonie der *Gunas* hinzustreben.

Der *Samkhya* kennt auch nicht den Dualismus zwischen Materie und Geist (Form), wie er die kartesianische Philosophie ebenso lange wie vergeblich beschäftigte. Er führt allerdings die Dualität von *Purusa* und *Prakriti* ein und zieht die Trennlinie zwischen dem absoluten Geist, dem göttliche Qualitäten zugemessen werden, und der *Prakriti*, dem Prinzip der Materie, zu der alles gehört, was manifestiert ist – auch der menschliche Intellekt. Das Göttliche wird im klassischen *Samkhya* nur näherungsweise in der Negation angedeutet, aber in keiner Weise definiert. Es soll hier nicht der Frage nachgegangen werden, ob und inwieweit in diesem Konzept logische Widersprüche stecken. Der *Advaita Vedanta* vertritt bekanntlich die Position eines Nondualismus – nach dem nur *Purusa* beziehungsweise *Brahman* real und die gesamte materielle Natur seine Ausdrucksform ist. Es sei jedoch die Anmerkung erlaubt, dass diese Dualität des *Samkhya* eine größere logische Konsistenz zu besitzen scheint als die bei uns weithin übliche Unterscheidung zwischen dem Sicht- und Messbaren als Materie und dem Nicht-Messbaren als dem Geistigen.

Ein zentrales Prinzip der späteren theistischen Interpretation des *Samkhya* und des Yoga – theistischer indischer Philosophie ganz generell – ist die Annahme einer Parallelität zwischen Gott und Mensch, ja zwischen allen Wesen der Natur. Der Mensch ist aus den gleichen Energien und Kräften aufgebaut wie Gott. Deshalb kann Gott in unserem Inneren erfahren werden. Er ist nicht außerhalb von uns, sondern in der gesamten Natur – also auch in uns – vorhanden und unmittelbar erfahrbar. Das Anstreben dieser Erfahrung ist das höchste Ziel, das sich der Mensch setzen kann, auch das einzige, das Zugang zur ungetrübten Schau der Wirklichkeit verspricht. Im *Samkhya* wird diese Erfahrung durch die unterscheidende Erkenntnis der Differenz von *Purusa* und *Prakriti* vermittelt. Die Erfahrung, dass wir – unser Anteil am *Purusa* – Bestandteil des Göttlichen sind, versetzt uns in die Lage, alles, was uns widerfährt, dankbar und gelassen anzunehmen.

Dieses Konzept geistiger Entwicklung zur Befreiung hin, dieser Weg des *Samkhya,* entspricht der Charakteristik des *Jnana-Yoga*, dem Yoga der Erkenntnis. Damit ist aber gleichzeitig auch eine Einschränkung ausgesprochen, da andere spirituelle Wege, wie sie etwa im *Karma-*, *Bhakti-* oder *Raja-Yoga* der Bhagavad Gita erwähnt werden, ausgespart bleiben, ebenso wie die Frage nach einem Lehrer auf dem spirituellen Weg, die für den Yoga ganz selbstverständlich ist.

Insbesondere, da der *Samkhya* energetisch gedacht ist, ist zudem erstaunlich, dass er das Herz, das menschliche Organ mit dem größten energetischen Potenzial, nicht in sein Konzept einbezieht.

Die *Yoga-Sutras* des Patanjali

Im Yoga geht es ganz allgemein um das Ziel, durch die Anwendung yogischer Methoden das Einssein mit dem Göttlichen – anders ausgedrückt: das Einswerden mit dem eigenen höchsten Selbst – zu erreichen. Im *Raja-Yoga* – und auf diesen beziehen sich die folgenden Ausführungen – gehört, um dies zu erreichen, vor allem die Arbeit mit und am menschlichen Geist. Die Übung des Yoga bedeutet, zu erkennen und zu lernen, wie unser Geist arbeitet. Geist ist dabei weiter zu fassen als Intellekt oder Vernunft. Zu ihm gehören auch Einstellungen, Haltungen, Gefühle, Liebe. Der Geist ist das wichtigste Werkzeug des Yoga. Er muss in die Lage versetzt werden, das Ziel zu erreichen.

Die *Yoga-Sutras* können als das Standardwerk der Meditationspraxis des Yoga angesehen werden. Sie geben eine genaue Beschreibung der existenziellen Ausgangssituation des Menschen und legen die Methoden dar, die auf dem Yogaweg anzuwenden sind, sowie die Erfahrungen und geistigen Zustände, die im Laufe der yogischen Praxis gemacht werden.

Die Bhagavad Gita – als zweites Hauptwerk des klassischen Yoga – fügt den eher nüchternen und allein auf die Yogapraxis bezogenen Ausführungen der *Yoga-Sutras* eine mit der Autorität Krishnas ausgestattete Beschreibung von Lebensregeln und Einstellungen hinzu, die für den Yogaweg wichtig sind. Danach sind zur Zielerreichung nicht nur die yogische Praxis, sondern auch verantwortliches Handeln in der Gesellschaft und vor allem liebevolle, verehrende Zuwendung (*Bhakti*, die Grundkategorie indischer Philosophie) – zu Gott wie zu den Menschen – notwendig. Die *Yoga-Sutras* wie die Gita dienen vielen spirituellen Richtungen als geistige Grundlage.

Mit dem achtstufigen *Ashtanga-Yoga* gelten die *Yoga-Sutras* als das klassische Werk des Yoga schlechthin. Auch wenn es keinen eindeutigen historischen Beleg dafür gibt, wird für die Zeit ihrer Entstehung das zweite Jahrhundert v. Chr. angenommen. Die Figur des Patanjali liegt in legendenumwobenem Dunkel. Mit den *Yoga-Sutras* baut er auf einer Tradition auf, die lange vor ihm bestand. In den historisch älteren Upanischaden wird mehrfach auf den Yoga als spirituelle Praxis wie selbstverständlich Bezug genommen. Patanjali ist also nicht der Schöpfer des Yoga, sondern derjenige, der ihm seine systematisierte und tradierte Form gab.

Interessanterweise enthält die älteste Schrift des Buddhismus, der Pali-Kanon aus dem sechsten Jahrhundert v. Chr. Elemente, die auch dem Yoga zugrunde liegen. Da der Yoga viel älter ist, kann man davon ausgehen, dass Elemente des Yoga in diese Schriften aufgenommen wurden. Es steht zu vermuten, dass Patanjali diese Schriften gekannt und genutzt hat. Beispiele dafür sind der Gebrauch gemeinsamer zentraler Begriffe und Methoden, sowie der achtgliedrige Weg des Buddhismus im Vergleich zum achtstufigen *Ashtanga-Yoga*, von denen jeweils sechs Elemente übereinstimmen. Für Patanjali wie für Buddha kann das existenzielle Leid – die Grundbedingung menschlichen Lebens – durch spirituelle Übung und meditative Praktiken aufgehoben werden.

Der Umstand, dass die Entstehung der *Yoga-Sutras* in eine Zeit fällt, in der eine Reformation der religiösen Systeme Indiens vor sich ging – in der Form der Abkehr von den Übertreibungen des Brahmanismus –, macht sie für unsere heutige Zeit aktuell, die ebenfalls von großen kulturellen und religiösen Umbrüchen geprägt ist. Daraus sind auch die Einfachheit und Strenge der *Sutras* zu verstehen, die ebenfalls aus den ersten buddhistischen Schriften sprechen.

Die *Yoga-Sutras* haben einen starken Bezug zum System des *Samkhya*. Man kann durchaus von einem Doppelsystem sprechen. Deshalb ist die Kenntnis der *Samkhya*-Philosophie – insbesondere was den Aufbau, die Funktionsweise und die Entwicklung des Denkorgans und der Denkvorgänge angeht – eine wichtige Grundlage für das Verstehen der *Yoga-Sutras*. Für die die Denkprozesse bildenden Organe *Buddhi* (höhere Intelligenz, Intuition, Kreativität), *Ahamkara* (Ich-Instanz) und *Manas* (Denken, Fühlen), die im *Samkhya* als *Antahkarana* (inneres, geistiges Organ) zusammengefasst werden, wird in den *Yoga-Sutras* allerdings eine andere Bezeichnung – *Citta* – verwendet. Für die Wirkungsweise dieses inneren Organs im Zusammenspiel mit den Sinnesorganen ebenso wie für das Wirken der *Gunas* (Bildekräfte der Natur), aber auch für die Vorstellung von den *Samskaras*, die als verfestigte Eindrücke aus unseren Erfahrungen und Erlebnissen für den künftigen Ablauf unseres Schicksals in diesem aktuellen wie in künftigen Leben verantwortlich sind, wird auf die Konzepte aus dem *Samkhya* zurückgegriffen. Patanjali geht im Rahmen des achtstufigen *Ashtanga-Yoga* über die Vorstellung des *Samkhya* hinaus, dass allein die unterscheidende Erkenntnis die *Samskaras* auflösen und zum Ziel der Verwirklichung führen könne.

Ziel des Yoga ist das Erreichen des höchsten, für einen Menschen erreichbaren Zustands, das Einssein mit dem Absoluten, dem höchsten Selbst. Die *Yoga-Sutras* sind eine stufenweise Hinführung auf dieses Ziel, das Erreichen des Zustands des vollendeten Einswerdens mit dem Göttlichen in der vollkommenen Befreiung *(Samyama – Kaivalya)*.

In nur einhundertsechsundneunzig *Sutras* (*Sutra* steht für Faden, Schnur) wird die Welt des Yoga dargelegt. *Sutras* sind Leitsätze oder Aphorismen, die zwar in klarer, knapper Sprache gehalten sind, angesichts der Vieldeutigkeit der verwendeten *Sanksrit*-Ausdrücke allerdings eine Vielfalt von Deutungen zulassen. Die Botschaft der *Yoga-Sutras* wird nicht nur inhaltlich beschreibend, sondern auch durch die Logik ihres Aufbaus vermittelt. Dabei werden unterschiedliche Mittel verwendet – wie die Gruppierung von *Sutras* zu zusammengehörenden Blöcken oder die Bildung dynamischer Folgen durch Steigerung der Aussagen von aufeinanderfolgenden *Sutras*.

Diese Gruppierung wird in der folgenden Wiedergabe der *Yoga-Sutras* durch das Einfügen von Leerzeilen angedeutet. Inhalt und Logik der *Yoga-Sutras* erschließen sich dem Leser in der eigenen kontemplativen und meditativen Erfahrung. Die vorliegende Übertragung der *Yoga-Sutras* ist unter Hinzuziehung der Standardübersetzungen von Vivekananda, von B. K. S. Iyengar, von Alice Bailey und Barbara Stoler-Miller erstellt worden und in einem langen meditativen Prozess des Autors weiter gewachsen.

Die Mittel zur Zielerreichung sind:

1. Befreiung des Denkens von allen äußerlichen Einflüssen durch *Tapas* (wörtlich Feuer, im übertragenen Sinn hingebungsvolles meditatives Üben) und *Vairagya* (Loslösen von den eigenen Wünschen und Vorstellungen), damit Öffnen der ungetrübten Schau der wahren Wirklichkeit der Welt, und
2. Beherrschen der Energie der Natur *(Prana)* mit den Mitteln des Yoga, um sie den geistigen Zentren zuzuleiten.

Aufgabe des Praktizierenden ist es vor allem, die bestehenden Hindernisse zur Zielerreichung zu entfernen. Sehr schön wird das zum Ausdruck gebracht im dritten *Sutra* des vierten Kapitels: »Das Handeln setzt die Abläufe und Änderungen in der Natur nicht in Gang, sondern wirkt als Zerbrecher der Dämme, die die Entwicklung behindern – ähnlich einem Bauern, der die Dämme öffnet, um seine Felder zu bewässern.« Damit wird nicht nur die yogische Praxis angesprochen, sondern auch generell die Rolle menschlichen Handelns umrissen.

In den ersten *Sutras* wird die Ausgangssituation des Menschen beschrieben, die Unruhe und Unordnung in seinen geistigen Funktionen (Denken, Fühlen und Wollen – *Citta*). Patanjali stellt an den Beginn der *Yoga-Sutras* die Definition des Yoga als das Beenden aller Bewegungen in den geistigen Funktionen. Diese sind in einer umfassenden Bedeutung gemeint, welche alle bewussten, unbewussten und überbewussten geistigen Prozesse einbezieht.

In der Folge wird dargestellt, wie sich aus fehlerhaften Einstellungen Eindrücke *(Samskaras)* bilden und zu leidvollen Zuständen führen, die durch den Entwicklungsweg des achtgliedrigen *Ashtanga-Yoga* aufgelöst werden.

Schließlich beschreibt Patanjali die verschiedenen Aspekte und Formen des Geistigen beim Menschen – Bewusstsein, Gedanken, Wünsche, Verlangen – entsprechend der Philosophie des *Samkhya*. Dies geht weit darüber hinaus, was wir üblicherweise unter menschlichem Bewusstsein verstehen. Er beschreibt auch, wie sich Bewusstsein im erleuchteten Menschen – in seiner Verbindung zu anderen Menschen und zum Göttlichen – manifestiert.

Für ihn ist Gott oder *Isvara* (der vedische Gottes-*Purusa*) der Herr des Yoga. Ihn zu verehren, ist eines der Mittel – nach Patanjali das wirkungsvollste –, um die vollkommene Befreiung zu erlangen. Auch die Vielfalt der meditativen und kontemplativen Übungen geht weit über den Rahmen des *Samkhya* hinaus.

Die hundertsechsundneunzig *Yoga-Sutras* sind in vier Kapitel unterteilt:

1. Kapitel: *Samadhi-Pada*

Das Aufhören der Gedanken, Meditation

In diesem Kapitel wird erläutert, wie durch die Übung der Leere im Geist (also durch Meditation) und die Loslösung von den Wünschen und Vorstellungen – womit nicht Askese gemeint ist – die Denkbewegungen zur Ruhe gebracht und der Zustand des *Samadhi* (Versenkung) erreicht werden kann. Die fünf Arten von Denkbewegungen werden als Ursache für die geistige Unruhe dargestellt. Das Problem liegt aber nicht im Denken an sich, sondern in dem Umstand, dass dadurch unser Ichbewusstsein geweckt wird, welches sich mit dem Gedachten identifiziert. Die Folgen dieser Identifikation in Form der Bildung von Eindrücken *(Samskaras)* und von daraus resultierenden leidvollen Zuständen werden im zweiten Kapitel beschrieben.

Durch Hingabe an den Gott des Yoga *(Isvara)* erlangen wir Wissen über ihn. *Isvara* ist der Gott in unserem Herzen, mit dem wir über unsere Seele in Berührung kommen. Er ist als Wesen aufzufassen, welches nicht dem menschlichen Leid ausgesetzt ist. Er ist zeitlos und der Lehrer vor allen Lehrern. Die Meditation über die heilige Silbe AUM ist der Weg, auf dem er erreicht wird. Dadurch werden die Hindernisse auf dem Weg des Yoga beseitigt. Die Hindernisse – Ursache für unser Leid – bestehen in Krankheit, Geistesträgheit, Zweifel, Überheblichkeit, Untätigkeit, Unmäßigkeit, irrigen Wahrnehmungen, mangelnder Ausdauer, Unfähigkeit zur Konzentration beziehungsweise im Nachlassen der Konzentration, wenn sie erreicht wurde.

Die Hindernisse können ebenfalls überwunden werden, wenn wir uns den Übungen beharrlich hingeben.

Wenn die Hindernisse beseitigt sind und die Bewegungen im Denkorgan aufhören, wird die reine Kontemplation mit vollkommener Erkenntnis *(Sabija-Samadhi)* erlangt, die bis zur nichtmanifestierten Natur *(Prakriti)* reicht. Daraus entsteht absolute innere Ruhe und Wissen von einer Art, die man nicht aus Büchern erwerben kann. In diesem Zustand werden keine neuen Eindrücke mehr gebildet. Wenn auch dieser neue Zustand aufgegeben wird, kommt alles zur Ruhe, und die höchste Form, der keimlose *Nirbija-Samadhi*, tritt ein.

I) Samadhi-Pada

1. Nun beginnt die Darlegung der Kunst des Yoga.
2. Yoga ist das Beenden aller Bewegungen im Geist *(Citta)*.
3. Dann weilt der Wahrnehmende in seinem eigenen wahren Wesen.
4. Zu anderen Zeiten identifiziert sich der Wahrnehmende mit seinen Sinneseindrücken.

5. Die Bewegungen im Geist sind von fünffacher Art. Sie können schmerzhaft oder nicht schmerzhaft sein.
6. Die Bewegungen im Geist werden verursacht durch richtiges Wissen, falsches Wissen, Phantasievorstellungen, Schlaf und Erinnerung.
7. Richtiges Wissen ist aus unmittelbarer Wahrnehmung, durch logische Folgerung oder durch authentische Überlieferung gewonnen.
8. Falsches Wissen beruht auf irriger Erkenntnis, die nicht das wahre Wesen erfasst.
9. Phantasievorstellungen sind Einbildung oder bloße Annahmen.
10. Schlaf ist eine Denkbewegung mit der Leere als Basis, da die Sinne nicht aktiv sind.
11. Erinnerung ist das Aufrufen von bewahrtem Wissen und Erfahrungen.

12. Übung und Loslösung sind die Mittel, um die Bewegungen im Geist zur Ruhe zu bringen.
13. Übung ist das ständige Bemühen, das Aufhören der Denkbewegungen zu erreichen.
14. Ständiges, hingebungsvolles Üben über lange Zeit bildet dafür eine sichere Grundlage.
15. Loslösung zeigt sich in der Beherrschung von Wünschen.
16. Die höchste Form der Loslösung ist dann erreicht, wenn man über den Bereich der *Gunas* (Qualitäten, Bildekräfte der Natur) hinausgelangt und ihre Unterscheidung vom *Purusa* (göttliches Selbst) wahrnimmt.

17. Durch eine Meditation, die Erkenntnis, Unterscheidung, Glückseligkeit und Einssein herbeiführt, kommt man in den Zustand des *Samadhi Samprajnata* (Versenkung in vollkommener geistiger Durchdringung der manifestierten Natur).
18. Die Leere von allen Gedanken, die durch Übung erreicht wird, ist ein weiterer *Samadhi*. Es bleibt nur ein Rest nichtmanifestierter Eindrücke.
19. In diesem Zustand ist man zwar frei von Denkbewegungen, doch die Eindrücke werden wieder wirksam, wenn man diesen Zustand verlässt.

20. Andere (weniger spirituell Begabte) müssen Glauben, Eifer, Ausrichtung, Konzentration und die richtige Unterscheidung aufbringen.
21. Wer Einsatz und Kraft aufwendet, kommt schnell ans Ziel.
22. Der Erfolg wird unterschiedlich sein, je nachdem, ob die Bemühungen schwach, mittel oder intensiv sind.

23. Oder (*Samadhi* wird erreicht) durch vollkommene Hingabe an *Isvara*.
24. *Isvara* ist der universelle *Purusa*, in ihm ist nichts Widerstreitendes; das Handeln und dessen Wirkungen haben keinen Einfluss auf ihn, Wünsche berühren ihn nicht.
25. Er ist der unübertreffliche Ursprung allen Wissens.
26. Er ist nicht durch die Zeit eingeschränkt, er war der erste Lehrer von Urzeit an.
27. Sein Klang ist die heilige Silbe AUM.
28. AUM ist ständig zu wiederholen – in Kontemplation über seine Bedeutung.

29. Auf diese Weise wird Einsicht in das Selbst erlangt, und die Hindernisse lösen sich auf.
30. Diese Hindernisse sind Krankheit, Trägheit, Zweifel, Stumpfheit, Achtlosigkeit, Zügellosigkeit, falsche Vorstellungen, mangelnde Konzentrationsfähigkeit und Instabilität im erreichten Zustand.
31. Sorge, Verzweiflung, innere Unruhe und unregelmäßige At-

mung sind Anzeichen für das mangelnde Vermögen, in der Konzentration zu bleiben.

32. Beharrliches Üben der Konzentration auf einen Gegenstand wirkt diesen Hindernissen entgegen.
33. Die Verwirklichung von Mitgefühl, Freundlichkeit, Freude und Gelassenheit gegenüber den Objekten von Lust und Schmerz, Tugend und Laster beruhigt das Denken.
34. Oder durch leichtes, gleichmäßiges Ausatmen und durch das Anhalten des Atems.
35. Oder die Kontemplation über die Sinneswahrnehmungen wahrt die Stetigkeit des Denkens.
36. Oder durch Kontemplation über das Leuchten im Herzen – jenseits des Leids.
37. Oder (durch Kontemplation) über ein Herz, das frei ist von Begierde.
38. Oder durch (Kontemplation über) Einsichten, die in Traum oder Schlaf zuteilwurden.
39. Oder durch Kontemplation über etwas, das geeignet scheint.

40. Meisterschaft im Denken reicht dann ohne Hindernis vom kleinsten Atom bis zum Allergrößten.
41. Wenn die Bewegungen im Geist aufhören, wird es durchsichtig wie ein Edelstein, der die Einheit des Erkennenden, des Instruments des Erkennens und des Erkannten makellos widerspiegelt. Das Verweilen in diesem Zustand ist *Samapatti* (Zustand leuchtender Erkenntnis).
42. Auf dieser Stufe verschmelzen Wort, Bedeutung und Wahrnehmung der Einheit zum *Samadhi* mit vollkommener Erkenntnis *(Savitarka)*.
43. Wenn der Geist vollständig von Erinnerungen gereinigt ist, ist es gleichsam seiner eigenen Natur entblößt und gibt lediglich das Objekt der Meditation selbst ohne jeden Erkenntnisvorgang wieder *(Nirvitarka)*.
44. Diese Meditation wird auch auf subtile Gegenstände gerichtet.
45. Die subtilen Gegenstände reichen bis zur nichtmanifestierten *Prakriti* (Prinzip der Natur).

46. Diese (in den vorigen *Sutras* genannten) Zustände werden samenhaltiger *Samadhi (Sabija-Samadhi)* genannt.
47. Aus der Meisterschaft der Meditation ohne Erkenntnis erwächst vollkommene Ruhe im Denken.
48. Darin ist wahres Wissen.
49. Dieses Wissen ist von einer anderen und höheren Art als jenes, das man aus Büchern, durch Überlieferung oder eigene Schlussfolgerungen gewinnt.
50. Die aus dem *Samadhi* entstehenden Eindrücke *(Samskaras)* verhindern das Entstehen neuer Eindrücke.
51. Wenn auch das (neue Licht der Erkenntnis) aufgegeben wird, kommt alles zur Ruhe, und der keimlose *Nirbija-Samadhi* tritt ein.

2. Kapitel: *Sadhana-Pada*

Übungen des Yoga

Diesem Kapitel wird der Hinweis auf die Notwendigkeit disziplinierter Übung, das Studieren der heiligen Schriften und die Hingabe an *Isvara* vorangestellt und als *Kriya-Yoga* (Yoga der Tat) bezeichnet. Diese Bezeichnung taucht noch einmal bei der Beschreibung der zweiten Stufe des achtgliedrigen Yogapfades *(Niyama)* auf, was darauf hindeutet, dass diese Elemente für denjenigen, der die Ausübung des Yoga in Angriff nimmt, von grundlegender Bedeutung sind.

Während im ersten Kapitel die Ursachen für die Bewegungen im Geist dargestellt wurden, werden im zweiten die Folgen beschrieben, die sich aufgrund unserer fehlerhaften Einstellungen bilden – die ja nichts anderes sind als verfestigte geistige Aktivitäten. Diese Einstellungen sind Ursache für unser Leid. Als die konkreten Ursachen für unser Leid werden Nichtwissen, Ichbezogenheit, Gier, Abneigung und das Hängen am Leben genannt; es wird erläutert, wie unser Leid verursacht wird, und dargestellt, wie das Leid zu beenden ist – nämlich durch diszipliniertes Üben des Yoga und durch unterscheidende Erkenntnis.

Im zweiten Kapitel werden die ersten fünf der insgesamt acht Stufen des *Ashtanga-Yoga* (achtgliedriger Yoga) dargelegt. Es ist dies dessen äußerer Teil, da er sich mit den – aus Sicht der *Sam-*

khya-Philosophie – niederen menschlichen Ebenen beschäftigt: mit dem Körper, der feinstofflich-energetischen Ebene und der psychisch-mentalen Ebene *(Manas)*.

Die ersten fünf Stufen des *Ashtanga-Yoga* sind:

1. Allgemeine Vorschriften der Lebensführung, Moralprinzipien *(Yama)*, *Sutras* 30 bis 31.
2. Grundlegende Übungen des *Kriya-Yoga*, die auf dem spirituellen Weg zu befolgen sind *(Niyama)*, *Sutras* 32 bis 45.
3. Körperhaltungen *(Asanas)*, *Sutras* 46 bis 48; während Vivekananda und andere Autoren darunter nur verstehen, dass eine bequeme Sitzhaltung für die Meditation einzunehmen ist, interpretieren manche Autoren (wie Iyengar) die diesbezüglichen *Sutras* so, dass jedes *Asana* in disziplinierter Aufmerksamkeit und Vollendung auszuführen ist, um zum Ziel des Yoga zu führen. Dabei geht es aber nicht um die Einführung in den *Hatha-Yoga*, der sich als eigene, primär auf körperliche Ziele ausgerichtete Form des Yoga entwickelt hat.
4. Kontrolle der Atmung *(Pranayama)*, *Sutras* 49 bis 53; hier geht es um die Beherrschung des ein- und ausströmenden Atems. Vivekananda hat an dieser Stelle hervorgehoben, dass es nicht nur um die Atemkontrolle geht, wie dies zahlreiche Interpretationen ausführen, sondern um alle menschlichen Energieströme (zum Beispiel auch gedankliche oder gefühlsbezogene) und dass die Kontrolle des Atems nur der sichtbarste Ausdruck derselben ist.
5. Abziehen der Sinne von den äußeren Gegenständen nach innen *(Pratyahara)*, *Sutras* 54 bis 55, was aus Sicht der modernen Psychologie die Befreiung der Psyche von ihren Wünschen und damit die Herstellung von innerer Harmonie und Ausgeglichenheit mit einschließt.

Die Reihenfolge der Stufen entspricht der aufsteigenden Folge der manifestierten menschlichen Ebenen. Die ersten drei Stufen beziehen sich auf die körperliche Ebene, die vierte auf die feinstoffliche, energetische Ebene, die fünfte auf die psychisch-mentale Ebene *(Manas)*.

II) Sadhana-Pada

1. Strenge spirituelle Praxis, das Studieren der heiligen Schriften und die Hingabe an *Isvara* sind die Elemente des Yoga des Handelns *(Kriya-Yoga)*.
2. Dies vermindert das Leid, das vom unkontrollierten Geistorgan herrührt, und führt zu einer besseren Ausrichtung auf das Göttliche und zum *Samadhi*.

3. Die fünf leidvollen Einstellungen sind Nichtwissen, Ichbezogenheit, Gier, Abneigung und das Hängen am Leben.
4. Nichtwissen ist der Ursprung für alles unterschwellige, schwach fühlbare, teilweise überwundene oder voll wirksame Leid.
5. Verwechslung des Vergänglichen mit dem Ewigen, des Unreinen mit dem Reinen, des Schmerzes mit der Glückseligkeit und des Nicht-Selbst mit dem Selbst – alles das ist Nichtwissen.
6. Ichbezogenheit besteht im Gleichsetzen des Wahrnehmenden mit dem Instrument der Wahrnehmung.
7. Das Verweilen beim Lustvollen führt zur Gier.
8. Abneigung folgt daraus, dass man beim Leid verweilt.
9. Das Hängen am Leben wird sogar bei den Weisen gefunden.

10. Die subtilen Eindrücke *(Samskaras)* können nur durch Rückführung auf ihren Ursprung beseitigt werden.
11. Die durch sie verursachten Bewegungen im Geist werden durch Meditation zur Ruhe gebracht.
12. Die angesammelten Eindrücke schaffen das Leid, das im gegenwärtigen oder in einem künftigen Leben erfahren wird.
13. Solange die Ursache (des Handelns, in Form von Eindrücken) existiert, wird sie die Art der Geburt, die Lebensspanne und die Art der Lebenserfahrung bestimmen.
14. Sie haben Freude oder Leid zum Ergebnis, je nachdem, ob sie durch Tugend oder Laster verursacht wurden.
15. Wer die vollkommene Unterscheidung erlangt hat, ist sich dessen bewusst, dass alles Menschliche dem Leid unterworfen ist, das sich als Sorge und Schmerz ausdrückt – und ver-

ursacht wird durch die Unruhe des Geistes, die subtilen Eindrücke und das Gegeneinanderwirken der *Gunas*.

16. Künftiges Leid kann vermieden werden.
17. Die (fehlerhafte, durch die Eindrücke – *Samskaras* – verursachte) Identifikation des Wahrnehmenden mit dem Wahrgenommenen ist Ursache des Leids.
18. Das Wahrgenommene besteht aus Elementen und Organen und hat die Qualitäten des Lichts, der Bewegung und der Trägheit *(Gunas)*. Ihr Zweck ist Erfahrung und die Befreiung des Wahrnehmenden.
19. Die Erscheinungsformen der *Gunas* sind spezifisch und universell, unterscheidbar und nicht unterscheidbar.

20. Der Seher (das höchste Selbst oder *Purusa*) ist reines Bewusstsein. Obwohl selbst völlig rein, ist seine Schau durch das Wahrnehmungsorgan (mit seinen Eindrücken oder *Samskaras*) beeinflusst.
21. Das Wahrgenommene ist für den Seher geschaffen.
22. Die Abhängigkeit von der Natur hört für den auf, der das Ziel erreicht hat; andere jedoch werden weiterhin von ihr beeinflusst.
23. Die Zusammenschau von Wahrnehmendem und Wahrgenommenem führt zur Erkenntnis der Einheit ihres Wesens.
24. Nichtwissen ist der Grund für die falsche Identifikation des Wahrnehmenden mit dem Wahrgenommenen.
25. Ist jenes Nichtwissen überwunden, zerreißt die (fehlerhafte) Identifikation des Wahrnehmenden mit dem Wahrgenommenen. Das bedeutet die Befreiung des Wahrnehmenden.
26. Die ununterbrochene Übung der Unterscheidung zerstört das Nichtwissen.
27. Dadurch erlangt man vollkommene Einsicht, die sieben Bereiche umfasst.
28. Durch hingebungsvolles Üben der Glieder des Yoga steigert sich die Kraft der Erkenntnis bis zur vollkommenen Unterscheidung.
29. *Yama* (moralische Anweisungen), *Niyama* (feste Regeln), *Asana* (Körperhaltung), *Pranayama* (Regulieren des Atems),

Pratyahara (Regulieren der Sinne), *Dharana* (Konzentration), *Dhyana* (Meditation) und *Samadhi* (Versenkung) sind die acht Glieder des Yoga.
30. Gewaltlosigkeit, Wahrhaftigkeit, Nicht-Stehlen, Enthaltsamkeit und Freisein von Habgier: das ist *Yama*.
31. Diese Prinzipien sind ein großes Gelübde, das nicht durch Geburt, Ort, Zeit und soziale Stellung begrenzt ist.

32. Innere und äußere Reinheit, Zufriedenheit, disziplinierte spirituelle Praxis, Studieren der heiligen Schriften und Hingabe an *Isvara* sind die Regeln des *Niyama*.
33. Gedanken, die dem Yoga abträglich sind, sollte man mit gegenteiligen Vorstellungen aufheben.

34. Böse Gedanken führen zu Gewalt, Lügen, Stehlen, Lust oder Habgier. Egal, ob sie selbst getan, veranlasst oder gebilligt und durch Gier, Zorn oder Verblendung von geringer, mittlerer oder großer Stärke ausgelöst werden, verursachen sie endloses Leid und endlose Unwissenheit. Die Methode, dem abzuhelfen, besteht darin, das Gegenteil zu denken.
35. Wer fest in der Gewaltlosigkeit gründet, in dessen Gegenwart lassen andere von Feindseligkeit ab.
36. Wer in der Wahrhaftigkeit fest steht, kann für sich und andere die Früchte der Taten ernten.
37. Zu dem, der im Nicht-Stehlen fest verankert ist, kommt Reichtum von allein.
38. Wenn man dauerhaft enthaltsam ist, erlangt man große Kraft.
39. Wissen um vergangene und künftige Leben kommt, wenn man frei von Habgier ist.

40. Durch äußere und innere Reinheit vergehen das Interesse am eigenen Körper und der Wunsch, mit anderen Körpern in Berührung zu kommen.
41. Auch entsteht innere Reinheit, Heiterkeit, Konzentration, Beherrschung der Sinnesorgane, man wird fähig zur Schau des Selbst.
42. Aus der Zufriedenheit erwächst höchste Glückseligkeit.

43. Disziplin in der spirituellen Praxis führt zur Beherrschung von Körper und Sinnen, weil alle Unreinheiten verbrannt werden.
44. Das Studieren der heiligen Schriften führt zum ersehnten Einswerden mit der Gottheit.
45. Durch vollkommene Hingabe an *Isvara* entsteht *Samadhi*.

46. *Asana* (Körperhaltung) soll stabil und angenehm sein.
47. Die Vollendung eines *Asana* ist erreicht, wenn es mühelos ausgeführt wird und man über das unendliche Sein meditiert.
48. Von da an wird der Übende nicht mehr durch gegensätzliche Vorstellungen gestört.

49. Wenn dies erreicht ist, folgt *Pranayama*, das Beherrschen des ein- und ausströmenden Atems.
50. *Pranayama* hat drei Bewegungen: Einatmen, Ausatmen und Anhalten des Atems. Alle drei sind entweder äußerlich, innerlich oder in der Mitte und werden nach Ort, Dauer und Anzahl unterschieden.
51. Die vierte Bewegung besteht im Zurückhalten des Atems unter Nachdenken über innere oder äußere Gegenstände.
52. Dadurch wird der Schleier entfernt, der das Licht der Erkenntnis verdeckt.
53. Das Geistorgan wird zur Konzentration fähig.

54. Die Sinne von den äußeren Gegenständen abziehen und ihre Aufmerksamkeit auf die inneren Regungen des Bewusstseins zu richten: das ist *Pratyahara*.
55. Dies hat die höchste Beherrschung der Sinne zum Ergebnis.

3. Kapitel: *Vibhuti-Pada*

Vollendung des Yoga, höhere Fähigkeiten

Zunächst erfolgt die Beschreibung der inneren Glieder des *Ashtanga-Yoga*: Konzentration *(Dharana)*, Meditation *(Dhyana)* und Versenkung *(Samadhi)*; die aufsteigende Folge der manifestierten Ebenen setzt sich hier fort. *Dharana* bezieht sich auf *Ahamkara*, nach der *Samkhya*-Philosophie unser Ich, die Instanz des Willens. *Dhyana* bezieht sich auf *Buddhi* beziehungsweise *Mahat*, unser Erkenntnisvermögen oder das überpersönliche kosmische Bewusstsein des *Samkhya*. *Samadhi* schließlich bezieht sich auf *Purusa* oder *Jivatman*, das höchste Selbst. Die drei letzten Glieder des *Ashtanga-Yoga* werden von Patanjali zusammen als *Samyama* – vollkommene Beherrschung – bezeichnet, sie bilden eine Einheit, die sich aus dem fortgesetzten Üben ergibt: Wenn die Konzentration lang und stetig ausgeübt wird, geht sie in Meditation über; das Einswerden des Meditierenden mit dem Gegenstand der Meditation lässt ihn in den Zustand der vollkommenen Beherrschung übergehen. Das Herz als Sitz des *Purusa* ist Bezugspunkt im inneren *Ashtanga-Yoga*. Der *Samadhi*, der im *Samyama* entsteht, ist immer noch nicht derjenige der höchsten Stufe. Dieser wird erst in dem *Kaivalya* (vollkommene Befreiung) genannten Zustand erreicht.

In vielen Modifikationen in zahlreichen *Sutras* wird nun beschrieben, welche besonderen Fähigkeiten durch das Üben des *Samyama* erlangt werden können: beispielsweise überbewusste Zustände und außergewöhnliche Fähigkeiten *(Siddhis)*, aber auch die Fähigkeit zur Unterscheidung zwischen Natur *(Prakriti)* und absolutem Geist *(Purusa)*. Die Ausführlichkeit der Aufzählung deutet darauf hin, dass diese Fähigkeiten zur Zeit des Patanjali eine wichtige Rolle gespielt haben. Im Rahmen der *Yoga-Sutras* hat deren Beschreibung die Funktion, den eigenen Entwicklungsstand zuordnen zu können. Patanjali macht mehrfach deutlich, dass *Siddhis* nicht das Ziel des Yoga, sondern oft Hindernisse für die weitere Entwicklung darstellen – nämlich dann, wenn sich das Ichbewusstsein mit ihnen verbindet. Erst wenn die Reinheit des Bewusstseins derjenigen des *Purusa* gleicht, wird der höchste, unteilbare Seinszustand, *Kaivalya*, die vollkommene Befreiung, erreicht.

III) Vibhuti-Pada

1. Das Denken auf einen Punkt zu fixieren ist Konzentration *(Dharana)*.
2. Geht sie in kontinuierliches Fließen über, ist das Meditation *(Dhyana)*.

3. Wird der Gegenstand der Meditation allein fokussiert, geht das Bewusstsein um das Denken des Meditierenden verloren. Das ist *Samadhi.*
4. Diese drei bilden ein gemeinsames Ganzes: *Samyama* (vollkommene Beherrschung).
5. Durch Meisterschaft im *Samyama* erstrahlt das Licht der Erkenntnis.
6. Dies sollte stufenweise angewendet werden.
7. Diese drei Glieder des Yoga sind im Unterschied zu den vorherigen von innerer Art.
8. Doch auch *Samyama* ist noch äußerlich, verglichen mit dem samenlosen *Samadhi.*
9. Das Aufsteigen der Gedanken geht in deren Kontrolle über; schließlich wird durch das Üben des Zurückdrängens der Gedanken die Beherrschung des Denkens erreicht.
10. Diese Wandlung des Denkens durch Beherrschung lässt einen ungestörten Strom der Stille entstehen.
11. Das Beenden der durch eine Vielzahl von Wahrnehmungsgegenständen zerstreuten zu einer auf einen Punkt gerichteten Aufmerksamkeit im Denken ist die Verwandlung zum *Samadhi* hin.
12. Durch die auf einen Punkt gerichtete Konzentration werden die eingehenden und die ausgehenden Denkbewegungen zum Ausgleich gebracht.

13. Damit sind die drei Verwandlungen von Form *(Dharma)*, Eigenschaft *(Laksana)* und Zustand *(Avastha)* in der grob- und feinstofflichen Materie und in den Sinnesorganen erklärt.
14. Die nichtmanifestierte Materie als Träger der Eigenschaften macht die gleichen drei Wandlungen durch wie die Eigenschaften selbst: die Ruhe (das Vergangene), das Erwachen (die Gegenwart) und das noch nicht Manifestierte (die Zukunft).
15. Die Aufeinanderfolge dieser Wandlungen ist der Grund für die Veränderung.
16. Durch die Anwendung des *Samyama* auf die drei Wandlungen entsteht die Erkenntnis über Vergangenes und Zukünftiges.
17. Durch die Anwendung des *Samyama* auf Wörter, Dinge und

Ideen, die gewöhnlich vermischt sind, versteht man die Sprache aller Wesen.

18. Durch Bewusstwerden der unbewussten Eindrücke erlangt man Wissen über frühere Leben.
19. Durch Anwendung des *Samyama* auf den Körper anderer gewinnt man die Fähigkeit, die Art ihrer Gedanken zu erkennen.
20. Nicht aber die gedanklichen Inhalte.
21. Wendet man *Samyama* auf die Erscheinung des eigenen Körpers an, wird die Wahrnehmbarkeit der Form aufgehoben und dieser unsichtbar.
22. Auf die gleiche Weise vermag er alle Sinneswahrnehmungen zu unterbinden.
23. Es gibt unterschiedliche Handlungen: solche, die rasch, oder solche, die spät Früchte zeigen. Wendet man *Samyama* auf das eigene Handeln an, erlangt man Vorauswissen über den genauen Zeitpunkt des eigenen Todes.
24. Durch die Anwendung des *Samyama* auf Freundlichkeit, Güte und Tugend gewinnt man Stärke und Herzensgüte.
25. Wendet man *Samyama* auf die Kräfte eines Elefanten oder anderer mächtiger Wesen an, erlangt man deren Stärke.
26. Wendet man *Samyama* auf das strahlende Licht im Herzen an, erlangt man die Erkenntnis subtiler und entfernter Dinge.
27. Wendet man *Samyama* auf die Sonne an, erlangt man Wissen um das Universum.
28. Wendet man *Samyama* auf den Mond an, erlangt man Wissen um die innere Ordnung der Gestirne.
29. Wendet man *Samyama* auf den Polarstern an, erlangt man Wissen um den Lauf der Sterne.
30. Wendet man *Samyama* auf das Nabelchakra an, erlangt man Wissen um die Ordnung des menschlichen Körpers.
31. Wendet man *Samyama* auf die Halsgrube an, überwindet man Hunger und Durst.
32. Wendet man *Samyama* auf den *Kurma-Nadi* (Nerv im Brustbereich) an, erlangt man absolute Festigkeit und Ruhe in Körper und Geist.
33. Wendet man *Samyama* auf das vom Kopf ausstrahlende Licht an, erlangt man die Vision eines vollkommenen Weisen.

34. Oder durch das Licht der Intuition erkennt man alles.
35. Wendet man *Samyama* auf das Herz an, erlangt man das Wissen um die Inhalte des Denkens.
36. Weltliche Erfahrung unterscheidet nicht zwischen der lichtvollen Intelligenz und dem *Purusa*, obwohl sie völlig verschieden sind. Um zur Erkenntnis des *Purusa* zu gelangen, ist der *Samyama* auf das in sich gründende Selbst anzuwenden.
37. Daraus entstehen intuitive Erkenntnis und eine übernatürliche Fähigkeit des Hörens, Tastens, Sehens, Schmeckens und Riechens.
38. Diese Fähigkeiten – zum eigenen Vorteil genutzt – sind Hindernisse für den *Samadhi*, auch wenn sie im weltlichen Leben als außerordentliche Kräfte erscheinen.
39. Werden die Ursachen des Gebundenseins des Geistes gelöst und die Bewegungen des Geistes erkannt, vermag der Yogi in den Körper eines anderen einzugehen.
40. Durch Beherrschung des aufsteigenden Atems vermag der Yogi über Gewässer, Sümpfe und Dornen zu gehen, ohne sie zu berühren. Außerdem kann er levitieren.
41. Durch Beherrschung des Atemzentrums im Bauch strahlt der Yogi wie Feuer.
42. Wendet man *Samyama* auf die Beziehung zwischen dem Äther und seinem Instrument, dem Ohr, an, erlangt man die Fähigkeit, auf göttliche Weise zu hören.
43. Wendet man *Samyama* auf die Beziehung zwischen dem Körper – mit dem Gedanken an dessen Leichtigkeit – und dem Äther an, erlangt der Yogi die Fähigkeit zu schweben.
44. Wendet man *Samyama* auf den Geist außerhalb des Körpers (die ›große Körperlosigkeit‹ genannt) an, wird der Schleier über dem Licht der Erleuchtung beseitigt.
45. Wendet man *Samyama* auf Elemente – ihre grob- und feinstoffliche Gestalt, ihre Essenz, ihre Beziehungen und ihren Zweck – an, wird man Herr über alle Elemente.
46. Daraus entstehen die Vollkommenheit des Körpers, Unverletzlichkeit und andere Kräfte wie die Fähigkeit, sich winzig klein zu machen.

47. Die Vollkommenheit des Körpers besteht in Schönheit, Anmut, Stärke und diamantener Festigkeit.
48. Wendet man *Samyama* auf die Sinnesorgane an, auf ihren Zweck, das Vorhandensein der *Gunas* (der drei Qualitäten des *Samkhya*) in ihnen, auf ihren Beitrag zu unseren Erfahrungen sowie auf ihre Beziehung zu unserem Ichbewusstsein, gewinnt man Herrschaft über sie.
49. Daraus entsteht Schnelligkeit des Denkens, Wahrnehmung ohne die Inanspruchnahme der äußeren Sinne und die Überwindung des ersten Prinzips der Natur *(Mahat)*.
50. Durch Anwendung des *Samyama* auf die Unterscheidung zwischen der lichtvollen Intelligenz *(Sattva)* und *Purusa* wird Allmacht und Allwissenheit erlangt.
51. Durch den Verzicht selbst auf diese Kräfte wird die Saat des Bösen zerstört, und es kommt zur vollkommenen Befreiung *(Kaivalya)*.
52. Selbst wenn Himmelswesen ihn einladen, soll er sich weder berührt noch überrascht zeigen, denn es kann wieder zu neuem Übel kommen.
53. Wendet man *Samyama* auf kurze Zeitintervalle an, die unmittelbar vor und nach einem bestimmten Moment liegen, wird unterscheidende Erkenntnis erlangt.
54. Aufgrund dieses Wissens erkennt man selbst Unterschiede zwischen gleichartigen Dingen, die nicht nach Art, Eigenschaft oder Ort zu unterscheiden sind.
55. Die rettende Erkenntnis ist die des unterscheidenden Wissens, das erlösend wirkt. Alles wird ganzheitlich und unabhängig von der zeitlichen Folge erfasst.
56. Wenn die lichtvolle Intelligenz *(Sattva)* von der gleichen Reinheit ist wie der *Purusa*, ist *Kaivalya* (die vollkommene Befreiung) erreicht.

4. Kapitel: *Kaivalya-Pada*

Die vollkommene Befreiung

Im vierten Kapitel werden die Wirkungen der yogischen Übungen in Form von besonderen geistigen Zuständen und Fähigkeiten beschrieben, weniger, um die Menschen dadurch anzulocken, sondern um konkrete Hinweise zur Überprüfung des eigenen Entwicklungsstands zu geben und um aufzuzeigen, dass auch diese besonderen Fähigkeiten zum Hindernis auf dem Weg werden können.

Zudem werden Aussagen gemacht über die Elemente der yogischen Praxis, nämlich die Aktivitäten des Geistes und ihre Gesetzmäßigkeiten auf den verschiedenen Ebenen, sowie über die Dynamik und Kausalität der Verwandlungen der *Gunas* (die Erscheinungsweisen der Natur); schließlich über das Wirken des Geistes auf andere und über das Wirken des *Purusa* (des göttlichen Selbst) auf den Geist.

Das dritte *Sutra* kann nicht nur als eine Metapher für die yogische Praxis, sondern auch für unsere menschliche Existenz gelesen werden. In den letzten *Sutras* wird die höchste Form des Erkennens mit vollkommener Unterscheidung beschrieben: Diese Form erreicht es, wenn es die höchste Stufe, die reine Schau der unterscheidenden Erkenntnis, erlangt hat. Die *Gunas* haben nun ihre Rolle im Kreislauf der Verwandlungen verloren, und das Ziel des Yoga, *Kaivalya*, die vollkommene Befreiung, ist erreicht.

IV) Kaivalya-Pada

1. Übernatürliche Fähigkeiten besitzt man von Geburt an, oder man erwirbt sie durch den Gebrauch von Drogen, durch Mantras, Selbstdisziplin oder durch *Samadhi*.
2. Das Einströmen der Energien der Natur bewirkt einen Wandel der Geburt.
3. Das Handeln setzt die Abläufe und Änderungen in der Natur nicht in Gang, sondern wirkt als Zerbrecher der Dämme, die die Entwicklung behindern – ähnlich einem Bauern, der die Dämme öffnet, um seine Felder zu bewässern.
4. Das gereinigte Geistorgan mäßigt die Ichbezogenheit.
5. Es gibt nur einen ungeteilten Geist, aber er verzweigt sich zu vielen verschiedenen Arten des Wirkens in der individuellen geistigen Aktivität unzähliger Menschen.
6. Nur jene geistigen Aktivitäten sind von latenten Eindrücken und Einflüssen frei, die in der Meditation entstanden sind.
7. Das Handeln des Yogi ist weder weiß noch schwarz (es ist also jenseits von Ursache und Wirkung). Das Handeln ande-

rer ist von dreierlei Art, nämlich weiß, schwarz oder mischfarben.

8. Diese drei Arten des Handelns hinterlassen latente Eindrücke, die sich manifestieren, wenn sie ausgereift und die Bedingungen dafür geeignet sind.
9. Wenn auch von ihren Ursachen durch Art, Ort und Zeit getrennt, besteht durch die enge Beziehung zwischen der Erinnerung und den unbewussten Eindrücken eine ununterbrochene Folge von Wünschen.
10. Diese Eindrücke existieren schon ewig, wie die Wünsche.
11. Die unbewussten Eindrücke werden durch Ursache und Wirkung aufrechterhalten und dadurch, dass Objekte einen mentalen Reiz auf sie ausüben. Wo all dies fehlt, verschwinden die Eindrücke.
12. In den Gegenständen existieren Vergangenheit und Zukunft. Ihre unterschiedlichen Erscheinungsformen beruhen nur auf dem zeitlichen Ablauf.
13. Die Erscheinungsformen sind fassbar oder feinstofflich, entsprechend der Natur der *Gunas*.
14. Die Wirklichkeit der Gegenstände besteht in der Einheit in ihrer Verwandlung.
15. Da Wahrnehmung und Wunsch hinsichtlich des gleichen Gegenstands nicht gleich bleiben, unterscheiden sich geistige Aktivität und Gegenstand.
16. Ein Gegenstand existiert unabhängig von seinem Erkanntwerden durch irgendein Geistorgan. Würde er existieren, wenn dieses Geistorgan ihn nicht erkennen könnte?
17. Je nach der Prägung des Geistes und der Erwartungshaltung wird ein Gegenstand erkannt oder nicht erkannt. Der *Purusa* ist unwandelbar. Da er Herr über den Geist ist, kennt er dessen Zustände.
18. Das Geistorgan kann sich nicht selbst erleuchten, da es ein Gegenstand ist.
19. Das Geistorgan kann nicht beides – Wahrnehmenden und Wahrgenommenes – gleichzeitig erkennen.
20. Könnte das Geistorgan ein anderes erkennen, gäbe es Erkennen durch Erkennen und eine Verwirrung im Denken.

21. Der Geist wird sich seiner selbst bewusst, wenn er die Gestalt des *Purusa* annimmt.
22. Wenn der Geist sowohl den Wahrnehmenden als auch das Wahrgenommene erfasst, erkennt er alles.
23. Der Geist, obwohl von unzähligen unbewussten Eindrücken durchsetzt, erfüllt den Zweck eines anderen (des *Purusa*), weil er eng mit ihm verbunden ist.
24. Wer die vollkommene Unterscheidung erlangt hat, für den endet die Verwechslung von Denken und *Atman* (höchstes Selbst).
25. Das Erkennen mit vollkommener Unterscheidung wird von der endgültigen Befreiung *(Kaivalya)* angezogen.
26. Lücken in der Unterscheidung lassen noch vorhandene unbewusste Eindrücke auftauchen.
27. Die unbewussten Eindrücke sollen ebenso entfernt werden wie das Leid.
28. Wer zur vollkommenen Unterscheidung gelangt ist und dennoch keinen Nutzen aus diesem Zustand zieht, dem wird jener *Samadhi* zuteil, der ›Wolke der Tugend‹ genannt wird.
29. Dann wird das Ende des Leids und des Karma (Ursache und Wirkung) erreicht.
30. Wenn Schleier und Vergröberungen entfernt sind, erlangt man unendliches Wissen, und das Erkennbare erscheint klein und unbedeutend.
31. Deshalb enden die Verwandlungen der *Gunas*, da sie ihren Zweck erfüllt haben.
32. Die Aufeinanderfolge der Momente des Zeitablaufs, in der sich die Verwandlung vollzieht, kann erfasst werden, wenn sie ans Ende gekommen ist.
33. Wenn die vier Lebensziele (*Purusa-artha*: Pflichterfüllung, Erwerb von Besitz, Erfüllung von Wünschen, Befreiung) erreicht sind, sind die *Gunas* zum Ausgleich gekommen und gehen in einen Ruhezustand über. Dann ist *Kaivalya* erreicht, das Ruhen der Erkenntnis in der eigenen Wesensnatur.

Würdigung der *Yoga-Sutras*

Die *Yoga-Sutras* haben bis zum heutigen Tag eine Vielzahl von Kommentaren ins Leben gerufen, was vor allem dem Umstand zu verdanken ist, dass sie ohne eine tiefe Kenntnis der Hindu-Philosophie, der Yogatraditon und des *Samkhya* ebenso wie der profunden Kenntnis der westlichen Religionswissenschaft und Philosophie vom westlichen Leser kaum verstanden werden können. Angesichts ganz unterschiedlicher Ansätze, mit denen sich die jeweiligen Kommentatoren diesem Werk genähert haben, ist wenig erstaunlich, wie weit die verschiedenen Interpretationen oft auseinanderliegen. Erstaunlich ist auch, dass bisher wenige Übertragungen von Autoren aus dem europäischen Raum vorliegen.

Vivekananda hat sicher einen der wichtigsten Beiträge zum Yoga geleistet. Er wendet sich in seinem Buch *Raja-Yoga*, das anlässlich seiner Besuche in den USA zum Ende des neunzehnten Jahrhunderts entstanden ist, an die westliche Welt. Für ihn ist die persönliche Erfahrung des Göttlichen – das zentrale Element des Yoga – unbedingte Voraussetzung für jede Art von Religiosität. In diesem Zusammenhang kritisiert er die Religionen, nicht nur die des Westens, die von ihren Anhängern Glauben for- derten, ohne die Möglichkeit zu bieten, diesen Glauben durch persönliche Erfahrung zu prüfen. Die mangelnde Verbreitung des Yoga selbst in seinem Stammland Indien führt Vivekananda darauf zurück, dass über lange Perioden die Erkenntnisse des Yoga immer mehr von Geheimnissen umgeben wurden. Es komme jetzt darauf an, eine Renaissance des Yoga herbeizuführen, in absoluter Offenheit und durch das Anknüpfen an die alten Quellen.

Um den Menschen des Westens einen leichteren Zugang zum Yoga zu verschaffen, zeigt Vivekananda die Analogien auf zur – aus seiner Sicht – modernen Form der westlichen Religion, den Naturwissenschaften. Diese ließen sich ohne Weiteres mit dem *Pranayama* des Yoga (den Praktiken zur Regulierung des Atems) verbinden. Sie stellten jenen Teil des *Pranayama* dar, der sich mit den sichtbaren beziehungsweise messbaren Erscheinungen des *Prana* beschäftigt, während der *Raja-Yoga* die Wissenschaft von den geistigen Erscheinungen des *Prana* sei. Vivekananda fasst also den Begriff des *Pranayama* viel weiter als den einer bloßen

Atemtechnik. Er geht in einer Formulierung so weit, zu erklären, dass das einzige Ziel des *Raja-Yoga* sei, zu lehren, wie der *Prana* zu beherrschen und den verschiedenen Ebenen zuzuleiten sei. In seinem Buch gibt er umfangreiche Erläuterungen und Übungsanweisungen zum *Pranayama*.

Und wie in der Naturwissenschaft das Prinzip der Empirie gilt, nimmt auch der Yoga für sich in Anspruch, nur Dinge zu lehren, die empirisch erfahren werden. Die tiefsten Wahrheiten müssen wir selber an uns, im Innersten unseres Herzens, erfahren.

Mit seinem Versuch, einen Bezug zwischen dem modernen westlichen Weltbild und dem Yoga herzustellen, gelang es Vivekananda, den Yoga auch im Westen bekannt zu machen.

Der Indologe Heinrich Zimmer hat in seinem Buch *Philosophie und Religion Indiens* einen historischen Abriss der Werksentstehung gegeben und die *Yoga-Sutras* vor allem aus psychologischer Sicht bewertet. Für Zimmer steht der den Yoga Übende in der Welt, er ist nicht passiv und weltabgewandt. Zimmer stellt heraus, dass Patanjali vor allem die Paradoxien des menschlichen Geistes aufdeckt. So ist der Wunsch nach Freiheit selbst ein Hindernis auf dem Weg dorthin. Man muss diesen Wunsch transzendieren, das heißt von seinen zeitgebundenen und persönlichen Konventionen befreien. Durch die Erkenntnis der paradoxen Natur der Dinge können wir die Verbindungen zwischen den Teilen unserer Erfahrungen auflösen, die uns die Illusion einer dauerhaften Identität verleihen. Aus seiner Sicht ist es unmöglich, die letzte Wahrheit der menschlichen Ebene diskursiv zu erkennen. Das diskursive Wissen, das zwar auch bei der Ausübung des Yoga erforderlich ist, ist nötig, um die eigene Entwicklung zu überprüfen, es ist aber nur ein bedingtes und experimentelles Wissen.

»Denn nach indischem Denken und dem unserer antiken Philosophen wie Platon kann die letzte, eigentliche Aufgabe der Philosophie mit Mitteln des Verstandes nicht bewältigt werden. Um zur Wahrheit zu gelangen, müssen die Grenzen geordneten Denkens überschritten werden. Und gerade darum lässt sich die transzendente Wahrheit nicht durch Logik lehren, sondern nur durch das bedeutungsschwere Paradoxon und durch Symbol und Bild.« Und weiter: »Die geheime Identität des Unvereinbaren wird durch die ständige Verwandlung der Dinge in ihren Gegensatz ironisch enthüllt, wobei ihr Antagonismus nur die Tarnung für ihre verborgene Identität ist.«[17]

Die Rezeption der Yoga-Sutras *im Westen*

Die Beschreibung der geistigen Wirklichkeit und die Diagnose der menschlichen Situation ist von großer Klarheit und Authentizität. Die *Yoga-Sutras* sind zugleich mit einer derartigen Bestimmtheit formuliert, dass sie für den westlichen Leser schockierend wirken müssen, zumal ihre Voraussetzungen und Folgerungen auf einem für uns fremden Weltbild beruhen.

Patanjali zeigt uns sehr direkt und unmissverständlich, dass unsere Probleme nicht irgendwo draußen entstehen, sondern in uns. Das kommt uns zwar bekannt vor, das sagt auch Jesus, wenn er den Balken im eigenen Auge anspricht, den wir nicht sehen, dafür aber den Splitter im Auge des anderen.

Die Mittel, die den Menschen von Patanjali an die Hand gegeben werden, sind einfach und wirkmächtig, wenn sie systematisch und diszipliniert eingesetzt werden. Dazwischen stehen allerdings das Verstehenkönnen und die konkrete Anleitung für die Praxis. Denn: wirklich Begreifen wird man die *Yoga-Sutras* nur durch eigenes Praktizieren. Sie sind ein Handbuch zur Meditation. Allerdings verläuft der Weg des Yoga nicht einfach und gerade. Er führt durch Widersprüche und Paradoxien. Er fordert von uns eine radikale Veränderung der Art, wie wir die Welt erleben und verstehen, einen Verzicht auf lieb gewordene Gewohnheiten und vermeintliche Sicherheiten: vor allem auf die Vorstellung eines souveränen Ich, das autonom und frei entscheidet.

Für eine spirituelle Praxis essenziell sind vor allem die folgenden Prinzipien, die in den *Yoga-Sutras* aufgestellt werden:

1. dem Ziel, mit dem Göttlichen eins zu werden, die absolute Priorität innerhalb unserer menschlichen Bestrebungen zu geben
2. die Notwendigkeit, diese Bestrebungen zu unterstützen durch eine disziplinierte, nachhaltige und geduldige Praxis *(Abhyas)*, die in der ständigen Ausrichtung auf das Göttliche im Herzen (auf *Isvara*, siehe die *Sutras* I, 23 bis 28) und in der Meditation besteht

3. ein moralisches Leben zu führen, die Lösung von unseren Wünschen und Begierden, von unserer Ichbezogenheit, um die Eindrücke *(Samskaras)* aufzulösen, die uns vom Göttlichen trennen.

Bei der Vielfalt der Übungen, die zum Teil nur angedeutet werden, in der Bestimmung des eigenen Erfolgs und der Abfolge der Übungen, die sich daraus ergibt, aber auch angesichts der Anfechtungen, die im Laufe des yogischen Wegs auftreten, wird dieser Weg allein – ohne die Hilfe eines kundigen Lehrers – kaum erfolgreich, das heißt bis zum Erreichen des vorgegebenen Ziels, zu beschreiten sein. Patanjali betont die Wichtigkeit der Hilfe eines Lehrers, der Anleitung und Orientierung auf dem Weg gibt (siehe *Sutra* I, 37: »Oder [durch Kontemplation] über ein Herz, das frei ist von Begierde«). Dies gilt zumal für den westlichen Menschen, der mit der Begrifflichkeit der *Sutras* und der Philosophie des *Samkhya* nicht vertraut ist. Ohne einen kundigen Lehrer können die verschiedenen Zustände, die in der Meditation erreicht werden, nicht interpretiert und zugeordnet werden. Die Gefahr, den erreichten Zustand mit dem Wunsch zu verwechseln, diesen Zustand zu erreichen, ist groß. Anderseits kann der Nichtkundige durch Erfahrungen, die nicht im Kontext der *Yoga-Sutras* zu stehen scheinen, abgeschreckt werden.

Dass es für einen westlichen Menschen schwer bis unmöglich ist, einen Yogaweg allein nach den *Yoga-Sutras* zu gehen, liegt vor allem auch an der zeitlichen und lebensweltlichen Distanz zwischen den *Yoga-Sutras* und unserer heutigen Welt. Diese Distanz sei nochmals an einigen Punkten verdeutlicht:

1. Die Begrifflichkeit der *Yoga-Sutras* und die dahinterstehende Philosophie ist für den westlichen Menschen kaum verständlich und nicht nachvollziehbar. Deshalb sind wir auf Kommentare zu den *Yoga-Sutras* angewiesen. Die Autoren dieser Kommentare setzen allerdings jeweils andere Schwerpunkte. Einmal auf die körperlichen Übungen, ein anderes Mal auf *Pranayama*, dann wieder auf okkulte Praktiken oder verballogische Unterscheidungen und so fort.
2. Die Beschreibung der geistigen Haltungen und der Übungen

ist zudem abstrakt, die Durchführung in der Praxis erscheint in der stichwortartigen Kürze der Formulierung nur angedeutet. Der Schwerpunkt der Beschreibung liegt auf den geistigen Prozessen des Unterscheidens, der inneren Wahrnehmung. Der Bezug dieser Übungen auf unsere heutige Gefühls- und Lebenswelt: mit Liebe, Angst, Materialismus et cetera fehlt in den *Yoga-Sutras* und muss vom Übenden selbst beigesteuert werden.

3. In vielen heute angebotenen Yogasystemen ist ein aufwendiger Vorlauf durch die Stufen eins bis sechs des *Ashtanga-Yoga* erforderlich, bevor man mit der eigentlichen spirituellen Übung, der Meditation, beginnen kann. *Pranayama* sollte auf keinen Fall ohne einen kundigen Lehrer praktiziert werden.
4. Die Verengung von Menschenbild und yogischer Zielsetzung der *Yoga-Sutras* auf die Beschäftigung mit dem Leid. Das Leid als Grundbedingung des menschlichen Lebens und die Übungen, um diesem Leid zu entkommen, werden in vielen *Sutras* thematisiert.
5. Positive Ziele und Einstellungen, wie das Handeln in der Gesellschaft, die Entwicklung des menschlichen Potenzials, Mitmenschlichkeit, Liebe, werden in den *Sutras* nicht angesprochen. Die *Sutras* sind auf den Yoga der Meditation, die Übungen dazu und die dabei zu erzielenden Ergebnisse konzentriert. Fragen der allgemeinen Lebensführung, einer konkreten Ethik der Mitmenschlichkeit sind ausgespart, also die Elemente des *Bhakti-* und des *Karma-Yoga*, wie sie in der Bhagavad Gita ausführlich behandelt werden.
   So erscheint vor allem eine Yogapraxis unvollständig, die das Thema Liebe ausspart.
6. Die *Sutras* wurden für Menschen einer früheren Zeitepoche in einer ganz besonderen, herausgehobenen Lebenssituation geschrieben. Sie mussten den geistigen Hintergrund des *Samkhya* beherrschen und sich vollständig ihren yogischen Übungen widmen können. Viele Yogis aus der Zeit der Entstehung der *Sutras* pflegten mehrere Stunden am Tag zu meditieren und ein Leben fernab der Gesellschaft zu führen. Diese Voraussetzungen können westliche Menschen nicht erfüllen.

Die Bhagavad Gita

Die Bhagavad Gita (auf Sanskrit ›das Lied Gottes‹) ist eine der meistverbreiteten Schriften des Hinduismus. Ihre achtzehn Gesänge sind Teil des Epos der Mahabharata und vermutlich zwischen dem fünften und dem zweiten vorchristlichen Jahrhundert entstanden. Es handelt sich um ein Lehrgedicht, welches die Beschreibung des Konflikts zwischen den verfeindeten Gruppen der Pandavas und Kauravas zu einer Zusammenführung der verschiedenen philosophischen Richtungen des damaligen Indien nutzt. Dabei werden die älteren Traditionen mit der neueren, vedischen Philosophie zusammengeführt. Es sind also Bezüge zu den Veden, zu den Upanischaden, zum orthodoxen Brahmanismus, vor allem aber zu *Samkhya* und Yoga zu finden.

Man kann in der Bhagavad Gita so etwas wie die Quintessenz hinduistischen Schrifttums sehen. Shankara – eines der philosophischen Genies Indiens – zählt die Bhagavad Gita zu den zehn wichtigsten Schriften des Hinduismus. Durch ihre Bezugnahme auf unterschiedliche Quellen enthält die Gita durchaus Widersprüche: Während einige Stellen die Dualität lehren – die ewige Zweiheit von Natur und Gott, die wir aus dem *Samkhya* kennen –, lehren andere die Einheit: Alles – die gesamte Natur – ist aus Krishna, dem Göttlichen, entstanden. Außerdem werden unterschiedliche Formen des Yoga – auch andere Formen der Gottesverehrung – als geeignet bezeichnet, das Ziel des Yoga zu erreichen, das Einssein mit dem Göttlichen. Die unterschiedlichen Aussagen Krishnas, die anscheinend widersprüchlich sind, sind jedoch nicht absolut zu sehen, sie sind kontextabhängig zu lesen. Krishna gibt die verschiedenen Vorschläge, um dem jeweils erreichten Entwicklungsstand desjenigen zu entsprechen, für den die Wahrheit gilt. Die Gita lässt aber keinen Zweifel daran zu, dass das einzige Lebensziel des Menschen das Einssein mit Gott oder dem höchsten Selbst ist.

Die Gita übernimmt als Erklärungsmodell für die Vorgänge in der Natur die Terminologie und das energetische Modell des *Samkhya*, nicht aber dessen philosophisches Konzept, dass nur unterscheidende Erkenntnis zum spirituellen Ziel führe. Auch die

Stufen des Yoga werden angesprochen – und Yoga wird als Ziel jeder menschlichen Strebung angesehen – aber gemeint ist der innere Zustand, der durch den Yoga erreicht wird, nicht dessen Techniken.

Die Figur des Krishna

Nach der indischen Mythologie leben wir zurzeit im *Kali-Yuga*, dem »dunklen, schwarzen Zeitalter«, das mit Krishnas Tod begonnen hat (etwa 3000 v. Chr.). Von Krishna heißt es, er sei gekommen, um den Menschen diejenigen spirituellen und ethischen Unterweisungen zu geben, die für die Zeit dieses Yuga notwendig sind. Krishna erscheint in der Bhagavad Gita, je nach Kontext, in unterschiedlichen Ausprägungen: einmal als das kosmische Selbst, das alles Lebende durchdringt. Als solches gibt er sich in einer Selbstoffenbarung auf dem Schlachtfeld von Kurukshetra dem Fürsten Arjuna zu erkennen. Ein andermal macht er deutlich – was Basis aller religiösen Konzepte Indiens ist –, dass alles Existierende eine Manifestation Gottes ist. Er bezeichnet sich selbst als den inneren göttlichen Funken, der eine Reflexion des kosmischen Selbst in jedem Lebewesen ist. Zum Dritten tritt er in den Dialogen mit seinem Schüler und Freund Arjuna als spiritueller Lehrer auf.

Die Mahabharata

Die Lehren der Bhagavad Gita sind eingebettet in das Epos der Mahabharata (Großes Indien). Dieses handelt davon, dass die Söhne des Fürsten Pandu – die Pandavas – von ihrem Onkel Dritarashtra und von dessen Söhnen aus dem Stamm der Kurus – den Kauravas – um ihren rechtmäßigen Thronanspruch betrogen wurden und durch sie immer wieder Grausamkeit und Verfolgung erleiden mussten. Schließlich kommt es auf dem Schlachtfeld von Kurukshetra, der ›Stätte der Kurus‹, zu einer großen Schlacht. Der Text der Gita setzt unmittelbar vor Beginn dieser Schlacht ein und hat die Form eines Gesprächs zwischen Krishna, dem göttlichen Begleiter, und Arjuna. Dieser ist der militärische Führer der Pandavas. Arjuna, der dritte der Söhne des Pandu, ist dazu ausersehen, sein Volk in den Kampf zu führen. Arjuna tritt als normaler Mensch auf, als suchende Seele, die ihrer weltlichen Not entkommen möchte. Er befindet sich in einem persönlichen Konflikt zwischen der Zuneigung zu seinen Verwandten auf der Gegenseite und seiner Pflicht als Fürst – mit dem rechtmäßigen Anspruch seiner Familie auf Land und Thron. Er ist verzweifelt und nicht in der Lage, den Kampf aufzunehmen. Krishna ist der Lenker seines Streitwagens und unternimmt es, Arjuna durch spirituelle und philosophische Unterweisung aus seinem Zwiespalt zu befreien und ihn zum Kampf zu bewegen.

Die Gita bezieht sich zwar auf die konkreten Kampfhandlungen der Mahabharata, vor allem aber ist sie Sinnbild für den inneren Kampf mit unserem niederen Selbst. Dabei geht es um die Auseinandersetzung zwischen dem göttlichen höchsten Selbst im Inneren des Menschen, verkörpert durch Krishna, und dem niederen Selbst, der Verstandes- und Gefühlsebene, die von Arjuna repräsentiert wird: Schlachtfeld ist das Leben; die Feinde, gegen die Arjuna antreten muss, sind nichts anderes als die menschlichen Schwächen, die zu überwinden sind.

Man kann der Gita aber auch eine weitergehende, überpersönliche Deutung geben. Danach ist die Schlacht ein Kampf der egoistischen Kräfte des Menschen gegen diejenigen der göttlichen Ordnung. Arjuna und seine Mitstreiter werden in diesem Bemühen von Krishna, dem *Avatar*, der Inkarnation einer göttlichen Seele, angeführt und unterstützt.

Die Szene der Kutsche mit Krishna als Wagenlenker und dem verzweifelten Arjuna ist in Indien als Bild weit verbreitet und in vielen indischen Haushalten zu finden. Die Katha-Upanischad enthält eine schöne Deutung dieses Bildes: *Erkenne Atman, das göttliche Selbst, als den Herrn der Kutsche. Der Wagen ist der Körper, die Buddhi oder Vernunft der Wagenlenker und das Manas, das Denken, sind die Zügel. Die Pferde sind die Sinne, die Gegenstände die Wege.*

Die im Folgenden mit in Klammern gesetzten Zahlen versehenen Verse der Gita sind vom Autor aus dem Englischen übersetzt worden. Sie sind dem Buch von Eknath Easwaran, *The Bhagavad Gita*, entnommen.

Die Gesänge der Gita

1. Gesang: Der Krieg im Inneren

Der erste Gesang bildet die logische Brücke zwischen dem, was auf dem Schlachtfeld geschieht, und den Unterweisungen Krishnas. Arjuna bittet Krishna, mit ihm zwischen die beiden Heere der Pandavas und der Kauravas zu fahren, die sich gegeneinander aufgestellt haben. Als er auf der Seite der Kauravas viele seiner Verwandten erblickt, überfällt ihn Trauer, und er verliert den Mut zum Kampf. Er sieht eine Verfehlung darin, seine Verwandten zu bekämpfen und vielleicht zu töten.

2. Gesang: Das Konzept von Samkhya *und Yoga*

Arjuna hat Zweifel, ob es recht ist, seine Verwandten zu bekämpfen. Er bittet Krishna darum, sein Lehrer zu sein. Krishna zerstreut seine Bedenken mit dem Hinweis: *Die Weisen trauern weder um die Lebenden, noch um die Toten.* (12) *Dem Vergänglichen kommt keine Wirklichkeit zu; nur das Ewige ist wirklich.* (16) Die menschliche Identität ist unvergänglich, ewig, sie kann nicht zerstört werden. *Wie jemand abgetragene Kleider weggibt und neue erwirbt, so schafft sich das Selbst einen neuen Körper, wenn der alte vergeht.* (22) Er erinnert Arjuna an seine Sendung, die er als Krieger hat. Für einen Krieger sei es Pflicht, einen Kampf gegen das Böse zu führen. Schmerz wie Freude, Sieg wie Niederlage, Gewinn wie Verlust solle er mit Gleichmut ertragen. Er weist ihn darauf hin, dass die philosophischen Erklärungen des *Samkhya* wie die Prinzipien des Yoga ihn von seiner karmischen Last befreien können. *Diejenigen leben weise, die sich in allen wiederfinden und alle in sich; die sich von ihren selbstsüchtigen Wünschen gelöst haben und den Schmerz ständiger Sehnsucht im Herzen dafür eingetauscht haben. Weder werden sie von Trauer berührt, noch jagen sie Vergnügungen nach; sie leben frei von Lust, Angst und Zorn. In der Meditation ruhend, sind sie wahrhaft weise. Nicht länger an ihr selbstsüchtiges Anhaften gefesselt, geraten sie weder durch glückliches noch durch schlimmes Schicksal aus der Fassung. Derart sind die Weisen.* (55–57)

Diejenigen, die ihn – Krishna – in ihrem Inneren suchten, würden die Ausrichtung auf ein einziges Ziel erlangen. Die anderen seien unsicher in ihren Entscheidungen und ihren Wünschen ausgeliefert. Schriften hätten wenig Nutzen im Vergleich dazu, in Gott verankert zu sein. Arjuna habe die Aufgabe zu arbeiten, aber keinen Anspruch auf die Früchte seiner Arbeit. Er solle jede Form der Abhängigkeit oder des Hängens am Ergebnis seiner Arbeit aufgeben, dann würde ihm der Zustand der Befreiung zuteil. *Diejenigen sind für immer befreit, die sich von selbstsüchtigen Wünschen lösen und aus dem Käfig des ›Ich‹ und des ›mein‹ ausbrechen, um mit Gott verbunden zu sein. Das ist der höchste Zustand. Erreiche ihn und tausche den Tod gegen die Unsterblichkeit ein.* (71)

3. Gesang: Der Yoga des Handelns (Karma-Yoga)
Die Gita führt in diesem Abschnitt von den eher philosophischen Konzepten des *Samkhya* und des Yoga zum *Karma-Yoga*, dem Weg des selbstlosen Handelns. Arjuna fragt Krishna, warum er kämpfen solle, da Krishna ihm doch gesagt habe, dass Erkenntnis wichtiger sei als Handeln. Krishna antwortet, dass er am Beginn der Zeit zwei Wege eingerichtet habe, den der Erkenntnis *(Jnana-Yoga)* und den des Handelns *(Karma-Yoga). Niemand kann Vollkommenheit erlangen, wenn er sich dem Handeln entzieht.* (5) Jedes Wesen würde durch seine Natur (das heißt durch die Wirkung der *Gunas*) ständig zum Handeln gezwungen. Krishna warnt ihn: *Selbstsüchtiges Handeln versklavt die Welt. Deshalb handle selbstlos, ohne an persönlichen Vorteil zu denken.* (9) *Durch selbstlosen Dienst erreicht man das höchste Ziel des Lebens. Was die Hervorragenden tun, werden die anderen nachahmen.* (20, 21) *Alles Handeln wird durch die* Gunas *(Erscheinungsweisen, Bildekräfte der Natur) veranlasst.* (27) Der weise Mensch weiß das und sieht sich nicht selbst als den Handelnden. *Ich bin der Handelnde,* (28) sagt Krishna. Gleichzeitig weist er darauf hin, dass es wichtig sei, sich nicht mit dem Erfolg des eigenen Handelns zu verbinden und beim Handeln darauf zu achten, dass es dabei um das eigene Karma geht: *Es ist besser, sich um die eigene Ordnung* (Dharma) *zu bemühen, als in der Ordnung eines anderen Erfolg zu haben.* (35)

4. Gesang: Yoga der Erkenntnis
Krishna, der *Avatar* (die göttliche Inkarnation), erklärt, dass er bereits viele Geburten durchlebt habe und immer wieder die unvergänglichen Lehren des Yoga verkünde. Sein wahres Wesen sei ungeboren und unvergänglich. Er sei der Gott, der in jedem Wesen wohne. Immer wenn die Ordnung im Niedergang sei und der Sinn des Lebens in Vergessenheit gerate, manifestiere er sich auf der Erde. Er schütze die Guten und vernichte die Bösen. Wenn man ihn als sein eigenes göttliches Selbst erkannt und die Identifikation mit dem eigenen Körper verloren habe, werde man nicht wiedergeboren und sei eins mit ihm. *Wie sich die Menschen mir zuwenden, so nehme ich sie auf. Alle Wege, Arjuna, führen zu mir.* (11, 12) Auch die Unterscheidung der Kasten, die *Gunas* und das Karma (das Prinzip von Ursache und Wirkung) kämen von ihm. Er teilt Arjuna noch das Geheimnis richtigen Handelns mit. *Eine Person wird weise genannt, wenn sie bei ihren Unternehmungen frei ist von der Sorge um den Erfolg ihres Tuns.* (19) *Brahman* (der Zustand des Göttlichen) würde von denen erlangt, die ihn, Krishna, in all ihrem Tun sähen. Alle Gaben, die *Brahman* in selbstlosem Dienst dargebracht würden, seien geeignet, die Menschen zur Befreiung zu führen. Die Gabe der unterscheidenden Erkenntnis sei aber besser als alle materiellen Gaben. *Denn das Ziel allen Tuns ist spirituelle Weisheit.* (33) Es sollten diejenigen unter den Menschen gesucht werden, die den Sinn des Lebens erkannt hätten. Sie sollten mit Ehrerbietung gefragt werden und würden ihre Weisheit mitteilen. *Arjuna, durchschneide den Zweifel in deinem Herzen mit dem Schwert der spirituellen Weisheit. Erhebe dich und nimm den Yogaweg auf!* (42)

5. Gesang: Loslösung und Freude
An den Beginn dieses Abschnitts stellt Arjuna die Frage, ob es für ein spirituelles Leben besser sei, der Welt zu entsagen oder in der Welt selbstlos zu handeln. Krishna antwortet: *Verzicht auf Handeln führt ebenso wie selbstloses Tun zum höchsten Ziel. Aber der Weg des Handelns ist besser als Verzicht.* (2) *Beide Wege führen zum Ziel, doch ist wirkliche Loslösung ohne den Yoga des Handelns* (Karma-Yoga) *nur schwer zu erreichen.* (5, 6) *Wer aber*

alles Anhaften an den Dingen und alle selbstsüchtigen Wünsche abgelegt hat, erkennt Gott in allen Wesen und wird von seinem Handeln nicht berührt. (7) *Wer seinen Geist in* Brahman *verankert hat, ist frei von aller Täuschung. Er hat sich von jeder äußeren Hilfe unabhängig gemacht; es wird ihm das Glück erkennender Unterscheidung zuteil. Sein Bewusstsein ist durch die Meditation zentriert, er lebt in ständiger Freude. Die Freuden der Welt der Sinne haben einen Beginn und ein Ende; sie sind der Ursprung des Leids, Arjuna. Der Weise sucht nicht sein Glück in ihnen. Wer die Anfechtungen von Lust und Zorn überwindet, wird ganz und lebt in Freude.* (21–23)

6. *Gesang: Die Praxis der Meditation*
Krishna erläutert Arjuna die Praxis der Meditation. Er beschreibt einen mittleren Weg – ohne übertriebene Askese. Diejenigen, die den Yogaweg beschreiten, ohne eine Belohnung dafür zu erwarten, würden am ehesten das Ziel erreichen.

Der Einsatz des Willens sei dazu nötig, er solle aber nicht zum eigenen Nutzen eingesetzt werden.

Die Meditation, in der die Loslösung von den Sinneseindrücken und den Wünschen erreicht und die Verbindung mit dem eigenen Selbst hergestellt werde, sei der Weg zum Zustand des Yoga. Krishna zählt auf, was dazu nötig ist: einen ruhigen Platz zu finden, die rechte Körperhaltung für die Meditation einzunehmen, den Geist auf das Ziel, *Brahman*, beziehungsweise *Purusa*, auszurichten. Dazu maßvolles, aber ausreichendes Essen und Schlafen. Auch dies sei für eine gute Meditation erforderlich. Unruhige Gedanken während der Meditation sollten unter Kontrolle gebracht werden, indem man sich mit Geduld und wiederholter Bemühung von ihnen löse. Bei denen, die ihren Geist zur Ruhe bringen, stelle sich Freude und dauernder Friede ein. Diejenigen, die fest in sich ruhten und ihren Geist auf ihn, Krishna, gerichtet hätten, erführen das andauernde Glück, mit *Brahman* vereint zu sein. Und nichts, was in dieser Richtung getan und erlangt würde, werde jemals verloren gehen – auch nicht in späteren Leben. Krishna sieht die Voraussetzungen für das Einssein mit ihm bei jenen gegeben, *die frei von der Bürde des Bösen und in sich gefestigt sind. Sie sehen Gott, das höchste Selbst, in jedem Wesen und die gesamte Schöpfung in Gott (28, 29). Und: Wenn ein Mensch auf Freude und Leid bei anderen so reagiert, als würde er sie selbst erfahren, hat er die höchste Stufe spiritueller Entwicklung erreicht.* (32) Auf Arjunas Frage, wie der unruhige Geist dauerhaften Frieden erlangen könne, erklärt Krishna: *Meditation ist strenger Askese oder dem Weg der Erkenntnis überlegen. Sie ist auch wertvoller als selbstloser Dienst. Arjuna, mögest du das Ziel der Meditation erreichen! Und von denen, die meditieren, sind diejenigen am stärksten im Yoga verankert, die mit mir in vollkommenem Vertrauen vereint sind.* (46, 47)

7. Gesang: Der Yoga der Gotteserfahrung

In diesem Kapitel erklärt Krishna Arjuna, dass die direkte Gotteserfahrung der Gipfel yogischer Erfahrung sei, wichtiger als alles Wissen. Arjuna könne, Yoga übend, Herz und Sinne allein auf ihn gerichtet, die direkte Gotteserfahrung, die unmittelbare innere Vereinigung mit ihm erlangen. Wenn diese Verbindung etabliert sei, gäbe es nichts, was man noch wissen müsste. Von allen, die das Ziel der Verwirklichung des Göttlichen anstrebten, würden nur ganz wenige diesen Zustand des Einsseins erlangen. Er, Krishna, sei der Urgrund des gesamten Kosmos, sein ewiger Samen sei in jedem Wesen zu finden. Alle Qualitäten, die in dieser Welt existierten – Weisheit, Berühmtheit, Harmonie, Schönheit und viele mehr –, seien aus ihm entstanden, aber er sei nicht in ihnen. Auch die drei *Gunas* stammten von ihm, er aber sei nicht in ihnen. Viele Menschen würden es nicht schaffen, ihn jenseits all dieser Qualitäten zu sehen. Sie ließen sich durch äußere Erscheinungen täuschen und folgten dem Weg ihrer niederen Natur. Menschen kämen aus unterschiedlichen Gründen, um ihn zu verehren: einige, weil sie Leid erlitten hätten, andere, um ihr Leben zu verstehen, andere, um den Sinn ihres Lebens zu erlangen. Unerschütterlich in ihrer Hingabe, immer mit ihm verbunden, überträfen sie alle anderen. Wenn sich jemand mit vollkommenem Vertrauen für eine Sache einsetze, würde Krishna sein Vertrauen darin sammeln. Und wenn das Vertrauen vollständig geeint wäre, sei das Ziel des Yoga erreicht. Wer ihn als Herrscher des Kosmos erkenne, überwinde den äußeren Schein und die Täuschungen der Natur und gelange zu ihm, dem Ungeborenen, Ewigen – noch im Sterben.

8. Gesang: Der höchste Gott

Arjuna stellt an Krishna die Frage nach dem Wirken Gottes in der Natur. Dem fügt er die Frage an, wie man Krishnas zum Zeitpunkt des Todes gewahr werden könne. Krishna bezeichnet den ewigen *Brahman* als seine eigene, höchste Natur. Er schenke sowohl jedem Wesen der Schöpfung die Existenz, wie er selbst in jedem Wesen existiere. Die ständige meditative, liebevolle Verbindung mit ihm sichere dem Meditierenden das Eingehen in seine Herrlichkeit.

Wer sich meiner in der Todesstunde erinnert, wird zu mir kommen. Wer dieses Denken zu allen Zeiten geübt hat und mit mir ständig verbunden ist, geht in mein Wesen ein, darüber kann kein Zweifel bestehen. (5, 6) *Ein solcher Mensch ist ein wahrer Yogi.* (15) *Der höchste Gott, der alles Sein durchdringt und das wahre Selbst aller Kreatur ist, kann durch ungeteilte Liebe erfahren werden.* (22) *Das Studieren der Schriften, der selbstlose Dienst, die Loslösung, die Mildtätigkeit haben ihren Wert, aber die Praxis der Meditation führt darüber hinaus, in das Reich des höchsten Gottes.* (28)

9. Gesang: Der königliche Weg

Weil Arjuna an ihn glaubt, teilt Krishna ihm ein großes Geheimnis mit – er vermittelt ihm den Zugang zum königlichen Wissen. Dieses wird nur jenen zuteil, die an das höchste Gesetz des Lebens glauben. Er, Krishna, durchdringe in seiner nichtmanifesten Form das gesamte Universum. Alle Wesen seien in ihm, er aber sei nicht durch sie begrenzt. Am Ende dieses Äons (dieser Folge von Zeitaltern, den *Yugas*) würden alle Wesen in nichtmanifeste Form überführt, am Beginn des nächsten Äons werde er sie wieder neu aussenden. Den Weg zu ihm zu finden sei ganz leicht; ohne festen Glauben würde man ihn jedoch verfehlen. *Diejenigen, die Gott in anderer Form mit Glauben und Hingabe verehren, verehren genauso mich, Arjuna, auch dann, wenn sie nicht die üblichen Formen einhalten.* (23) *Für mich sind alle Menschen gleich; doch die, die mich liebend verehren, leben in mir, und ich lebe in ihnen. Selbst ein großer Sünder, der mich in festem Glauben verehrt, wird heilig sein.* (29, 30) *Wer bei mir Zuflucht sucht, wird – was auch immer seine Geburt, seine Abstammung, sein Geschlecht oder seine Kaste sein mag – das höchste Ziel erreichen.* (32) *Fülle deinen Geist mit mir, liebe mich, diene mir, bringe mir immer Verehrung entgegen. Wenn du mich in deinem Herzen suchst, wirst du schließlich mit mir vereint sein.* (34)

10. Gesang: Göttlicher Glanz

Krishna geht weiter in der Offenbarung seiner göttlichen Existenz. Er erläutert Arjuna, dass er die Quelle für alle Wesen, für alle Qualitäten, alle Handlungen, alle Gedanken sei. Auf die Frage Arjunas zählt Krishna seine Attribute und Fähigkeiten auf: Er sei das wahre Selbst im Herzen aller Wesen; er sei unter den Tieren der Löwe, unter den Kriegern Rama, unter den Flüssen der Ganges, unter den großen Weisen sei er Kapila (der Begründer des *Samkhya*), unter den Wissenschaften die Lehre von der erkennenden Unterscheidung des Selbst und vieles mehr. *Ich bin der Samen in jedem Wesen. Ohne mich kann nichts existieren, belebt oder unbelebt.* (39) *Aber was bedeutet es für dich, Arjuna, das zu wissen? Denke stets daran, dass ich bin und dass ich mit lediglich einem winzigen Teil meiner Existenz das gesamte Universum erhalte.* (42)

11. Gesang: Die kosmische Vision

Dieses Kapitel stellt den erhebenden Höhepunkt der Gita dar. Arjuna sieht in einer Vision Krishna in seiner Göttlichkeit, als Herrn des Universums. Arjuna ist fassungslos und erschüttert. Er beschreibt das, was ihm als Vision zuteilwurde, mit zahlreichen Bildern und in der Intensität seiner Erfahrung. Er fragt nun Krishna danach, wer er sei. Krishna antwortet, dass er die Zeit, der Zerstörer von allem sei. Er fordert Arjuna auf, sich zu erheben und zu kämpfen. Alle seine Feinde, die sterben sollten, seien bereits getötet. Er, Arjuna, sei nur das Instrument Krishnas.

12. Gesang: Yoga der liebenden Verehrung

Arjuna fragt Krishna, wen er vorziehen würde – diejenigen, die ihn als ewige, formlose göttliche Wirklichkeit betrachteten, oder die, die ihn liebend verehrten? Krishna erklärt, dass diejenigen, die ihr Herz in ihn setzten und ihn in unfehlbarem Glauben verehrten, im Yoga fester verankert seien. Wenn man sich auf etwas Abstraktes ausrichte, sei liebende Verehrung viel schwerer zu erlangen, wenngleich auch auf diese Weise das Ziel erreicht werden könne.

13. Gesang: Das Feld und der Wissende

Dieser Abschnitt handelt von der ewigen Dualität von göttlichem Geist und manifestiertem Körper. Der Körper, zu dem auch die menschlichen Geistorgane *(Buddhi, Ahamkara, Manas)* gehören, wird Feld genannt, das höchste Selbst ist der Wissende. Wer das Feld kennt, wird der Wissende genannt. Krishna kennt die Felder aller Wesen. Das Wissen um das Feld und den, der es kennt, ist wahres Wissen.

Krishna erklärt nach der Systematik des *Samkhya* die vierundzwanzig *Tattvas* oder Prinzipien der Natur: die fünf Wahrnehmungsebenen, die fünf Elemente, die fünf empfangenden Sinne, die fünf Handlungsorgane, die drei Geistorgane *(Manas, Buddhi, Ahamkara)* und die nichtmanifestierte Energie, aus der all dies stammt *(Prakriti). Aus diesem Feld erwachsen Wünsche und Abneigungen, Freude und Leid, der Körper, Intelligenz und Willen. Die wahrhaft Wissenden sind frei von Stolz und Täuschung. Sie sind sanft, verzeihend, aufrecht, rein, sie sind erfüllt von innerer Stärke, sie verfügen über Selbstkontrolle und verehren ihren spirituellen Lehrer.* (6, 7) *Sie sind frei vom ichbezogenen Gebundensein, selbst vom Gebundensein durch Heim und Familie.* (9) Das höchste Selbst zu suchen, ist wahre Weisheit. In unserem Selbst finden wir *Brahman* oder *Purusa* (in der Terminologie des *Samkhya*). *Purusa* und *Prakriti* sind beide ohne Beginn. Der *Purusa*, der sich im menschlichen Körper befindet, wird höchstes Selbst, Zeuge oder höchste Gottheit genannt. *Einige verwirklichen das höchste Selbst durch Meditation, andere durch unterscheidende Erkenntnis, wieder andere durch selbstlosen*

Dienst. Andere mögen diese Wege nicht kennen. Aber wenn sie den Anweisungen eines erleuchteten Lehrers folgen, werden auch sie den Tod überwinden. (25) *Diejenigen, die mit dem Blick des Wissenden das Feld von demjenigen unterscheiden können, der um das Feld weiß, und den Weg zur Freiheit vom Gebundensein an* Prakriti, *werden das höchste Ziel erreichen.* (34)

14. Gesang: Die Kräfte der Evolution

Nachdem er die Prinzipien der Materie erläutert hat, erklärt Krishna nun die *Gunas* (Bildekräfte, Erscheinungsweisen der Natur). Sie gehen aus *Prakriti* hervor und binden das unsterbliche Selbst an den Körper. Durch sie werden die menschlichen Erfahrungen geprägt. Die *Gunas* und ihre unterschiedlichen Qualitäten binden uns zunächst an verschiedene Zustände: *Sattva* – rein, leuchtend und frei von Sorge – bindet uns an das Glück, *Rajas* ist Leidenschaft und bindet uns an das Tun, *Tamas* kommt aus der Unwissenheit und bindet uns an die Täuschung. Wenn *Sattva* im Vordergrund steht, ist Weisheit vorherrschend, wenn *Rajas* dominiert, sind Eigennutz und Gier die Folge – man wird von Rastlosigkeit und Wünschen getrieben; wenn *Tamas* dominiert, herrschen Dunkelheit und Verwirrung. *Sattva* ist die Frucht einer guten Tat, Leid ist die Folge von *Rajas*, Unwissenheit die Folge von *Tamas*. *Weise Menschen sehen, dass jede Handlung ein Werk der* Gunas *ist. Da sie wissen, was jenseits der* Gunas *ist, vereinen sie sich mit mir.* (19) *Diese Menschen werden von den Bewegungen der* Gunas *nicht mehr gestört, sie bleiben von ihnen unberührt. In sich ruhend, sind sie gleich in Vergnügen und Schmerz, Lob und Tadel, Freundlichkeit und Feindseligkeit.* (23, 24) *Indem sie mir in Liebe treu ergeben sind, gelangen sie über die* Gunas *hinaus.* (26)

15. Gesang: Das höchste Selbst

Nachdem Krishna die Welt der Natur *(Prakriti)* erläutert hat, beschreibt er das Göttliche. Er nimmt zur Veranschaulichung des höchsten Selbst das Symbol eines Baumes, der mit seinen Wurzeln nach oben und mit der Krone nach unten in die Menschenwelt ragt. Die geistige Essenz, Beginn und Ende des Baums, sind in der Welt nicht wahrzunehmen. Er wird von den drei *Gunas* genährt. Zuerst soll der Suchende diesen Baum »mit der scharfen Axt des Nicht-Gebundenseins« fällen. Dann soll er den Weg suchen, der nicht zurückführt. Er soll den Ersten Grund suchen, von dem das Universum vor langer Zeit seinen Ausgang nahm. *In dieser Welt gibt es zwei Ordnungen des Seins, die vergänglichen, getrennten Wesen und den unveränderlichen Geist. Aber jenseits dieser beiden gibt es das höchste Selbst, den Ewigen Gott, der in das Universum eintritt und es von innen erhält.* (16, 17)

16. Gesang: Zwei Wege

Hier beschreibt die Gita die beiden Tendenzen, denen die Menschen folgen und die zu ganz unterschiedlichen Zielen führen. Krishna unterscheidet die Menschen danach, ob ihre Eigenschaften ›göttlicher Natur‹ sind, also zur Freiheit führen, und danach, ob sie ›niederer Natur‹ sind, also grob, in ihrer Überspitzung dämonisch sind und zu Verfestigung und zum Gebundensein führen. Die Eigenschaften der Ersteren sind Liebe, Bestimmtheit, Aufrichtigkeit, Treue, Hilfsbereitschaft, Großzügigkeit, Sanftheit, Geduld, Mäßigung, Mitfühlen mit allen Wesen und Reinheit. Menschen der zweiten Kategorie tun Dinge, die sie nicht tun sollten, und tun die Dinge nicht, die sie tun sollten. Sie sind gierig, zornig, grausam, unwissend, stolz und anmaßend. Sie halten Geschlechtlichkeit für das Wesentlichste im Leben. Sie verfügen nicht über die nötige Fähigkeit zur Unterscheidung von Gut und Böse und verhalten sich der Welt gegenüber nicht richtig, sie bringen Leid und Zerstörung. Sie haben Angst vor dem Tod, dennoch behalten sie die Einstellung bei, dass ihre Lust zu befriedigen das Höchste sei, was das Leben bieten könne. Zu dieser selbstzerstörerischen Hölle gibt es drei Zugänge: Lust, Zorn und Gier. *Lass dich deshalb von den heiligen Schriften leiten in dem, was du tust und nicht tust. Verstehe ihre Lehren; dann handle in Übereinstimmung mit ihnen.* (24)

17. Gesang: Die Kraft des Glaubens

Arjuna fragt nun Krishna, was mit denen geschehe, die die heiligen Schriften nicht kennen und dennoch ihre Gebete im festen

Glauben darbrächten. Krishna erwidert, dass sich selbst unsere religiöse Orientierung nach den in uns vorherrschenden *Gunas* forme, nach *Sattva* oder der Reinheit, nach *Rajas* oder der Bewegung, nach *Tamas* oder der Trägheit. Sattvische Menschen würden Gott verehren, rajasische Menschen Macht und Reichtum anbeten, tamasische würden Geistern und Dämonen anhängen. *Unser Glaube entspricht unserer Natur, Arjuna! Die menschliche Natur besteht aus Glauben – wie jemand glaubt, so ist er.* (3)

Krishna erläutert nun, dass sich die vorherrschenden *Gunas* auch in dem zeigten, was die Menschen äßen und welcherart ihre Handlungen seien: Sattvische Menschen bevorzugen mildes, geschmackvolles Essen, das für Gesundheit und Langlebigkeit sorgt, rajasische Menschen essen gern salzig, scharf oder bitter – Essen, das Verdauungsbeschwerden und Krankheit fördert. Tamasische Menschen bevorzugten Zerkochtes, Fettiges – Essen, das seinen Nährwert verloren hat. Von den religiösen Übungen wären diejenigen, die in festem Glauben begangen werden, ohne aber an ihren Erfolg zu denken, sattvisch. Religiöse Handlungen, die im Streben nach Erfolg, Ruhm oder Bewunderung begangen würden, seien rajasisch. Ihr Erfolg sei vorübergehend und unsicher. Religiöse Handlungen mit dem Ziel, Macht über jemanden zu gewinnen, oder aus der verwirrten Überzeugung heraus, es sei spirituell, sich selbst zu quälen, seien tamasisch.

18. Gesang: Befreiung und Loslösung

Das abschließende Kapitel behandelt weitere mit den *Gunas* im Zusammenhang stehende Themen. Auf Arjunas Frage, ob Loslösung besser sei als engagiertes Handeln, erwidert Krishna, dass es zwei Formen der Loslösung gebe: auf selbstsüchtiges Tun zu verzichten und auf die Früchte des Tuns zu verzichten. Selbstloses Opfer, großzügige Mildtätigkeit und Mäßigung sollten stets praktiziert werden, jedoch ohne den Wunsch, dafür belohnt zu werden. Seiner Verantwortung dürfe man sich keinesfalls entziehen, das wäre tamasisch. Etwas nicht zu tun, weil es unbequem oder anstrengend sei, wäre rajasisch und keine Loslösung im Sinne des Yoga. Anzustreben sei die sattvische Loslösung, die darin bestünde, seine Pflicht zu tun und nichts für sich selbst zu erwarten.

Sattvisches Verstehen drücke sich darin aus, dass man wisse, wann man handeln und wann man nicht handeln solle. Rajasisches Verstehen könne nicht zwischen richtig und falsch unterscheiden und nicht, ob etwas getan werden solle oder nicht. Tamasische Geisteshaltung bestehe in vollständiger Verwirrung. Sattvischer Wille halte Energie, Geist und die Sinne in Harmonie, rajasischer Wille sei egozentrisch und strebe nach Reichtum, Genuss und Prestige. Tamasischer Wille äußere sich in Unwissenheit, Falschheit, Angst und Deprimiertheit.

Ebenso gebe es drei Arten des Glücks: das, was am Anfang Gift zu sein scheine, aber am Ende wie Nektar schmecke, sei die sattvische Freude. Rajasisches Vergnügen komme aus den Sinnen; es schmecke zuerst wie Nektar, sei am Ende aber bitter wie Gift. Tamasisches Vergnügen bestehe aus Schlaf, Trägheit und Drogen. Dieses Vergnügen sei am Anfang und am Ende eine Täuschung.

Alle Wesen seien an die *Gunas* gebunden. Die Kasten seien dazu geschaffen, aufgrund unterschiedlicher Verantwortung der verschiedenen sozialen Gruppen eine stabile und gerechte soziale Ordnung zu schaffen; dies vor dem Hintergrund der Forderung, dass jeder Mensch durch die Erfüllung seiner je eigenen Pflicht Vollkommenheit erlangen solle. *Es ist besser, seine eigenen Pflichten unvollkommen zu erfüllen, als die Pflichten eines anderen zu meistern.* (47)

Krishna verspricht, den vor allem Übel zu schützen, der Zuflucht beim höchsten Selbst suche. Arjuna folgt Krishnas Rat und zieht auf seinem Streitwagen in den Kampf.

Würdigung der Gita

Die Bhagavad Gita umschreibt in einem großen Bogen die verschiedenen Wege des Yoga, die der Suchende und Handelnde auf sich nehmen kann, um zum Ziel zu gelangen, der Erlangung des höchsten Selbst. Dabei werden im Gespräch zwischen Arjuna und Krishna die verschiedenen Handlungsmöglichkeiten genannt, ohne dass einzelne Schulen oder Methoden bewertet oder bestimmte Ansichten kritisiert werden. Krishna betont immer wieder, dass es unterschiedliche Wege zum Ziel gebe.

In der Vielfalt der in der Gita angesprochenen, aber nicht im Einzelnen beschriebenen spirituellen Methoden und Wege enthält sie den Kern sämtlicher spirituellen Schulen Indiens. Sie kann ihrerseits aber nicht auf eine bestimmte Richtung oder Schule festgelegt werden. Die Stärke der Beschreibungen der Gita liegt in ihrem praktischen Lebensbezug.

Man kann die Gita in drei logische Blöcke teilen: Die ersten sechs Gesänge beschäftigen sich mit dem Yoga des Handelns *(Karma-Yoga)* und der Meditation *(Raja-Yoga)*, die mittleren sechs Gesänge können als Yoga der liebenden Verehrung *(Bhakti-Yoga)* gelesen werden und halten als Klammer die anderen Yogaarten zusammen. Die letzten sechs Gesänge beschreiben den Yoga der unterscheidenden Erkenntnis *(Jnana-Yoga)*.

Es sind wenige Begriffe, die der Gita wichtig sind und immer wieder angesprochen werden.

Zentralbegriff ist die Liebe: Sie ist die wesentlichste Voraussetzung für die Zielerreichung, das Einssein mit *Brahman* (beziehungsweise *Purusa* oder Krishna). Gemeint ist hier die universelle, uneigennützige Liebe dem eigenen Selbst, den anderen Wesen, Gott gegenüber, die nicht den eigenen Vorteil sucht und nicht selektiv ist, also niemanden ausschließt beziehungsweise bevorzugt.

Daneben gibt es weitere zentrale Begriffe, die für die Zielerreichung notwendig sind:

Glauben – Vertrauen: Glaubendes Vertrauen ist wichtig als innere Kraft, die Widerstände überwinden kann und sich der Disziplin erschließt, die zur Zielerreichung nötig ist.

Erkennende Unterscheidung: Unser Urteil – das wir aus der Unterscheidungskraft des Herzens ziehen – soll so geschult sein, dass wir erkennen können, was in einer Situation gut und was schlecht ist, unabhängig von Vor- und Nachteilen für uns selbst. Diese Fähigkeit ist auch angesprochen, wenn es um die Erfüllung unserer Pflichten geht: Nur das, was wir als unsere eigene Pflicht erkannt haben, sollen wir tun, wir sollen nicht die Pflichten anderer übernehmen.

Die höchste Form der Unterscheidung ist erreicht, wenn das Göttliche vom Nicht-Göttlichen unterschieden werden kann.

Mäßigung und Harmonie: Es wird immer wieder angesprochen, dass es nicht um ein Leben in Rückzug und Askese geht, sondern um ein ausgewogenes Leben in Verantwortung und Mitmenschlichkeit. Es ist wichtig, im Leben das rechte Maß zu finden.

Loslösung: Gemeint ist hier nicht freudlose Askese – wie sie in manchen Formen aller Religionen praktiziert wurde –, sondern das Leben im Freisein von selbstsüchtigen Wünschen. Angesprochen ist auch, dass man sich von irdisch-sinnlichen Wünschen fernhalten solle, da diese in ihrer Verfolgung Leid in sich bergen und vom Ziel des Yoga wegführen.

Handeln: Handeln ist wichtiger als Nicht-Handeln, es soll jedoch mit Freude und im Dienst am Göttlichen erfolgen. Jedes Handeln sollte auch frei sein vom Wunsch nach Erfolg oder einer Belohnung. Wichtig ist zudem, die Unterscheidungsfähigkeit zu erwerben, in eigener Verantwortung und in Übereinstimmung mit dem eigenen Karma zu handeln.

Toleranz: Dies ist ein weiterer zentraler Begriff, der sich durch die Gita ausgesprochen und unausgesprochen hindurchzieht. Dahinter steht die Erkenntnis, dass jeder Mensch von einem bestimmten Punkt der Entwicklung ausgeht und aufgrund seiner *Gunas* unterschiedliche Schwerpunkte auf seinem Entwicklungsweg setzen wird: *Wie sich die Menschen mir zuwenden, so nehme ich sie auf. Alle Wege, Arjuna, führen zu mir.* (4. Gesang, Zeilen 11 und 12) Oder: *Diejenigen, die Gott in anderer Form mit Glauben und Hingabe verehren, verehren genauso mich, Arjuna, auch dann, wenn sie nicht die üblichen Formen einhalten.* (9. Gesang, Zeile 23)

Die achtzehn Kapitel der Gita haben das gesamte indische Geistesleben beeinflusst. Kein Text der Hinduliteratur wird und wurde so viel gelesen, so oft auswendig gelernt und so häufig zitiert wie diese Verse. Die Gita kann als Lehrbuch für das praktische Leben angesehen werden. Sie ist allerdings mehr Lehrgedicht als Übungsanleitung und ist sicher nicht dazu geeignet, um eigenständig die Praxis des Yoga aufzunehmen. Viele Inder ziehen auch heute noch den Text als wichtigen Ratgeber für alle Lebensfragen heran. Für Mahatma Gandhi, den großen Friedensapostel, war die Gita nach eigenem Bekunden von sehr großer Bedeutung und er hat zur Gita zahlreiche Kommentare abgegeben. So erklärt er mit der Autorität seiner persönlichen Erfahrung, was er unter Loslösung vom Ergebnis eigener Handlungen versteht: »Mit Loslösung meine ich, dass ihr euch nicht sorgen müsst, ob aus euren Handlungen das gewünschte Ergebnis resultiert – solange eure Motive rein und eure Mittel korrekt sind. Wirklich, es bedeutet, dass am Ende das richtige Ergebnis herauskommt, wenn ihr für die Voraussetzungen sorgt und das Übrige Ihm überlasst. Aber das Nichtbeachten des Erfolgs bedeutet nicht Gleichgültigkeit dem Ergebnis gegenüber. Bei jeder Handlung muss man wissen, welches das erwartete Ergebnis ist, welches die Mittel dafür und welche Kompetenz dafür erforderlich ist.«[18] Die Bedeutung der Bhagavad Gita ist nicht nur auf Indien beschränkt, auch für viele Nicht-Hindus gehörte und gehört sie zu den großen spirituellen und philosophischen Dichtungen der Weltliteratur. Man denke nur, wie weiter oben erwähnt, an die begeisterte Aufnahme der Gita durch viele Vertreter der deutschen Klassik.

Integrale Prinzipien des Yoga

Wenn man von den historischen Bezügen der Schriften des klassischen Yoga absieht und von den Einseitigkeiten, die durch die damalige Lebenswirklichkeit bedingt sind, und wenn man die Betonung, für unsere Begriffe Verabsolutierung, des Leids als der grundlegenden Lebenssituation des begrenzten und fehlbaren Menschen geschuldet ansieht, zeigen sich Prinzipien und Muster des Yoga, die epochenübergreifend und selbst für unsere heutige Zeit revolutionär sind. Sie nehmen vieles von dem vorweg, was Jean Gebser dem integralen Paradigma zuordnet.

Zusammengehalten werden die Konzepte des Yoga durch den Gedanken, dass in jedem Wesen *Purusa*, ein göttlicher Kern, enthalten ist. Über diesen gemeinsamen Kern sind alle Wesen miteinander verbunden – aber auch über den gemeinsamen Raum der intuitiven, höheren Geistigkeit – der *Mahat* oder *Buddhi*. Die Energie, die alle Wesen miteinander verbindet, ist die göttliche Liebesenergie. In dieser Energie vollständig und dauerhaft aufzugehen, macht das ganze Bemühen eines Yogi aus. In der Entwicklung darauf hin ist auch die individuelle Evolution des Menschen zu sehen.

Das Konzept des Yoga ist durch und durch – den gesamten manifestierten und nichtmanifesten Kosmos umfassend – energetisch gedacht – und auch deshalb ganzheitlich und modern. Auch hier ist es die göttliche Energie, die in den Energien der Materie, den *Gunas*, wiederzufinden ist. In der Beobachtung und Aufzeichnung ihrer Wirkungen – sowohl im geistigen als auch im materiellen Bereich – werden die Qualitäten der Energien festgestellt und den Menschen nutzbar gemacht. Ausgedrückt wird dies durch das Konzept der *Gunas*, wie es der *Samkhya* aufstellt. Diese energetische Sicht des Yoga kann in der modernen westlichen Wissenschaft in ähnlicher Form wiedergefunden werden, so in der Quantenphysik mit ihrem Konzept des Quantenfelds und mit den energetischen Vorstellungen über die kleinsten Elementarteilchen, aber auch in den Konzepten der Thermodynamik – etwa im Satz von der Erhaltung der Energie.

Ganzheitlich und energetisch ist auch das Bild, das sich die Psychologie des Yoga vom Menschen macht. Sie unterscheidet sehr genau zwischen verschiedenen geistigen Bereichen und zeigt eine Hierarchie von Ursachen und Wirkungen auf, die unser Verhalten bestimmen. Die Bereiche sind Kreativität/Intuition, die Ich-Instanz oder die Instanz der Identifikation und der Bereich der Gedanken und Gefühle. Diese geistigen Bereiche werden sehr genau analysiert und beschrieben, und es werden Wandlungs- und Entwicklungsstrategien aufgezeigt, die dem jeweiligen Bereich adäquat sind: Die Intuition und Kreativität werden durch Meditation und Innenschau entwickelt, die Ich-Instanz kann durch die Übung der Loslösung von ihrer Egozentrik befreit werden, Gedanken und Gefühle werden durch Meditation und durch die Arbeit an den Prägungen oder *Samskaras* – also durch die Beseitigung der Hindernisse im eigenen Inneren – so modifiziert, dass das Ziel des Yoga erreicht werden kann.

Ganz wird der Mensch also nicht, indem er etwas erwirbt, sondern indem er sich all seiner Projektionen, Vorurteile, Wünsche und Begierden entledigt. Erst dann kann die göttliche Energie ungehindert durch ihn hindurchfließen – wieder steht ein energetisches Prinzip im Zentrum des Yoga. Ganzheitlich ist auch das Prinzip, in allem Streben von der Erfahrung und Verantwortung des eigenen Inneren auszugehen und nicht von dem, was im Außen vorgefunden wird. Ganzheitlich und energetisch gedacht ist schließlich auch die Einstellung, Unerwünschtes, Schlechtes nicht zu bekämpfen, sondern das Ganze durch Hinzufügung von Gutem, Erwünschtem ins Gleichgewicht zu bringen.

Dies alles mündet in ein Konzept der Charakterbildung, wofür der Yoga ebenfalls Lernwege aufzeigt. Die Schulung und Bildung des Charakters kann nur in einer Entwicklung aller geistigen Bereiche und durch wiederholte Übung erreicht werden, wie dies auch unsere heutige Wissenschaft, so etwa die positive Psychologie feststellt. Intellektuelle Einsicht allein ist dafür nicht ausreichend. Nur in diesem ganzheitlichen Verständnis von Entwicklung ist das Erreichen des hohen Ziels des Yoga möglich.

Aus dieser Sicht auf die Welt, die sich die eigenen Energien – in Form von Interessen und Gewohnheiten, wie auch der Mechanismen der eigenen Haltungen und Entscheidungen – bewusst macht und sie in den Dienst des Ganzen stellt, können Harmonie und Ausgleich der Fähigkeiten und Einstellungen im Menschen sowie ein Bewusstsein der persönlichen Verantwortung entstehen. Daraus kann ein Paradigma erwachsen, welches eine ganzheitliche Einstellung zur Welt aufweist.

Skizze eines geistigen Yoga für den Westen

Genau besehen ist das, was Krishna in der Bhagavad Gita als Yoga präsentiert, weniger eine Technik oder Methode, sondern eine Lebensform. So zu leben, wie Krishna dies Arjuna nahebringt, bedeutet Verwirklichung auf dem Yogaweg. Die dabei angewendete spirituelle Technik oder Methode ist dem gegenüber nachrangig. Die Intensität der Übungen ist wichtiger als deren Form. Alle Elemente des Yogawegs sind dem Ziel der Verwirklichung des Göttlichen im eigenen Inneren untergeordnet. Geeignet ist, was immer dem Menschen auf seinem Weg der spirituellen Vervollkommnung hilft. Krishna sagt, dass alles, was wir dafür benötigen, in uns ist. Dem Lehrer, wie Krishna einer war, kommt dabei die Aufgabe zu, zu helfen, den göttlichen Kern in uns freizulegen.

Die im Yoga angewendeten Methoden haben sich im Lauf seiner jahrtausendealten Tradition immer wieder gewandelt und modernen Lebensumständen angepasst. Seine Prinzipien sind freilich die gleichen geblieben. Bis heute ist die Gita Maßstab für alle Formen des Yoga. Aus der Tradition der Bhagavad Gita hat sich so etwas wie ein ›mittlerer Weg‹ herausgebildet, dem explizit oder unausgesprochen viele der neuen Schulen und Systeme des Yoga folgen. Mittlerer Weg heißt etwa, dass die Menschen – wie dies schon Vivekananda gefordert hat – in Gesellschaft und Familie ihren Aufgaben mit Verantwortung nachkommen, während sie dem Yogaweg folgen. Vivekananda hat in diesem Zusammenhang von dem Vogel gesprochen, der nur mit zwei Flügeln fliegen könne. Ebenso bedürfe der Mensch zweier Flügel, des spirituellen wie des weltlichen.

Mittlerer Weg bezeichnet aber auch eine Gleichwertigkeit und Ausgewogenheit der verschiedenen Praktiken, die den Yogaweg begleiten. Alle menschlichen Äußerungen: Liebe, Erkenntnis und Handeln – also *Bhakti, Jnana* und Karma in der Terminologie des Yoga – können zur Gottesverwirklichung führen. Jeder Mensch wird innerhalb der verschiedenen Formen des Yoga für sich das rechte Maß finden. Der eine wird mehr zum Handeln neigen, der andere zum Erkenntnisweg, wieder ein anderer zur reinen Gottesverehrung.

Auch die Extreme der Lebensführung sind zu meiden, weder Askese noch übertriebener Sinnengenuss führen zum Ziel. Es gibt keine Ausschließlichkeit in der Verfolgung des Yogaweges – »alle Wege führen zu mir«, sagt Krishna in der Bhagavad Gita. Er gibt allerdings deutliche Hinweise darauf, dass *Bhakti* – der liebevollen Gottesverehrung – der höchste Rang zukommt.

Es existiert eine Reihe von Gründen, die die Lebensform des Yoga für uns westliche Menschen aktuell macht. Sie verspricht inneren Frieden und Harmonie in einer Welt, die immer schnelllebiger und chaotischer wird. Sie erfüllt die Sehnsucht nach Transzendenz in einer Form, die gleichzeitig in ihrer inneren Ausrichtung verbindlich und dennoch frei ist von Vorschriften und Geboten. Sie gibt lediglich Empfehlungen, die es dem Praktizierenden ins eigene Ermessen und in die eigene Verantwortung stellen, wie er damit umgeht. Und sie stellt einen Entwicklungsweg für das eigene geistige Potenzial bereit. Die Perfektionierung des Geistigen – in seiner Gesamtheit, also unter Einbeziehung der Gefühlssphäre und der höheren, kreativen Geistigkeit – ist Voraussetzung für ein gelingendes Leben. Zudem ist das Geistige für die westliche Kultur die einzige verbliebene Terra incognita, die zu erschließen ein Abenteuer darstellt, das in Angriff zu nehmen sich wahrhaft lohnt. Das Geistige wird im Yoga – wie weiter oben gezeigt wurde – in einer viel größeren Tiefe und Vielfalt kultiviert, als dies bei uns üblich ist. Das betrifft zunächst den kognitiven Bereich des Menschen, wo immer schon im Yoga das Vor- und Unbewusste wahrgenommen und für die Urteilsbildung und Entscheidung genutzt wurde. Das betrifft auch das Wahrnehmen der verursachenden Rolle des Geistigen und unsere eigene Verantwortung für alles, was uns im Leben zustößt. Schließlich betrifft es das Wahrnehmen des Geistigen als Ausgangspunkt aller kreativen Prozesse. Das schließt auch das Einbeziehen der Existenz von geistigen Feldern ein – in Analogie zu den Sheldrake'schen morphogenetischen Feldern –, die für alle Manifestationen des Kosmos existieren und an denen auch wir Anteil haben. Und natürlich betrifft es vor allem das Feld des höchsten Geistigen, des Göttlichen, auf das im Yoga alles ausgerichtet ist.

Wenn wir uns auf diese Universalität des Geistigen einlassen, kann uns die Lebensform des Yoga aus der Klammer des Mental-Perspektivischen befreien und in die integrale Zukunft führen.

Die Elemente des Yogawegs sind in Anbetracht der Universalität der Bemühung vergleichsweise einfach:

- die Ausrichtung auf das Göttliche als höchstes Ziel,
- die Methode, um auf dieses Ziel hinzuarbeiten.

Das Ziel des Yoga

Ein Ziel zu verfolgen ist wichtig. Nur wenn wir eine klare Zielvorstellung haben, können wir das Ziel erreichen. Deshalb ist der erste Schritt im Yoga, sich Klarheit über das Ziel zu verschaffen. Das Versprechen des Yoga besteht darin, das Ziel des Einsseins mit dem Göttlichen im Hier und Jetzt zu erreichen. Für den indischen Menschen ist das immer noch selbstverständlich – für uns im Westen ist es dies durchaus nicht. In unserer jüngeren Geschichte sind – so weit dies bekannt ist – nur wenige mystisch besonders begabte Menschen diesem Ziel bewusst gefolgt.

Für die weniger spirituell Begabten unter uns meldet sich dieses Ziel als unbestimmte oder aber bewusste Sehnsucht nach Vollkommenheit, nach dem Einssein mit dem innersten Kern, nach einem Sinn im Leben, allgemein gesprochen, nach Transzendenz. Wir alle haben in der einen oder anderen Situation diese Sehnsucht erfahren, meist wird sie uns nicht bewusst. Eben deshalb versuchen viele Menschen, diese Sehnsucht nach Transzendenz mit weltlichen Dingen auszufüllen – das ist es auch tatsächlich, womit sich die Menschen in unseren Gesellschaften vor allem beschäftigen. Der inneren Sehnsucht kann damit freilich nicht Genüge getan werden. Konsum, weltliche Freuden bedeuten im besten Fall eine vorübergehende beziehungsweise meist eine nur scheinbare Erfüllung dieser Sehnsucht. Was bleibt, sind Unzufriedenheit und innere Unruhe.

Der Yoga postuliert, dass diese Sehnsucht nach Transzendenz im Hier und Jetzt erfüllbar ist – in der Erfahrung, im Einssein mit dem Göttlichen und in einem ganz normal geführten Leben. Da jeder Mensch Anteil am Göttlichen hat, kann es von jedem erfahren werden. Die Qualität, in der sich das Göttliche mitteilt, ist die Erfahrung der All-Einheit und das Gefühl universeller Liebe. Für den Yoga erfüllt sich genau hierin die menschliche Sehnsucht. Universell ist die Liebe, wenn sie ohne Unterscheidung Gott, sich selbst, dem Nächsten, der Natur geschenkt wird. Sie ist zunehmend weniger beeinflusst durch persönliche Sympathien und Vorlieben, durch Familie, Freundschaften und Ähnliches. Diese universelle Liebe entsteht im Herzen, wenn wir mit dem Göttlichen in Fühlung treten. Die meisten Menschen können dies gelegentlich spüren, nur wenige Menschen sind aber von sich aus in der Lage, diese Form der Liebe im Alltag zu leben. Deshalb müssen sie in diese hohe Form der Liebe erst durch einen Entwicklungsprozess hineinwachsen. Wie Jesus in seinem Liebesgebot zum Ausdruck gebracht hat, sagt auch der Yoga, dass Selbstliebe und Nächstenliebe gleichrangig sind. Selbstliebe, das liebevolle Annehmen seiner selbst, ist die Grundbedingung für jede Form von Liebe. Dieses Annehmen seiner selbst wird durch den Strom göttlicher Liebe gefördert, der im Aufnehmen der Verbindung mit Gott erfahren wird. Es dehnt sich schließlich auf andere Menschen, auf die Umwelt aus, bis irgendwann die Fähigkeit zur universellen Liebe da ist. Daran zeigt sich das Geheimnis des Yoga, dass man durch seine Praxis zu einem ›besseren Menschen‹ wird.

Allein auf sich gestellt sind die meisten Menschen nicht in der Lage, diesen Kontakt zum Göttlichen herzustellen beziehungsweise aufrechtzuerhalten. Sie werden zu stark von ihren inneren Mustern und Erfahrungen abgelenkt. Deshalb ist es ein wichtiger Schritt im Yoga, nach jemandem zu suchen, einem Lehrer, der diesen Kontakt vermitteln kann. Es muss jemand sein, der diesen Kontakt selbst etabliert hat. Für die Yogatradition gilt diese Aufgabe dann als gelöst, wenn derjenige gefunden ist, der auf dem Weg zum Göttlichen führen kann. Genau genommen ist es der Yogatradition nach nicht so, dass man findet, sondern es ist vielmehr so, dass man gefunden wird, wenn der Zeitpunkt gekommen ist.

Die Methode

Der Yoga dient dazu, durch eine geeignete Methode die Menschen spirituell und geistig so zu entwickeln, dass sie in die Lage versetzt werden, dauerhaft die Erfahrung der Gottesnähe zu machen.

Die Yogapraxis im engeren, methodischen Sinn der konkreten Übung besteht aus zwei einander ergänzenden Elementen:

a) der Meditation, um in die innere Verbindung mit Gott einzutreten, und
b) einer Form der inneren Reinigung, um die Hindernisse zu beseitigen, die uns von Gott, von der universellen Liebe, trennen (siehe auch *Yoga-Sutra* IV, 3).

Die Yogapraxis im weiteren Sinn heißt, das Leben so zu gestalten, dass der Zustand des Einsseins mit dem Göttlichen, der in der Meditation erreicht wird, auch im täglichen Leben erfahren werden kann.

Meditation

Die Meditation ist dazu da, einen Prozess in Gang zu bringen, der zum Ziel führt: nämlich den Geist zur Ruhe zu bringen, sich auf das Herz auszurichten und sich im Herzen mit dem Göttlichen zu verbinden. Patanjali hat dieses Ziel in seinen *Yoga-Sutras* so benannt: »Yoga ist das Beenden aller Bewegungen im Geist.« (*Yoga-Sutra* I, 2). Zwei Intentionen sind es, die diese Bewegungen zur Ruhe bringen können. Zum einen die Ausrichtung auf die tieferen Schichten unseres Geistes – auf unseren göttlichen Kern im Herzen, im *Samkhya Purusa* beziehungsweise *Atman*, zum anderen die Übung, sich von Gedanken und Gefühlen nicht ablenken zu lassen. Aufkommende Gedanken oder Gefühle werden nicht beachtet. Die weitere Konsequenz, Gedanken und Gefühle erst gar nicht entstehen zu lassen, erfordert eine zweite Übung, diejenige der Reinigung. Dazu später mehr.

Gelingt es, sich ohne Ablenkung mit dem Inneren zu verbinden, entsteht ein Gefühl der Leere von allem, was uns während des Alltags beschäftigt, und gleichzeitig das Gewahrsein einer Verbundenheit mit einer tieferen Schicht, die über unsere Person hinausführt. Es entsteht ein Zustand mystischen Einsseins, wie ihn auch der berühmte Religionsphilosoph William James beschreibt: »In mystischen Zuständen geschieht beides. Wir werden eins mit dem Absoluten, und wir werden uns dieser Einheit bewusst.«[19] Die Psychologie spricht vom Flow-Erleben, in dem wir in dem aufgehen, was wir gerade tun.

Unter Meditation ist auch zu verstehen, sich über längere Zeit mit einer bestimmten Sache geistig zu verbinden. Durch regelmäßige Übung wird aus einem bloßen Denken das Einswerden mit der Sache, über die man denkt, die Versenkung (in den *Yoga-Sutras* als *Samadhi* bezeichnet).

Meditationslehrer im Osten wie im Westen sagen, dass man zu dem wird, worüber man meditiert, da die Meditation auf alles wirkt, worauf wir sie richten. Wenn dies so ist, dann lässt sich die Aussage auch umkehren: Wenn man etwas erreichen oder werden will, dann ist es hilfreich, darüber zu meditieren. Da im Yoga das Ziel die Verwirklichung des höheren Selbst ist – verstanden als ein Einswerden mit dem Göttlichen –, wird genau auf dieses hin meditiert. Das Ziel verbirgt sich als erfahrbare Präsenz in unserem Herzen. Genau diese Präsenz soll in der Meditation wahrgenommen werden. Mit zunehmender Dauer der Praxis gelingt dies immer besser.

Der Grund dafür, warum wir meditieren, ist also zunächst, die Kontrolle über unseren Geist zu erlangen, ihn so zu disziplinieren, dass er genau das tut, was wir wollen und wann wir es wollen. Dabei wird die Fähigkeit entwickelt, die Steuerung über den Geist zu übernehmen. Ohne Meditation werden wir mehr von unserem Geist gesteuert, als dass wir ihn steuern. Man kann es mit dem Reitenlernen vergleichen. Dabei riskieren wir, einige Male abgeworfen zu werden. Wir müssen lernen, das Pferd sanft, aber bestimmt mit den Zügeln zu lenken.

Es ist also durchaus Disziplin erforderlich, einmal um die Meditation regelmäßig durchzuführen, dann, um dabei die Aufmerksamkeit aufrechtzuerhalten. Mit dieser kleinen Anfangsinvestition in Disziplin wird eine immer bessere Kontrolle über den Geist erreicht – und damit auch eine bessere Kontrolle über den Körper, denn es ist der Geist, der mit seinen Wünschen und Vorstellungen den Körper und seine Aktionen steuert. Wir können dabei auch an das Bild vom Reiter und vom Elefanten denken, das der Psychologe Jonathan Haidt verwendet. Dabei wird eine Stärke des Geistes erlangt, die das Versprechen des Yoga wahr macht, dass ein Yogi geschickt ist in allen Dingen, die er anpackt. Die durch die Meditation erworbene Fähigkeit, sich auszurichten, hilft dabei, das angestrebte Ziel zu erreichen. Die Erfahrung in der Meditation des Yoga schafft und intensiviert die Verbindung mit dem Göttlichen und verstärkt dadurch die Motivation, das spirituelle Ziel zu erstreben.

Die Ausrichtung auf das Herz, von der weiter oben gesprochen wurde, hat nicht nur symbolische Bedeutung, sondern ist buchstäblich Programm und die Einladung dazu, das Herz auch zum geistigen Zentrum zu machen. Das Herz wird von nahezu allen Religionen und spirituellen Systemen als der Sitz Gottes angesehen. Wenn wir uns also Gott nähern wollen, nähern wir uns ihm am besten durch die Vorstellung seiner Präsenz in unserem Herzen.

Es gibt eine Reihe von weiteren Gründen, warum das Herz zum Zentrum der Meditation gewählt wurde: Es bestimmt und steuert unser Leben und unseren Charakter. Die Betonung des Herzens, wie sie in den Schriften des Yoga zum Ausdruck kommt, trifft sich auch mit den Erkenntnissen der Neurowissenschaften, die dem Herzen eine weitgehende Steuerung der geistigen Vorgänge zuweisen und ihm – vor allem im Kontakt der Mutter zum Kleinkind – eine wesentliche Rolle bei der Formung des Charakters zusprechen.

Schließlich ist das Herz der Ort, von dem die Blutzirkulation ausgeht. Blut ist ein vitaler Teil des menschlichen Organismus, denn durch das Blut werden alle Zellen des Körpers mit Nahrung und Energie versorgt, wie ebenso die Stoffwechsel-Endprodukte mit dem Blut abtransportiert werden. Wenn wir also liebevoll auf das Herz meditieren, sorgen wir dafür, dass sich die entstehende feine Schwingung über den ganzen Organismus verteilt.

Eine bewährte Form der Meditation besteht darin, auf das Herz mit der Vorstellung zu meditieren, dass göttliches Licht im Herzen ist. Ram Chandra, der Begründer der Yogamethode des *Sahaj Marg*, des einfachen Wegs, hat diese Empfehlung ausgesprochen. Das göttliche Licht im Herzen ist, so sagt er, diejenige Vorstellung, die der vollständig abstrakten Gottesvorstellung am nächsten kommt. Eine Meditation, die ein *Mantra* (also eine Laut- oder Wortfolge), ein Bild oder Kerzenlicht zum Gegenstand macht, würde dem gegenüber vergröbernd wirken. Die aufgenommene Gottesvorstellung wird über die gesamte Dauer der Meditation aufrechterhalten. Dazu wird eine bequeme Sitzposition eingenommen. Es ist auch günstig, für die Meditation einen Platz zu finden, an dem man ungestört ist. Dies erleichtert die Aufnahme der inneren Konzentration. Die Augen sind geschlossen, um die Aufmerksamkeit nach innen – eben auf das Herz – zu richten. Für die Meditation wird vorzugsweise der frühe Morgen gewählt, weil die Atmosphäre des beginnenden Tages die Meditation am besten unterstützt. Als Meditationsdauer ist mindestens eine halbe Stunde anzusetzen, da es erfahrungsgemäß einige Zeit dauert, bis sich die innere Konzentration einstellt.

Die Meditation erfolgt in einer Haltung des Loslassens, des Offenseins, des Wartens und Empfangens, sie ist weniger eine Form willentlicher Konzentration. Das, was sich meldet, soll möglichst wenig durch eigene Gedanken und Gefühle gestört werden. Auch nicht durch die Instanz des Ego, die sich in der willentlichen Bemühung zeigen würde.

Die Meditation im Yoga ist darauf gerichtet, das Denken leer zu machen, es auszuschalten. Das bedeutet aber nicht vollständige Bewusstlosigkeit und Leere. Man registriert die aufkommenden Gedanken, Empfindungen und Gefühle, man nimmt auch seine Umgebung wahr. Man lässt sich dadurch aber nicht ablenken, die Aufmerksamkeit bleibt auf die göttliche Energie fokussiert, die während der Meditation spürbar wird. Daneben gibt es Momente vollständiger Absorption, in denen man nichts mehr wahrnimmt.

Die Erfahrungen sind für jeden Meditierenden andere – je nachdem, wie weit er oder sie in der Meditation fortgeschritten ist und in welcher Lebenssituation er oder sie sich gerade befindet.

Die Erfahrung der Meditation ist nie gleich, sie kann ganz allgemein als freudvoll, ruhig und schön charakterisiert werden. Und – wie William James es anschaulich ausgedrückt hat – sie vermittelt die Erfahrung, mit etwas Höherem unmittelbar in Berührung zu kommen.

Es empfiehlt sich, keine Erwartungen an den Verlauf der Meditation zu knüpfen. Dies würde die Ausrichtung beeinträchtigen und den Verlauf ungünstig beeinflussen.

Da es im Yoga in besonderem Maß auf das Wie, also auf die Intensität der Übungen ankommt, gibt es keine Gebote oder starre Regeln, sondern nur Empfehlungen, wie die Meditation zu gestalten ist oder wie lange sie aufrechterhalten werden sollte. Entscheidend ist, dass die Liebe, damit auch die Freude an der Übung im Mittelpunkt steht. Deshalb ist die Freiwilligkeit aller Übungen wichtig.

Liebe ist für den Yoga die göttliche Energie, die sich in der Meditation in das Herz überträgt. Sie ist auch für Teilhard de Chardin die bewegende Kraft der Evolution. Sie soll sich immer mehr im Übenden auch außerhalb der Meditationen manifestieren. Mit Liebe ist die bedingungslose, universelle Liebe allem Sein gegenüber gemeint. Sie wird gespeist aus dem Urvertrauen, dass wir alle geliebte Geschöpfe Gottes sind. Wenn nicht von Beginn an vorhanden, stärkt sich dieses Urvertrauen mit zunehmender Meditationspraxis. Deshalb kommt auch dem Herzen besondere Bedeutung zu. Nur wenn das Herz geöffnet ist, kann es sich mit dem Göttlichen vereinen.

Wozu Meditation? Wirkungen der Meditation

Es kommt durchaus vor, dass während einer Meditation emotional besetzte Themen oder Erinnerungen aus der Vergangenheit aufsteigen. Es ist am besten, dies wie Wolken vorbeiziehen zu lassen, es nicht festzuhalten oder aber wegzuschieben. Oft ist es ein Zeichen dafür, dass sich alte Muster auflösen. An solchen Gedanken und Vorstellungen zeigt sich unsere innere Realität, die im Alltag meist übertönt oder ausgeblendet wird. In dem Maß, wie wir solche Gedanken und Vorstellungen als unsere Realität annehmen können, verlieren sie ihre ablenkende Kraft. Daneben kann es in der Meditation gedankliche Lichtblitze – wenn man so will ›Erleuchtungen‹ – geben, in denen sich klärende Einfälle melden. Ebenso kann es vorkommen, dass in der Meditation großartige Bilder und Gefühle auftauchen, die wir – vor allem zu Anfang unserer Meditationspraxis – auf uns und unseren Entwicklungsstand beziehen, die oft jedoch nur von unseren Mustern *(Samskaras)* erzeugte Projektionen sind. Hierbei mag eine Verwechslung stattfinden zwischen der Erfahrung eines Gefühls und der Ansicht, eine bestimmte Entwicklungsstufe erreicht zu haben. Mit zunehmender Praxis lernt man, die Erscheinungen einzuordnen. Man wird auch die Deutungshilfe eines erfahrenen Yogi in Anspruch nehmen, der durch solche Erfahrungen und Zustände selbst hindurchgegangen ist.

Der Zustand in der Meditation kann als ein vierter Bewusstseinszustand neben dem Wachen, Schlafen und Träumen angesehen werden. Er unterscheidet sich deutlich von den drei anderen durch tiefe Entspannung, ein Gefühl des Einsseins mit dem Göttlichen und eine geschärfte intuitive Wahrnehmung der Vorgänge, die um einen herum passieren. Es ist durchaus legitim und natürlich, diesen Bewusstseinszustand für eigene kreative Prozesse zu nutzen und ihn so in den eigenen Alltag hineinwirken zu lassen.

Mit zunehmender Praxis wird der meditative Zustand zu einem Prozess, der auch außerhalb der Meditation erhalten bleibt, indem man möglichst lange auf das Herz, genauer auf das Göttliche im Herzen, ausgerichtet ist – nicht in angestrengter mentaler Konzentration, sondern in der gelassenen Achtsamkeit des Herzens. Dies führt nicht nur zu einer Verbundenheit mit dem Göttlichen, sondern automatisch zu einer Verbundenheit mit allen Wesen und damit zu einer partnerschaftlichen, liebevollen Form des Umgehens mit Mitmensch und Natur.

Die Praxis der Meditation eröffnet so – psychologisch gesehen – eine neue Form des Umgangs mit uns selbst, mit der Umwelt, mit den Mitmenschen. Wir erkennen unsere tieferen, unbewussten Schichten und lernen, sie anzunehmen. Dadurch erweitern sich unsere Entscheidungs- und Handlungsspielräume. Zudem erlangen wir die Fähigkeit, uns besser auf unsere soziale Situation, auf unsere Mitmenschen einzustellen, da wir weniger von unseren eigenen Problemen absorbiert werden. Davor steht allerdings die Bereitschaft, die inneren Erfahrungen anzunehmen. Die positive Psychologie spricht davon, dass wir durch das Üben der Meditation aktiv die Tugend der Spiritualität beziehungsweise der Transzendenz entwickeln. Diese Tugend ist nicht nur wichtig im Zusammenhang mit dem Erreichen des yogischen Ziels. Sie ist auch wichtig für unsere Einstellung zum Leben, für unsere Position in der Welt. Wie wir aus der Salutogenese wissen, trägt sie von allen unseren Stärken am meisten bei zur Stabilisierung unseres Selbst und schafft damit eine bedeutende Basis für unsere physische und psychische Gesundheit.

Die Meditation wirkt – wie sich in vielen Untersuchungen gezeigt hat – dauerhaft auf den Körper des Meditierenden. Auf der physiologischen Ebene hat sie Einfluss in Richtung auf eine Verlangsamung der Stoffwechselvorgänge, auf eine Vertiefung der Atmung und auf eine Senkung der Pulsfrequenz. Damit können auf wirksame Weise latente Ängste oder Stress abgebaut werden. Diese heilsame und heilende Wirkung ist von vielen Ärzten und Heilern – und von vielen Praktizierenden – festgestellt worden.

Notwendigkeit von Vorstufen? Ausschlussgründe

In einigen Yogaschulen wird nach dem achtstufigen klassischen Yoga von Patanjali verfahren. Das scheint heute nicht mehr erforderlich. Die beiden ersten Stufen des *Ashtanga-Yoga* (*Yama*, *Niyama* – moralisches Verhalten, Mitmenschlichkeit, Eingehen einer inneren Verbindung mit Gott) gelten als Voraussetzung für die Aufnahme der Yogapraxis, die jemand, der den Yogaweg in Angriff nimmt, bereits mitbringen sollte. Die *Asanas* der dritten Stufe sind letztlich nur dazu da, um die Meditationsposition so zu gestalten, dass der Körper den Meditierenden nicht stört. Dies wird durch eine bequeme Meditationshaltung erreicht, stellt also keine eigene Übung dar. Es spricht jedoch nichts dagegen, *Asanas* im Rahmen eines *Hatha-Yoga*-Trainings zu üben. Die vierte Stufe des *Pranayama* ist nicht erforderlich, da sich die Atmung durch die Meditation von selbst reguliert. Es ist also streng genommen keine Übung, sondern Ergebnis der Meditation. Die fünfte und sechste Stufe, *Pratyahara* – das Abziehen der Sinne von der äußeren Wirklichkeit – und *Dharana* – die ablenkungsfreie Konzentration auf einen Punkt –, ergeben sich ebenfalls aus der Meditation und bedürfen keiner eigenen Übung.

Deshalb beginnen manche Schulen den Yogaweg mit der siebten Stufe, *Dhyana* oder Meditation. Es wird dabei das Prinzip verfolgt, dass das angestrebte Ergebnis, nämlich die Kontrolle über den Geist zu erlangen, genau mit dem Instrument geübt wird, welches unter Kontrolle gebracht werden soll. Um dies an einem Beispiel zu verdeutlichen: Man kann nur mithilfe eines Pferdes reiten lernen. Die achte Stufe, *Samadhi*, folgt dann als natürliches Ergebnis aus der Versenkung in der Meditation.

Von der Aufnahme der Meditation ist abzuraten, wenn schwere Persönlichkeitsstörungen oder eine psychische Krankheit vorliegen. In solchen Situationen besteht die Gefahr, dass bestehende Ängste oder ein psychisches Ungleichgewicht sich noch verstärken. Im Zweifel sollte der Arzt oder Therapeut zurate gezogen werden.

Die Reinigungsübung

Yoga heißt Vereinigung. Zwei Dinge können sich aber nur vereinigen, wenn sie zueinander passen. Wenn der eine Teil unvollkommen ist, muss er sich vervollkommnen, um sich mit dem vollkommenen Teil zu vereinigen. Die Vervollkommnung des Unvollkommenen ist also die Aufgabe, die vor der Vereinigung liegt. Genau dies wird mit der Reinigungsübung bezweckt. Um den Weg der Vervollkommnung zu gehen, müssen nach und nach die Tendenzen und Muster gereinigt werden, die sich über die lange Zeit des Lebens gebildet haben und die jetzigen Verhaltensmuster prägen. Solche Muster sind die ›typischen‹ Reaktions- und Verhaltensweisen, deren wir uns im Alltag bedienen: Abwehr, Ärger, Zorn, Gier, Neid, Geiz, Respektlosigkeit, Trägheit et cetera. Solange sie bestehen bleiben, werden wir ihnen immer unterworfen sein. Für *Samkhya* und Yoga ist das Leid, das aus diesen Mustern entsteht, die Grundkonstante menschlichen Lebens. Ziel des Yoga ist es, dieses Leid zu beenden, dessen Ursachen Patanjali in dem Yoga-*Sutra* II, 3 aufzählt.

Die Reinigungsübung ist also das zur Meditation komplementäre Element der Yogapraxis.

Bei dieser Reinigung geht es darum, die Hindernisse auf dem Yogaweg zu beseitigen. Solche Hindernisse bestehen vor allem in den Charakteristika des Ego: in den Verhaltensmustern und Einstellungen, die jeder Mensch hat und die sich als Wünsche, Vorlieben oder Ängste manifestieren. Im Yoga werden diese Muster oder Eindrücke *Samskaras* genannt. Sie halten die Menschen in ihrem aktuellen Zustand fest – und machen sie somit zu Sklaven ihrer Vergangenheit. Yoga sagt, dass unsere Vorstellung, wir könnten frei denken und handeln, tatsächlich aufgrund einer Täuschung zustande kommt. Wir sind weitgehend durch unsere Vergangenheit konditioniert.

Das ist eine Erkenntnis, zu der auch Tiefenpsychologie und Neurowissenschaften gekommen sind. Es ist nötig, dass wir uns von diesen vergangenen Eindrücken befreien. Nach der Theorie des *Samkhya* bewirken sie zudem, dass wir uns immer wieder inkarnieren müssen, um die erworbenen *Samskaras* durch Ausagieren (in der Yogaterminologie *Bhog*) abzuarbeiten, also unser erworbenes Karma aufzulösen. Dieses Ausagieren führt allerdings nur dann zu einer Auflösung der *Samskaras*, wenn es in einem Geist des Annehmens und der Loslösung erfolgt. Fehlt diese Einstellung, werden mit diesem Ausagieren neue *Samskaras* erzeugt – ein Teufelskreis.

Die Beseitigung der Hindernisse ist so zu verstehen, dass die vorhandenen, Leid verursachenden Muster aufgelöst werden. Eine bewährte Methode der Reinigung besteht darin, geistige Energie willentlich und fokussiert zur Auflösung der Muster einzusetzen. Dieselbe Energie, die in der Meditation spürbar wird, wird in der Reinigung auf die Muster gerichtet – ohne sich gedanklich oder emotional mit ihnen zu verbinden –, um sie in diesem energetischen Fluss aufzulösen. Diesem Prozess kommt eine ganz zentrale Rolle in der Yogapraxis zu. Es ist hier nicht Askese gemeint, der Verzicht auf weltliche Dinge, sondern das Entfernen, die Loslösung von den Mustern. Die Muster entstehen ursprünglich auch nicht durch unsere Handlungen, sondern durch die emotionalen Reaktionen, die mit den Handlungen verbunden sind. Um dies an einem Beispiel zu verdeutlichen: Es ist in Ordnung, gut zu essen, sich an den schönen Dingen des Lebens zu freuen. Nicht gut im Sinne des Yoga ist es, damit Wünsche – zum Beispiel auf eine Steigerung des Genusses – zu verbinden. Damit würden Muster erzeugt oder bestehende Muster verstärkt, woraus eine Abhängigkeit entstünde. Das ist es auch, was mit der Reinigung angestrebt wird: Befreiung von den Zwängen der Abhängigkeit. Nur wenn es gelingt, die bestehenden Muster aufzulösen, ist eine spirituelle Entwicklung möglich. Gelingt dies nicht, werden durch die Meditation lediglich die vorhandenen Muster aufgeladen und gestärkt. Während wir aber die absolute Freiheit und Fähigkeit haben, neue Eindrücke zu generieren, schaffen wir es nicht, vorhandene Eindrücke ohne spezielle Bemühung – gegebenenfalls mit der Unterstützung eines Lehrers – zu entfernen.

Für uns im Westen ist diese klare Betonung des Leids in *Samkhya* und Yoga – wie übrigens auch im Buddhismus – ungewohnt. Wir versuchen ganz im Gegensatz dazu, Leid zu vermeiden, zu verdrängen oder zu übertönen. Und es ist auch so, dass viele Menschen in unseren Gesellschaften in materiell gesicherten Verhältnissen mit einer hohen Lebenserwartung leben und deshalb im Zusammenhang mit ihren Lebensumständen nicht vordergründig von Leid sprechen würden. Dabei ist auch für uns die Erfahrung von Leid eine universelle. Wir haben nur andere Bezeichnungen dafür, und es taucht bei uns im Westen weniger auf der Ebene der materiellen Grundbedürfnisse, sondern mehr auf den ›höheren‹ Bedürfnisebenen auf: das Leid an den Fährnissen der beruflichen Karriere, dasjenige in und an unseren Beziehungen, unser Leiden am fehlenden Sinn im Leben, an den vielfachen Ängsten, wie zum Beispiel derjenigen, ob unsere materiell privilegierte Art zu leben aufrechterhalten werden kann, oder die Angst vor Kriminalität und Terror. Vielleicht hat das Überhandnehmen der vielfachen Ängste in unseren Gesellschaften gerade damit zu tun, dass wir das Leid aus unserem Leben ausblenden.

Wirkungen der Reinigung

Die Reinigung wird mit dem Willenseinsatz des Praktizierenden durchgeführt. Dabei ist er jedoch auch auf einen Lehrer angewiesen, der die Notwendigkeit der Reinigung erklären und die Wirkung derselben durch seine Unterstützung intensivieren kann. Dazu können auch Gespräche erforderlich sein, die es dem Praktizierenden leichter machen, die eigenen Muster anzunehmen, um sich von ihnen lösen zu können. Erfahrungsgemäß meldet sich gerade hier das Ego und stellt die eigenen Muster als etwas Naturnotwendiges, nicht Änderungsbedürftiges dar. Auch um diese Widerstände gegen Änderungen der Muster zu überwinden, ist in den allermeisten Fällen eine Hilfe von außen nötig.

Dass sich die bestehenden *Samskaras* nach und nach auflösen, zeigt sich daran, dass Sorgen und Probleme des Alltags kleiner werden und leichter zu bewältigen scheinen. Die Reinigung bewirkt, dass sie den Mustern die Energie nimmt. Dies führt schließlich dazu, dass der Praktizierende in der Lage ist, auch anders zu entscheiden und zu handeln, als es die Muster vorgeben. Es ist leicht zu sehen, dass dieser Teil der Methode mindestens ebenso wichtig ist wie die Meditation. Meditation ohne Reinigung würde nur bewirken, dass vorhandene Muster gestärkt werden, ein sicher nicht wünschenswertes Ergebnis.

Die Reinigung darf man sich auch nicht als eine Form von Gehirnwäsche vorstellen, die Gefühle oder Erinnerungen rauben würde – im Gegenteil, die Erinnerungen an alle Erlebnisse und Erfahrungen werden erhalten – und zwar in einer klareren Form, als sie vorher verfügbar war.

Man kann den Reinigungsprozess eher mit einer Psychotherapie vergleichen, mit deren Hilfe es gelingt, den eigenen Schatten anzunehmen, um sich von unbewussten und unerwünschten Reaktionen zu befreien. Die Praxis der Reinigung unterscheidet sich von einer Psychotherapie vor allem darin, dass sie sich mit den Problemen nicht gedanklich oder emotional auseinandersetzt, sondern sie mit geistig energetischen Mitteln abschwächt und entfernt.

Die Reinigung führt dazu, dass Erleichterung spürbar wird: Sie nimmt eine Last von der Seele. Die Vorgänge des abgelaufenen Tages, der zurückliegenden Wochen – egal ob angenehm oder unangenehm – können losgelassen werden, das Grübeln findet ein Ende.

Generell bewirkt die Reinigung – über längere Zeit praktiziert –, dass der Praktizierende von dem Zwang befreit wird, sich von seinen Mustern steuern zu lassen. Yoga sagt: Die Vergangenheit kann nicht geändert werden, es können nur Voraussetzungen geschaffen werden, um die Zukunft zu gestalten. Dass dies Realität wird, zeigt sich daran, dass sich neue Verhaltens- und Handlungsoptionen bieten, die vorher nicht zugänglich waren. Um zu vermeiden, dass diese neuen Verhaltens- und Handlungsoptionen aufs Neue Eindrücke schaffen, ist es wichtig, dass alle Aktivitäten in einer Einstellung des Nicht-Verbundenseins, der Loslösung, erledigt werden, also gemäß den Prinzipien yogischer Lebensführung. Das liest sich komplizierter, als es ist: Der Praktizierende erhält genügend innere Rückmeldungen, um sich – nach den üblichen anfänglichen Schwierigkeiten – sicher zu orientieren.

Der Vollständigkeit halber sei noch erwähnt, dass die Muster, die die Basis für unser Lebensprogramm bilden, also diejenigen unseres inneren persönlichen Kerns, von der Reinigung nicht berührt werden. Diese Muster müssen wir tatsächlich durch *Bhog* – also durch unseren normalen Lebensvollzug – ausagieren. Sie sind die Basis für unser aktuelles Leben, das nach der Theorie des *Samkhya* beendet wäre, wenn auch diese Muster aufgelöst würden. Sehr schöne Beispiele für solche ›Basismuster‹ gibt der Psychologe James Hillman in seinem Buch *Charakter und Bestimmung*, in dem er anhand der Lebensgeschichte berühmter Menschen aufzeigt, dass sich deren persönlicher Kern bereits in der frühesten Kindheit deutlich zu erkennen gab.

Das Zusammenwirken von Reinigung und Meditation macht den Yoga zu einem sehr wirksamen System. In dem Maß, in dem die Reinigung voranschreitet, verläuft das Leben gleichzeitig zielgerichteter und offener. Es kommt nicht zur Abkehr von der Welt oder zu einer Flucht aus der persönlichen Verantwortung, sondern – ganz im Gegenteil – zu einer besseren Integration in die Familie und in das soziale Umfeld. Das eigentliche Ziel des Yoga, die Aufnahmefähigkeit für die Erfahrung des Göttlichen und die Liebesfähigkeit im Alltag zu verbessern, rückt spürbar näher. Zu bestätigen ist das nur durch die eigene Erfahrung. Es ist jedenfalls die Erfahrung des Autors im Laufe seiner fünfundzwanzigjährigen Yogapraxis und die vieler Menschen, die ihm auf seinem Yogaweg begegnet sind.

Die Figur des spirituellen Lehrers

Meditation kann man noch aus Büchern lernen, die Begegnung mit dem Selbst – die dazu notwendige Ablösung von unseren Mustern, unserem Ego – vermögen die meisten von uns nicht allein zu bewerkstelligen. Ohne Vorbild oder Lehrer können wir schon im normalen menschlichen Leben nichts erreichen. Dies gilt umso mehr in der Spiritualität, wo es um subtilste Dinge geht, für die uns im Westen meist die grundlegenden Kenntnisse, fast immer jede Form der Erfahrung fehlen. Wir sind im Westen auf diese Frage nicht gut vorbereitet – für die meisten von uns ist das unbekanntes Terrain. Wir sind weder mit dem Ziel des Yoga vertraut, noch kennen wir unseren eigenen Entwicklungsstand. In den Verästelungen des spirituellen Pfads sind wir auf uns allein gestellt verloren. Wir sind am Anfang des Wegs auch nicht in der Lage, die Erfahrungen richtig einzuschätzen, die wir in der Meditation machen. Und wir sind beim Abbau der Muster unseres Ego nicht in der Lage, dessen Abwehrhaltungen zu erkennen. Wie in einer Therapie brauchen wir jemanden, der dies von außen wahrnimmt und uns mitteilen kann. Wir brauchen den Zuspruch eines im Yoga erfahrenen Menschen, um uns in alldem zurechtzufinden. Obwohl es fast paradox klingt, dass wir bei etwas, das mit unserem eigenen Herzen zu tun hat, einen Lehrer brauchen.

Yoga ist zuallererst ein Erfahrungsweg. Wir sind zu unserer Orientierung darauf angewiesen, einen Menschen zu treffen, der den Yogaweg selbst gemeistert hat, um an seinem Beispiel diese Meisterschaft erfahren zu können. Erst die Erfahrung der Präsenz eines Lehrers, die das aufgenommene Wissen über den Yoga um das Erfühlen der Bedeutung des Wissensinhalts ergänzt, lässt nachvollziehen, was es bedeutet, einen bestimmten Yogaweg zu gehen.

Deshalb sagen die Autoritäten des Yoga, alle, die ernsthaft *Raja-Yoga* oder Ähnliches – es muss nicht unbedingt der Yogaweg sein – betrieben haben: Ein Guru beziehungsweise Lehrer ist unbedingt erforderlich, um auf dem inneren Weg voran- und zum Ziel zu kommen. Ebendas sagen auch viele christliche Suchende, auch solche, die aus dem Klerus der katholischen Kirche stammen, wie Thomas Merton oder Richard Rohr in den USA, Willigis Jäger in Deutschland oder Bede Griffith, der in Südindien einen Ashram leitete.

In der Tradition des Yoga ist es die Figur des Lehrers oder Guru, die zu Gott führt. Das Wort *Guru* bedeutet im Sanskrit ›vom Dunkel zum Licht‹. Er verbindet mit Gott, sieht sich gleichzeitig selbst als Diener seiner Schüler. In fast allen Yogasystemen spielt der Lehrer oder Guru eine zentrale Rolle bei der Lenkung und Förderung der Entwicklung des Schülers. Der Yoga ruft dazu auf, sich mit allem zu verbinden, was das Gute fördert und stärkt und damit auf dem Weg hilft – zuallererst mit einem geeigneten Lehrer.

Yoga sagt in diesem Zusammenhang, dass wir auf eine menschliche Figur angewiesen sind, da wir uns einen abstrakten Gott nicht vorstellen, noch zu ihm Liebe entwickeln können. Für den indischen Suchenden ist in der Person des Guru das Ziel des Yoga auf vollkommene Weise verwirklicht. Er hat in ihm ein Modell dafür, wie das Ziel zu erreichen ist.

Der Yoga lebt auch davon, dass seine Methoden durch einen lebenden Lehrer den aktuellen Bedürfnissen der Zeit angepasst werden.

Die Position des Lehrers ist also diejenige eines Menschen, der dem Schüler auf dem Weg hilft, ihm Anleitung gibt, ihn an seinen Erfahrungen teilhaben lässt. Da er den Weg selbst gemeistert hat, kann er die Bedeutung der Yogalehre vermitteln. Er weiß, ob und wann der Schüler für den nächsten Schritt bereit ist und wie er ihn weiterführen kann. Dazu entfernt er zunächst alles Trennende, zeigt dann die Notwendigkeiten des Weges auf und lenkt den Schüler auf diesem Weg, sodass er den von ihm selbst erreichten hohen spirituellen Zustand erlangen kann.

Er vermittelt nicht Wissen, sondern innere Erfahrungen. Er wirbt nicht darum, bestimmte Konzepte zu übernehmen, sondern darum, eigene Erfahrungen ernst zu nehmen und für den jeweiligen Weg zu nutzen. Aus dem gemeinsamen Prozess ergibt sich zwischen Lehrer und Schüler ein Verhältnis großer persönlicher Nähe. Die Rolle des Lehrers ist deshalb so wichtig, da nur im direkten Gegenüber das Potenzial des Schülers wahrgenommen, beziehungsweise da nur so erfasst werden kann, welche Hilfe der Schüler in seinem aktuellen Entwicklungsstand gerade benötigt.

Denn der Yogaweg gestaltet sich – auch wenn die Übungen die gleichen sein mögen – für jeden Praktizierenden individuell, abhängig vom Wissens- und Entwicklungsstand des Schülers.

Im Übrigen entspricht es der indischen Philosophie, in die Menschen nicht fertige Gedanken und Konzepte einzupflanzen, sondern Samen, die sich in ihnen entwickeln. Und dieses Säen des Samens ist eine Aufgabe, die nur ein lebender Mensch im unmittelbaren Lebenszusammenhang erfüllen kann.

In allem ist jedoch die eigene Verantwortung des Praktizierenden und damit die Freiwilligkeit der inneren Entscheidung absolute Voraussetzung. Es geht nicht darum, es irgendjemandem recht zu machen, sondern darum, die eigenen Begrenzungen zu überwinden.

Die persönliche Beziehung zum Guru ist also ein wichtiger Teil des spirituellen Wegs im Yoga. Die persönliche Beziehung kann sich über viele Jahre und zahlreiche Begegnungen erstrecken, sie kann sich aber auch auf eine kurze Begegnung oder auf persönliche Korrespondenz beschränken.

Gurus in Indien

Den Zeugnissen westlicher Besucher über das Zusammentreffen mit indischen Gurus ist gemeinsam, dass von ihnen eine starke Präsenz ausgeht. Beispiele dafür waren Ramana Maharshi, Ramakrishna, Aurobindo oder Krishnamurti. Europäische Wissenschaftler und Schriftsteller wie Paul Brunton oder der Indologe Heinrich Zimmer haben etwa Ramana besucht und waren von ihm außerordentlich beeindruckt. Paul Brunton beschreibt, wie sich bei ihm – nach einem ersten, für ihn unbefriedigenden Besuch bei Ramana – durch die bloße Anwesenheit im Ashram alle Ich-Tendenzen auflösten. Er fühlte, dass er von Ramana, der sich im *Samadhi* befand, völlig durchschaut und dass er gleichzeitig unendlicher Ruhe teilhaftig wurde. Ramana bezeichnet das Selbst – das für ihn unsere innere göttliche Essenz ist – als das ›Ich bin‹; deshalb seine Aufforderung: »Werde, was du bist.«

Ramakrishna verfügte ebenfalls über großes Charisma. Er hatte verstanden, und das war damals neu in der Guru-Tradition, dass es Aufgabe des Guru ist, »echtes Sein zu vermitteln, nicht nur darüber zu reden«. Vivekananda als sein bedeutendster Schüler sagte, dass eine große Gefahr darin bestehe, sich an den äußeren Guru zu hängen. Der Weg müsse über den sichtbaren Guru hinaus zum inneren Guru führen.

In Indien gilt, dass man, um etwas zu erreichen, denjenigen suchen soll, der das erreicht hat, was man anstrebt. Das erklärt sich aus der bereits beschriebenen Neigung indischer Menschen, sich mit anderen zu identifizieren. Für viele Hindus ist deshalb das Finden eines Guru der wichtigste Schritt im Leben. Jeder Praktizierende ist deshalb aufgerufen, für sich zu prüfen, ob der Guru für ihn/sie die Aufgabe erfüllen kann, ihn/sie zum höchsten Ziel zu führen. Diese Prüfung wird in der Regel sehr ernst genommen. Nur dann, wenn sie positiv entschieden werden kann, kann der eingeschlagene Weg mit der Aussicht fortgesetzt werden, das Ziel zu erreichen. Es ist in Indien durchaus bekannt, dass viele angebliche Gurus ihre Schüler ausnützen. Und es gilt: Keinen Guru zu haben ist besser als den falschen.

Voraussetzung für die eigene Entscheidung ist zuallererst, dass man sich Klarheit über sein Ziel verschafft. Dem angehenden Schüler wird auch empfohlen, den Guru nicht nach seinen Worten, sondern nach den Ergebnissen seiner Arbeit zu beurteilen, vor allem danach, ob er die freie Entscheidung des Schülers respektiert und zulässt. Ein Guru sollte keine Versprechen geben, sondern durch sein Beispiel wirken. Um in seiner Wahl sicherzugehen, soll man nachspüren, wie man sich in seiner Gegenwart fühlt. Geld und Macht dürfen keine Rolle spielen.

Die Figur des spirituellen Lehrers im Westen

Die Figur des Guru ist in Indien fester Bestandteil der Kultur. Wir im Westen haben einem spirituellen Lehrer gegenüber meist Vorbehalte. Was für uns in der Kunst ganz selbstverständlich ist, halten wir in der Spiritualität für bedenklich. Für uns sind viele der Haltungen, die dem Guru gegenüber zu erbringen sind, wie Gehorsam, Vertrauen, Liebe, durch unsere historische Vergangenheit korrumpiert. Unsere politischen wie religiösen Führer haben im Lauf der Geschichte zu häufig den Gehorsam, die Hingabebereitschaft ihrer Anhänger für ihre eigenen Ziele instrumentalisiert.

Unsere Vorbehalte beziehen sich dabei gar nicht so sehr auf die Herausforderung, der sich unsere in aller Regel gut ausgebildeten Egos ausgesetzt sehen. Ein Guru stellt immer auch eine Bedrohung für diese dar. Die Hingabe, die einem Guru von seinen Schülern entgegengebracht wird, ist jedoch nicht mit Unterordnung und Unterwerfung gleichzusetzen. Diese Hingabe ist eine solche der Liebe und kein Akt der Unterwerfung. Es gibt im Yoga keine Hierarchie – es sei denn die Gott gegenüber.

Ein wirkliches Problem besteht eher darin, dass wir auf die Begegnung mit einem charismatischen spirituellen Lehrer nicht vorbereitet sind. Seiner Präsenz können wir uns kaum entziehen und geraten leicht in eine Gefühlslage der Euphorie, die nicht gut ist, um wichtige Entscheidungen zu treffen. Die beste Hilfe ist in einem solchen Fall, sich – wie dies angehende Schüler des Yoga in Indien zu tun eingeladen sind – seiner eigenen Ziele zu vergewissern. Nur wenn diese Ziele lauter, also auf das Ziel des Yoga gerichtet sind, stimmt auch der Satz, dass wir vom richtigen Lehrer gefunden werden, wenn wir in unserer Entwicklung so weit sind. Sind unsere Ziele eher weltlicher Natur – also Befreiung aus materieller Not, Vermittlung großartiger Gefühlslagen und Ähnliches –, ziehen wir Energien an, die eher mit solchen Dingen zu tun haben. Dann besteht die Gefahr, dass wir auf einen Lehrer treffen, der uns durch Versprechungen zur Erfüllung unserer Wünsche beziehungsweise zur Beseitigung unserer Nöte lockt. Hier liegt die Gefahr einer Manipulation durch einen ›falschen‹ Guru, deren es ja tatsächlich viele gibt: Er kann unsere Unsicherheit für seine eigenen, meist finanziellen Ziele ausnützen. Für die eigene Entscheidung ist aber auch hilfreich, sich die Menschen anzusehen, die um den Lehrer herum sind. An ihrem Verhalten kann man leicht erkennen, ob sie das leben, was der Lehrer verkündet.

Unsere Vorbehalte einem spirituellen Lehrer gegenüber sind aber eher grundsätzlicher Natur und haben mit unserer christlichen Tradition zu tun. Diese sieht die Figur eines lebenden Guru nicht vor. Das Christentum ist auch kein Entwicklungsweg, sondern ein Weg der Teilhabe am Erlösungswerk Christi. Von der christlichen Religion werden in aller Regel keine Anstöße zu geistiger Entwicklung erwartet. Im Christentum begegnen wir auch einer anderen Stellung der Priester im Vergleich zu einem Lehrer des Yoga. Priester leiten die religiösen Zeremonien, sehen sich aber nicht als Helfer bei der jeweils eigenen Entwicklung der Menschen. Überhaupt ist der Gedanke der geistigen, spirituellen Entwicklung Erwachsener für den westlichen Menschen ungewohnt. Im Yoga ist er selbstverständlich. Der Lehrer oder Guru hat eine zentrale Rolle bei der Lenkung und Förderung dieser

Entwicklung. Er sieht sich aber nicht als Erlöser seiner Schüler, sondern als jemand, der auf dem Yogaweg Hilfestellung leistet.

Oft werden Parallelen zwischen christlichen Mystikern und den Gurus des Yoga gezogen. Tatsächlich gibt es viele Mystiker, die dem Christentum zuzuzählen sind, die über ähnliche Erfahrungen berichten und Aussagen treffen wie erleuchtete Yogis. Sie sahen sich jedoch nicht als Lehrer ihrer Schüler – und wurden mit ihren Aussagen oft von ihrer Kirche angegriffen. Christliche Mystiker, die allein auf sich gestellt waren, hatten es dadurch auf ihrem Weg schwerer. Es gibt viele Zeugnisse, die von den schier unüberwindlichen Anfechtungen (Schreckensvisionen, Albträumen, Depressionen und mehr) berichten, die auf ihrem Erleuchtungsweg aufgetreten sind und die sie unter übermenschlichen Willensanstrengungen bewältigen mussten. Man lese nur die Zeugnisse großer christlicher Mystiker wie die von Teresa von Avila oder von Johannes vom Kreuz. Immerhin können ihre Schriften uns dazu dienen, ihre Aussagen mit denen der spirituellen Lehrer des Yoga zu vergleichen – und über die Gemeinsamkeit ihrer Aussagen zu staunen.

Prinzipien yogischer Lebensführung

Die Praxis des Yoga ist, wie bereits erwähnt, mit der Durchführung der Übungen nicht vollständig erfasst. Die Yogapraxis zielt auf die *geistig-spirituelle Entwicklung* des Einzelnen ab. Diese resultiert aus dem konsequenten Praktizieren der Yogaübungen und der Übertragung des in der Meditation erreichten Zustands in den Alltag. Dazu gibt es einige allgemeine Empfehlungen für ein geeignetes Verhalten, oft in der Form eines Tugendkatalogs gehalten. Es ist wichtig, darauf hinzuweisen, dass es in der gesamten Yogapraxis keine Gebote oder Verbote gibt, sondern nur Empfehlungen. Das bedeutet nicht, dass das Verhalten eines Yogaschülers der völligen Beliebigkeit überlassen wäre. Im Gegenteil: Für den Yoga hat die Ethik einen sehr hohen Stellenwert. Aber nicht nur die gesamte Yogapraxis, auch das Alltagsleben steht in der eigenen freien Verantwortung des Praktizierenden. Auch die Kunst, in schwierigen Lebenssituationen die richtige Entscheidung zu treffen, entwickelt sich mit der zunehmenden

Fähigkeit zur Unterscheidung und der zunehmenden Offenheit für Mitmenschen und Umwelt.

Yoga ist ein dezidierter Weg der Entwicklung. Die Entwicklung der Praktizierenden äußert sich in unterschiedlicher Form in verschiedensten Bereichen. Sie zeigt sich zunächst dort, wo auch die Meditation ansetzt, in einer verbesserten Achtsamkeit und Konzentration. Da die Meditation das Herz einbezieht und zum eigentlichen geistigen Zentrum macht, betrifft die Entwicklung auch das Herz und umfasst so das gesamte Wesen des Menschen. Die Impulse zur Entwicklung kommen aus dem eigenen Inneren, nicht aus Büchern oder aus angelerntem Wissen. So kann die Entwicklung natürlich und harmonisch verlaufen, Übertreibungen werden vermieden. Wichtig ist, dass die Entwicklung vom Herzen gesteuert wird, es geht nicht um Wissens- oder Machterwerb. Dies hat einen ganz praktischen Grund. Während wir in der Verbindung zum Herzen, im Zustand der Liebe also, bedürfnislos sind – nicht umsonst nennt der Volksmund diesen Zustand ›wunschlos glücklich‹ –, ist mit dem Wissens- oder Machterwerb immer ein Element eines Wunsches verbunden, dem nach mehr Macht, mehr Wissen. Und mit diesen Wünschen werden neue Muster geschaffen – *Samskaras* –, oder den bestehenden Mustern wird neue Energie hinzugefügt. Yoga sagt, dass der Geist der – allerdings wichtigste – Diener des Menschen ist und in der richtigen Weise genutzt werden sollte.

Die geistig-spirituelle Entwicklung zeigt sich zunächst ganz praktisch darin, dass die Praktizierenden mit dem täglichen Leben besser zurechtkommen. Mit der zunehmenden Fähigkeit, mit dem Göttlichen in Kontakt zu treten, wird sich das Leben verfeinern, die den Yoga Praktizierenden werden liebevoller und mitfühlender. Daneben nehmen auch Konzentrationsfähigkeit und Ausgeglichenheit zu.

Gleichzeitig Motor und Gegenstand der Entwicklung ist die Herzensenergie. Sie wird durch die Praxis zunehmend gestärkt. Der positive Antrieb, der aus der Erfahrung der All-Einheit und der universellen Liebe während der Meditationen bezogen wird, dehnt sich mit der Zeit auf den gesamten Alltag aus und fließt in die Entwicklung unseres Potenzials ein. Indem wir uns auf das Göttliche konzentrieren, schaffen wir einen Sog, der unsere Entwicklung fördert. Hat die Entwicklung erst eingesetzt, bringt die Freude über den eigenen Fortschritt zusätzliche Energie in den Prozess hinein.

Entwicklung heißt aber ganz praktisch, im Alltag mit den eigenen Wünschen umgehen zu lernen. Das eine ist es, im Rahmen der Yogapraxis durch Reinigungsübungen bestehende Muster aufzulösen. Das andere ist, die Muster im Lebensvollzug nicht wieder neu zu beleben, indem ihnen durch Wünsche Energie zugeführt wird oder indem neue Muster erworben werden. Dies alles geschieht jedoch nicht in Abwendung von der Lebenswirklichkeit oder durch Askese, sondern dadurch, dass das Handeln im täglichen Leben aus dem Herzen heraus geschieht.

Durch den Yoga erwerben wir auch eine geänderte Einstellung zu unserem Handeln. Für den Yoga des mittleren Wegs sind die Menschen nicht wirklich Handelnde, sondern Ausführende des göttlichen Willens. Das heißt nicht, dass auf Handeln verzichtet werden sollte, Krishna stellt das in der Gita klar. Ja, wir sollen handeln und in der Gesellschaft unserer Verantwortung nachkommen. Aber wir sollen uneigennützig handeln, also ohne uns um den Erfolg unserer Handlungen zu kümmern. Es obliegt uns, wie es in der Gita so schön formuliert ist, uns um das Eigene zu kümmern. Das Eigene zu tun ist wichtiger, als in irgendwelchen Dingen Großartiges zu leisten. Wir sind für uns und unser Schicksal verantwortlich. Unser Schicksal wird geprägt durch die Muster, die wir ins Leben mitgebracht haben. Wir können unser Schicksal nicht ablehnen und bekämpfen, das würde seinen Verlauf nur auf eine andere Ebene oder einen anderen Zeitpunkt verschieben – mit möglicherweise problematischen, leidvollen Konsequenzen. Wir können die unangenehmen, schmerzvollen Seiten des Lebens nur dadurch gering halten, dass wir unseren Mustern keine Energie zuführen. Am besten ist es, das Schicksal liebevoll anzunehmen.

Zu den wichtigsten Prinzipien der Lebensführung des Yoga gehört, sich an das Positive zu halten und das Negative nicht zu stärken. Yoga arbeitet nicht mit Furcht, Strafe, Buße und Vergeltung. Das erworbene schlechte Karma ist Strafe genug. Wir sollen uns an das halten, was weiterhilft: der feste Entschluss, Schlechtes nicht wieder zu tun, und Liebe.

Dem Yoga ist es deshalb auch fremd, Rückschau zu halten und über eigene Schuld und Fehler nachzugrübeln. Demgegenüber ist es wichtig, nach vorne zu blicken. Vergangenheit und Gegenwart sind nicht zu ändern, Änderungen sind nur für die Zukunft möglich. Und zwar dadurch, dass die bestehenden Muster abgeschwächt werden, wodurch neuer Handlungsspielraum gewonnen wird. Dieser neu gewonnene Spielraum wird dann bestmöglich genutzt, wenn wir uns im Herzen mit dem Göttlichen verbinden.

Charakterarbeit

Nicht Bestandteil einer Methode im engeren Sinn, aber notwendiger Bestandteil des spirituellen Wegs ist die sogenannte *Charakterarbeit.* Der Gedanke, der dahintersteht, ist der, dass es nicht ausreicht, die bestehenden Muster abzuschwächen und zu beseitigen. Es ist nötig, dass wir in dem Maß, in dem wir uns von den Mustern lösen, neue charakterliche Qualitäten entwickeln, die genau das kompensieren, was vorher unsere Schwäche war. Es reicht also nicht, nicht mehr zu lügen, wir müssen künftig die Wahrheit sagen. Auch dies ist ein Grundsatz, den Krishna in der Bhagavad Gita darlegt. Ansonsten – wenn wir dies nicht täten – würden wir, nachdem unsere Muster gereinigt wurden, dieselben Muster wieder neu schaffen. Das heißt, hier ist bewusste Arbeit an unserem Charakter nötig – wofür durch den Vorgang der Reinigung die Voraussetzungen geschaffen werden.

Um für den hohen ethischen Standard des Yoga Verhaltensorientierungen zu geben, haben manche Yogaschulen so etwas wie einen *Tugendkatalog* aufgestellt, dessen Anwendung den Schülern empfohlen wird. Er mündet in eine einfache, naturbezogene Ethik, die wir in ähnlicher Form aus der Bergpredigt kennen. Der Katalog ist meist allgemein gehalten: Lebe einfach wie die Natur; sei deinen Mitmenschen geschwisterlich zugetan; erwirb deinen Unterhalt redlich; bemühe dich darum, in anderen Menschen ein Gefühl der Liebe zu erwecken; verhalte dich Gott gegenüber demütig – angesichts der Fehler, die dir unterlaufen; nimm dir fest vor, Fehler nicht zu wiederholen und vieles mehr.

Auch diese Regeln werden als Empfehlungen gesehen und als Samen. Durch ihr Praktizieren sollen sich die daraus resultierenden Tugenden entwickeln. Es wird auch empfohlen, über den Sinn dieser Regeln zu meditieren, um zu erfassen, welchen Stellenwert sie haben, und zu beobachten, inwieweit sich die Einstellung zu ihnen im Lauf ihrer Anwendung verändert hat.

Entwicklungsphasen / Weg der inneren Wandlung

Yoga umfasst – wenn er konsequent betrieben wird – den gesamten Menschen und seine Entwicklung. Durch die Schulung der Innenschau und durch die Dynamik, die aus Meditation und Reinigungsprozess entsteht, ist er ein universelles System zur Entwicklung des menschlichen Potenzials.

Die Praxis des Yoga bewirkt Änderungen in vielen Lebensbereichen. Besonders augenfällig ist dies bei den Wahrnehmungsprozessen, bei der Einstellung zum eigenen Charakter, bei der Zuwendung zu anderen Menschen und bei der Erfahrung des Göttlichen.

Der Prozess der inneren Wandlung erfolgt individuell. Er beginnt für jeden dort, wo der Reinigungsprozess ansetzt, also bei den alltäglichen Problemen, den typischen Verhaltensweisen. Das Tempo des Entwicklungsprozesses reguliert sich weitgehend von selbst. Da die gesamte Yogapraxis eine freiwillige ist, liegt es allein in der Entscheidung des Praktizierenden, mit welcher Intensität er den Yogaweg geht.

Zuerst werden also die alltäglichen, mehr oberflächlichen Bereiche tangiert, wie etwa unsere Wünsche und Vorlieben, unser Ärger und unsere Ängste, unsere Reaktionsweisen auf Stress. Erst später werden auch die tieferen Ebenen berührt, unsere familiäre oder berufliche Situation et cetera. Nach und nach nehmen wir die Gesamtheit unseres Charakters wahr. Schrittweise lernen wir, uns anzunehmen, falls wir bisher dazu nicht in der Lage waren. Wenn wir gelernt haben, uns selbst anzunehmen, können wir auch andere Menschen annehmen.

Der Prozess verläuft in langsamen, oft unmerklichen Schritten. Die einzelnen Entwicklungsschritte folgen zwar einer inneren Logik, von den äußeren Schichten nach innen verlaufend, es können aber durchaus Überlappungen vorkommen in der Form, dass bereits in einem frühen Stadium tiefe Bereiche angesprochen werden.

Das Feld der äußeren und inneren Aufmerksamkeit

Die Praxis der Meditation führt ganz automatisch dazu, dass die Aufmerksamkeit auch im Alltag besser fokussiert wird. Die meisten Menschen sind nicht in der Lage, ihre Aufmerksamkeit bewusst auszurichten. Meist sind sie von äußeren Impulsen abhängig und sich dieser Impulse gar nicht bewusst – all der Einflüsse, die etwa von der Werbung, von ihren eigenen Wünschen, von anderen Menschen ausgehen.

Bevor Aufmerksamkeit geübt werden kann, muss man in einem ersten Schritt den Ort kennen oder finden, an dem die Aufmerksamkeit lokalisiert ist, an dem man sich zentrieren kann, wo man innere Ruhe findet. Dieser innere Ort ist das Herz. Um zu einer besseren Aufmerksamkeit zu kommen, ist es hilfreich, ein tägliches Rendezvous mit sich selbst – im eigenen Herzen – zu haben. Wenn man regelmäßig morgens auf das Herz meditiert, beginnt der Tag anders. Man kann besser spüren, was wichtig und richtig ist. Man wird wachsamer und lenkt bewusst die Aufmerksamkeit dorthin, wo man sie haben will. Man wendet sich von negativen Gedanken ab, die einen herunterziehen, und bewusst positiven Gedanken zu, die einen aufbauen.

Wenn man aus dieser Aufmerksamkeit und Ausrichtung wieder herausfällt, ist es verhältnismäßig einfach, in die Ausrichtung zurückzukehren. Man lenkt die Aufmerksamkeit einfach wieder auf das Herz. Diese Übung kann ständig praktiziert werden, sie strengt nicht an: Wir sind ja den ganzen Tag aufmerksam – nur meist mit dem Verstand, und meist ist die Aufmerksamkeit nach außen gerichtet.

Ein weiteres Feld der inneren Aufmerksamkeit ist das der Kreativität und der Intuition. Durch die Achtsamkeit nach innen und die Verbesserung der Ausrichtung nehmen wir verstärkt wahr, was sich an Einfällen und Ideen meldet, und können diese im Alltag nutzen.

Mit zunehmender Übung des inneren Sensoriums entstehen eine bessere Intuition, größere innere Stabilität und Selbstvertrauen. Die Meditation kann gezielt für kreative Prozesse aller Art genutzt werden – seien sie künstlerischer, wissenschaftlicher oder sozialer Art. Mit diesen neu gewonnenen Fähigkeiten machen wir neue, positive Erfahrungen in unserem sozialen Umfeld. Der eigene innere Prozess wird bewusster und wirksamer. Zugleich entwickelt sich auch das Vertrauen in den Prozess, der – ohne bewusst gesteuert zu sein – scheinbar zielgerichtet verläuft. Der Praktizierende wächst in die Dimension des Verstehens hinein.

Die Kreativitätsforschung hat längst entdeckt, dass Meditation die Kreativität fördert, und versucht dies durch geeignete Trainings umzusetzen.

Die Entwicklung von Verantwortung – Vom Wunsch zum Ziel

Auf einer weiteren Ebene entwickelt sich ganz natürlich die Auseinandersetzung mit den Objekten der Aufmerksamkeit. Diese sind in vielfacher Weise mit unseren Wünschen verwoben. Die Wünsche – unsere eigenen wie diejenigen von anderen Menschen, die ihre Wünsche an uns richten – nehmen unsere Aufmerksamkeit in hohem Maße in Anspruch. Sie sind sozusagen unsere energetische Verbindung zur Außenwelt, die bewirkt, dass wir uns mit ganz bestimmten Dingen beschäftigen, ihnen unsere Aufmerksamkeit schenken, unsere Energie dafür einsetzen, sie zu erlangen. Dies ist ein ganz natürlicher Vorgang. Problematisch ist er nur insofern, als viele Wünsche von außen an uns herangetragen werden, also gar nicht unsere eigenen sind, und uns von unseren eigentlichen Zielen ablenken beziehungsweise uns Ziele ansteuern lassen, die nicht im Sinn unserer eigenen Entwicklung sind.

Woher kommen unsere Wünsche? Den meisten Wünschen liegt ein Bedürfnis zugrunde, sie werden durch einen Mangel ausgelöst, den wir empfinden. Es würde an dieser Stelle zu weit führen, die vielfältigen Bedürfnisse zu analysieren oder zu bewerten. Etwas vereinfacht lässt es sich so ausdrücken, dass den meisten Wünschen das Bedürfnis nach Zuwendung und Liebe zugrunde liegt.

Im Prozess des Umgehens mit Wünschen haben wir es mit zweierlei zu tun: erstens damit, zu lernen, ›echte‹ von ›unechten‹

Bedürfnissen zu unterscheiden, und zweitens, zu lernen, mit den Wünschen verantwortlich und bewusst annehmend beziehungsweise ablehnend umzugehen.

Dadurch, dass wir in Meditation und Reinigung die innere Wahrnehmung und Unterscheidung üben, erwerben wir zunehmend die Fähigkeit, die ›richtigen‹ Wünsche von den ›unechten‹ zu unterscheiden. Woran erkennen wir ›echte‹ Wünsche? Meine Einschätzung dazu ist, dass echte Wünsche solche sind, die zu einem Leben im Einklang mit uns selbst und der gesamten Natur führen. ›Unechte‹ Wünsche sind solche, die nur ein vorübergehendes positives Gefühl verschaffen oder die Ersatzbefriedigung für einen Wunsch darstellen, den man sich nicht eingestehen will oder an dessen Erfüllung man nicht glaubt: also das berühmte Stück Kuchen, das wir uns gönnen, da wir meinen, nicht geliebt zu werden. Ersatzbefriedigung erfüllt nicht, sondern verlangt eine immer höhere Dosis.

Um von solchen Wünschen wegzukommen, ist es erforderlich, erst den wirklichen Wunsch zu erkennen, der sich hinter dem unechten Wunsch verbirgt. Dies kann erreicht werden, indem man auf eine tiefere Ebene, auf den Grund des echten unbefriedigten Bedürfnisses geht. Und nur durch das Annehmen dessen, was den tieferen Wunsch erzeugt hat, ist eine Ablösung von diesen Wünschen möglich. Dies kann geschehen, indem wir uns zum Beispiel die Verletzung zugestehen, der wir ausgesetzt waren, und versuchen, uns damit auszusöhnen. Dazu gehört aber auch, die Verantwortung für das Wunschgeschehen zu übernehmen. Wünsche entstehen aus den eigenen Aktionen der Vergangenheit.

Mit der Zeit kommt es zu einer anderen Einstellung zu den Wünschen: Man gönnt sich nicht etwas, um sich gut zu fühlen, sondern man richtet sich nach innen aus – fühlt sich dadurch gut – und gönnt sich dann vielleicht etwas. Das Wie des Wünschens ist schließlich genauso wichtig wie das Was. Die richtige Form wird dann erreicht, wenn das Ergebnis des Wunsches offen gelassen wird, das heißt das Eintreten und die Art des Ergebnisses der Wünsche werden dem göttlichen Selbst unterstellt. Es weiß besser, was für uns oder für diejenigen, für die wir wünschen, gut ist.

Wenn man sich dieser Führung überlässt, verlieren Wünsche und Bestrebungen ihren zwanghaften Charakter. Und erst wenn wir nicht mehr von Wünschen abhängig sind, können wir unsere eigentlichen Wünsche und Lebensziele mit voller Energie verfolgen, egal ob weltliche oder spirituelle. Unter eigentlichen Wünschen seien solche verstanden, die mit unseren elementaren Bedürfnissen, unseren Lebenszielen zusammenhängen.

Im Zuge dieses Prozesses der Ablösung von unseren mangelmotivierten Wünschen ist es aber auch nötig, neue Verhaltensweisen zu erwerben. Es reicht nicht, schlechte Gewohnheiten abzulegen, man muss gute neu entwickeln. Dies schaffen wir, wenn wir alles in der Ausrichtung auf das Göttliche im Herzen tun – unter Hintanstellung eigennütziger Gedanken, wie es Krishna uns in der Gita nahelegt. Auch hier taucht wieder der Gedanke auf, dass die menschliche Entwicklung dadurch unterstützt wird, dass man sich mit dem verbindet, was die Entwicklung fördert.

Im Idealzustand bestehen keine Wünsche, es wird klar, dass automatisch das eintritt, was nötig und richtig ist. Daraus erwächst das Vertrauen, dass wir alles in uns haben, was wir zu unserer Vervollkommnung brauchen. Es stimmt aber auch umgekehrt: Alles, was in uns ist, brauchen wir zur Vervollkommnung: unseren Körper, unseren Geist, unsere Gefühle. Wir reagieren einfach darauf, was zu uns kommt, und widmen uns dem als freiwilligem Dienst am göttlichen Schöpfungswerk.

Die Prinzipien zur Zielerreichung sind in den weltlichen Bereichen durchaus vergleichbar mit denen, die wir im Yoga anwenden. Was sind also unsere Werkzeuge, um ein Ziel zu erreichen?

Es sind die Werkzeuge unseres Geistes: *Gedanken, Wille, Aufmerksamkeit, Ausrichtung.*

Jede Zielerreichung beginnt mit einem Gedanken; deshalb hat die Aufmerksamkeit auf unsere Gedanken und ihre Kontrolle so große Bedeutung. Solange ich nicht Herr im Haus bin, springen die Gedanken herum wie wild gewordene Affen. Sie können in dem Zustand auch keine Kraft entwickeln. Nur in dem Maß, in dem ich meinen Gedanken Aufmerksamkeit schenke, bekommen sie Kraft. Ein Gedanke ist ein Samen: Wenn ich ihn mit meiner

Aufmerksamkeit gieße und dünge, wird er Früchte tragen. Alles beginnt im Geist, mit Gedanken. Der Geist ist ein sehr mächtiges Werkzeug. Um ein Ziel zu erreichen, müssen wir auf dieses Ziel ausgerichtet sein. Wenn wir unseren Geist auf etwas fokussieren, erreichen wir es auch. Die Ausrichtung auf das Ziel wird in der Meditation gestärkt.

Es geht ebenso darum, die Ebene zu entdecken, auf der unser Ziel angesiedelt ist. Die Identifikation mit unserem höchsten Ziel können wir nur im Herzen finden, nur dort kommen wir in Kontakt mit dem Göttlichen, wir können das Göttliche nicht mit dem Verstand erfassen. Deshalb ist die Ausrichtung auf das Herz so wichtig.

Durch Identifikation mit dem Ziel – indem wir es zu unserem ganz persönlichen Ziel machen – verstärken wir unsere Bemühungen. Die Identifikation erreichen wir durch dauerhafte Beschäftigung mit unserem Ziel. Im täglichen Leben ist es ja so, dass wir an das denken, was wir lieben. Das kann man auch umdrehen: Wenn wir dauerhaft an unser Ziel denken, beginnen wir, es zu lieben. Und nur, wenn wir das Ziel mit der Kraft unseres Herzens verbinden, bekommt unser Wille, das Ziel zu erreichen, wirklich Kraft.

Aufmerksamkeit und Ausrichtung sind also wesentliche Elemente der Charakterarbeit, eingebettet in die Praxis des Yoga. Diese Praxis aber ist zentral wichtig, gar ›not-wendig‹, für unsere eigene Entwicklung wie für die menschliche Entwicklung insgesamt.

Mit dem Aufzeigen der Elemente der Charakterarbeit im Yoga wird selbstverständlich kein Exklusivanspruch aufgestellt, dass einzig Yogasysteme in der Lage wären, solches zu leisten.

Aber: Nur mit einem Ansatz, der die eigene Verantwortung ernst nimmt, werden die persönlichen Probleme gelöst werden, und erst dann werden wir unsere von uns selbst erzeugten Probleme auf der Erde lösen können.

Die Entwicklung der Herzensqualität

Auf dieser Stufe der Praxis wird die Dimension der Erfahrung der universellen Liebesenergie erreicht. Liebe ist das, was in der Meditation in das Herz übertragen wird. Es kann gar nicht anders sein, als dass sich nach einer längeren Zeit der Praxis diese Energie immer mehr im Übenden manifestiert. Auch dieser Prozess verläuft in mehreren Stufen. Die erste Stufe zeigt sich daran, dass man sich selbst annehmen und lieben lernt. In dem Maß, in dem man sich selbst annehmen und lieben gelernt hat, ist man auch in der Lage, diese Liebe auf Verwandte und Freunde – später auf alle Menschen, auf alles Existierende – auszudehnen. Die Form der Liebe, die im Yoga angestrebt wird, ist die bedingungslose, universelle Liebe allem Sein gegenüber.

Die Verbindung mit dem Göttlichen ist das Ziel der spirituellen Praxis. Gelingt sie, eröffnet sich dem Praktizierenden eine Dimension der Hoffnung und des existenziellen Sinns.

Die vorher skizzierten Stufen sind – wenn man so will – wichtige und notwendige Nebeneffekte der spirituellen Praxis. Das eigentliche Ziel, der eigentliche Zweck sind die jeder mystischen oder spirituellen Praxis: den Kontakt herzustellen mit der inneren göttlichen Essenz.

Diese Resonanz kommt nur zustande, da jeder Mensch die göttliche Essenz in sich trägt. In diesem Sinn führt die Praxis des Yoga zur Verwirklichung. Und die Erfahrung dieser göttlichen Essenz im eigenen Herzen, die sich aus dem Herzen heraus auf alles erstreckt, was vorstellbar ist, ist das, was wirklich zählt.

Hürden auf dem Weg/Bewertung

Die Spiritualität wird vom Yoga als etwas für die Menschen Selbstverständliches und Grundlegendes angesehen, sie ist Geburtsrecht der Menschen als Kinder Gottes. Viele weise Menschen im Westen wie Albert Einstein, Friedrich von Weizsäcker, Erwin Schrödinger oder Albert Schweitzer haben dies auch zum Ausdruck gebracht. Eine Änderung unserer Gesellschaft in Richtung auf eine Höherbewertung der spirituellen Werte wird allerdings nur in dem Maße vor sich gehen können, als diese Werte von den Menschen gelebt werden.

Die Renaissance des Yoga – nicht nur in seinem Heimatland Indien – hat mit zweierlei historischen Entwicklungen zu tun: einmal mit dem Bewusstwerden der Grenzen und Nachteile, die das mental-perspektivische Paradigma – mit dem für ihn typischen Materialismus – für unsere heutige Welt hat. Zum Zweiten mit dem Erschließen neuer Erfahrungsbereiche, die uns in Form neuer Erkenntnisse moderner Wissenschaft, aber auch in Form von Traditionen und Praktiken ferner Kulturen zugänglich werden. Eine ganz ähnliche Entwicklung des menschlichen Potenzials, wie sie vom Yoga aufgezeigt wird, schlägt auch die moderne Psychologie vor. Nur hat sie bisher kein Instrumentarium zur Umsetzung dieser Entwicklung zur Verfügung.

Der neugierige Leser wird sich ohnehin fragen, warum bei uns nicht längst Millionen Menschen diesem Weg folgen, der mit so geringem Aufwand so großen Ertrag verspricht.

Dafür, dass dem nicht so ist, gibt es zwei Gruppen von gewichtigen Gründen:

Die erste Gruppe von Gründen hat damit zu tun, dass Yoga bei uns nach wie vor wenig verstanden wird und mit Vorurteilen zu kämpfen hat.

Die zweite Gruppe von Gründen besteht aus den Hürden, die sich auf dem Weg des Yoga auftun.

Da ist zunächst der Aufwand an Disziplin und Zeit, der nötig ist, um ›Erfolge‹ zu erzielen. Diesen Aufwand aufzubringen fällt umso schwerer, als man am Anfang der Praxis wenig Einsicht in deren Notwendigkeit und keine Erfahrung damit hat, wie sich diese Praxis im täglichen Leben auswirken mag.

Hat man diese Hürde überwunden – und bereits hier scheitern viele –, tun sich weitere Hürden auf. Davon ist zunächst die sicher größte Hürde das eigene Ego. In unserer das Ego kultivierenden und belohnenden Gesellschaft ist es für viele Menschen nicht zu verstehen, gerade das Ego überwinden zu sollen. Hier ist schon ein großes Maß an Einsicht, an innerer Souveränität, Lebenserfahrung und spirituellem Streben erforderlich, um hier weiterzugehen.

Dabei ist auch die Hilfe von dritter Seite, durch einen Lehrer, vonnöten, um die Hürde zu überwinden, die sich gerade auftut. Wie in einer Therapie sind wir auf Unterstützung angewiesen, wenn es darum geht, eigene Gewohnheiten und Muster zu erkennen, sie anzunehmen, um sie loslassen zu können.

Hat man sich dieser Hürde ernsthaft gestellt – sie überwunden zu haben, darf man sich ohnehin nie sicher sein –, tun sich weitere auf: Jede Organisation – auch die einer spirituellen Gruppierung – folgt einem Organisationsmuster. In den Gruppierungen des Yoga bilden sich zwangsläufig Organisationsformen indischer Prägung heraus. Muster indischer Organisation ist die Familie, deshalb tendiert die indische Yogaorganisation zu einem auf den Lehrer ausgerichteten Zentralismus und dazu, dass Beziehungslinien und Loyalität wichtiger sind als Kompetenz und Leistung. Im besten Fall handelt es sich also um eine Art aufgeklärte Monarchie. Relativiert wird die Bedeutung dieses Umstandes, dass Organisation in Indien nicht sehr ernst genommen wird. Man hat gelernt, zu improvisieren.

Dieser Punkt erscheint insgesamt allerdings nicht wirklich zentral zu sein. Der Autor hat selbst als Manager der deutschen Gruppe einer indischen Yogaorganisation in insgesamt fünfzehn Jahren seiner Tätigkeit gelernt, sich in Geduld und Staunen zu üben und zu erfahren, wie flexibel und wirksam – wenn auch oft unberechenbar und anscheinend willkürlich – diese Organisationsform letztlich war. Vor allem Toleranz spielt eine große Rolle.

Die Formen der Organisation, die sich in unseren Ländern eingespielt haben, wurden in Indien wohlwollend geduldet. Und es war immer deutlich, dass die Hinführung der Menschen zu ihrem spirituellen Ziel absolute Priorität hatte. Man darf davon aus-gehen, dass sich vieles, was sich in unserer westlichen Form der Organisation bewährt hat, also vor allem Subsidiarität und Selbstverantwortung, indem jeder Teil der Organisation eigene Verantwortung übernimmt, auch in Indien durchsetzen wird. Die Lernfähigkeit und Lernbereitschaft indischer Menschen ist nach wie vor groß, vor allem in den Bereichen, in denen wir im Westen unsere Stärken haben: eben in der Organisation und in der Technik.

AUSBLICK

Am Ende sei die Eingangsfrage dieses Buchs wiederholt: Kann, besser: wird Yoga für die westliche Kultur eine Brücke sein, über die sie zum integralen Paradigma gelangt? Diese Frage ist selbstverständlich zu ergänzen um diejenige, ob nicht über diese Brücke, aber in entgegengesetzter Richtung, alles das nach Osten wandern muss, was der Westen kulturell geschaffen hat, was dem Osten aber fehlt, um seinerseits zum integralen Paradigma zu gelangen?

Für den Westen ist die Frage der Eignung des Yoga als Brücke auf zwei Ebenen zu beantworten. Zum Ersten: Kann Yoga das leisten, was als Notwendigkeit der Entwicklung des integralen Paradigmas aufgezeigt wurde, nämlich »den Geist bewusst zu machen«, wie es Jean Gebser ausgedrückt hat, und die zurzeit vorherrschende Ego-Perspektive zu erweitern zu einem umfassenden Humanismus, der das Gesamte der Natur einbezieht? Dies scheint prinzipiell gegeben zu sein, da der Yoga genau an diesen beiden Punkten ansetzt. Der Yoga erfüllt zudem die Anforderung, die Jean Gebser an die integrale Zukunft stellt, dass sie frei von Ideologien sein müsse. Der Umstand, dass der Yoga ein individuelles System ohne jede Ideologie ist, unterstreicht, dass er in diese Richtung führen kann.

Zum Zweiten ist die Frage zu stellen: Gibt es im Westen genügend Offenheit und Interesse, um sich mit dem Yoga intensiv auseinanderzusetzen? Dazu muss eben auch die Bereitschaft vorhanden sein, manche unserer Einstellungen infrage zu stellen und zu ändern – etwa in Richtung auf weniger Konsum, auf weniger Ichorientierung, als da sind: Habenwollen, Ehrgeiz, Konkurrenz und so fort, zugunsten der Entwicklung sozialer und spiritueller Tugenden wie Partnerschaftlichkeit, Zukunftsorientierung, Verantwortung. Sicher wird Spiritualität und Transzendenz ein Mehr an

Aufmerksamkeit und eigener Bemühung einfordern. All das ist ein mühseliger Prozess für jeden, der sich ihm unterzieht, auch wenn dafür ein Zugewinn an innerer Harmonie, Ausgeglichenheit, Kreativität, Mitmenschlichkeit, Zufriedenheit und Sinn zu erlangen ist. Dass die grundsätzliche Bereitschaft zu einem Einstellungswandel zunimmt, unterstreicht die wachsende Zahl der sogenannten Sinnsucher. Dennoch: Der Yoga wird sich in den westlichen Ländern nur bewähren können, wenn er mit der Lebenspraxis hier in Einklang zu bringen ist, wenn er den Menschen, die ihn praktizieren, ihr Leben besser zu bewältigen hilft. Und nur die persönliche Erfahrung im und mit einem System, einer Methode, kann zeigen, ob sie geeignet ist. »The proof of the pudding lies in the eating« – sagt das englische Sprichwort. Das gilt in ganz besonderer Weise für eine spirituelle Methode, die mit Worten nicht zulänglich beschrieben und deren Wirkung nur an der eigenen Erfahrung abgelesen werden kann.

Der entsprechende Praxistest in den westlichen Ländern ist angelaufen. Wie erfolgreich er ausgehen wird, wird die nahe Zukunft zeigen.

Die Chancen für einen Erfolg stehen günstig angesichts der in unseren Gesellschaften anstehenden Probleme und angesichts dessen, dass der Yoga mit seinen Konzepten für viele der aktuellen Probleme – man denke nur an den Einstellungswandel hin zu einem partnerschaftlichen Konzept der Teilhabe an den Gütern unserer Erde oder an die in unseren Gesellschaften weithin vernachlässigte Frage nach dem Sinn unserer Existenz – geeignete Lösungen verspricht.

Eine mehr spekulative Frage ist die, ob wir in unseren westlichen Gesellschaften an einem Punkt angelangt sind, der die Übernahme des geistigen Yoga als bedeutendes gesellschaftliches Phänomen wahrscheinlich macht. Der Philosoph Martin Heidegger hat angesichts der für ihn erdrückenden Übermacht der Technik, die alles nicht Maschinenmäßige zu verdrängen drohe, in seinem berühmten Spiegel-Interview, das 1976 veröffentlicht wurde, den Satz geprägt: »Nur noch ein Gott kann uns retten.« Zwar hat er gemeint, dass es ein Denkergott sein müsse und dass fernöstliche Welterfahrung dies für den Westen nicht leisten könne: »Meine

Überzeugung ist, dass nur von demselben Weltort aus, an dem die moderne technische Welt entstand, auch eine Umkehr sich vorbereiten kann, dass sie nicht durch Übernahme von Zen-Buddhismus oder anderen östlichen Welterfahrungen geschehen kann.« Bei aller Übereinstimmung mit der Diagnose, die er stellt, scheint seine Folgerung jedoch nicht schlüssig. Es ist durchaus nicht plausibel, dass das Ergebnis jahrhundertelanger Denkbemühungen, das sich uns heute als nicht mehr steuerbare Welt der Technik darbietet, ausgerechnet durch eine Fortsetzung der Denkbemühungen – egal welcher Provenienz – aufgelöst werden sollte. Wenn uns ein Gott retten kann – um im Bild Heideggers zu bleiben –, dann der in unserem Herzen. Wenn wir diesen Gott gefunden haben, haben wir Abstand von allen Denkfiguren, die es geben kann, auch von denen des Wissenschaftlich-Rationalen. Was nicht heißen soll, dass wir diese Denkfiguren nicht weiter benutzen, sondern lediglich, dass sie nicht länger Maßstab für unsere geistige Existenz sein sollen.

Es geht also nicht darum, den geografisch richtigen Ort des Denkens zu finden, sondern den archimedischen Punkt der höchsten Geistigkeit aufzusuchen – den Punkt, von dem aus heutiges Denken aufgehoben werden kann. Und der ist nicht kulturspezifisch.

Die Vorstellung vom Göttlichen, die der Yoga entwickelt, die Vorstellung von einem höchsten Geistigen, ist durchaus vereinbar mit dem Wissens- und Entwicklungsstand westlicher Menschen. Dieses höchste Geistige ist auch mit den Vorstellungen der Quantenphysik oder der Neurowissenschaften vereinbar. Rein physikalisch gesprochen bedarf es auch dieses Kategorienwechsels, des Aufsuchens eines neuen geistigen Bezugspunktes, um uns von unserer ego- beziehungsweise anthropozentrischen Perspektive lösen zu können.

Um in der Brückenmetapher zu bleiben: Das, was sich als Yoga im Westen etablieren wird, wird sicher auch vom Westen geprägt werden. Die Menschen, die ihn in unseren Ländern praktizieren und praktizieren werden, tun dies in einem anderen kulturellen Kontext und mit einer anderen Herangehensweise als diejenigen, die dies im Stammland des Yoga, in Indien, tun. Diese neuen Erfahrungen, diese anderen Akzente werden etwa darin bestehen, die Fähigkeiten und Stärken unserer Kultur in die Yogapraxis einfließen zu lassen: die geistigen und psychischen Phänomene des Yogaweges systematisch zu erfassen und sie konsequent partnerschaftlichem, verantwortlichem Tun zuzuführen. Dies wird seinerseits auf die indische Kultur zurückwirken und von ihr aufgenommen werden, sodass man mit Fug und Recht von einer geistigen Brücke sprechen kann, die West und Ost verbindet.

Aus geschichtsphilosophischer beziehungsweise fundamentaltheologischer Sicht scheint es sogar so zu sein, dass die List der Vorsehung es so angelegt hätte – und es durch die Last der aktuell zur Lösung drängenden Probleme herbeizwänge –, dass die Wege der kulturellen Entwicklung des Ostens und des Westens jetzt zusammentreffen.

ANHANG

Anmerkungen

1 a. a. O., Seite 146
2 a. a. O., Seite 178
3 a. a. O., Seite 395
4 a. a. O., Seite 381
5 a. a. O., Seite 671
6 zit. nach Klaus Engel, a. a. O., Seite 84 ff.
7 aus: *Die Vernunftprinzipien der Natur und der Gnade, in der Vernunft begründet*, Seite 12 f.
8 zit. nach Tony Hey et al., a. a. O., Seite 335
9 a. a. O., Seite 61
10 a. a. O., Seite 619
11 a. a. O., Seite 151
12 zit. nach Michael von Brück, a. a. O., Seite 128
13 a. a. O., Seite 183
14 a. a. O., Seite IX f.
15 a. a. O., Seite 614
16 zit. nach Josef Quint, a. a. O., Seite 260
17 a. a. O., Seite 283
18 zit. nach Eknath Easwaran, a. a. O., Seite 35
19 a. a. O., Seite 389
20 a. a. O., Seite 419
21 a. a. O., Seite 490

Erster Teil Unsere Lebenswelt

Denz, Hermann, *Die europäische Seele*, Wien 2002

Diamond, Jared, *Kollaps – Warum Gesellschaften überleben oder untergehen*, Frankfurt/Main 2005

Engel, Klaus, *Meditative Wege – eine empirische Untersuchung, Transpersonale Psychologie und Psychotherapie*, Petersberg 2000

Gebser, Jean, *Ursprung und Gegenwart*, München 1983

Hontschik, Bernd, *Körper, Seele, Mensch*, Frankfurt/Main 2008

Jäger, Willigis, *Die Wiederkehr der Mystik*, Freiburg 2005

Kafka, Peter, *Gegen den Untergang*, München, Wien 1994

Laszlo, Ervin, *Macroshift*, Frankfurt/Main, Leipzig 2003

Meadows, Dennis, Meadows, Donella, *Die Grenzen des Wachstums*, Hamburg 1973

Ray, Paul H., Anderson, Ruth, *The Cultural Creatives*, New York 2001

Rosenberg, Ike, *Die Zukunft sichern*, Münster, Reinbek bei Hamburg 1994

Schulze, Gerhard, *Die Beste aller Welten*, Frankfurt/Main 2004

Sennett, Richard, *Die Kultur des neuen Kapitalismus*, Berlin 2005

Zweiter Teil Die Welt der Wissenschaften

Antonovsky, Aaron, Franke, Alexa, *Salutogenese*, Tübingen 1997

Assagioli, Roberto, *Psychosynthese*, Reinbek bei Hamburg 1998

Atmanspacher, H., Römer, H., Walach, H., *Weak Quantum Theory*, Foundations of Physics, 32, Heidelberg 2002

Bohm, David, *Die implizite Ordnung*, München 1987

de Chardin, Teilhard, *Der Mensch im Kosmos*, München 1999

Charon, Jean, *Der Sündenfall der Evolution*, Wien 1987

Csikszentmihalyi, Mihalyi, *Lebe gut*, Stuttgart 2000

Eccles, John, *Wie das Selbst sein Gehirn steuert*, München 1994

Eddington, Arthur S., *The Philosophy of Physical Science*, Cambridge 1939
Emoto, Masaru, *Die Botschaft des Wassers*, Burgrain 1999
ders., *Die Antwort des Wassers*, Burgrain 2001
Fuss, Holger, *Das rätselhafte Leuchten allen Lebens*, Spiegel Online Wissenschaft, Hamburg 2005
Greene, Brian, *Der Stoff, aus dem der Kosmos ist*, München 2004
Grof, Stanislav, *Impossible – Wenn Unglaubliches passiert*, München 2008
Grossarth-Maticek, Ronald, *Selbstregulation, Autonomie und Gesundheit: Krankheitsrisiken und soziale Gesundheitsressourcen im sozio-psycho-biologischen System*, Berlin 2002
Haidt, Jonathan, *The Happiness Hypothesis*, London 2006
Halal, William E., *Life-cycle of Evolution*, World Futures, 58, Philadelphia 2002
Heim, Burkhard, Dröscher, Walter, *Elementarstrukturen der Materie*, Innsbruck 1985
Hey, Tony, Walters, Patrick, *The New Quantum Universe*, Cambridge 2003
Kuby, Clemens, *Unterwegs in die nächste Dimension*, München 2004
von Lüpke, Geseko, *Politik des Herzens*, Uhlstädt-Kirchhasel 2003
Malin, Shimon, *Dr. Bertlmanns Socken – Wie die Quantenphysik unser Weltbild verändert*, Reinbek bei Hamburg 2006
Maslow, Abraham, *Motivation und Persönlichkeit*, Olten 1977
Matthews, Dale A., *Glaube macht gesund*, Freiburg, Basel, Wien 2000
Max-Neef, Manfred, *Human Scale development*, New York 1991
Newberg, Andrew, d'Aquili, Eugene, Rause, Vince, *Der gedachte Gott*, München, Zürich 2001
Pauli, Wolfgang, *Physik und Erkenntnistheorie*, Wiesbaden 1984

Pearce, Joseph Chilton, *Der nächste Schritt der Menschheit*, Freiamt 1997
Pearsall, Paul, *Heilung aus dem Herzen*, München 1999
Pietschmann, Herbert, *Phänomenologie der Naturwissenschaft*, Berlin, Heidelberg 1996
Ramachandran, Vilaynur S., *Die blinde Frau, die sehen kann*, Reinbek bei Hamburg 2000
Ryzl, Milan, *Der Tod ist nicht das Ende*, Augsburg 2001
Schwartz, Gary E., Russek, Linda G., *Alles erinnert*, Kirchzarten 2001
ders., *The G.O.D.-Experiments*, New York, London, Toronto, Sydney 2006
Seligman, Martin, *Authentic Happiness*, New York 2004
Sheldrake, Rupert, *Das Gedächtnis der Natur*, Bern, München, Wien 1990
ders., *Sieben Experimente, die die Welt verändern könnten*, Bern, München, Wien 1996
Talbot, Michael, *Das holographische Universum*, München 1994
Tompkins, Peter, Bird, Christopher, *Das geheime Leben der Pflanzen*, Frankfurt/Main 1977
Walach, Harald, *Generalisierte Quantentheorie: Eine theoretische Basis zum Verständnis transpersonaler Phänomene*, Oldenburg: Bibliotheks- und Informationssystem der Universität 2003
von Weizsäcker, Carl Friedrich, *Aufbau der Physik*, München 1985
Zeilinger, Anton, *Einsteins Spuk*, München 2007

Dritter Teil Die Welt des Yoga

Baier, Karl, *Yoga auf dem Weg nach Westen*, Würzburg 1998
Bailey, Alice, *Der Yoga-Pfad*, Genf 1990
von Brück, Michael, *Bhagavad Gita – Der Gesang des Erhabenen*, Frankfurt/Main und Leipzig 2007
Chandra, Ram, *Der einfache Weg*, München 1992
Deussen, Paul, *Allgemeine Geschichte der Philosophie*, Band 1, Leipzig 1922

Easwaran, Eknath, *The Bhagavad Gita*, New Delhi 1985
Eliade Mircea, *Yoga*, Frankfurt/Main 1985
Freud, Sigmund, *Das Unbehagen in der Kultur*, Frankfurt 1994
Grawe, Klaus, Donati Ruth, Bernauer Friederike, *Psychotherapie im Wandel*, Göttingen 1994
Haas, William S., *Östliches und westliches Denken*, Reinbek bei Hamburg 1967
Hegel, G. W. F., *Werke in zwanzig Bänden,* Band 11 *(Berliner Schriften)*, Frankfurt/Main 1969
Hillman, James, *Charakter und Bestimmung*, München 2001
Hinze, Oscar Marcel, *Der Lichtweg des Samkhya*, Akademie für Phänomenologie und Ganzheitswissenschaft, Moosweiler 1996
Iyengar, B. K. S., *Urquell des Yoga*, München 1993
James, William, *Die Vielfalt religiöser Erfahrung*, Freiburg/Olten 1979
Jung, Carl Gustav, GW, Band 11 *(Zur Psychologie östlicher Meditation)*, Olten 1995
Melzer, Friso, *Antwort aus dem Schweigen (Der Guru als Seelenführer)*, Freiburg 1978
Prabhavananda, Swami, *Spiritual Heritage of India*, Vedanta Society, Madras 1981
Quint, Josef, *Meister Eckehart – Predigten und Traktate*, Zürich 1979
Stoler-Miller, Barbara, *Yoga – Der innere Weg zur Freiheit*, Frankfurt/Main 1998
Unger, Carsten, Hofmann-Unger, Katrin, *Yoga und Psychologie*, Ahrensburg 1999
Vivekananda, Swami, *Raja-Yoga*, Freiburg 1981
Wolf, Ingeborg, *Mystik*, Frankfurt/Main 2000
Zimmer, Heinrich, *Philosophie und Religion Indiens*, Frankfurt/ Main 1973

Vertiefende Literatur

I) Gerhard Schulze, Die beste aller Welten
Für Schulze wird es im Bereich der Tätigkeiten eine generelle Verschiebung der Art geben, dass das Können, also der Besitz von Fähigkeiten, in seiner Bedeutung abnehmen wird gegenüber dem Sein, also gegenüber allem, was mit dem Bereich menschlicher Erfahrungen – welcher Art auch immer – umschrieben werden kann. Personenbezogene Tätigkeiten im Bildungs- und Sozialbereich werden gegenüber den bisher vor allem prämierten wissenschaftsbasierten Leistungen wichtiger, etwa die bisher viel zu wenig honorierte Bildungsaufgabe, »den Widerstand eines Jugendlichen gegen eine Mathematikaufgabe in Interesse zu verwandeln«. Allerdings räumt der Autor ein, dass diese Tätigkeiten nur schwer für die Steigerungslogik zu erschließen sein werden, da sie immer ein Moment der Einmaligkeit und des Subjektiven enthalten.

Der Bezug zu Sachen – sei es der zu Wirtschafts- oder der zu Konsumgütern – wird abnehmen gegenüber dem Wunsch des Menschen, mit der Welt in Begegnung zu treten. Diese Begegnung findet in der täglichen Umwelt statt, als Glück des Erlebens. Auf dieser Seinsebene wird der Mensch immer mehr dazu geführt, sich mit sich selbst, mit seinen Partnern, mit der Gemeinschaft auseinanderzusetzen.

Schulze hält es für sinnvoll, über die künftige Richtung der Suchbewegungen nachzudenken, die die Menschen einschlagen werden, und über die ›Lernwege‹, deren sie sich bei ihren Suchbewegungen bedienen. Für ihn ist es vor allem die ›Aneignung des Seins‹, über die Stufe des ›Könnens‹ hinaus, die künftige Suchbewegungen prägen wird. Dazu bedarf es eigener Lernwege, die den Zugang zu diesem neuen Bereich eröffnen. Lernwege zur Aneignung des Seins beinhalten die Schulung und Entwicklung der Reflexion auf sich selbst, wie sie von der Philosophie oder von spirituellen Schulungswegen bereitgestellt werden. Mit dieser Fähigkeit zur Selbstreflexion wird es möglich, eigene Lebensentwürfe zu gestalten und zu erproben.

Eine zweite Bewegung – neben der Entwicklung der Steigerungstypen – besteht für Schulze in der Kultivierung der Ankunft, die das durch das Steigerungsspiel eigentlich geförderte ständige Streben nach Neuem ersetzt. Ankunft bedeutet für ihn, den Konsum von immer mehr Gütern und Dienstleistungen überzuführen in eine neue Qualität, nämlich das materiell oder geistig Erworbene in das eigene Leben zu integrieren, den gegebenen Möglichkeitsraum für Begegnungen – mit sich selbst, mit anderen Menschen, mit Sachen – zu nutzen und ihn zu pflegen und zu erhalten. Es geht also darum, diesen Möglichkeitsraum mit Sinn, mit einem guten Leben zu füllen. Das bedeutet, praktische Erfahrungen mit Begegnungen unterschiedlicher Art zu machen und daraus ein eigenes Bewusstsein zu entwickeln und zu pflegen. Um hier Beispiele zu nennen, sei der wachsende Markt von Kultur- und Erlebnisreisen oder derjenige der Reisen ins eigene Innere genannt. Im Gegensatz zu dem Bereich der Güter für den primären Lebensbedarf, für deren Zuteilung man sehr wohl Regeln aufstellen kann, ist es allerdings schwer, für diesen neuen Bereich moralische Regeln der Zuteilung zu finden, da keine allgemeine Übereinstimmung darüber besteht, was unter gutem Leben zu verstehen ist und wie weit die Gesellschaft den Einzelnen dabei unterstützen sollte.

Ein dritter Lernweg besteht für Schulze in der ›Erschließung des Normalen‹. Darunter versteht er, dass sich die Menschen kulturelle Bildung aneignen, um Kultur zum Gegenstand des Denkens, Argumentierens und Handelns zu machen, schlicht, um sich mit ihrer Kultur produktiv und kreativ auseinanderzusetzen.

Die drei Lernwege, die Schulze aufzeigt, laufen parallel und haben Querbezüge zueinander. Für alle drei Lernwege ist es wichtig, die intellektuellen Fähigkeiten der intrapersonalen und interpersonalen Intelligenz zu entwickeln. Daneben wird es weiterhin den Lernweg der Fortsetzung des konventionellen Steigerungsspiels geben. Darüber hinaus wird es immer wichtiger werden, zu lernen, die verschiedenen Zweige miteinander zu verbinden: die Zweige des Könnens und des Seins, oder den Zweig der Steigerung, das heißt des Erwerbs von Sachen oder Erfahrungen, und den der Ankunft, das heißt der Integration der erworbenen Sachen und Erfahrungen ins Leben. Über das Wie der Entwicklung dieser Lernwege sagt der Autor allerdings nichts, es gehört nicht zum Gegenstand seines Buchs. Dabei ist genau diese Frage interessant: Kann sich die Entwicklung der Lernwege – unabhängig von Form und Inhalt – gleichsam von selbst, wie ein eigenes Steigerungsspiel ergeben?

II) Jean Gebser, Ursprung und Gegenwart
Was hat das mental-perspektivische Paradigma bewirkt? Nach Gebser bringt das mental-perspektivische Zeitalter den Triumph der Raumbeherrschung, der mit Leonardo da Vinci und der Kunst und Wissenschaft der Renaissance seinen Höhepunkt fand. Aus der Überbetonung und Übererschließung des Raumes, die sich in der Folge herausbildete, ergab sich eine quantifizierende Einstellung, ein Hang zu Objektivierung, Messung und Rationalisierung und damit – da dies Qualitäten des Mentalen sind – eine Überbetonung des Verstandesmäßigen (an dieser Stelle ist das »Cogito, ergo sum« von Descartes einzuordnen). Die Verräumlichung des Weltbildes hatte auch Wirkungen auf das dem Raum gegenüberstehende Ich, welches im Zuge der Ausdehnung der Raumvorstellungen einen Zug zur Egozentrik bekam. Mit dem Einzug des Perspektivischen wird fälschlich den Sektoren, die von der Perspektive erfasst werden, Ganzheit und Ausschließlichkeit zugewiesen. Es entsteht ein verkürztes Menschenbild, in dem schließlich Leistung, Geld und materielle Werte sowie Egoismus, vor allem in seiner wirtschaftlichen Ausprägung als Gier, in den Vordergrund treten. Da alles in das mental-perspektivische Schema gepresst wird, erfährt auch die Zeit eine ›Verräumlichung‹. Sie wird in kleinste, gleiche Abschnitte unterteilt zur linear fortschreitenden, gemessenen Uhrenzeit. Das nicht Messbare, Geistige, Göttliche wird immer mehr ausgeblendet, bis es schließlich keinen Platz mehr im Bild der Wirklichkeit hat. Anfangs brauchte man noch den Uhrmachergott, der das Universum einmal in Betrieb gesetzt hat, später auch diesen nicht mehr. Dieses Weltbild führte zu einem Triumph der Naturwissenschaften und der Technik, einer Beherrschung des Raums und der Materie, wie sie vorher nicht vorstellbar waren, und brachte den Menschen einen enormen Machtzuwachs der Natur gegenüber. Die

Natur wurde als zu beherrschende gesehen, lange Zeit tatsächlich für beherrschbar gehalten.

Gebser beschreibt die neue integrale geistige Stufe, die ein neuartiges Denken und Wahrnehmen jenseits der Schranken der Subjektivität mit sich bringt: Philosophie wird durch In-Wahrheit-Sein (Eteologie) ersetzt. »Jedes Eteologem ist Wahrung, die als solche stets nur Gültigkeit hat, wenn sie den Ursprung in der Gegenwart sichtbar werden lässt, und sie kann dies nur, wenn sie ichfrei und damit nicht nur subjektfrei, sondern auch objektfrei formuliert wird, denn dann erst wahrt sie das Ganze. Mit Darstellung hat das nichts zu tun; nur *dem philosophischen Denken stellt sich die Welt dar; dem integralen Wahrnehmen ist die Welt reine Aussage und damit Wahrung.*«[20] [Hervorhebung im Original] Folgerichtig ist diese Struktur nicht durch Beschreibung, sondern nur durch Erfahrung zugänglich. Gebser wagt diesen – wie er ihn selber nennt – gewaltigen Schritt, diese neue geistige Stufe zu beschreiben, da »was auf den Seiten dieser Schrift (›Ursprung und Gegenwart‹) vorgebracht wird, gelebt, erfahren und durchdacht wurde, also keine Konstruktion ist, sondern die Echtheit aller Erfahrungsweisen wahrt«, um »dieser Befreiung zu dienen, die sich nur noch durch die Bewusstwerdung des Geistigen vollziehen kann«[21].

III) Brian Greene, Der Stoff, aus dem der Kosmos ist

Wie es der Teilchenphysiker Brian Greene sehr anschaulich in seinem Buch darstellt, erfolgen die Entdeckungen meist nicht durch große Theorien oder von Konzepten angeregt, sondern oft durch Zufälle gesteuert: es werden Theorien entdeckt, für die man das Problem noch gar nicht hat, oder es werden für Theorien mathematische Lösungen verwendet, die eigentlich für ganz andere Problemstellungen geschaffen worden waren.

Für die Arbeiten an der Weiterentwicklung des Standardmodells wurden sowohl die Ergebnisse der Relativitätstheorie als auch die der Quantenphysik aufgenommen. Das größte Hindernis ist bisher, dass Relativitätstheorie und Quantentheorie nicht kompatibel sind. Für die großen Objekte verwendet man die Gleichungen der Relativitätstheorie; die Effekte der Unschärferelation, die sich in Quantenfluktuationen äußern, können hier vernachlässigt werden. Man geht von homogenen Quantenzuständen aus. Für die Welt der kleinen Teilchen verwendet man die Gleichungen der Quantenmechanik, bei denen man wiederum wegen der Kleinheit der Teilchen die Gravitation vernachlässigen kann. Teilchenwellen existieren nach dem Standardmodell nicht wirklich, sondern geben lediglich eine Aufenthaltswahrscheinlichkeit der Teilchen an. Man hält an der Annahme von diskreten, punktförmigen Materiebausteinen fest.

Beide Gleichungssysteme müssen nur dann zusammen eingesetzt werden, wenn die große und die kleine Welt gleichzeitig betroffen sind. Das ist nur in wenigen Fällen notwendig, wo sehr große Mengen quantenförmiger Materie im Spiel sind, also am Beginn des Universums und bei sogenannten schwarzen Löchern. Bei diesen Konstellationen brechen die Gleichungen zusammen. Man kann nach dem Standardmodell beispielsweise nicht errechnen, was im Inneren eines schwarzen Lochs passiert oder was beim Urknall passierte. Deshalb ist man gezwungen, am Beginn des Universums (und für den Fall eines schwarzen Lochs) eine sogenannte Singularität anzunehmen, das heißt in diesem Fall einen Zustand, bei dem die Naturgesetze noch nicht (beziehungsweise nicht) gegolten haben. Die Annahme ist natürlich paradox, dass ausgerechnet am Beginn des Universums die Naturgesetze nicht gegolten hätten. Dennoch kann sich diese Annahme bis heute in breiten Kreisen der Wissenschaft halten.

Immerhin sind aus diesem Modell einige bedeutende neue Erklärungsansätze entstanden. Einer davon ist die Superstringtheorie, die in vielen Punkten eine revolutionäre Erweiterung des Standardmodells – damit der gewohnten Sichtweise der Physik – darstellt. Materie besteht aus kleinsten, fadenartigen Strukturen, sogenannten Strings, die unterschiedliche Schwingungsmuster aufweisen, und nicht aus Masseteilchen. Die Eigenschaften der auf der nächsthöheren Ebene entstehenden Teilchen werden aus den Schwingungsmustern der Strings abgeleitet. Damit ist diese Theorie besonders vielversprechend hinsichtlich der Vereinheitlichung der Teilchenarten. Die Überlegung, Strings anstelle von punktförmigen Teilchen anzunehmen, wurde angestellt, um das

Problem zu umgehen, welche das Standardmodell in Form der Singularität hat, die sich bei der Annahme von Punktteilchen ergibt. Die Superstringtheorie kann durch die Annahme von Strings die Kräfte der Quantenfluktuation, die sich aus der Unschärferelation ergeben und in jedem Quantenfeld existieren, so abmildern, dass es nicht zu Singularitäten kommt. Diese Theorie schreibt allerdings, um mathematisch funktionieren zu können, statt vier Dimensionen wie für das Einstein'sche Raum-Zeit-Universum, zehn Dimensionen vor, von denen sechs eingefaltet, also nicht sichtbar sind. Diese Dimensionen werden benötigt, um alle Schwingungsmuster abzubilden, die wiederum für die Abbildung der bekannten Teilchenarten erforderlich sind. Wegen ihrer vermuteten Kleinheit hat man diese sechs Dimensionen noch nicht entdecken und messen können, wird sie vermutlich auch nie direkt nachweisen können. Man nimmt an, dass es sich um weitere Raumdimensionen handelt und dass sich in diesen Dimensionen ein Teil der schwarzen Materie und Energie verbirgt.

Aus dieser Theorie ergibt sich als wesentliche Neuerung, dass am Beginn des Universums nicht ein Urknall steht, der von einem winzigen Massepunkt ausgeht, sondern eine gewaltige Explosion aus einem hoch komprimierten Zustand des Kosmos heraus – der aber immerhin zu diesem Zeitpunkt noch einen Durchmesser von einigen hundert Lichtjahren hat.

Dies ließe die Annahme zu, dass unser heutiger Kosmos nur einen in einer Abfolge von Zyklen darstellt. Manche Kosmologen halten dies sogar für unverzichtbar, da die genaue Abstimmung der Naturkonstanten anders gar nicht erklärbar wäre als durch eine vielfache Wiederholung des kosmischen Beginns. Neuerdings wurden im Rahmen der sogenannten Quantenschleifengravitation (siehe Martin Bojowald in der Süddeutschen Zeitung vom 9. April 2009) mathematische Verfahren entwickelt, die zeigen, dass vor dem ›Urknall‹ bereits ein Universum existierte, das sich auf unvorstellbar kleine Größen zusammenzog und dann wieder expandierte.

Jüngste Arbeiten an der Superstringtheorie führen zu der Überlegung, dass ihr zur Erklärung der Nichtlokalität das Prinzip der Holographie zugrunde gelegt werden könne. Die auf der

Oberfläche des Kosmos ablaufenden Vorgänge seien nur Spiegelungen der tieferen Quantenrealität. Es konnte tatsächlich gezeigt werden, dass in einem Universum mit den angenommenen Dimensionen der Superstringtheorie die Abläufe der Natur auf der Basis eines Hologramms darstellbar sind.

Vieles innerhalb der Superstringtheorie ist noch Hypothese, so können bisher die Naturkonstanten nicht errechnet, sondern wie im Standardmodell nur als gemessen angenommen werden. Sie bleibt auch immer noch innerhalb eines lokalen Rahmens, der nichtlokale Teil der Quantentheorie wird (noch) nicht integriert. Immerhin hat man im Hologramm eine mögliche Erklärung für die Nichtlokalität des Informationstransfers zwischen den Teilchen, den wir im EPR-Paradoxon kennengelernt haben. Man hat jedoch noch keinerlei Vorstellung davon, was es mit den zusätzlichen Raumdimensionen auf sich haben könnte.

IV) Milan Ryzl, Der Tod ist nicht das Ende

Ryzl stellt eine neue Theorie des Bewusstseins vor: Bei sogenannten geistigen Phänomenen – also etwa bei einer Erinnerung an ein bestimmtes Ereignis – haben wir es mit realen Ereignissen zu tun, die in einem Feld des Raum-Zeit-Kontinuums existieren. Darin ist die Vergangenheit nicht verschwunden und die Zukunft wird nicht geschaffen, sondern Vergangenheit, Gegenwart und Zukunft existieren gleichzeitig in einer Art höherer Realität. Jedes Lebewesen, jeder Gegenstand hat eine Lebenslinie in diesem Feld. Informationen über vergangene wie zukünftige Ereignisse können so Raum und Zeit überbrücken – etwas, was wir im Wahrscheinlichkeitszustand der Quanten bereits kennengelernt haben. Physikalische Signale elektromechanischer oder akustischer Natur können das nicht. Ryzl erklärt das Funktionieren der ASW-Wahrnehmungen damit, dass er eine geistige Imprägnierung annimmt, eine Spur der Informationen, die außerhalb des Gehirns objektiv existiert und von anderen Menschen wahrgenommen werden kann, besonders dann, wenn diese geistige Spur mit einem hohen psychischen Potenzial erzeugt wurde. Er nennt diese geistige Spur Psychengramm. Fehlt diese besondere Energie bei der Erzeugung der Engramme, bleiben diese unbewusst. Dies ist übrigens bei den meisten Engrammen der Fall. Die Neurowissenschaften haben herausgefunden, dass die meisten unserer geistigen Prozesse, nämlich mehr als neunzig Prozent, unbewusst ablaufen – auch wenn wir oft den Eindruck haben, wir wären uns ihrer bewusst. Ryzl geht zwar nicht darauf ein, aber die Existenz der Psychengramme wäre durchaus mit der Annahme vereinbar, dass unsere geistigen Prozesse über Hologramme gesteuert werden.

Die ASW-Wahrnehmung unterscheidet sich nach Ryzl von ›normaler‹ Wahrnehmung nicht prinzipiell, sondern nur graduell. Die Wiedergewinnung der Psychengramme in der ASW erfolgt in einem Vorgang aktiven Erinnerns. Hellseher haben bestätigt, dass sie ASW-Erfahrungen aufnehmen, als ›erinnerten‹ sie sich daran. Hellseher haben zwar eine besondere Begabung für ASW-Wahrnehmungen, wir alle sind jedoch in der Lage, vergleichbare Erfahrungen zu machen – sei es durch den Vorgang der Intuition oder durch den Vorgang des Erinnerns. Auch dabei geht es darum, Psychengramme aufzurufen, die in einem geistigen Feld gespeichert sind. Die Bedeutung des psychischen Potenzials zeigt sich auch daran, dass Telepathie vor allem zwischen Personen funktioniert, die einander nahestehen. Sie ist im Übrigen wesentlich häufiger als gemeinhin angenommen. Das Vermögen, ASW-Informationen aufzunehmen, kann auch eingeübt werden. Es ist wichtig, sich dazu gedanklich leer zu machen, Gefühle abzuschalten, sich zu entspannen, sich zu öffnen – kurz, eine Technik anzuwenden, die man etwa beim Meditieren übt. Ryzl sieht die ASW für die Zukunft als wichtigen Bestandteil unserer Kultur an. Er geht davon aus, dass es eine systematische Schulung dieser Fähigkeit geben wird.

V) Andrew Newberg, Eugene d'Aquili und Vince Rause, Der gedachte Gott

Es ist interessant, sich die neurobiologischen Einzelheiten vor Augen zu führen, die im Rahmen von Meditationen als Aktivitäten der verschiedenen Gehirnzentren ablaufen: Das Orientierungsfeld erhält sensorische Daten von Auge, Ohr, vom Tastsinn und erzeugt ein dreidimensionales Körpergefühl. Im Zusammenwirken des linken und des rechten Orientierungsfeldes entsteht zudem das räumliche Empfinden des eigenen Selbst gegenüber dem Empfinden des umgebenden Raumes. Die Autoren geben diesem Feld deshalb eine große Bedeutung im Zusammenhang mit spirituellen Erfahrungen, da es die Wahrnehmung von Raum und Zeit steuert und diese Wahrnehmungen bei spirituellen Erfahrungen großen Veränderungen unterliegen. Das Aufmerksamkeitsfeld ist entscheidend an der Entwicklung intentionalen Verhaltens beteiligt, es gilt als der neurologische Sitz des Willens. Schädigungen dieses Feldes führen zum Verlust der Fähigkeit, sich zu konzentrieren. Sie erzeugen das Gefühl von Gleichgültigkeit und Gedämpftheit. Studien deuten darauf hin, dass dieses Feld in Verbindung mit dem limbischen System steht und an der Steuerung von Emotionen beteiligt ist. Sowohl die Konzentrationsfähigkeit als auch das emotionale Erleben spielen ja bei spirituellen Erlebnissen häufig eine große Rolle. Das limbische System wiederum wird auch als ›Sender zu Gott‹ bezeichnet. Seine besondere Rolle bei spirituellen Erfahrungen wird unabhängig von mehreren Autoren bestätigt (so auch von V. S. Ramachandran). Durch die Interaktion mit den höheren kognitiven Funktionen des Neocortex werden diese emotionalen Erfahrungen verfeinert. Es wurde eine EEG-Untersuchung mit einem Probanden durchgeführt, der während einer Meditation eine spirituelle ›Gipfelerfahrung‹ hatte. Bei diesem Probanden waren sowohl Aufmerksamkeits- wie Orientierungsfeld signifikant verändert.

Die Beteiligung des sprachlich-begrifflichen Assoziationsfeldes, das im Schnittpunkt von Schläfen-, Scheitel- und Hinterhauptlappen liegt, ist sehr wichtig für alle mentalen Prozesse und deshalb auch für spirituelle Erfahrungen, da in ihnen in hohem Maß kognitive und begriffliche Komponenten enthalten sind. V. S. Ramachandran konnte bei Patienten mit Schläfenlappenepilepsie feststellen, dass sie verstärkt auf religiöse Begriffe und Symbole reagierten *(Die blinde Frau, die sehen kann)*. Das visuelle Assoziationsfeld ist vor allem bei solchen spirituellen Erfahrungen einbezogen, in denen Bilder eine große Rolle spielen.

Nach einem Bericht in der Süddeutschen Zeitung vom 22. März 2005 kamen amerikanische Wissenschaftler in ihren

Versuchen mit meditierenden buddhistischen Mönchen zu dem Ergebnis, dass durch die Meditation die Gehirntätigkeit signifikant verändert wird. Bei ihnen war im Vergleich zur Kontrollgruppe das linke Frontalhirn extrem aktiv. Das deutet auf einen ausgeglichenen, positiven Gemütszustand hin. Zudem traten hoch koordinierte Gammawellen über 30 Hertz auf, insbesondere im linken vorderen Frontalhirn, was bei anderen Testpersonen kaum auftrat. Gammawellen scheinen eine Rolle dabei zu spielen, das Gehirn in einen kohärenten Zustand zu bringen. Diese Wellen verstärkten sich während der Durchführung einer speziellen Meditation. Sie waren bei den Mönchen, anders als bei der Kontrollgruppe, auch außerhalb der Meditationen vorhanden. Meditation scheint also die Gehirnaktivitäten dauerhaft zu verändern.

VI) William Halal, Der Lebenszyklus der Evolution
Halal wählt hier eine an der technologischen Entwicklung ausgerichtete Form der evolutionären Beschreibung. Neben der natürlichen Evolution der unbelebten Materie und der Lebewesen gibt es vor allem die kulturelle Evolution, die für den Menschen die natürliche Evolution abgelöst hat. Er sieht in der Abfolge der Kulturstufen ein Äquivalent zur natürlichen Evolution. Die jeweils führende Technologie bestimmt die Evolutionsstufe. In historischer Sicht ergibt sich eine Entwicklung der Technologien von den einfachen Werkzeugen der Jäger- und Sammlerkultur der Steinzeit zum Ackerbau, dann zu den Fabriken des Industriezeitalters, schließlich zu den bürokratischen Institutionen der modernen Gesellschaften, um in die heutige Informationsgesellschaft zu münden. Die Technologien des Bewusstseins werden die letzte Stufe der Informationsgesellschaft seiner Ansicht nach ablösen. Der Prozess der Evolution arbeitet ähnlich wie die natürliche Evolution und führt für die Kultur auch zu einem analogen Ergebnis – zum Überleben des Tüchtigsten. In der kulturellen Evolution ist das die jeweils effektivste Technologie.

Die Abfolge der Evolutionsstufen führte in den USA Mitte des neunzehnten Jahrhunderts zu einem Übergang von der damals führenden Organisationsform der Landwirtschaft zur Industrie.

Mitte des zwanzigsten Jahrhunderts erfolgte mit der allmählichen Automatisierung der Fertigung der Übergang zur Dienstleistungsgesellschaft. Die führende Technologie dieser Stufe waren die Managementwissenschaften. Bis heute stehen sie im Mittelpunkt der wissenschaftlichen Bemühungen an den Hochschulen und haben in den USA die größten Studentenzahlen. Ihr Ziel ist es, die Erkenntnisse von Psychologie, Soziologie, Wirtschaftswissenschaften, Organisationstheorie, Mathematik und Statistik zu verbinden, um die komplexen Institutionen der Gegenwart zu steuern. Heute erleben wir den Übergang zur Wissensära. Wie auf den vorhergehenden Stufen werden die Tätigkeiten automatisiert – auf der jetzigen Stufe durch die Automatisierung der Verwaltungstätigkeiten durch intelligente computerisierte Informationssysteme. Jenseits der Wissensära sieht Halal eine ›geistige Revolution‹ heraufziehen, die auf einer geistig-spirituellen Technologie basieren und eine ›existenzielle Ära‹ herbeiführen wird. Für ihn ist es die unabweisbare Logik der zunehmenden Abstraktion und Vergeistigung im Prozess der kulturellen Evolution, die ihn dieses Ergebnis vorhersehen lässt.

Er sieht in der Spiritualität auch nicht Esoterik und Aberglauben, sondern den großen geistigen Bereich, der jenseits des Wissens kommt. Und für diese Sicht gibt es eine wachsende Evidenz: Die medizinische Forschung etwa zeigt die Bedeutung geistiger Einstellungen für den Heilungsprozess auf. Spirituelle Techniken werden genutzt, um unsere Gefühle und Einstellungen zu beeinflussen. Kooperative Beziehungen in Organisationen fördern deren Zusammenhalt und Funktionsfähigkeit. Kreativität wird zur wichtigsten Ressource der Wirtschaft. Die wachsende Komplexität unserer Gesellschaften, das zunehmende Änderungstempo, die soziale Unordnung und andere Herausforderungen unserer Zeit scheinen es notwendig zu machen, höhere Ebenen der Einsicht zu entwickeln, einen stärkeren sozialen Zusammenhalt und eine verbindliche Ethik zu entwickeln, um zu tragfähigen und nachhaltigen Entwicklungen zu gelangen.

Halal stellt auch eine Kurve für den von ihm angenommenen Wachstumsverlauf unserer Kultur vor. Sie geht von exponentiellem Wachstum zu einem verlangsamten Wachstum und schließlich zum Gleichgewichtszustand über. Der Übergangspunkt – er nennt ihn auch den Krisenpunkt der globalen Reife – war danach um das Jahr 1975. Ab diesem Zeitpunkt nimmt die Rate des Wachstums – auch der Bevölkerung – ab, während kurzzeitig das absolute Wachstum noch zunimmt. Für ihn ist die heutige Krise vergleichbar mit der Adoleszenzkrise in der individuellen Entwicklung: Wir haben weltweit zwar die Fähigkeiten und Kenntnisse entwickelt, um die materielle Welt maximal zu entwickeln, haben aber nicht die nötigen sozialen, moralischen und geistigen Fähigkeiten, um unsere komplexen Gesellschaften dauerhaft funktionsfähig zu erhalten. Halal sieht die Gefahren, die aus diesem im Moment ungebremsten und planlosen Wachstum für die Welt resultieren, er sieht die künftige Entwicklung jedoch optimistisch und positiv, da für ihn die natürlichen Kräfte der Evolution die menschlichen Kräfte um ein Vielfaches übersteigen. Jede Evolutionsstufe stellt die Mittel bereit, die nötig sind, um die folgenden Stufen zu entwickeln. Parallel dazu entsteht eine latente Kraft der Folgestufen, die die bestehenden Stufen anzieht beziehungsweise zu sich emporzieht – eine gewissermaßen teleologische Vorstellung. Dieser Imperativ des Drucks von unten und des Zugs von oben macht unseren Planeten für Halal zu einem lebenden Organismus, wie er etwa im Gaia-Konzept beschrieben ist.